ATELIÊ DA PALAVRA AYVU RAPYTA

Antropologia, Metafísicas e Traduções entre os Mbya (Guarani) e León Cadogan

Editora Appris Ltda.
2.ª Edição - Copyright© 2024 do autor
Direitos de Edição Reservados à Editora Appris Ltda.

Nenhuma parte desta obra poderá ser utilizada indevidamente, sem estar de acordo com a Lei nº 9.610/98. Se incorreções forem encontradas, serão de exclusiva responsabilidade de seus organizadores. Foi realizado o Depósito Legal na Fundação Biblioteca Nacional, de acordo com as Leis nᵒˢ 10.994, de 14/12/2004, e 12.192, de 14/01/2010.

Catalogação na Fonte
Elaborado por: Dayanne Leal Souza
Bibliotecária CRB 9/2162

R237a 2024	Rattes, Kleyton Ateliê da palavra ayvu rapyta: antropologia, metafísicas e traduções entre os Mbya (Guarani) e León Cadogan / Kleyton Rattes. – 2. ed. – Curitiba: Appris, 2024. 398 p. : il. ; 21 cm. (Coleção Ciências Sociais). Inclui referências. ISBN 978-65-250-6137-5 1. Antropologia. 2. Indígenas. 3. Cultura. 4. Cultura indígena. I. Rattes, Kleyton. II. Título. III. Série. CDD – 306.089

Livro de acordo com a normalização técnica da ABNT

Appris *editora*

Editora e Livraria Appris Ltda.
Av. Manoel Ribas, 2265 – Mercês
Curitiba/PR – CEP: 80810-002
Tel. (41) 3156 - 4731
www.editoraappris.com.br

Printed in Brazil
Impresso no Brasil

Kleyton Rattes

ATELIÊ DA PALAVRA AYVU RAPYTA

Antropologia, Metafísicas e Traduções entre os Mbya (Guarani) e León Cadogan

Appris
editora

Curitiba - PR
2024

FICHA TÉCNICA

EDITORIAL Augusto Coelho
Sara C. de Andrade Coelho

COMITÊ EDITORIAL Ana El Achkar (UNIVERSO/RJ)
Andréa Barbosa Gouveia (UFPR)
Conrado Moreira Mendes (PUC-MG)
Eliete Correia dos Santos (UEPB)
Fabiano Santos (UERJ/IESP)
Francinete Fernandes de Sousa (UEPB)
Francisco Carlos Duarte (PUCPR)
Francisco de Assis (Fiam-Faam, SP, Brasil)
Jacques de Lima Ferreira (UP)
Juliana Reichert Assunção Tonelli (UEL)
Maria Aparecida Barbosa (USP)
Maria Helena Zamora (PUC-Rio)
Maria Margarida de Andrade (Umack)
Marilda Aparecida Behrens (PUCPR)
Marli Caetano
Roque Ismael da Costa Güllich (UFFS)
Toni Reis (UFPR)
Valdomiro de Oliveira (UFPR)
Valério Brusamolin (IFPR)

SUPERVISOR DA PRODUÇÃO Renata Cristina Lopes Miccelli

PRODUÇÃO EDITORIAL Jhary Artiolli e Giuliano Ferraz

REVISÃO Claudine Duarte

DIAGRAMAÇÃO Giuliano Ferraz

CAPA Matheus Miranda

REVISÃO DE PROVA Renata Cristina Lopes Miccelli

COMITÊ CIENTÍFICO DA COLEÇÃO CIÊNCIAS SOCIAIS

DIREÇÃO CIENTÍFICA Fabiano Santos - UERJ/IESP

CONSULTORES

Alícia Ferreira Gonçalves – UFPB	José Henrique Artigas de Godoy – UFPB
Artur Perrusi – UFPB	Josilene Pinheiro Mariz – UFCG
Carlos Xavier de Azevedo Netto – UFPB	Leticia Andrade – UEMS
Charles Pessanha – UFRJ	Luiz Gonzaga Teixeira – USP
Flávio Munhoz Sofiati – UFG	Marcelo Almeida Peloggio – UFC
Elisandro Pires Frigo – UFPR/Palotina	Maurício Novaes Souza – IF Sudeste MG
Gabriel Augusto Miranda Setti – UnB	Michelle Sato Frigo – UFPR/Palotina
Geni Rosa Duarte – UNIOESTE	Revalino Freitas – UFG
Helcimara de Souza Telles – UFMG	Rinaldo José Varussa – UNIOESTE
Iraneide Soares da Silva – UFC, UFPI	Simone Wolff – UEL
João Feres Junior – UERJ	Vagner José Moreira – UNIOESTE
Jordão Horta Nunes – UFG	

Para Cacilda e Lúcio

O moço de olhos arrepiados, que derretia ouvidos e decantava sons. Certo dia, rindo, ele me contou uma história sobre pulgas e carrapatos, aconselhando-me a escutar o que ele não dizia. De tudo, a única coisa que entendi foi seu sorriso. Mas demorei bastante, muito...

A moça, sendo memória de voos, sempre me ensinou sobre os cheiros da lembrança. Desde então persigo uma de suas lições, que ensina ser a existência nada mais do que resistir, rexistir, com a ajuda de afetos, cafés, abraços, samambaias...

AGRADECIMENTOS

Um livro como este carrega consigo um grande número de parcerias e trocas, o que torna difícil a tarefa de registrar um justo agradecimento às pessoas e instituições envolvidas. Em meio a essa dificuldade, algumas deferências são muito importantes. Três professores são inestimáveis, aos quais sou muito grato: Carlos Fausto, Eduardo Viveiros de Castro e Bartomeu Melià. Carlos Fausto, moço paciente frente ao meu silêncio e às minhas idiossincrasias, mostrou um cuidado intelectual, maiêutico e afetivo, de notáveis tato e sensibilidade, que foi indispensável à realização deste livro. Eduardo Viveiros de Castro, além de inspiração, forneceu-me aportes e direcionamentos intelectuais de extremo valor. Bartomeu Melià, com sua paciência e generosidade, possibilitou que eu percorresse algumas sendas entre os Guarani, revelando-me muito do brilho presente no exercício do ofício antropológico.

Agradeço também a Ana Lúcia Modesto, Aparecida Vilaça, Bruna Franchetto e Olívia Gomes da Cunha, ao lado de Luiz Fernando Dias Duarte e Marco Antônio Gonçalves.

Sou muito grato a Rogélio Cadogan e a Alex Cadogan pela disponibilidade, pela confiança e pelas conversas. De igual modo: Adelina Pusineri, Maria Luise Otazu, Raquel Zalazar, Maria Cecilia Vera, Fabiola Pereira, Bernardo Benitez, Ariel Mencia e Alberto Guarani.

André Dumans Guedes, Maurício Liberato Barroso e Rogério Brites foram moços que, em diferentes momentos, muito me ajudaram — a vocês, meus agradecimentos especiais. Aos compartes do LARMe-Museu Nacional (UFRJ), com grande admiração, obrigado: Bruno Sotto Mayor, Carlos Cesar Leal Xavier (Caco), Elena Welper, Hélio Sá, Isabel Penoni, Julia Franceschini, Juliana Salles Machado, Maria Luisa Lucas, Paulo Büll e Thiago Oliveira.

Há ainda aquelas pessoas persistentes, algumas incansáveis perante a minha irremediável índole fugidia. Talvez tenham intuído, ou já em um primeiro olhar souberam, que "eu fui sempre um fugidor. Ao que fugi até da precisão de fuga". A vocês, obrigado: Arnaldo Mont'Alvão, Beatriz Filgueiras, Leonor Valentino, Levindo Pereira, Marcelo Mello, Orlando Calheiros, Raphael Bispo, Roberto de Paula Jr, Ruth Beirigo. Às parcerias paraguaias e argentinas sou muito grato pelo acolhimento e pelas mais variadas gentilezas. Não menos importantes foram diversas pessoas no Peru, que, nos idos de 2010, forneceram-me todo suporte e generosidade que puderam (em Lima, Huarmaca e Chilcapampa).

Por fim, os agradecimentos mais enternecidos aos meus: Cidinha (Rosemary Rattes), Darci A Gonçalves, Karlinha Rattes, Cacilda Rattes, Kaíque (o grande) e Daniel Utsch – os que portam a insígnia da leveza.

Este livro contou com aportes institucionais e financeiros do "Laboratório de Antropologia da Arte, Ritual e Memória" (LARMe--UFRJ) e da "Fundação de Amparo à Pesquisa do Estado do Rio de Janeiro" (FAPERJ). Foram também fundamentais à pesquisa de doutorado, em Antropologia Social, que deu origem a esta obra, o "Programa de Pós-Graduação em Antropologia Social" do Museu Nacional (UFRJ), o "Conselho Nacional de Desenvolvimento Científico e Tecnológico" (CNPq), o "Museo Andres Barbero" (Assunção, Paraguai) e o "Instituto Superior de Estudíos Humanísticos y Filosóficos" (Assunção, Paraguai).

A PALAVRA E SEU FUNDAMENTO

Chegou às mãos de um Guarani-Mbya o livro *Ayvu Rapyta*. No dia seguinte, ele me disse, surpreso e fascinado: "como o senhor Cadogan conseguiu ter acesso a este saber e escrevê-lo?". Implicitamente, ele me dava a entender que sabia da existência daquelas palavras, mas que talvez nunca as tivesse ouvido em seu próprio ambiente. Alguns Guarani-Mbya ainda hoje não as entendem por completo e ficam surpreendidos com o que realizou León Cadogan; aproveitando essa espécie de transgressão de seus costumes – qual seja, de que a palavra se faça letra –, agora leem, com admiração e respeito, essas palavras fundamentais, das quais muitos deles só tinham conhecimento de modo superficial ou alusivo.

A partir de uma perspectiva diferente, que comumente chamaremos de acadêmica, Kleyton Rattes, o autor deste livro que apresentamos, também se perguntou sobre o itinerário que León Cadogan caminhou para nos colocar em contato com a "palavra-fundamento" ou o "fundamento da palavra" mbya. A palavra falada e a palavra escrita são realidades distintas que, no entanto, podem chegar a se abraçar sem se confundir. Palavra: a transcreve para transcriá-la. Esse itinerário tem o seu ponto de partida em dois modos de vida que sempre permanecem separados, não se confundem, porém se convergem em um mesmo caminhar, em que primeiro se dá a conversão do ouvinte, que poderia ser a nossa, e, a um só tempo, uma transformação na forma de fazer escutar a palavra mbya, até então nunca confiada ao papel. Mas não tenhamos ilusões: ler o livro nunca trará aquela sabedoria que vem "Dos de Cima".

A palavra é voz que soa para todos, mas só traz significados quando está enraizada em sua selva e em relação com outras palavras. O mundo colonial sabia que os Guarani eram "senhores da palavra", porém, raramente, para não dizer nunca, deixou registros de um conjunto de palavras dessa língua que pudessem representá-la, mesmo que fora do modo latente dessa cultura, em que a palavra é o todo e o todo é a palavra. A palavra é a pele cuja superfície contém toda a carne, a carne do Verbo; não é suficiente vê-la e lê-la, ainda que inúmeras vezes; faz-se necessário tocá-la e senti-la.

Para a voz que surge efêmera e que, em sua rápida sucessão, é tão difícil de reter, houve civilizações que pretenderam criar uma jaula na qual as vozes pudessem ser prendidas e domesticadas para que fosse possível extrair-lhes o sentido; as barras dessa jaula foram as letras. Houve dicionários, nos quais as palavras abriram caminhos para vislumbrar seus significados, mas não se chegavam ao discurso da vida que sempre se produz entre mais que um, entre o profeta [1] (xamã) e o ouvinte, que faz do ouvinte um profeta. De fato, a quase totalidade do que foi dito e escutado no mundo salvou-se da desgraça de ser aprisionada, definitivamente, na superfície limitada de uma folha de papel ou de uma mensagem eletrônica que o homem pode levar debaixo do braço e ler a qualquer momento. A língua escrita, seja ela a de maior registro-inscrição alfabética que se pode haver no mundo, é apenas um registro visível minúsculo das palavras ditas por um povo. A palavra retida no papel e algemada a um livro é só um fogo fátuo que não chega a acender e manter uma chama. É

---

[1] Para os Guarani, em princípio, eu excluo o termo "xamã": não obstante, seus líderes religiosos são mais ou menos o que na academia entende-se por xamã. É certo que os Guarani e os Mbya, de modo concreto, têm uma palavra que é *Karaia* (infelizmente muito mal compreendida e, pior, aplicada aos *Karaíva* e *Karaí*, portugueses e espanhóis, por parecerem com feiticeiros poderosos em seus barcos de vela e suas armas de fogo. São de fato os feiticeiros do mundo colonial espanhol; o padre Montoya foi tido pelos Guarani também como um devido às suas sabedoria e fala profética, recebendo o nome de *Kuarasytï* – Sol resplandescente –, e inclusive o de *Tupã Eté* – deus do trovão verdadeiro). Esses líderes, que aparecem em *Ayvu Rapyta*, eu prefiro qualificar com os termos *sábios* e *profetas*, inclusive *poetas*, que são de muitos tipos: *opygua*, do lugar de onde atuam, preferencialmente, cantores, magos, curandeiros, videntes, conselheiros, líderes da comunidade.

compreensível que os Guarani-Mbya tenham sempre tido tanta reticência frente a qualquer modo de fixação da palavra em uma barragem de águas mortas.

Ainda que tudo isso seja por demais sabido, persistimos em caçar palavras para tê-las encarceradas, ao alcance das mãos e das citações para uma ocasião eventual qualquer. Justificamo-nos dizendo que a escritura alfabética salvará uma língua quando ela já não mais for falada por alguém. Triste e falsa profecia que pretende desconhecer que são os escritos que morrem, como uma floresta desmatada na qual mal sobrevive uma ilhota de arbustos.

Os Guarani, senhores da palavra, foram relutantes em fiar a palavra a quem não era profeta. De fato, foram raros os profetas que até eles chegaram, e mais raros ainda aqueles que com eles viveram. Então, como se deu a possibilidade, em uma primeira e única vez na qual esses senhores sábios, poetas e profetas da selva, chegaram a um acordo com relação à palavra — e não qualquer palavra, senão a palavra fundamento — de modo que fosse liberada para ouvidos estrangeiros e fixadas no papel? De fato, em certa ocasião, os confidentes desse *ayvu rapyta* foram acusados de traidores e, apesar da grande autoridade de que gozavam no seio de sua própria comunidade e de outras da região, foram criticados abertamente pelo feito.

A questão ética de haver registrado e publicado este corpus de textos míticos, reunidos sob o acertado título de *Ayvu Rapyta*, até o hoje é objeto de discussão. O "segredo da tribo" em parte foi violado, ainda que com aquiescência de alguns de seus representantes mais destacados e célebres. Alguém poderá argumentar que a profecia é de domínio público, mas muitos sábios mbya amparam-se, e com razão, na peculiaridade de que sua palavra é única e restrita àqueles ouvintes presentes, e não para o estudioso ou o leitor furtivo e anônimo que a usará como informação exótica ou simples passatempo. Há plantas que não aguentam seu translado para outros ambientes.

León Cadogan sabia que essas palavras eram únicas, e as que ele escutava e retinha, para penetrar seu sentido, não se repetiriam nunca mais. Talvez sentisse que os textos que registrava pudessem ser sementes de outras árvores da mesma floresta, ainda que em espaços já empobrecidos. Por que e como se iniciou esse itinerário singular que nunca se repetiu?

Kleyton Rattes, autor dessas questões, procura indagar as múltiplas decisões e passos dados no modo de proceder de Cadogan até rescrever os textos reunidos como *Ayvu Rapyta*, aprofundando-se sobre as facetas muito variadas de um itinerário que é experiência de vida e também forma original e pioneira de fazer tradução da palavra indígena. As etapas da vida de Cadogan, fator decisivo na vida do homem, são suficientemente conhecidas por meio de suas correspondências, memórias e entrevistas, ou ainda de seus artigos e obras, que não escondem as motivações e causas de sua produção. Não é necessário voltar a elas.

A questão chave e singular é o "sonho" do bêbado que anuncia uma dura e crítica autoanálise como ponto de partida (CADOGAN, 1990, p. 30). Faz-se necessário deixar a cachaça paraguaia para substituí-la por algo novo e estrangeiro, talvez mais elaborado. É necessário traçar seu caminho por fora de sua identidade paraguaia para se remontar em direção a outras origens mais fundamentais, os Mbya. Assim, converte-se em um expoente máximo de paraguaio, porquanto renunciou ser somente paraguaio. Conheceu os Guarani à medida que os defendeu da situação de injustiça e desprezo em que se encontravam no Paraguai; foi Cadogan reconhecido por eles como digno de ser considerado ñane retãrã ae, ñande rataypygua ae – nosso verdadeiro compatriota, membro genuíno do "asiento de nuestros fogones". É este o passo metafísico que Kleyton Rattes coloca como núcleo duro de sua abordagem: a metafísica mbya é a metafísica da palavra.

O caminho a ser percorrido é o modo de tradução – uma tradução em que Cadogan descobre, para si, a palavra trabalhada nessas oficinas de compreensão etnográfica de vozes detalhadamente apresentadas e creditadas, a penetração de sua semântica e a comunicação comprometida com seus interlocutores. Não retira valor nenhum desta antologia de textos o fato de que as palavras não foram sempre proferidas em aldeias guarani, porque a aldeia guarani foi, para maior liberdade e comodidade, transferida para sua casa de Yvaroty, em Villarrica. Quando estavam lá, os sábios profetas eram parte constituinte da família de Cadogan. Kleyton Rattes detém-se em reproduzir o ambiente dessa oficina poética, na qual se gera a comunicação entre sistemas que são a raiz e fonte de uma metafísica mais geral – transcrição de textos, não; transcriação de mundos. A palavra mbya é cocriada, e isso é o que se pode esperar, honestamente, de uma versão da palavra guarani-mbya. Na tradução, Cadogan se fazia outro; era a sabedoria que buscava, ainda que estivesse convencido de que nunca a alcançasse. A quem parecer pouco, tenha a modéstia de realizar um trabalho semelhante se for capaz de assumir a tarefa até a morte. Nessas oficinas da palavra, Cadogan não fazia perguntas diretas; apenas pedia, de vez em quando, esclarecimentos, tal como faz o aprendiz. Kleyton Rattes tem o mérito de ter vislumbrado esse modo de proceder e, sobre ele, haver construído seu próprio itinerário.

Dizia-me um Guarani: "vocês, os *juruá*, os de bigode, são papel; nós somos árvore". Oxalá o papel volte a ser árvore em um mundo que entrou decididamente em estado de desmatamento.

Bartomeu Melià, SJ.

Doutor em Ciências Religiosas (Universidade de Estrasburgo) Docente e Pesquisador do "Instituto Superior de Estudos Humanísticos e Filosóficos" (Assunção, Paraguai)

SUMÁRIO

1
INTRODUÇÃO 17
As Regras Desse Jogo (de Linguagens) 19
1.1 Etnografias da Fala, Oficina Poética 26
1.2. Metafísica Palradora 33
1.3. Os Transportes da Tradução: Uma Concepção de Paragem 43

PRIMEIRA PARTE

2
LEÓN CADOGAN 51
2.1. Fragmentos de Uma Aparição 51
2.2. Encontros, Trabalhos de Campo e Indigenismo: A Equação do Segredo 72
Alguns Encontros e o Indigenismo: Aliança Política e Diplomacia 77
Pesquisa Multissituada: Trabalho de Campo e Oficina Poética 95
Obras e o Campo Acadêmico Incipiente 125
A Lição das Variantes, A Palavra 133

SEGUNDA PARTE

3
A PALAVRA FUNDAMENTO – O FUNDAMENTO DA PALAVRA 145
3.1. Falas e Segredos 145
3.2. Mundo de Seres Radicalmente Linguísticos 160
O *Corpus* de *Ayvu Rapyta* 163
A Palavra-Força 241
Desdobrar e Soprar: Corpo e Saber da Palavra 257
Outro Presente, Imagens e o Regime das Aparições 275
TA'ANGA, Imagem-Concomitância 290
O Valor do Nome e da Assinatura... 302

4

ENCURTANDO O HUMANISMO. LEGADOS ANTROPOLÓGICOS...... 317

4.1. Dicionários: Estendendo a Palavra 317

4.2. O Campo do Ateliê: Tradutores Internos e Externos........... 338

Transcri(a)ção e Tradução........... 347

Morte Tradutiva: Paragem Tradução 360

4.3. O Itinerário das Aparições: Epistemologia e Ontologia na Escritura Cadoganiana 371

REFERÊNCIAS **381**

León Cadogan........... 381

Dicionários e Gramáticas 382

Geral........... 382

1

INTRODUÇÃO

> *Porque os métodos que envolvem metafísicas traem na sua insciência as conclusões que, às vezes, pretendiam ainda não conhecer. Por isso as últimas páginas de um livro já estão nas primeiras. É um nó inevitável. O método aqui definido confessa a percepção de que todo verdadeiro conhecimento é impossível. Só se podem enumerar as aparências e se fazer sentir o clima.*
>
> Albert Camus, O Mito de Sísifo.

Este livro caminha por duas vias. A primeira diz respeito ao antropólogo, indigenista e linguista León Cadogan. A segunda rota à "palavra fundamento" (*ayvu rapyta*), presente em certa metafísica e certos textos míticos dos Mbya (Guarani). Esses dois caminhos serão pensados, nas páginas por vir, como uma forma pela qual se dá, em algumas searas do campo acadêmico, a produção do conhecimento antropológico balizada pelas ideias de tradução e de metafísica entendidas de modo articulado. Ou, em outros termos, a via biográfica – centrada na figura e no trabalho de León Cadogan – e, a segunda via, a do conhecimento etnológico – radicada na "teoria da palavra" mbya – serão entendidas como dois horizontes que se retroalimentam e que são dissociáveis somente por meio de um grande esforço de purificação, de separação, que envolve um processo formal, heurístico e retórico de ampla complexidade. Ao destacar a tradução como momentos em que se vê a articulação dessas duas vias, almejo mostrar – o destino a que quero chegar – que León Cadogan precisou, metodológica e afetivamente, estar engajado com a metafísica e a política concretas de grupos indígenas presentes em território paraguaio para conseguir realizar seu trabalho acadêmico.

Para além do truísmo que essas poucas palavras parecem evocar, o que quero ressaltar é que o conhecimento e as práticas mbya, em torno das "belas palavras", em torno da "palavra fundamento", refletem não só a produção antropológica e linguística de León Cadogan, como também o modo pelo qual esse conhecimento foi pensado, produzido e articulado, em um tempo muito dilatado e em diferentes geografias, pelo antropólogo, que, por sua vez, assumiu-se, de modo explícito, como aquele cujo papel é o de copartícipe na produção daquele saber. Nesse sentido, este livro parte de uma ideia simples. A saber: é nas práticas e nas concepções acerca do *trabalho tradutivo* – que, por definição, está ligado às tentativas (às fronteiras) de *estabelecer pontes entre diferentes metafísicas* – que se torna possível entender como se dá a produção de uma parcela do conhecimento antropológico. Com isso, claro, refiro-me ao conhecimento antropológico de modo circunscrito, limitado no tempo e no espaço, ou seja, volto minha atenção ao trabalho etnológico e mitológico ameríndio e, mais especificamente, aos "guarani de papel", para usar a célebre expressão de Bartomeu Melià. A palavra mbya é a palavra de León Cadogan; quero dizer com isso que se trata de uma tradução: de um processo no qual a lógica operativa é aquela que visa a estabelecer pontes entre alteridades conceituais, sociais e políticas que se confundem – no caso, a mbya, com sua palavra fundamental, e a de León Cadogan, com sua palavra acadêmica de "razão gráfica" e suas parábolas de influências cristãs.

Seguindo de certa forma passos que Antonio Ruiz de Montoya e Curt Nimuendaju trilharam, León Cadogan foi o responsável por trazer à tona cantos, mitos e conhecimentos interditos ("sagrados") mbya que se fizeram célebres na história da antropologia. Os textos míticos dos mbya, da região do Guairá (Paraguai), conhecidos pela chancela *Ayvu Rapyta* (Cadogan, 1997, [1959]), constituem um capítulo importante da história da antropologia americanista, dadas suas originalidade e fortuna crítica. É um corpus de conhecimentos heterogêneo, de riquezas linguística, etnológica e metafísica impressionantes, cuja produção é fruto de um longo processo, no qual León Cadogan sempre esteve envolto nos e com os ensejos dos Mbya – seja por meio da prática indigenista e afetiva que redundou em sua adoção pelos indígenas, seja ao tomar partido da metafísica nativa, em certa medida, como *modus operandi* de seu trabalho linguístico e antropológico.

A palavra mbya foi a palavra também de León Cadogan, mas não só no sentido de estar ao lado da alteridade e seu modo de vida, foi igualmente na forma heurística, ou seja, no modo como ele entendeu o que vem a ser o trabalho de registro, tradução e formalização (em livro) de um conjunto de conhecimentos nativos guarani. O entremeio é a característica desses saberes. Assim, nesta obra, busco mostrar como a "palavra fundamento" (*ayvu rapyta)* não é apenas tema do trabalho de León Cadogan, e sim, também, um parâmetro e uma diretriz que guiaram sua vida e sua produção acadêmica, as quais reverberam o encontro tradutivo entre mundos diferentes, cuja palavra final é uma palavra partilhada que habita, no mínimo, dois horizontes de modo concomitante – o "indígena" e o "branco", em surpreendentes simetrizações das assimetrias impostas historicamente entre os saberes.

As Regras Desse Jogo (de Linguagens)

A seção biográfica presente neste livro é mais curta do que aquela dedicada à palavra mbya e sua metafísica. Além de um gosto pessoal, essa escolha se deve também a uma razão de ordem metodológica. A saber, no registro da vida e da obra do antropólogo León Cadogan reside uma ambiguidade. De um lado, há importantes trabalhos editados e publicados voltados a aspectos de sua vida e obra, que, em certa medida, já foram reproduzidos. Desse lado, destaca-se a própria autobiografia, as memórias, de León Cadogan (1990). No entanto, por outro lado, nota-se certa precariedade de dados sobre esses mesmos materiais. A um só tempo, há disponível um rico manancial a respeito da vida-obra de León Cadogan – suas amarguras e seus êxitos, suas penúrias e suas glórias, seus trabalhos acadêmicos e indigenistas, suas opiniões e polêmicas sobre uma gama de temas – e, também, uma limitação desse horizonte ligada a imponderáveis da história. Boa parte do que se tem a respeito de elementos biográficos de León Cadogan é constituída de variações, de gêneros-paráfrases, daquilo que o próprio escreveu em suas memórias (CADOGAN, 1990), ora com acréscimos de entrevistas, ora com interpretações e análises mais detidas sobre determinadas facetas, ora com uma narrativa de maior sistematicidade. Porém, pouco acrescentam ao que o próprio León Cadogan escreveu, seja em sua autobiografia, seja em seus textos acadêmicos (sempre repletos de notas e comentários conjunturais).

Essa dubiedade, porém, vale ressaltar, resulta das dificuldades, ou mesmo impossibilidade, de reconstruir certas lacunas biográficas. Duas das principais fontes para atenuar esse estado da arte mostram, em boa medida, as mesmas dificuldades: de um lado, a documentação disponível ilumina poucos aspectos que sejam realmente novos com relação ao material já conhecido; de outro lado, pessoas importantes que poderiam ajudar na reconstituição das lacunas – como aquelas referentes aos momentos de coleta de dados de León Cadogan entre os índios – já faleceram e não deixaram informações substanciais. Algumas entrevistas pontuais com pessoas que conviveram com León Cadogan suprem algo dessas lacunas, mas longe estão de solver o problema em questão.

Portanto, opto por abordar de maneira breve o lado biográfico, evitando assim o enfado – para o leitor – da repetição excessiva de informações há muito disponíveis na bibliografia especializada. Limito o (meu) recorte de cunho biográfico aos dados, às interpretações, às hipóteses que têm uma relação mais direta com os argumentos centrais deste livro – a palavra mbya traduzida e cocriada por León Cadogan –, o que, por sua vez, não significa ausência de informações sobre a vida e a obra de León Cadogan, como o leitor poderá perceber nas próximas páginas. Apenas redimensiono o enfoque para uma apresentação mais enxuta dessa parte.

A seção metafísica é o núcleo duro da minha abordagem, que permitirá encaminhar a discussão em direção aos temas da tradução-metafísica e do conhecimento-antropológico, com os quais fecho o percurso deste livro. A obra que motiva esta investigação, como aludido, é *Ayvu Rapyta: Textos míticos de los Mbyá-Guaraní del Guairá*, conjunto de textos e cantos míticos pesquisados, coletados, transcritos e traduzidos por León Cadogan, que foi publicada em 1959. O livro *Ayvu Rapyta* (CADOGAN, 1997) é o material central com que trabalho, embora, em determinados momentos, faça referências a outros trabalhos do autor e à produção etnológica guarani [2]. Outra obra importante para o meu argumento é o dicionário Mbya-Castelhano de León Cadogan (2011), que abordarei com mais detalhes em uma seção específica do livro. Essas duas obras, em especial, permitiram-me pensar e entender o trabalho cadoganiano a partir de uma perspectiva analítica radicada na comparação entre metafísicas, isto é, tra-

---

[2] Por opção metodológica, que talvez contrarie certos perfis de leitores, tenho como premissa guiar toda a minha análise a partir e pelos textos de León Cadogan, deixando em segundo plano – o que não quer dizer ausência – a produção guaraninóloga. Esta não estará presente aqui em destaque, como em uma revisão bibliográfica, nem aparecerá em primeira ordem para derivar interpretações sobre o trabalho de León Cadogan. Antes, viso a derivar todas as questões a partir, primeiramente, do trabalho de León Cadogan; só aí traço eventuais relações e diálogos com outros trabalhos sobre coletivos guarani.

dução (implicando com isso uma discussão sobre epistemologia e ontologia). A perspectiva a partir da qual falo é, se assim for possível chamar, a das fronteiras do pensamento – eixo que medeia minha análise sobre o trabalho de León Cadogan e seus encontros com os mais variados indígenas Guarani [3].

Esse enfoque é pensado enquanto atos de *estabilização metafísica do outro*, dos Mbya. A teologia aqui não é a doutrina, ou matriz de doutrinas, mas um objeto e um instrumento de trabalho. Porquanto, o meu desejo de situar a análise no âmbito transcultural traz consigo um movimento heurístico cuja característica central é a justaposição de "mundos", e não uma ordenação hierárquica entre eles. Trata-se de situar a própria pesquisa em um encontro tradutivo, como uma espécie de aventura intelectual na qual a busca de uma ou mais verdades metafísicas não está em questão, e sim o entendimento dos modos pelos quais pessoas se engajam na produção delas.

A noção central das páginas deste livro é a de *palavra* em dois sentidos ao menos. Um deles é etnológico, a concepção de palavra mbya tal qual expressa nos textos cadoganianos, isto é, categoria nativa; o outro é instrumental-técnico, a concepção da palavra como ferramenta para registrar, traduzir e apresentar conceitos e estórias dos Mbya do Guairá por parte do antropólogo. Percebendo o trabalho de León Cadogan enquanto

---

[3] Cabe advertir que não pretendo ecoar certa leitura que marca uma considerável parcela da produção antropológica e etnohistórica sobre grupos guarani, a saber, aquela que, dadas a riqueza e a ênfase especulativas presentes nas histórias e estórias guarani, postula uma sobre-codificação religiosa em detrimento de outros códigos como, por exemplo, o sociológico, o econômico ou o político. Embora esses outros códigos estejam praticamente ausentes neste livro, assim estão não devido a uma perspectiva analítica presa ao "religioso", e sim por seu material alvo, transcrições-traduções da palavra fundamental mbya. Não tomo a palavra indígena por meio de uma linguagem teológica, ou não no sentido de uma teologia sistemática (que é cristã), em voga em certas vertentes, como a de Chamorro, que radica suas questões em torno de ideias como: "a pergunta por Deus, a revelação, os sacramentos; pela humanidade, a questão do mal, a salvação, a comunidade, a mediação do sagrado, o salvador; pelo mundo, a escatologia, o princípio, o fim, a história" (1998, p. 32).

uma variação do desejo externo de estabilizar a metafísica com adjetivo guarani, trabalho, dentre outras coisas, com:

- Os traços metalinguísticos tais como dispostos ou definidos pelos próprios textos. Com isto tenho em mente as classificações padrão de gênero: dicionários e gramáticas, textos míticos, linguagem sagrada, compêndio e compilação, etc.. Contudo, darei uma atenção especial aos momentos em que León Cadogan sai do horizonte da voz passiva e surge em suas obras como comentador, momentos em que há uma série de informes a respeito das condições de produção do conhecimento, bem como sobre os Mbya e seus afetos, os dilemas e as dificuldades de pesquisa.

- Os momentos em que noções e discussões sobre *autoria, cópia* e *divulgação* se fizerem presentes.

- Algumas aporias típicas das atividades de transcrição e de tradução, que emergem nas línguas postas em contato – o guarani-mbya e o castelhano –, na estruturação tradutiva e convertida de pensamentos e, por fim, na afirmação de balizas para o *aqui-agora, além-depois* (datas, assinaturas e lugares).

Ao afirmar que minha posição analítica é a das fronteiras de pensamentos, estou também dizendo que a fronteira "ocidental" está marcadamente presente ao lado da mbya – ideia que traz em seu bojo outra consequência, a saber, a necessidade de discutir o que alguns filósofos e linguistas, a exemplo de J. Derrida, notaram como um movimento geral euro-americano. Ou seja: a fonetização da escrita, que, em sua história, precisou esconder suas próprias estórias por meio da atribuição ao *logos a origem da verdade* (DERRIDA, 2004). Dizendo em termos bastante sucintos e com dose excessiva de generalização, as metafísicas da palavra, em especial o cristianismo – típica religião da palavra revelada –, contribuíram muito para a consolidação de uma forma de escritura que, em detrimento das demais, instituiu-se como *a* fonte da verdade. Em um processo gradativo, a escrita deixa de significar uma prática particular, uma técnica de inscrição localizada histórica e geograficamente, e ultrapassa a extensão da própria noção de linguagem, apagando todos os seus limites. O privilégio da *phoné* responderia, assim, a um momento específico da economia ocidental, e não só a uma escolha tida como natural (ou evolutiva), de ordem heurística. Em outros termos, não se trata de uma "visão técnica da evolução da linguagem", como são as teses de Goody, por exemplo, sobre oralidade e escrita (1987; 1977), pois a diferença entre as qualidades de escrita é um terreno privilegiado em que se dá:

> [...] a prática da linguagem científica que contesta de dentro, e cada vez mais profundamente, o ideal da escritura fonética e toda a sua metafísica implícita (a metafísica), isto é, particularmente a ideia filosófica da episteme; e também a de istoria que é profundamente solidária com aquela, apesar da dissociação ou oposição que as relacionou entre si numa das fases de seu caminhar comum. A história e o saber, istoria e episteme, foram determinados sempre (e não apenas a partir da etimologia ou da filosofia) como desvios em vista da reapropriação da presença. (DERRIDA, 2004, p. 12).

Mais à frente, retornarei a essa discussão. Por ora, basta afirmar que um dos pontos para o entendimento do corpus deste trabalho é tomar a fundo as implicações disso que ficou conhecido como metafísica logocêntrica, congênita à ideia e à prática escrita. Assim a tomo para apontar como certa metafísica mbya, que também é uma metafísica da palavra – com influências cristãs que cruzaram os séculos –, afetou o trabalho engajado de León Cadogan, permitindo uma forma de escrita que é "branca" e também indígena: encontro que traz consigo um elemento fundamental, a saber, *as próprias formas nativas guarani de entextualização* ao lado daquelas do antropólogo.

Meu ponto é aquele segundo o qual a palavra mbya – *a palavra fundamento* –, pode ser lida, ou melhor debatida, como *palavra-poiésis*, que, por sua definição, está a serviço de outros fins que o instrumental, comunicativo. Assim, também, o trabalho de León Cadogan – um trabalho escrito – em conjunto com diferentes intelectuais indígenas, como Pablo Vera, parece-me fundar o fundamento da linguagem mbya. Em outros termos, penso que o corpus das belas palavras nos instiga a pensar versões *diferentes* para esse diagnóstico que Derrida faz de parcela da filosofia ocidental:

> O pecado foi definido frequentemente – por Malebranche e por Kant, entre outros – como a inversão das relações naturais entre a alma e o corpo na paixão. Saussure acusa aqui a inversão de relações naturais entre a fala e a escritura. Não é uma simples analogia: a escritura, a letra, a inscrição sensível, sempre foram consideradas pela tradição ocidental como o corpo e a matéria *exteriores* ao espírito, ao sopro, ao verbo e ao logos. E o problema relativo à alma e ao corpo, sem dúvida alguma, derivou-se do problema da escritura a que parece – ao invés – emprestar metáforas. (2004, p. 42, grifo meu).

É o que tento mostrar ao caracterizar o trabalho mbya-cadoganiano como sendo o de uma oficina poética, de um ateliê da palavra, horizonte inteiro de práticas que buscaram uma estabilização, a de metafísicas guarani, muito ligadas ao próprio impulso do ato de tradução – "da tarefa do tradutor", para dizer como W. Benjamin, a saber, encontrar códigos fixos, traços diacríticos significativos, sem contudo parar o fluxo, matar a fonte da significação: o desejo de manter vivo o "sopro da palavra inspirada". Antes de adentrar, porém, em efetivo nesse campo, nas apresentação e análise propostas faz-se necessário explicitar aos leitores, minimamente, as "regras do jogo", isto é, algumas escolhas metodológicas e conceituais que fundamentam minha perspectiva analítica. Ao assim proceder, apenas viso a fornecer introdutoriamente esboços, um pequeno "mapa" que guiará a atenção do leitor. Em especial, em quais sentidos emprego ideias centrais a este livro, quais sejam, "oficina poética", "metafísica" e "tradução".

1.1 Etnografias da Fala, Oficina Poética

Uma parte do instrumental da sociolinguística constitui algo da estrutura metodológica e heurística de minha análise, porém este trabalho não pode ser definido, e nem quer ser visto assim, como ligado ao campo dos estudos sociolinguísticos, pelo menos por dois motivos. Um é de natureza empírica. Isto é, não é possível reconstituir, de modo satisfatório, os elementos pragmáticos e relacionais implicados e presentes na construção do material por mim analisado – o conjunto de cantos e textos míticos mbya, que foram coletados por León Cadogan. As informações dispostas em documentos, em manuscritos, assim como outras reconstituídas por meio de entrevistas, são lacunares com relação aos momentos da formação e formatação desses saberes, o que impossibilita, por exemplo, entender de forma mais detalhada aspectos conjunturais referentes às relações sociolinguísticas e às escolhas formais do antropólogo perante os nativos – as diferenças hierárquicas entre os xamãs-informantes (diferenças sociológicas de poder e de política), as variantes linguísticas, os traços da prosopopeia, as escolhas formais de versificação e de retórica na transcrição dos cantos, dentre outros. Ao mesmo tempo em que há uma relativa riqueza informativa, como já dito, a respeito dos trabalhos e de certos aspectos da vida de León Cadogan, há uma enorme lacuna no que tange aos *momentos nos quais*, por exemplo, deram-se os encontros entre ele e os grupos indígenas durante *a coleta* de dados. Essas lacunas, por outro lado, são supridas, em certa medida, pela própria preocupação de León Cadogan em evidenciar suas fontes e deixar claro o contexto a partir do qual seus dados vieram à tona. Não obstante, a sua qualidade pontual e idiossincrática, na maior parte das vezes, impede que se tenha um acesso mais vertical, detalhado, a esses momentos, para não dizer das motivações pessoais e estéticas que nortearam o trabalho de León Cadogan, cujas informações são ainda mais difíceis de acessar.

Já o segundo motivo pelo qual me desvio do campo da sociolinguística é uma escolha pessoal. Parto de uma perspectiva analítica na qual não viso a dar muita ênfase a temas e a objetos comuns a esse campo, tais quais "poder", "hierarquia", "performance". Assim o faço não somente porque, como disse, é difícil reconstituir e ter informações fulcrais a esse respeito no caso *Ayvu Rapyta*, mas também devido ao fato de que recuso, metodologicamente, postular de *antemão* conceitos tais quais "hierarquia" ou "poder". Os dados sociopolíticos dos momentos do trabalho criativo entre León Cadogan e Mbya serão abordados por meio de alterações de escala ora teórica, ora empírica. Embora esse conjunto de dados esteja presente, em alguns momentos com certa abundância, neste livro, ele não é tomado de modo central na análise, e sim como momentos analíticos a serviço de outra ênfase: a metafísica mbya e as traduções de León Cadogan. Ou, para ser sucinto, ideias como "hierarquia", "performance", "assimetria de poder" são variáveis etnográficas, quero dizer, emergem das concepções nativas em torno de certas searas da vida e das relações com outros grupos.

Como consequência, dado o arcabouço acionado, posso ser acusado de aceitar uma concepção bastante ideológica da linguagem, devedora de uma "linguística humanista" presa a categorias universais da linguagem, sem estar atento às especificidades pragmáticas que são fundamentais para vigência e dinâmica da própria linguagem operando no campo social. Alerto, desde já, que viso ao contrário, a saber: tomar esse legado humanista presente nas mais diversas versões do conhecimento antropológico – ao lidar com concepções nativas e teóricas de linguagem – em contraste com as concepções mbya da linguagem, filtradas e engendradas pelo trabalho de coleta, transcrição e tradução de León Cadogan.

Traço, assim, uma linha de diálogo entre a sociolinguística e a linguística humanista (antropologia "clássica"), porém não há filiação a nenhuma das duas. Antes, meu trabalho enquadra-se melhor como uma exegese conteudística de relatos metafísicos, míticos e poéticos de um grupo de índios Mbya – exegese atenta tanto a aspectos formais quanto a práticos (pragmáticos) desse conjunto de conhecimentos.

Hymes (1996) indica a necessidade do antropólogo/linguista ir além de um "humanismo liberal" que só reconhece a potencialidade abstrata de todas as línguas. Faz-se necessário, afirma, pensar uma "humanidade em situações concretas" que –.como é o caso dos cantos *Ayvu Rapyta* – se situa em contextos desiguais, assimétricos. A ausência das circunstâncias sociais revela o quanto certa abordagem pode ser devedora de uma concepção idealista, que estabelece a linguagem como insulada, como uma vasta possibilidade formal, que, por sua vez, é pensada em termos de sua universalidade. Trata-se de um ponto fundamental no sentido em que insere as pesquisas em um horizonte no qual se faz necessária uma cautela antes de assertar "mundos ontológicos", ou "grandes construtos filosóficos", sem lidar com as relações sociais dadas no tempo e no espaço.

Uma primeira ressalva que faço é salientar, em conjunto, mas para além desse ponto tal qual exposto por Hymes, que se faz necessário reconhecer as especificidades etnológicas, etnográficas e, portanto, perceber que há contextos nos quais discussões a respeito das diferenças sociopolíticas não rendem (a baixa qualidade das informações disponíveis, por exemplo), ou mesmo se mostram desnecessárias. Se a concepção insulada da linguagem precisa ser olhada de modo "mais crítico" pelos antropólogos, por outro lado, de igual monta, carece também uma perspectiva menos universal a respeito de conceitos como "disputa entre agentes", "diferenças de poder", "ação", como se fossem também universais, independentes do quadro etnográfico [4].

As narrativas orais não são formas meramente redutíveis a outros modos de conhecimento, ou seja, não constituem um saber que pode ser entendido como um estágio inicial (GOODY, 1997b; 1987) de outra coisa por vir (a escrita alfabética). Antes, podem mesmo figurar como casos de um "estágio permanente", ou assim almejado (LORD, 2000; MONOD-BECQUELIN, 2000). Com isso, tenho como objeto primeiro os falantes, porém incluo nessa categoria a figura de León Cadogan como também sendo um falante dos falantes de *Ayvu Rapyta*. O foco nos falantes é aquele sobre "a linguagem como uma configuração de fontes simbólicas que entram na constituição da fábrica social e da representação individual de reais ou possíveis mundos" (DURANTI, 1997, p. 3). Por outro lado, não é nada simples estipular o que pode ser entendido como falante no caso dos cantos míticos *Ayvu Rapyta* (CADOGAN, 1997), dada a série de mediações, dilatada no tempo e multialocada no espaço, tal como ficará mais claro no decorrer dos meus argumentos. O que posso dizer agora – sem com isso

---

[4] Não estou aqui ignorando que as manifestações orais, típicas de um trabalho de etnografias da fala, estão permeadas por relações de poder, e sim dizendo que o entendimento dessas relações não é a panaceia para as pesquisas antropológicas em torno das artes verbais. Desnecessário dizer que tais artes não são neutras, que são resultados de construções diferenciais e que são discursos situados, no mais das vezes por meio de performances linguísticas ou de conjunturas especiais. O próprio material que constitui, por exemplo, o livro *Ayvu Rapyta* é atravessado por essas questões, embora, por outro lado, não seja possível recuperá-las para uma análise mais detalhada. O que quero pontuar é que desconverter o denominado "humanismo liberal" não pode se converter no abandono de certa pretensão antropológica de chegar a sínteses (parciais e relativas) de uma dada conjuntura etnográfica que tocam em temas metafísicos, filosóficos, cosmológicos.

atrapalhar muito o fio dos argumentos para o leitor – é que tenho à minha disposição uma configuração cristalizada, isto é, um texto "terminado" em que posso definir seus mediadores (com suas mediações), assim como uma série de falantes.

Faz-se necessário esclarecer outro ponto. Uma premissa que sigo é a de que se trata de uma poética, porém assim entendo sem mergulhar as estórias, os cantos e as narrativas míticas mbya no caldo geral da "cultura oral universal pré-literária", que emanaria de uma poética pan-humana – poéticas, portanto, mas em que sentido? Seguindo a própria adjetivação dada pelos Guarani, pela literatura guaraninóloga e, em especial, por León Cadogan, os cantos e textos míticos presentes em *Ayvu Rapyta* (CADOGAN, 1997) são entendidos como *poéticos*. Não obstante, é de suma importância entender o que vem a ser poesia nesse caso, algo ligado a duas outras questões: uma textual, em que se vê a própria glosa nativa definindo o que é "poesia", no caso, a bela palavra mbya; e outra acadêmica, os pressupostos e valores estéticos implicados nos atos de coleta, transcrição e tradução de León Cadogan.

Sendo mais explícito, parto do pressuposto de que o conceito de poética deve ser, antes de tudo, uma categoria nativa – no caso, um conceito mbya –, cujos contraste e diálogo com a noção de poesia ocidental (da qual eu sou um representante) emergem como uma "crítica" à "ideia de crítica" característica do pensamento estético euro-americano (EAGLETON, 1993). É tarefa inglória definir o que vem a ser poesia em contextos nos quais coisas que nomearíamos como música, reza e hinos não são categorias insuladas, segregadas em discursos e em práticas. A única solução possível para esse imbróglio é de ordem etnográfica. O facilitador de que disponho é o fato de que estou lidando com a palavra mbya, que já traz em seu bojo uma reflexão a esse respeito. A concepção mbya, como pretendo mostrar, não está muito distante da proposição inaugural de Jakobson (1963,

1979) a respeito da "função poética" – isto é, aquela que *veicula uma mensagem sobre si mesma* – traço presente no modo como os Mbya concebem a linguagem, a um só tempo, *ação* e *expressão*. A ironia autoinfligida de León Cadogan ao falar do receio que tinha a respeito da forma como o seu trabalho poderia ser lido – a de um poeta farsante – vem a calhar. Afirma ele a respeito de seu trabalho mais célebre, *Ayvu Rapyta* [5]:

> [...] forçosamente deverá ser qualificado como texto apócrifo, obra de algum emulador do pobre poeta Chatterton que (segundo de Vigny em *Le docteur noir*) se entretinha em compor poemas em inglês arcaico, os oferecendo logo como documentos exumados dos arquivos de monastérios medievais desaparecidos. (CADOGAN, 1997, p. 316).

Esse divagar sobre o que poderia vir a ocorrer com o poemário de *Ayvu Rapyta* – com grandeza poética e profundidade metafísica, cujos limites, nos termos de León Cadogan, extrapolam nossa imaginação – é instrutivo. Porém, antes de tomar León Cadogan como um Thomas Chatterton latino, criador de lendas e textos anacrônicos, creio ser mais exato entender que o trabalho daquele é sim o de um poeta, todavia semelhante ao de outra estirpe de poeta, a saber: afim aos horizontes poemáticos do poeta francês Francis Ponge [6] – horizontes que distinguem o trabalho da linguagem como o de uma oficina poética, ateliê da palavra, cuja grande lição é tomada das *variantes*, das variações sobre um mesmo tema, das versões que se multiplicam, do (quase) eterno trabalho de (não) conclusão, da obsessão com a materialidade da língua em suas dimensões sígnicas e formais. Esboços, notas, croquis, reformulações – os rascunhos são

---

[5] Nas páginas deste livro, verto para o português, em traduções livres, os textos originais em espanhol, francês e inglês, com as exceções dos cantos mbya (na tradução espanhola de León Cadogan).

[6] Agradeço aqui ao antropólogo Carlos Cesar Leal Xavier (Caco), por ter me apresentado o trabalho de Francis Ponge, em um momento muito oportuno.

postos no centro do palco, mas com um estatuto outro daquele que geralmente têm. Como proponho no decorrer das próximas páginas, a obra de León Cadogan é mais bem caracterizada como uma *sequência de grandes fragmentos*, tais quais blocos a serem combinados no trabalho de um escultor. Assim, não é o caso de temer falta de autenticidade, ou mero trabalho de emulação. As palavras de León Cadogan que piscam zombeteiras ao falar de Chatterton para seus leitores são, se muito, um dilema autoral que atravessou sua vida, frente à necessidade de legitimação de pesquisas e produção acadêmicas resultas do trabalho de um sujeito sem a educação formal suposta necessária para essas empreitadas. León Cadogan foi um pesquisador exceção, que não era nem antropólogo, nem linguista de formação, e cujos anos de educação formal não chegaram a oito. O receio-Chatterton é muito mais ligado ao estilo debochado e irônico de León Cadogan do que a um dilema que paralisou suas ambições de pesquisa, como mostra sua série considerável de publicações, com grande qualidade empírica.

A palavra mbya é poética no sentido que os nativos dão à expressão. Não obstante, a palavra de León Cadogan também o é. Por isso tomo algumas propostas poemáticas de Francis Ponge para (me) ajudar a interpretar e entender a força e a riqueza do trabalho de León Cadogan. O gênero pongeano, que traduzo aqui como vizinho ao cadoganiano, é o dos "cadernos de exercícios", que começa a se exercitar dispondo palavras sobre a extensão de aspectos do mundo e, após várias tentativas, exprime suas ideias por meio de trabalhos sempre sujeitos a reformulações, rascunhos e aproximações – um trabalho que é situado em um tempo dilatado (vários momentos) e em um espaço multíplice (diferentes lugares).

Após o reconhecimento acadêmico, passou a ser de tom geral a ideia segundo a qual o trabalho de León Cadogan – mesmo com as suspeitas iniciais e supostos problemas de tradução – abre importantes portas para a etnologia guarani, por dar acesso a um universo riquíssimo, em especial o metafísico e o linguístico. O próprio León Cadogan coloca sua contribuição para o conhecimento etnológico e linguístico em um registro modesto. Ele afirma, que seus trabalhos:

> [...] *não têm* outro objetivo do que sugerir a necessidade de destruir o mito de que conhecemos a cultura guarani e de insistir sobre a urgência de retomar o estudo desta cultura com referência às suas variantes regionais. Para tal trabalho não bastará examinar o que anda esparso em abundância na literatura. Far-se-á necessário ir a campo e fazer um levantamento sistemático da cultura de todos os grupos guarani remanescentes no nordeste da Argentina, no Paraguai, no Brasil. Se não o fizermos de imediato, será tarde demais. Seria conveniente, creio, na realização deste trabalho, conjugar esforços dos etnólogos argentinos, paraguaios e brasileiros. (CADOGAN GAUTO, 1998, p. 125).

Essa modéstia será abordada em contraste com o próprio trabalho da oficina poética de León Cadogan, um ateliê da palavra que gerou obras que cumprem, poder-se-ia dizer, muito do que ele sempre almejou na figura de outros investigadores da cultura guarani.

1.2. Metafísica Palradora

Menos simples, porém, é definir em que sentido eu faço uso da expressão *metafísica* para qualificar o tema e o objeto da minha abordagem. Um caminho equivocado, pelo qual é fácil enveredar, é aquele no qual, ao lidar com a metafísica dos outros – ainda mais quando não se é fluente na língua nativa, como é o meu caso[7] –, o pesquisador abraça o léxico de modo amadorístico e, a partir disso, extrai grandes especulações sobre o pensamento de outrem. Como aponta Keesing (1985), é recorrente certa tendência antropológica de construir metafísicas indígenas a partir de leituras substantivas, literalizantes, do que são, ou poderiam ser, somente expressões idiomáticas, algumas metáforas convencionais. E muito do que se escreveu sobre os Guarani cai nessa armadilha, poder-se-ia dizer.

Porém, frente a essa censura, muito necessária e justa, creio que seja importante defender, por outro lado, a existência de trabalhos antropológicos com pretensões de traduzir narrativas metafísicas, "contra certas posições maximalistas que não deixam de ecoar a teoria max-mulleriana da 'enfermidade da linguagem' – desta vez aplicada aos antropólogos, ao invés dos nativos" (LÓPEZ AUSTIN, 2009, p. 20), até mesmo porque são raros os trabalhos que se valem somente de um conjunto lexical, sem lidar com aspectos gramaticais-formais e sem quaisquer precauções metodológicas para chegar a modelos metafísicos [8]. Uma coisa é a recusa de imputar aos *outros* a "nossa metafísica" (por exemplo, a "metafísica da substância" euroamericana), outra bem distinta é concluir que não é possível atribuir – isto é, traduzir – alguma metafísica a partir de análises empíricas por meio de lexicografias e de concepções nativas (VIVEIROS DE CASTRO, 2007).

---

[7] Meu processo de aprendizado da língua mbya-guarani foi confuso. Mesclou estudos incipientes autodidatas, com algumas aulas dispersas e fragmentadas. Muito disto foi fruto de problemas de saúde, que diminuíram muito meu tempo e raio de ação no aprendizado da língua. O que redundou em um óbvio não aprendizado. Assim, eu não tenho domínio da língua. Respaldo meus argumentos, portanto, de modo colado aos informes do texto cadoganiano (que, aliás, é o objeto deste trabalho) e à literatura especializada.

[8] "O argumento de Keesing é duplo, e não é totalmente consistente. A partir de uma análise do conceito de 'mana', tal como está presente no discurso dos Kwaio das Ilhas Salomão, ele conclui que os antropólogos reificaram aquilo que, no universo mental indígena, é relação e processo – isto é o que teria sucedido com a interpretação metafísica do *mana* como substância. Ao mesmo tempo, ele diz que os antropólogos impõem uma coerência artificial e 'letrada' a materiais cognitivos caracterizados por uma dispersão contextual e uma indiferença ao espírito de sistema, como é própria das tradições orais das sociedades sem hierarquia ou especialização funcional (Goody)" (López Austin, 2009, p. 21).

> [...] se antes os nativos, estes animistas incorrigíveis, reificavam abstrações propondo falsas ontologias que era necessário reduzir a representações errôneas e em seguida explicar sua origem, agora são os antropólogos que reificam o que existe ontologicamente – no cérebro dos nativos – como mera metáfora convencional, quer dizer, como representação semanticamente inerte. O repertório crítico permanece o mesmo, mudam unicamente as vítimas. O 'fetichismo' e seus avatares – reificação, essencialização, naturalização – parecem ser o correspondente epistemológico pós-iluminista das acusações de bruxaria. (LÓPEZ AUSTIN, 2009, p. 20).

A lição da desconstrução derridiana é instrutiva para o caso. Não nos é dada a possibilidade de abandonar "nossa metafísica", no sentido em que ela está presente na forma como conhecemos o outro, por exemplo, pelas categorias que usamos para traduzir a experiência etnográfica. Porém, essa característica não coloca em cena um quadro no qual é impossível lidar com outras metafísicas. O que se faz necessário é ter uma prática intelectual atenta à própria metafísica, alerta à imputação ao outro do que não se ajusta a ele. Tendo a concordar com López Austin (2009, p. 21, grifos meus), quando afirma que:

> A posição defendida por Keesing, além de seguir uma orientação característica da filosofia analítica anglo--saxã, traduz um movimento mais geral da antropologia contemporânea, que nisto mostra sua legítima filiação modernista: a *subordinação massiva da ontologia à episte-mologia*, com a consequente redução das diferenças entre as ontologias do observador e do observado ao efeito de regimes epistemológicos distintos. Keesing parece não conceber a possibilidade de uma ontologia que não seja erguida sobre a noção de Substância. A relação é vista como extrínseca ao Ser, devendo por conseguinte ser arrumada sobre o espaço que separa o Ser do Conhecer:

se o mundo indígena está fundado na relação, então 'deve ser' um mundo puramente epistêmico, linguístico e pragmático.[9]

Porém, ao lado dessa premissa – que nada mais é que uma contraposição à outra mais afim à pragmática anglo-saxã – viso também a adentrar, com o trabalho cooperativo entre León Cadogan e intelectuais Mbya, na maneira pela qual é possível abordar metafísicas outras, partindo de análises em torno da imbricação entre transcrição-tradução e metafísica-ontologia. A metafísica é palradora, no caso mbya e de León Cadogan, e para ter acesso a ela atacarei mais de frente um conjunto de questões, ou mais exatamente, os meandros que misturam linguagem e metafísica. Para tanto, o passo inicial necessário é procurar entender, como sugere Hymes (1996): o que conta como linguagem (no caso, para os Mbya – sobretudo para os diferentes intelectuais, xamãs com suas linguagens diferenciadas – e para o tradutor e pesquisador León Cadogan); por via de consequência, quais são os problemas de linguagem postos em cena; o que conta como uso apropriado da linguagem em cada contexto; ou ainda quais são os conceitos relevantes – para os nativos e para o pesquisador e, mais, quando os nativos são uma espécie de antropólogo, como é o caso dos tradutores mbya –; o que conta como poder; o que pode ser considerado uma fala poderosa, bonita.

Há atalhos pelos quais os analistas podem se enveredar, no sentido de que há temáticas fortes, que são recorrentes e que fornecem bons mapas para o entendimento "cultural", metafísico, do outro. Por exemplo, as concepções a respeito da animalidade, do corpo, da ação, como também os rituais de cura, as toponímias, uma teogênese, uma antropogênese. Os glossários, por exemplo, funcionam como instrumentos, atalhos tradutivos, para lidar um pouco com termos, com expressões que não são de

---

[9] Cf. também VIVEIROS DE CASTRO (2007).

fáceis soluções de tradução, tanto na transposição de sentido, como também na adequação formal-estilística. Enfim, há possibilidades de horizontes menos desérticos do que aquele diagnosticado por Keesing (1985), ao discorrer de metafísicas nos trabalhos antropológicos.

Peço licença ao leitor para estabelecer um breve diálogo com um aspecto menor da filosofia kantiana, a fim de esclarecer o instrumental conceitual aqui presente: o fato de eu lidar com o tema da metafísica em abordagem "etnológica tradutiva" redundaria em uma abordagem "analítica"? As respostas a essa pergunta deixo o trabalho dar por si. Por ora, interessa-me apenas estabelecer o diálogo, com contrastes, com a obra de Kant.

Em seus "Prolegômenos a toda metafísica futura" (1988), Kant parte da tentativa de Hume de refutar a metafísica para fundar o estudo filosófico idealista sobre o tema, traçando alguns conceitos e ideias frequentes em investigações de cunho metafísico nas mais distintas tradições do pensamento. Segundo Kant, a grande contribuição do trabalho de Hume não advém do fato de seu conceito de causa-consequência ser ou não exato, e sim de que é concebido a priori, ou seja, como uma "verdade que independe da experiência" (KANT, 1988, p. 20). A metafísica, afirma o filósofo, é um tipo de conhecimento que é todo construído por conceitos de relações a priori, e nunca, portanto, algo derivado da experiência, somente um produto do "pensamento puro". Uma razão pura é aquela em que se observa a total interdependência recíproca das partes:

> A razão pura é uma esfera de tal modo à parte, tão completamente unificada em si, que não se pode tocar em nenhuma parte sem afetar todas as outras, e que nada se pode fazer sem primeiramente ter determinado o lugar de cada uma e a sua influência sobre as outras; porque, nada existindo fora dela que possa corrigir o nosso juízo

> interior, a validade e o uso de cada parte depende da relação em que ela se encontra com as outras na própria razão tal como, na estrutura de um corpo organizado, o fim de cada membro só pode deduzir-se do conceito geral do todo. (KANT, 1988, p. 21).

Portanto, as fontes do conhecimento metafísico não pode(ria)m ser empíricas, o que, por sua vez, resulta(ria) na ideia de uma ciência metafísica que é totalmente analítica. Analítico, no caso, designa o fato de nada acrescentar ao conteúdo, a priori; sabe-se de todas as coisas pelos simples conceitos que professam, na medida em que carregam em si todas as características e qualidades. Trata-se de um horizonte em que a razão é aplicada a si mesma, incubando seus próprios conceitos sem a necessidade de mediação da experiência, "a totalidade absoluta de toda experiência possível não é em si mesma nenhuma experiência" (KANT, 1988, p. 110). A questão de fundo é, como coloca o autor:

> A razão pura não visa entre as suas ideias objetos particulares, que se situem para lá do campo da experiência, mas exige apenas a totalidade do uso do entendimento no encadeamento da experiência. Esta totalidade, porém, só pode ser uma totalidade dos *princípios*, não das intuições e dos objetos. Contudo, para dela ter uma representação determinada, ela concebe-a como o conhecimento de um objeto, cujo conhecimento é perfeitamente determinado em relação a essas regras, mas esse objeto é apenas uma ideia para aproximar o mais possível o conhecimento do entendimento da totalidade que essa ideia designa. (KANT, 1988, p. 116, grifo meu).

O ponto central que quero destacar ao mencionar a metafísica kantiana é o poder de pensar a *ligação* (a ideia de conexão) por meio de conceitos, cujo exemplo extremo é a noção de Ser Supremo (algo, aliás, caro à metafísica mbya, na figura de Ñamandú) – conceitos que são solvido formalmente por antíteses[10]. A resposta de Kant para o deísmo, guardada uma série de incompatibilidades intelectuais minhas com seu sistema filosófico, é interessante para um ponto do meu argumento e minha escolha por tomar a metafísica como objeto de trabalho. Para o filósofo, o deísmo é somente um *antropomorfismo simbólico*, ou seja, algo que concerne apenas à própria linguagem humana, e não ao objeto:

> Quando digo: somos forçados a considerar o mundo como se ele fosse a obra de um entendimento e de uma vontade supremos, apenas digo, na realidade: assim como um relógio, um barco, um regimento se refere ao relojoeiro, ao construtor e ao coronel, assim também o mundo sensível (ou tudo o que constitui o fundamento deste conjunto de fenômenos) se refere ao desconhecido que eu, pois, não descubro segundo o que ele é em si mesmo, mas segundo o que ele é para mim, a saber, em consideração do mundo do qual eu sou uma parte. (KANT, 1988, p. 152).

O conceito deísta é uma espécie de conceito racional inteiramente puro, contém toda a realidade sem determinar nada a seu respeito, pois para fazê-lo necessitaria buscar algo no mundo empírico, o que é impossível em termos lógicos. A resposta que os Mbya dariam à questão deísta – que, de certo, não é posta por eles nesses termos – seria via outros parâmetros, como pontuarei mais à frente. No momento, quero destacar o fato de que levar a sério uma metafísica traz como um possível corolário pensar em um conhecimento por analogia, "uma semelhança perfeita de duas relações entre coisas inteiramente dessemelhantes" (KANT, 1988,

---

[10] Sem entrar muito no problema kantiano, o que se evidencia aqui é que as cosmologias são plenas de antíteses: finitude, infinitude; simples, composto; liberdade, natureza; causa necessária, causa contingente. Cada elemento dos pares pode ser estabelecido por meio de provas e, assim, a "razão vê-se assim dividida consigo mesma, situação acerca da qual se alegra o céptico, mas que lança o filósofo crítico para a reflexão e inquietude" (KANT, 1988, p. 127). Há antinomias do tipo matemático, isto é, estão preocupadas e ocupadas com adição e divisão (finito/infinito, simplificação/composição), por outro lado há as do tipo dinâmico: a impossível fuga da razão.

p. 153). Ou seja, é inescapável ter que lidar com um conjunto de abstrações, geralmente radicado em *relações entre conceitos*, no sentido em que o pesquisador, antropólogo-tradutor, tem que lidar com uma série de pontes entre metafísicas, traduzir a sua e a de outrem, nas quais as categorias de sua própria cultura estão presentes [11]. É possível ficar imune em alguma medida ao idealismo ao falar de metafísica no quadro etnográfico acionado por mim?

Voltando à etnologia, a literatura antropológica é mister em apresentar grupos guarani enquanto "tradicionalmente religiosos", como é o célebre trabalho de Hèléne Clastres (1975), que afirma existir um "núcleo duro religioso" que perdura dentre os Guarani, apesar de todas as transformações históricas a que foram e são submetidos. Porém, diferente do "modelo de religiosidade ocidental" no qual há uma insistente exigência por signos tangíveis – sejam eles material, verbal, gestual –, os grupos guarani "não adoram nada visual e sua *prática* religiosa não se inscreve dentro de um quadro conhecido" (CLASTRES, 1975, p. 26). É o contraexemplo que permitiria ver o grande "erro ocidental", a saber, a ideia segundo a qual a religião deve se definir em função de uma divindade criadora (CLASTRES, 1975, p. 36).

Seria também um erro ocidental pensar toda a metafísica como uma investigação "analítica"? Ou ainda, não se trata de dar outra resposta possível ao deísmo, na qual o relato metafísico não é determinado pela centralidade (a priori e a posteriori) da ideia de Ser Supremo? Aliás, o pressuposto antropocêntrico ("antropomorfismo simbólico") que subjaz a "investigação analítica" não traz em seu bojo uma limitação drástica quando se sai do registro metafísico-teológico euroamericano?

---

[11] Para Kant, "uma tal investigação é, na realidade, dificultosa: por isso confesso que o que tenho a dizer a este respeito é unicamente conjectura, como tudo o que concerne aos primeiros fins da natureza, o que também me pode ser concedido neste caso, visto que a questão não respeita ao valor objetivo dos juízos metafísicos, mas à disposição natural para os formar e, portanto, *reside fora do sistema da metafísica, na antropologia*" (1988, p. 158).

Algo que reflete a imagem que Pierre Clastres ajudou a cristalizar, segundo a qual os grupos guarani são especulativos, mais próximos ao pensamento reflexivo do que ao mitológico, em que a "metafísica substitui a mitologia" (1974, p. 10). Para Pierre Clastres, os dados mbya, que León Cadogan coletou, transcreveu, cocriou e traduziu mostram uma engenhosa arqueologia do mal, uma "genealogia da infelicidade", cujos elementos soam familiares aos ouvidos ocidentais – um pensamento metafísico indígena, que:

> [...] deixava progressivamente o terreno do mito para se abandonar a uma reflexão sobre o mito, a uma interrogação a propósito de seu sentido, a um verdadeiro trabalho de interpretação através do qual tentava responder à questão que se colocam, até a obsessão, os Guarani: onde está o mal, de onde vem a infelicidade? (CLASTRES, 1974, p. 11).

O conjunto de conhecimentos dos "guarani de papel" é bastante especulativo, abstrato, metafísico, e muito dessa característica resulta do modo como se deu sua gestação. Quero, pois, assim, deixar claro que não se trata de ficar restrito ao registro religião-teologia. Trata-se de uma série de saberes etnológicos de papel, cuja literatura etnológica condiciona em boa medida o olhar para a esfera religiosa-metafísica. Como já apontava Eduardo Viveiros de Castro em suas notas introdutórias ao trabalho de Nimuendaju (1987), nesse horizonte etnográfico, impõe-se como tema: "quais as condições e implicações sociológicas de uma forma cultural em que o discurso predomina sobre o emblema ou o esquema ritual, a representação sobre a instituição, a teologia sobre a sociologia, o tempo cósmico escatológico sobre o espaço social" (VIVEIROS DE CASTRO, 1987, p. xxiv).

Seguindo a própria qualificação dada por León Cadogan, tomo os Mbya como *intelectuais*, "profetas da selva, poetas astutos e brilhantes", uma escolha que coloca em cheio a pergunta emprestada a Derrida (1996b, p. 33, grifos meus): faz-se necessário salvar-se da abstração ou salvar a abstração?

> Nos salvar pela abstração ou nos salvar da abstração? Onde está a salvação? (Em 1807, escreve Hegel: 'Wer denkt abstrakt?': 'Denken? Abstrakt?' – 'Sauve qui peut!'. Assim começa dizendo, e justamente em francês, para traduzir o grito – 'Rette sich, wer kann!' –
>
> *do traidor que fugir, de uma só vez, do pensamento, da abstração e da metafísica: como que da 'peste').*

Tomando a ideia segundo a qual há uma "teologia guarani" em Nimuendaju que foi radicalizada em Léon Cadogan, esse dilema sobre qual salvação deve-se escolher fica ainda mais intricado, no sentido de que, em termos etnológicos, há uma série de concepções e práticas nativas que percebem na abstração o destino do humano no mundo, mas, principalmente, por ser um conjunto de conhecimentos propriamente *abstratos* na fonte (indígena) e na fixação no papel (coleta, transcrição e tradução de antropólogos entre grupos guarani). O próprio León Cadogan separa temas em *Ayvu Rapyta,* em uma seleção e uma construção narrativa que direcionam a atenção dos leitores para esse horizonte, como nas notas lexicográficas de cada capítulo, com um claro recorte metafísico.

Uma pequena digressão, que peço licença ao leitor para fazer visando a traçar alguns elementos presentes em minha perspectiva. Se há de um lado a perspectiva, digamos, hegeliana, a saber, uma:

> [...] ontoteologia que determina o saber absoluto como verdade da religião, como se lê no movimento final descrito nas conclusões da 'Fenomenologia do Espírito' – que anuncia em efeito uma 'religião dos tempos modernos' fundada no sentimento de que 'Deus mesmo morreu' –. A 'dor infinita' ainda não é ali mais do que um momento, e o

sacrifício moral da existência empírica não é nada senão 'a paixão absoluta'. (DERRIDA, 1996b, p. 40).

Por outro, poder-se-ia dizer que os Mbya não optam por uma ontoteologia no sentido estrito de que essa, como definida no pensamento ocidental, é distante da fé, dos cantos-hinos sagrados e do sacrifício, conceitos e práticas caros aos Mbya. Preciso:

> [...] assim mesmo distinguir entre a teologia (discurso sobre Deus, a fé ou a revelação) e a *teiologia* (discurso sobre o ser divino, sobre a essência e a divindade do divino). Seria preciso despertar a experiência 'indemne' do sagrado, do santo ou do salvo (*heilig*). Deveremos dedicar toda nossa atenção a esta cadeia, partindo desta última palavra (*heilig*), desta palavra alemã cuja história semântica parece entretanto resistir à dissociação rigorosa que Levinas quis manter entre a sacralidade natural, pagã, incluso a Greco cristã, e a santidade da lei (judia), antes da ou abaixo da religião romana. (DERRIDA, 1996b, p. 40).

A minha opção, poder-se-ia dizer, é te-*i*-ológica, na qual recuso, de antemão, assertar noções como "eu sou" dizendo "eu sou um teólogo cristão" ao lidar com a metafísica de outrem. A minha opção é aquela que se vale do discurso sobre os seres divinos, o que os faz serem portadores dessa qualidade, nos termos postos textualmente pelos próprios Mbya.

1.3. Os Transportes da Tradução: Uma Concepção de Paragem

Ao analisar os processos tradutivos e intratradutivos que resultaram na obra *Ayvu Rapyta* (CADOGAN, 1997), desenvolvo uma reflexão que, conclusivamente, amarrará os blocos biográfico e metafísico por meio de discussões e associações entre uma concepção de tradução e outra a respeito de ideias em torno da morte. Permitam-me, apenas, apresentar a série de noções e temas que tenho em mente e que desenvolverei em seu devido tempo.

Penso a ideia de tradução, *transdução* (RUBEL; ROSMAN, 2003) enquanto um movimento, um fluxo entre línguas. Por outro lado, paradoxalmente, é um conceito – e uma prática – que expressa de modo metafórico um ato de (quase) morte. Quero dizer, a tradução completa é um ato que breca o movimento, a transdução entre as línguas. Para o transporte cocriativo; para a linguagem, o pensamento, em imagens, códigos linguísticos estabilizados. A ideia consequente é de que a tradução institui o *logos* definitivo, ou melhor, *aspira* assim a trabalhar: tradução e morte constituem instâncias da paragem dos horizontes dinâmicos, em expansão, em contato. Portanto, já se opera uma pequena corrução em minha hipótese, isto é, menos que morte: uma *estabilização* – paragem.

Há uma relação direta entre o princípio da paragem e uma característica frequente nas escritas e projetos ocidentais. A saber, os processos de conversão/tradução que visam a estabelecer, como no caso do latim nas empresas tradutivas de Antonio Ruiz Montoya (fonte metodológica e lexicográfica de León Cadogan), uma língua pura, "morta", isto é, estável (no caso, sem comunidade de falantes, portanto uma língua entendida, na "economia linguística" da época, como mais apropriada para converter/traduzir). Por outro lado, há um conjunto de ideias guarani que associa o "parado", o "imóvel", o "unitário" com o regime do mal, da morte, ou ainda na clássica formulação de Pierre Clastres, *má finitude* [12]. Os textos presentes em *Ayvu Rapyta* têm uma série de conceitos na qual a *terra do não finito*, a divina, que perdura,

---

[12] Veja-se Pierre Clastres (1974, p. 44-52) e sua interpretação para o "mito do dilúvio" guarani.

não parada, é responsável por fundir verdade-significação-serdeidade no sopro contínuo, não mortificado, da palavra. Isso retroalimenta a palavra escrita de León Cadogan, cheia de afetos mbya, cuja tradução não é pura morte, mas uma estabilização, que, como se verá, está aberta a transformações devido ao estatuto e à qualidade do trabalho poético cadoganiano, ligado às entextualizações e categorias mbya.

Assim, ter-se-ia um quadro no qual se observa teofanias em que os relatos marcam a divindade em sua manifestação sonora, *ora sem ora com escrita* (a oral mbya e a gráfica cadoganiana, respectivamente), ponto esse que *recusa* o dilema – tradutivo, estético etc. – segundo o qual se está sempre pressionado a decidir entre duas alternativas: exprimir ou agir (dilema – mito ocidental – de Fausto em torno do poder e da ação). A teoria de um saber autocontido (*kuaa*) em seu tempo-espaço primevo (*ara yma*), presente na divindade (Ñamandú), impõe como regra a simultaneidade da *expressão* e da *ação* ao criar. A hipótese da concomitância entre *ação* e *expressão* (que também reverbera, em outra dimensão analítica, a própria noção dual da *palavra* mbya) traz uma série de elementos interessantes, que, comparativamente, soam-me como um instigante horizonte para pensar a tradução na antropologia.

Assim, acredito ser possível qualificar a obra de León Cadogan a partir da tensão entre tradução-metafísica e estabilização-morte, uma obra que é feita e resulta, como se verá, de encontros e engajamentos de longa duração com os mais diversos grupos indígenas do território paraguaio. Contudo, antes de enfrentar essas questões, faz-se necessário pontuar aspectos da vida de León Cadogan. O que farei é ver como a teoria do próprio sobre a palavra-alma(-pessoa) mbya é um caminho para falar dele mesmo e, principalmente para os fins argumentativos deste livro, da caracterização do seu trabalho acadêmico.

Tanto o meu autodidatismo, a falta de bibliografia, mais o pouco que sabia da religião primitiva guarani, foram motivos para sequer pensar em fazer uma síntese do material que reuni e publiquei de forma dispersa. E agora que sei algo da mitologia – que não pode ter sido modificada pelas influências cristãs – e posso discernir entre o autóctone e o exótico, careço da bibliografia, dos meios e de saúde necessária para tentar uma síntese de meus trabalhos.

León Cadogan, em carta a Egon Schaden.

PRIMEIRA PARTE...

2

LEÓN CADOGAN

2.1. Fragmentos de Uma Aparição

León Cadogan nasceu em 29 de julho do ano de 1899, em Assunção, Paraguai, cidade em que faleceu, apesar de sua vida itinerante, no dia 30 de maio de 1973. Logo na primeira infância, mudou-se para a cidade-colônia de Nova Austrália, atual Coronel Oviedo, onde teve contato com as regiões mais interioranas do país, possibilitando um convívio direto com camponeses e diferentes grupos indígenas. Esse período marcou de modo indelével a vida do guairenho, como o próprio León Cadogan se definia por ter vivido boa parte de sua vida na região paraguaia do Guairá. É desses anos que vêm seu aprendizado inicial do idioma guarani, como também a descoberta da mitologia e do folclore indígenas – em especial, narrativas, cantos e poesia. León Cadogan viveu uma vida com dificuldades financeiras, exercendo as mais variadas profissões. Em seus últimos anos, após realizar tudo o que realizou na academia e em defesa dos índios, ele morava em uma casa de tábua, mantendo-se com o salário que recebia do governo paraguaio pelo cargo de "Tutoria dos Índios". A vida considerada modesta e errante não o impediu de realizar um extenso trabalho indigenista e acadêmico – com o auxílio de uma máquina de escrever, apoiada sobre um caixote, registrou aquelas que viriam ser as mais célebres palavras guarani.

Os antepassados de León Cadogan, de um lado, pertenciam à aristocracia inglesa e, de outro, eram de origem polonesa[13]. Seu pai, Juan Cadogan, e sua mãe, Rosa Stone Cadogan, haviam imigrado da Austrália para o Paraguai, fixando-se após algum tempo na cidade de Nova Austrália (Coronel Oviedo), fundada pelo socialista utópico Willian Lane no século XIX [14]. Seus irmãos foram Bronte, Eric e Harry, que tiveram um destino trágico ao irem para a Austrália em um movimento migratório contrário ao que fizeram seus pais [15]. León Cadogan casou-se duas vezes, a primeira com Mercedez Coman, a segunda com María Pabla Gauto de Cadogan. No total, foi pai de 12 filhos.

A mãe de León Cadogan, Rosa Cadogan, foi escritora, conferencista, líder feminista e ativista socialista na Austrália nos fins do século XIX, antes de se mudar para o Paraguai (CADOGAN GAUTO, 1998) – uma efetiva "ativista revolucionária", nas palavras de seu filho (CADOGAN, 1990, p. 51). Rogélio Cadogan, filho responsável pela manutenção viva do legado de León Cadogan, afirma que muito do espírito de aventura de seu pai é análogo ao de seu avô, Juan Cadogan. Este era um eminente viajante, e, afirma Rogélio, em suas viagens ao interior do Paraguai para comercializar ervas, frequentava os sítios dos Guarani "já que transportava erva dos lugares que visitava, com a colaboração da mesma mão de obra, comumente utilizada, a indígena. Quando o

---

[13] "Os Cadogan pertencem à antiga aristocracia inglesa, e meu pai contava que a família originalmente vivia em Londres, onde até hoje existe a praça Cadogan" (Cadogan, 1990, p. 48).

[14] Na brincadeira de Pane, ao falar dos pais de León Cadogan e da figura de Willian Lane: "se poderia dizer que Lane e o casal Juan e Rosa Cadogan se cruzaram no porto de Assunção em direções contrárias: no dia primeiro de agosto de 1899, Lane abandonou o Paraguai rumo à Nova Zelândia. Alguns meses antes haviam chegado os pais de León Cadogan, que nasceu em Assunção entre o final de julho e início de agosto do mesmo ano. A família de Cadogan havia corrido meio mundo antes de instalar-se na colônia Nova Austrália, quando a utopia socialista já não mais existia e o inspirador do movimento se retirava do Paraguai" (Pane, 2012, p. 8).

[15] Harry Summerfield, filho do primeiro casamento de Rosa Cadogan, foi atacado por um crocodilo na Austrália, ficando paralítico, logo depois contraiu lepra e faleceu em Sidney. O filho Eric Cadogan, em uma briga com nativos do território australiano, foi esfaqueado e faleceu em decorrência dos ferimentos. Já Bronte serviu às forças aéreas (AIF), durante a segunda guerra mundial, na Nova Guiné, após muitos ferimentos retornou à Austrália, onde morreu de tuberculose.

meu pai mesmo se dedicou à exploração dos ervais, entre os 22 e 25 anos de idade, teve contato direto com os Mbya" (CADOGAN GAUTO, 1998, p. 15).

A infância de León Cadogan foi marcada por um convívio direto com as populações indígenas e camponesas do Paraguai. As memórias de sua meninice na casa da família em Nova Austrália são permeadas de momentos e de encontros com índios da região, do trabalho do pai nos ervais e do fascínio que os "seres mitológicos" e as narrativas nativas já exerciam sobre ele, estórias sobre as quais conversava com o irmão mais velho (CADOGAN, 1990, p. 60). É desse período que nasce uma forte amizade entre León Cadogan e Agüero, moço guarani, que representou sua iniciação e seu contato mais efetivo no e com o mundo indígena, cuja afeição moldou muito a sua formação posterior[16].

Em suas memórias, León Cadogan revela que foi na infância que aprendeu, a um só tempo, o guarani, o inglês e muito pouco de castelhano, língua com a qual entrou em contato mais efetivo somente na escola primária da cidade. Logo depois, entrou para a Escola Alemã, em Villarrica, ao se mudar com a família em 1908 para Yataity, onde permaneceu até o ano de 1914 – toda a educação primária de León Cadogan foi realizada em Villarrica. Seu filho, Rogélio Cadogan (2012, comunicação pessoal), confirma o que muito se diz nos testemunhos e nos escritos sobre a vida do pai, isto é, a ausência de uma educação formal consistente e sistemática na formação de León Cadogan, contrabalanceada por uma intensa curiosidade intelectual e entrega aos estudos como autodidata. Em Yataity, León Cadogan já dominava a língua guarani, porém conhecia parcamente o castelhano. Boa parte do aprendizado desse idioma, pelo que consta, deriva do período em que trabalhou, quando jovem, em uma farmácia. Além das línguas

---

[16] Como relata León Cadogan em suas memórias (1990), foi seu amigo de infância Agüero quem lhe ensinou o guarani e narrou-lhe várias histórias; "um menino com grande conhecimento da mitologia crioula, guarani e camponesa, da botânica e da zoologia" (p. 55).

guarani, em suas variantes, León Cadogan, adulto, dominava o inglês (sua língua "materna") e veio a ser fluente no castelhano, como também conhecia de modo satisfatório as línguas alemã, francesa e portuguesa (CADOGAN, 1990, p. 60).

Uma caracterização muito frequentemente encontrada na bibliografia a respeito do guairenho é aquela que o qualifica como um autodidata [17]. Aquele intelectual cujos "verdadeiros livros e professores" foram os indígenas e suas experiências de vida ligadas a uma extrema curiosidade e paixão intelectual (CARDOZO, 1966; CADOGAN GAUTO, 1998; CADOGAN, 1990). O mesmo juízo é possível encontrar nas palavras de Rogelio Cadogan a respeito do pai:

> Os primeiros 'mestres' foram realmente os próprios índios, a maioria deles verdadeiros 'sábios' da floresta, cujo idioma estudou com entusiasmo e o adquiriu graças à extraordinária predisposição que tinha para as línguas (ao lado do inglês – o inglês, que segundo ele insistia – 'bem falado', aprendeu o guarani paraguaio). Seus seis anos da escola primária, cursados na então famosa escola alemã de Villarrica, o permitiram aprender alemão, para conhecer algo melhor do castelhano teve que ter aulas particulares com o professor Ramón Indalecio Cardozo; o francês diz que aprendeu trabalhando em uma farmácia manejando o 'Códex' francês, ajudado com um livro de gramática. Quer dizer, em sua juventude, [continua Rogélio] sem sair de Villarrica, era fluente em quatro idiomas europeus e o guarani paraguaio. (CADOGAN GAUTO, 1998, p. 15-16).[18]

---

[17] Na Escola Alemã – afirma Efraím Cardozo, em certo tom hagiográfico, autor de um influente estudo biográfico a respeito de León Cadogan (CARDOZO, 1966; CADOGAN GAUTO, 1998, p. 105-106) – ele "aprendeu a pensar. Cadogan recorda de um pedagogo (Elsner), disciplinador prussiano, para quem a pedagogia se reduzia à aprendizagem mecânica e mnemônica de regras, declinações, datas, nomes históricos, etc., e que, quando alguns dos alunos demoravam a dar respostas alegando que 'estavam pensando', gritava 'Quem lhe deu permissão para pensar?". A León Cadogan não interessou (ou não pôde) ingressar no "colégio nacional de Villarrica que já era, na época, junto com a Escola Normal, um centro intelectual que mantinha o prestígio secular cultural do Guairá".

[18] Cf. CADOGAN (1990).

Sua educação passou por vias não escolares; como dito, León Cadogan conviveu poucos anos com a educação formal. Embora essa imagem pareça se adequar bem à vida do guairenho, por outro lado, ela traz consigo uma aura romântica que não faz jus às suas investigações etnológicas e linguísticas desenvolvidas posteriormente, que longe de serem construtos de ordem intuitiva, são antes trabalhos intelectuais muito sistemáticos, baseados em coleta de dados e análise obsessivas.

Para dar um exemplo pontual, León Cadogan afirma (1998, p. 131):

> Uma das primeiras descobertas que fiz foi que, para os Guarani, as árvores, tais quais os animais e os homens, têm alma. Posteriormente, me inteirei de que vários nomes de árvores guardam estreita relação com a mitologia. A nomenclatura botânica guarani guarda uma estreita relação concebida pelos Guarani entre o reino vegetal e o animal...

Essas formulações dos problemas e questões, que podem ser encontradas em iguais tom e teor em comunicações outras, não são nem fruto de uma intuição, nem de um autodidatismo tateador. Muito dessa imagem idealizada e romântica, a de autodidatismo, porém, foi alimentada pelo próprio León Cadogan, que afirmava ser somente um "compilador de lendas". "Não sou especialista, muito menos linguista" (CADOGAN GAUTO, 1998, p. 46). Em rompantes de modéstia, afirmava: "sinceramente, de poesia e de filosofia não sei falar. O que disse ao Dr. Appleyard é a mais pura verdade: eu não sei de ritmos, nem de fórmulas, e de poesia não me perguntem mais. Sei que Shakespeare escreveu uns sonetos bonitos, mas só sei até aí, nada mais".

Ou ainda:

> Apesar de ser etnicamente um estrangeiro, culturalmente eu era, e sou, um camponês paraguaio, um camponês que não recebeu mais instruções acadêmicas que as leciona-

das em nossas escolas primárias do interior. E uma análise fria e objetiva demonstra que, sem qualquer dúvida, possuo muitos dos defeitos de nosso camponês, produtos do ambiente em que me criei. Mas também a herança é muito importante, e aos defeitos ambientais confesso que há de se agregar certo orgulho, certa intransigência e intolerância, herdadas indubitavelmente de algum antepassado pertencente à aristocracia polaca ou à inglesa, talvez uma fusão de ambas. (CADOGAN, 1990, p. 204).

A maneira como pensava o seu próprio trabalho intelectual, que veio a desenvolver ao longo de décadas, também guarda algo desse tom de pouco contida modéstia:

> Eu mesmo escutei quarenta anos chamando no deserto. E que consegui? Que a Universidade de São Paulo publicasse um trabalho, outro em Paris, mais outro em Estrasburgo. Consegui também que a França mandasse uma missão científica para estudar os Guayaki, que é a base, ou o proto-guarani, digamos assim (Cadogan, 1990, p. 204).

A formação educacional de León Cadogan, entre doses de romantismo e inquietude intelectual, moldou um pesquisador e um indigenista que constitui uma raridade intelectual no campo disciplinar, no sentido de que não estudou em universidades, e, nem mesmo, como mencionado, passou um longo tempo em bancos escolares. Os planos pessoais que ele tinha em se dedicar com maior sistematicidade às pesquisas, de acordo com o que se espera tradicionalmente de uma formação acadêmica, foram pela vida frustrados:

> León Cadogan tornou-se tuberculoso. A guerra do Chaco o pegou de surpresa em decadente estado físico. Nestes anos, casou-se com María Pabla Gauto, filha de um famoso 'médico autorizado'. Recuperou a saúde, mas de modo mediano. Ao passo que seguia recopilando 'tradições' e 'lendas' dos Mbya (CARDOZO, 1996, p. 106).

Se a educação formal apresentou-se rarefeita, León Cadogan encontrou outros meios para alimentar sua intensa curiosidade intelectual – meios para além da imagem pública que ele próprio fazia questão de cultivar e que parcela de seus biógrafos também enfatiza. Leituras de Verne, Shakespeare, Dickens, Scott e Dumas ("Os Três Mosqueteiros" e "O Conde de Monte Cristo", em especial), bem como "Robinson Crusoé" de Daniel Defoe, formataram o imaginário de aventuras e o desejo de descobrir outros mundos, na cabeça do jovem León Cadogan (1990, p. 59; 63). Uma série de estórias, de narrativas e de motivos muito afim a certo "espírito de descoberta" presente no campo da antropologia e seus estudos monográficos constituía o horizonte intelectual com o qual León Cadogan se deparou, em meio a dificuldades e falta de infraestrutura, pela vida.

Em diferentes momentos, León Cadogan fala de sua pouca ligação com as artes e com as humanidades, embora, por outro lado, seja bastante clara a presença delas tanto em sua vida, quanto em sua obra. É certo, porém, que as artes e as humanidades não foram uma companhia frequente em sua vida e, muito menos, eram parte de uma obsessão intelectualista de um intelectual que sempre se sentiu mais confortável com o juízo de ser "um camponês estrangeiro" em sua própria terra natal (1990, p. 204). Uma autoimagem, não sem os peculiares deboches e ironias comuns a seu estilo e gosto, que fazia questão de apresentar em público. Aquela do marginal, "devo definir-me como um sujeito desajustado, inadaptado e talvez inadaptável" (1990, p. 39); aquela do intelectual de capacidades modestas, "o que se converteu, se tornou um compilador de lendas guarani" (1990, p. 64); aquela do sujeito não muito afeito às artes, como a poesia e a pintura; aquela do sujeito que, após o contato traumático com a filosofia de Kant, aos 14 anos de idade, mostra-se inapto para a filosofia:

Apesar de ignorar o bê-á-bá da filosofia, a intuição me diz que todos nós temos algo de egocentrismo, e como centro que me considero do meu universo – ou será que aqui falam os genes de algum aristocrata inglês ou polaco da idade média, por exemplo? – não me considero dotado de maior ou menor dose de modéstia e humildade que qualquer outro. (CADOGAN, 1990, p. 64).

Não obstante, afirma o autor que começou "a [se] dedicar à antropologia depois de ter fracassado na política e nos negócios, depois de [se] dar conta que [ele] não podia fazer mais nada importante, senão aprender guarani. E [se pôs] a aprender guarani" (CADOGAN GAUTO, 1998, p. 36).

Filho de imigrantes socialistas, León Cadogan teve uma formação secular de um "livre-pensador" (como o próprio se definia), afeito à heterodoxia, com uma vida pautada por interesses sobre o folclore e as línguas, por um lado, e um amplo fascínio com a alteridade, por outro. Sua ligação com as religiões instituídas foi fraca durante toda a vida; seus pais, por exemplo, proibiram que ele assistisse às aulas de "educação religiosa" quando ele iniciou o ensino primário na Escola Anglicana. Em diferentes momentos, León Cadogan afirmou que sempre teve grandes dificuldades, "herdadas de família", em lidar de "forma natural com as religiões" – muito embora fosse um conhecedor do cristianismo, por meio das leituras da bíblia e da influência de seu avô. Já seu pai era de uma irreligiosidade extrema, algo também partilhado, em parte, pela mãe, uma "revolucionária ativista" e feminista (CADOGAN, 1990, p. 23; 51).

León Cadogan, por sua vez, não se via como um típico ateu, embora fosse pagão – isto é, "um pensador livre" (CADOGAN, 1990, p. 175) –, porque sempre acreditou na necessidade e na utilidade das orações. Isso ele havia aprendido, conta, com os mais diversos amigos-companheiros indígenas com quem se deparou pela vida e também por meio das teorias de Schaden e Baldus (SCHADEN, 1974) a respeito da "importância da religiosidade para os grupos humanos" – orar é elevar-se (CADOGAN, 1990, p. 170). Essa relação com as religiões, em especial o cristianismo, por outro lado, moldou muito a maneira como León Cadogan veio a pensar e a formatar, por exemplo, a metafísica da palavra mbya, cujo modelo narrativo, heurístico e retórico assemelha-se ao da bíblia e à "palavra revelada" – como abordo na segunda parte deste livro.

Assíduo leitor da bíblia e dos sermões que o avô escreveu[19], León Cadogan afirmava que os lia não para fins morais, e sim para entender a respeito da "evolução do pensamento humano" (CADOGAN, 1990, p. 22). Não ignorava, contudo, o fato de que os sermões do avô tinham-no impregnado de tal maneira que somente por meio de um enorme e constante esforço conseguia se livrar do "tormento eterno", em que maioria das coisas era pouco, ou nada, compreensível "para um profano" como ele [20] – ambiguidade que muito revela algo da atração fatal que León Cadogan teve frente à metafísica da palavra-fundamento dos Mbya. Como ele mesmo afirmava, foi o alto grau de reflexão guarani a respeito de temas e objetos metafísicos que despertou seu interesse intelectual e direcionou sua vida e suas pesquisas ao longo dos anos. Desde a descoberta do conhecimento e das reflexões mbya sobre *ayvu rapyta* (a palavra fundamento), por meio do intelectual xamã

---

[19] O avô paterno de León Cadogan, Joseph Ephraim Cadogan, foi jornalista e proprietário de uma editora. Segundo nos informa León Cadogan, ele era extremamente religioso, escrevia sermões e pregava para seus filhos em uma rotina diária. Eram pelo menos três sermões por dia, no café da manhã, no almoço e ao anoitecer (1990, p. 22-23). León Cadogan teve acesso aos sermões escritos pelo avô, ao herdá-los de seu pai.

[20] O paradoxo de um espírito livre e religioso, como também atesta o filho R. Cadogan (2012), que contou que, ao lado do ideário científico e dos "parâmetros racionais", *seu pai tinha uma bíblia que lia constantemente*. Gostava de usá-la para fins de um pensamento parabólico, muito afim, propõe Rogelio Cadogan, ao pensamento mbya, uma ligação espiritual mais voltada às ideias, "à evolução do pensamento humano", às distintas éticas, à abertura de horizontes a discursos metafísicos, e menos a uma filiação e a uma prática religiosas mediadas por instituições oficiais.

Pablo Vera, León Cadogan fez de um tema metafísico – a palavra mbya – uma constante fonte de curiosidade intelectual e um norte que pautou sua vida.

As condições materiais e de infraestrutura de León Cadogan foram, poder-se-ia dizer, algo precárias. É comum a representação que se faz dele como alguém que teve grandes dificuldades econômicas e uma vida de privação [21] (CADOGAN GAUTO, 2012). León Cadogan teve as mais distintas profissões, pouco convergentes com a ideia que se faz, normalmente, de um acadêmico. As atividades de antropólogo, indigenista e linguista foram secundárias em boa parte de sua vida. Ele dividia o seu tempo entre elas e outras profissões, tais como as de chefe de polícia, comerciante, boticário, agricultor, professor de inglês, dentre outras (CADOGAN, 1990, p. 67; 83; 93). Somente aos 50 anos de idade, ao ser nomeado tutor indígena pelo Estado paraguaio, León Cadogan pôde se dedicar integralmente à antropologia, à linguística e ao indigenismo. Nessa época, ele já havia realizado o grosso de suas mais importantes pesquisas, como a de sua obra central, *Ayvu Rapyta*, embora essa fosse, na ocasião, ainda inédita.

Em suas memórias, é possível ler a respeito da diversidade de tarefas com as quais tinha que lidar quando trabalhava como chefe de polícia em Villarrica: extensos relatos sobre roubos, sobre disputas de autoridades, sobre a técnica do "terror psicológico" usada para conseguir confissões. Embora a função de chefe de polícia, exercida entre junho de 1941 e janeiro de 1944 (cargo que exerceu novamente entre 13 de maio e 22 de dezembro de 1948) na cidade de Villarrica, possa parecer antinômica àquela

---

[21] Para Rogélio Cadogan, o pai "incorporou uma prática" que ele qualifica como "mística guarani". A saber, "ao viver na penúria", teria optado por e botado em prática uma ética *seria* tipicamente "indígena": "ser forte, capaz de suportar as amarguras da vida, sem fazer planos a longo prazo – um guarani ao dormir reza para que tenha um sonho reconfortante para recuperar as forças para o outro dia; e ter um bom coração". Dois elementos que retratariam bem, segundo o juízo do filho, o modo como seu pai viveu, sempre "preocupado com outras questões e fins, que as utilitárias" (CADOGAN, 1971).

de antropólogo-pesquisador – até mesmo por carregar uma clara ambiguidade, a de ser León Cadogan, em boa medida, responsável também por *prender e libertar índios* –, o cargo acabou por ajudá-lo, possibilitando, de modo inusitado, o desenvolvimento de pesquisas mais íntimas com os Mbya. Devido ao trabalho nesse cargo, León Cadogan conseguiu ser um agente ativo e ter efeitos práticos nas mais variadas ações em defesa dos índios em território paraguaio. É graças, em parte, a essa experiência que uma relação de confiança entre León Cadogan e os Guarani sedimentou-se, tornando possível o célebre episódio da revelação da "metafísica da palavra", a palavra-fundamento, ao antropólogo, que abordarei mais à frente.

León Cadogan teve muitos trabalhos; foi um errante por lugares e ofícios. Segundo a documentação, León Cadogan foi tutor indígena entre os anos de 1949 (quando foi nomeado, nos fins de dezembro desse ano) até 1966, quando se aposentou por motivos de saúde. Mesmo aposentado, já morando novamente em Assunção, onde permaneceu até sua morte, continuou seus estudos linguísticos e etnológicos sem deixar de lado seu trabalho indigenista. Muito embora, na maior parte das vezes, León Cadogan nem sempre se viu em condições ideais de botar em prática seu ideal investigativo:

> A condição de que disponha da preparação, o tempo e os meios necessários para aprender uma língua primitiva e realizar um estudo, se não integral, o mais completo possível da cultura de um dos povos guarani cujos restos sobrevivem ainda nesta região oriental do Paraguai – sem falar de outros povos tupi-guarani ou guaranizados cujas culturas são ainda imperfeitamente conhecidas. (CADOGAN, 1971, p. 14-15).

A produção intelectual do guairenho pode ser dividida, *grosso modo*, em dois períodos: um no qual o enfoque folclorista deu o tom, e outro no qual os parâmetros são os de uma antropologia e uma linguística modernas, isto é, mais empíricas e menos afeitas a comparações gerais. O período no qual León Cadogan se dedicou ao folclore paraguaio foi marcado por uma ótica exotizante, típica dos círculos intelectuais da Europa e dos EUA do início do século XX, muito afim ao espírito do tempo no Paraguai da época. Na primeira fase, até o início da década de 1940, os trabalhos de León Cadogan foram proeminentemente voltados ao folclore, por meio de registros de dados e comparações universalistas com outras mitologias espalhadas pelo mundo. O material é, *grosso modo*, composto por composições e cantos em guarani sobre temas como a produção-coleta coletiva de milho, mel e outros artigos, assim como por lendas e algumas rezas xamânicas. Esses trabalhos foram publicados, em sua imensa maioria, no periódico "El Pueblo".

Embora o contato de León Cadogan com os grupos indígenas tenha se dado, como dito, desde sua infância, a aproximação definitiva com os Mbya aconteceu em 1921, quando, aos 22 anos, trabalhando em um erval, ele se encontrou com Emilio Rivas — Emijoriva —, que o procurou para relatar um imbróglio de graves consequências entre "índios" e "brancos" — a saber, o estupro de uma índia por um branco e o posterior assassinato do estuprador — e pedir sua ajuda. É dessa série de encontros, mais frequentes a partir da década de 1920, que León Cadogan passou a ter um interesse ainda maior por mitos e narrativas indígenas, ainda sem alguns parâmetros de coleta de dados mais apurados, como veio a mostrar posteriormente sua produção. Após um tempo, no ano de 1924, quando morava em Natalício Tavalera (Protero Borja), León Cadogan passa a conviver com e visitar índios Guarani, localizados à margem do rio Tebicuarymi, com os quais conversava sobre narrativas, religião e mitos indígenas.

Contudo, é ao residir na cidade de Villarrica, alguns anos depois, a partir do ano de 1938, que o interesse de León Cadogan perante os conhecimentos guarani passa a ser mais acadêmico. Os contatos e trocas com os índios passam a ser mais concretos e dinâmicos, e sua casa passa a ser um lugar de visitação frequente por eles. No ano de 1943, com León Cadogan já aos 44 anos (1971, p. 9), uma mudança deu-se em sua produção intelectual, em que se observa um salto qualitativo nos parâmetros metodológicos e heurísticos por ele acionados. Ao conhecer o índio Mario Higinio[22] em uma visita que fez à sua oca, próxima à região do moinho de Rancho Itá, León Cadogan se dá conta de que, para estudar o folclore paraguaio, far-se-ia necessário estudar a mitologia guarani (1990, p. 68). Desde então, León Cadogan passará a visitar e receber os índios em sua casa de Villarrica de modo frequente, fase em que há uma intensa troca entre o antropólogo, fascinado com os saberes nativos, e os indígenas, constantemente vítimas da ação predatória e expropriadora dos brancos e do Estado paraguaio. Nesse período, é possível observar não apenas um salto qualitativo e quantitativo em sua produção, como também uma maior e mais rigorosa preocupação com os métodos e com os instrumentos heurísticos nas investigações de León Cadogan, em especial, com relação ao modo de coleta de narrativas, mitos e cantos-hinos. Outra faceta dessa mudança é a menor presença de trabalhos com enfoque folclórico[23].

O principal evento para a consolidação dessa mudança deu-se no ano de 1946, quando León Cadogan conhece o xamã e intelectual indígena mbya Pablo Vera, que veio pedir-lhe (já que

---

[22]   Mario Higinio é da região de Cedro-ty, no departamento paraguaio Yhú; seu pai mbya casou-se com uma índia Chiripá, parcialidade guarani da qual M. Higinio define-se como membro.

[23]   Não obstante, vale ressaltar que, em conjunto com os trabalhos mais marcadamente etnográficos – cantos mbya, etnografia com os Avá-Chiripá e os Paï de Yvy Pyté, trabalhos com os Guayaki –, León Cadogan, na prática, nunca abandonou os estudos sobre folclore, sobre toponímia, sobre nomenclaturas, que marcaram suas primeiras ambições intelectuais. Um rápido exame de suas publicações mostra isso.

havia trabalhado há alguns anos na delegacia de Villarrica) para intervir, nas instâncias competentes do Estado paraguaio, em favor de Mario Higinio, que estava preso – o mesmo M. Higinio que conhecera no ano de 1943 (CADOGAN, 1990, p. 71-73). Essa é a conjuntura do encontro narrado nas páginas de *Ayvu Rapyta*, em que se deu a revelação de um mundo guarani mbya feito de cantos "secretos" e de metafísica das belas palavras-fundamento, desconhecidos dos brancos até então. É de onde nasce um novo capítulo na história da etnologia americanista, que fez fama na antropologia, em especial, a partir dos trabalhos de exegese de Hèléne Clastres (1975) e Pierre Clastres (1974).

Contudo não é possível ignorar que uma questão ligada ao "campo acadêmico" foi também fundamental nessa referida mudança de tom e de interesses em suas pesquisas. León Cadogan (1971) lembra o impacto que foi ler, no ano de 1949, a obra de Nimuendaju (na tradução de Recalde para o espanhol); uma experiência intelectual e afetiva que mudou sua perspectiva a respeito do trabalho com grupos indígenas. É nesse período que toma a decisão de trabalhar, mais a sério, com a mitologia mbya, graças também aos conselhos dados por Egon Schaden, com quem León Cadogan manteve intensa troca de correspondência e de materiais etnológicos. Como mencionado, no final do ano de 1949, León Cadogan torna--se tutor dos grupos indígenas, perante o Estado do Paraguai, e assim pôde dedicar-se, de modo integral, às investigações etnológicas e linguísticas. Cada vez mais ligado e engajado com as populações nativas em território paraguaio, o trabalho indigenista de León Cadogan também se torna mais intenso e com resultados mais concretos, dentre os quais se destaca a criação do Departamento Indígena, em 1958. Um ano depois, León Cadogan começou estudos entre os Kaiová (Païï), entre os

Nhandeva (Chiripá) e, também, entre os Guayaki, ampliando o escopo de suas contribuições para os estudos antropológicos com coletivos guarani [24].

Consolida-se, a partir daí, a imagem de que uma grande contribuição do trabalho de León Cadogan é de ordem linguística [25] mais do que etnológica. Ele foi "talvez o único" intelectual que estudou e tinha grande domínio das cinco variantes da língua guarani: mbya, kaiová, nhandeva, guayaki e guarani paraguaio (MELIÀ, 2013a) [26]. Não estou a afirmar que León Cadogan *se tornou* um exímio linguista guarani, e sim que sempre foi um pesquisador atento às palavras guarani, em especial, às mbya. A ideia do *tornar-se* para pensar a vida e a obra de León Cadogan constitui uma divisão pouco compatível com seu trabalho, ou excessivamente artificial; trata-se, antes, de uma experiência constante. Não são gratuitas a constância e a firmeza, que perduraram por várias décadas, de León Cadogan perante os mundos e os conhecimentos guarani. Sempre envolto com os ideais humanista e cientificista, plenos de ambiguidades na própria pessoa de León Cadogan, como também com suas dificuldades éticas, ideológicas e políticas, de defesa das populações nativas que viviam no território paraguaio.

---

[24] Os estudos de Cadogan sobre a medicina e botânica guarani ligam-se à sua própria biografia, já que seus pais exerciam, "de modo não profissional", a medicina no interior do Paraguai. Cadogan inclusive conta-nos a respeito da fama da mãe junto aos doentes, e ele mesmo teve uma breve "carreira médica", recebendo a visita de vários doentes e receitando medicamentos (1990, p. 110 e ss).

[25] "As definições e as declarações de sentido que estabelecem valores semânticos bem razoáveis são recorrentes, com poucas discussões, entre os investigadores e comentadores dos textos Mbya. A autoridade de Cadogan foi a este respeito tão plena e convincente que trouxe consigo o efeito de intimidar qualquer discussão crítica, devido também ao fato da escassez de novas indagações etnográficas e linguísticas" (MELIÀ, 1999, p. 171).

[26] A classificação realizada pelo linguista Aryon Rodrigues das variantes guarani é: guarani antigo, mbya, xetá (dourados), nhandeva (chiripa), kaiová (Paï), guarani paraguaio, guayaki (aché), tapieté, chiriguano (ava) e izoceño (chané).

ATELIÊ DA PALAVRA AYVU RAPYTA: ANTROPOLOGIA, METAFÍSICAS E TRADUÇÕES ENTRE OS MBYA (GUARANI) E LEÓN CADOGAN

FRAGMENTOS BIOGRÁFICOS - LEÓN CADOGAN	
1904	– Incêndio na casa da família Cadogan em Las Ovejas devido à revolução ocorrida nesse ano.
	– Encontro e amizade com o índio Agüero, que representou a primeira inserção de León Cadogan nas narrativas, mitos e língua guarani.
	– Aprendizado do guarani e do inglês. Sem contato com a língua castelhana.
	– Entrada no sistema educacional formal, na Escola Anglicana, onde permaneceu por dois anos. Os pais de León Cadogan não permitiam que ele assistisse às aulas de "ensino religioso".
1908	– Junto à família, León Cadogan se muda para Yataity. Nesse período, entra para a Escola Alemã de Villarrica; escola que frequentará por seis anos.
1912	– Pais adquirem a biblioteca botânica de "um doutor". Os livros, em geral, de Medicina e Farmacologia. Acervo que possibilitou que exercessem medicina em Villarrica.
	– Seu pai, Juan, torna-se o farmacêutico da cidade, passando a receitar remédios, administrados pela esposa, Rosa.
	– Sucesso e fama do casal na prática médica.
1914	– Término dos estudos de León Cadogan, com a conclusão do primário, na Escola Alemã. Essa foi a única educação formal que teve.
	– Acesso a importantes obras, clássicos da literatura, por meio da biblioteca dos pais, como as de Julio Verne, Dickens, Scott e Dumas.
	– León Cadogan se emprega em uma fábrica de refrigerantes, licores e perfumes. Após abandonar esse emprego, trabalhou em uma farmácia por dois anos, em que aprendeu, segundo consta na biografia, francês e taquigrafia.
	– Começa a ter aulas de castelhano, já aos 15 anos de idade, com o professor Ramon Indalecio Cardozo.

FRAGMENTOS BIOGRÁFICOS - LEÓN CADOGAN	
1917	– León Cadogan se muda para Zeballos-Cue, emprega-se em um frigorífico da Swift. – Conhece Emile Lelieur, bacharel em Ciências na França. Personagem importante para León Cadogan, pois foi quem o ajudou nos estudos, com a utilização tabela de logaritmos, a matemática elementar e o acesso às mais variadas obras (como as de F. Nietzsche).
1919	– Regente Villarrica – Filia-se ao partido colorado.
1921	– Início da exploração dos ervais em San Antonio (Caa-guazu), na propriedade de Carlos Chase. – Contexto no qual se dá o encontro com o mbya Emilio Rivas
1922	– Falecimento, em 14 de abril, de Rosa Cadogan, sua mãe.
1923	– León Cadogan continua a trabalhar na exploração dos ervais. Em sociedade com o alemão Felhig, começa a explorar os ervais em San Vincent del Monday. – Série de infortúnios na família: a morte de um irmão, a cegueira do pai e a falência do banco no qual a família mantinha as economias, o que implicou a perda de grandes quantias financeiras da família.
1924	– León Cadogan se muda para Natalicio Talavera (Protero Borja) com o pai cego. – Nessa cidade, emprega-se em vários ofícios: serralheiro em uma madeireira, destilador de cana, trabalhos agrícolas. – Retoma o contato com os Guarani localizados à margem do rio Tebicuarymi. – Falecimento da primeira esposa no parto dos filhos gêmeos.

	FRAGMENTOS BIOGRÁFICOS - LEÓN CADOGAN
1934	– Falecimento de Juan Cadogan, seu pai, aos 75 anos de idade. – No dia 26 de dezembro, casa-se com María Pabla Gauto Samudio (filha mais velha de Pedro Pablo Gauto e Gregoria Samudio de Gauto). – Residência em Natalicio Talavera. – Passa a ter uma participação ativa na promoção da educação escolar. – Devido a interesses e conflitos políticos, é tido como inimigo do partido do governo (liberal).
1938	– León Cadogan se vê obrigado a mudar para Villarrica, no bairro de Yvaroty, onde se emprega em um comércio local.
1939	– Com a experiência adquirida no ano anterior, León Cadogan resolve abrir seu próprio comércio, mas fracassa. – Por um erro burocrático, é nomeado presidente da junta econômica administrativa da colônia, Decreto n. 17.740 de outubro 17 de 1939, cargo que não chegou a exercer.
1940	– Primeira publicação. (Guembé. Leyenda índia. In: El Pueblo. Ano 3. Villarrica).
1941	– Nomeado juiz de paz tutelar da colônia Natalício Talavera. – Em junho é nomeado chefe de investigação da delegacia do governo de Villarrica. – Período em que também leciona inglês.
1943	– Redige vários artigos para a revista Assunção. – Contato com dirigentes importantes do partido colorado. – Conhece o indígena Mario Higinio, que virá a desempenhar um importante papel em sua produção acadêmica.

FRAGMENTOS BIOGRÁFICOS - LEÓN CADOGAN	
1944	– León Cadogan sai do cargo que exercia na delegacia de Villarrica e assume a direção do Centro Anglo do Paraguai.
	– Nesse período, há um maior estreitamento dos vínculos com os Guarani espalhados desde Itapua até Itakyry. Em sua casa, Cadogan recebia visitas constantes de índios.
	– Ano de publicação do trabalho de Nimuendaju, que viria a impulsionar León Cadogan a dedicar-se com mais afinco às estórias Guarani (no ano de 1949).
1945	– Em 27 de maio, integra a comissão diretiva do Centro de Cultura Paraguaia "Gral. Bernardino Caballero".
	– Contrai uma grave pneumonia, cuja enfermidade mina muito sua saúde.
1946	– Contato com o General Juan Belaieff e o acadêmico Andrés Barbero (pioneiros do trabalho indigenista no Paraguai).
	– Por meio de J. Belaieff, León Cadogan consegue seus primeiros contatos epistolares com etnólogos. Inicia a troca de correspondências com etnógrafos estrangeiros.
	– Conhece o xamã e o intelectual mbya Pablo Vera, de Yroysa, agente fundamental para a produção antropológica e linguista cadoganiana.
	– Esse contato se estreita graças à figura de Mario Higinio, que estava preso em Villarrica, para quem León Cadogan conseguiu obter a liberdade.
1947	– É nomeado secretário geral da municipalidade de Villarrica, sendo intendente municipal Don José Domingo Ocampos

	FRAGMENTOS BIOGRÁFICOS - LEÓN CADOGAN
1948	– Publicação em Assunção. Coleção de contos e lendas do Guairá (cuentos y leyendas del Guairá: Guai Rataypy, editado pela Editorial Guarania, propiedad de J. Natalicio González).
	– Tem acesso direto aos estudos de Montoya, que passam a ser fundamentais para seus trabalhos desde então.
	– Em 14 de fevereiro é incorporado como membro da associação indigenista do Paraguai.
	– Em 13 de maio é novamente chefe de investigações da delegacia do governo de Villarrica por pedido do seu amigo Evaristo Zacarías Arza. León Cadogan abandona o cargo em meados de dezembro.
1949	– Em agosto é fundado o Patronato de Indígenas do Guairá.
	– Em dezembro é criada a curadoria dos índios mbya do Guairá, ligada ao Ministério da Educação e Cultura.
	– León Cadogan é designado o tutor dos índios.
	– Passa a dedicar-se, de modo exclusivo, à etnologia, à linguística e ao indigenismo.
	– Maior troca de correspondências com intelectuais: os paraguaios Juan Belaieff, Andrés Barbero, Juan Boggino, Herib Campos Cervera, Juan Max Boettner, Rvdo. Juan C. Prieto, Federico Riera, Guillermo Tell Bertoni. Com os estrangeiros: Manuel Gamio, Juan Comas e Miguel Ángel Portilla, do México; Paulo de Carvalho Neto, Egon Schaden e Herbert Baldus, do Brasil; Adolfo Berro García, do Uruguai; Alfred Métraux e Claude Lévi–Strauss, da França. Ralph Boggs, Antonio Tovar, Bernard Pottier.
1955	– León Cadogan é internado e passa por uma intervenção cirúrgica nos pulmões.

FRAGMENTOS BIOGRÁFICOS - LEÓN CADOGAN	
1956	– Realização de trabalhos com os Pai-Tavyterã do Amambaí por meio dos materiais e informações proporcionadas por Marcial Samaniego. – León Cadogan é o principal responsável pela: 1) Emissão da circular n. 1 da Corte Suprema de Justiça; 2) resolução ministerial n. 391, do Ministério do Interior, em defesa dos Aché-Guayaki; 3) Agustín Rodríguez, bispo da diocese do Guairá, graças à ação de León Cadogan, emite uma carta pastoral para todas as dioceses em defesa dos indígenas.
1958	– Criação do departamento de assuntos indígenas, ligado ao Ministério da Defesa Nacional, com o aporte de Samaniego.
1959	– Publicação, em São Paulo, de *Ayvu Rapyta* (há 10 anos já pronto). – Primeiro contato de León Cadogan com os Ache-Guayaki, Arroyo Morotí, distrito de Abaí.
1960	– Desejo de realizar o estudo integral da cultura acheguayaki, mediante a uma ação conjunta de estudiosos do Paraguai, Argentina e Brasil. Ano em que se dá início às tramitações a respeito desse estudo.
1961	– Organiza o envio da missão francesa, sob a direção do Métraux, integrada por Pierre e Hèléne Clastres, como também por Lucien Sebag, para estudos em comunidades indígenas no território paraguaio. – Início das pesquisas e trabalhos de Pierre Clastres e Sebag (substituído por Hèléne Clastres).
1962	– Publicação internacional (*The urgency of research on the Guayakí and Guaraní*. In: *Bulletin of the international Committee on Urgent Anthropological and Ethnological Research*, n. 5, Viena).

FRAGMENTOS BIOGRÁFICOS - LEÓN CADOGAN	
1963	– Reconhecimento acadêmico interno pelo Rotary Club de Villarrica
1965	– León Cadogan se muda para Assunção.
1968	– Encontro e amizade com Bartomeu Melià. – É designado membro da "Société des Américanistes" de Paris, graças à intervenção de Claude Lévi-Strauss e B. Melià
1973	– Falece em 30 de maio, em torno das 12h30min, em sua casa, aos 73 anos de idade. – Foi sepultado no dia 31 de maio.

QUADRO 1 – FRAGMENTOS BIOGRÁFICOS. LEÓN CADOGAN.
FONTE: O autor.[27]

2.2. Encontros, Trabalhos de Campo e Indigenismo: A Equação do Segredo

A vida e a obra de León Cadogan, como as entendo, constituíram uma efetiva prática de mediação cultural entre ele e um conjunto heterogêneo de grupos e pessoas guarani. Trata-se de uma forma de mediação cultural – intelectual, afetiva e política – que gerou um conhecimento indissociável da série de encontros e compromissos estabelecidos entre esses dois "mundos" ao longo de várias décadas – um duplo engajamento que traz em seu bojo uma pretensiosa escolha heurística, que mescla epistemologia e ontologia, a saber, uma prática de pesquisa que se volta ao "como é possível conhecer" (epistemologia) e, a um só tempo, a "o que existe / quês e quems que compõem o mundo" (ontologia). Os

---

[27] Adaptado de Berro de Escriba (1991); CADOGAN GAUTO (1998; 2009).

produtos desse engajamento dual estão ligados a e resultam de uma série de práticas de tradução linguística e antropológica de uma metafísica (a mbya, da palavra), que, por sua vez, coloca o pesquisador e o conhecimento por ele (co)gerado em um horizonte no qual ontologia e epistemologia se retroalimentam. Esse processo é duplo, pois se refere tanto ao objeto etnológico quanto ao próprio mundo do pesquisador, no sentido em que são formas de coleta, análise e tradução de conhecimentos amarradas a um processo de autorreflexão. A implicação mútua resulta de uma questão propriamente etnológica, ou seja, a "metafísica da palavra mbya" e a "tradução palradora cadoganiana" colocam em cena a pergunta "o que existe?" necessariamente ligada a outra, "o que vem a ser conhecimento e como é possível obtê-lo?", muito embora o que vem a ser "conhecer" não seja necessariamente o que, para nós (não-indígenas), existe ou se conhece. Tratar-se-ia, portanto, de um exercício de pesquisa que é autorreflexivo – exercício esse ligado à incapacidade do pesquisador de dar conta da totalidade de formas específicas que os grupos atualizam, isto é, colocam como questões e vivências:

> todo conhecimento explícito *não* é constituído da mesma forma, com os mesmos propósitos [intelectuais] e dentro das mesmas configurações de parâmetros associados. Esta é uma tarefa etnográfica, a saber, inquirir sobre a natureza diferente das distintas formas e modos de construir conhecimento (TOREN; PINA-CABRAL, 2009, p. 6).

Particularmente, penso que o trabalho de León Cadogan é muito esclarecedor sobre esse ponto. Quão seriamente é tomada a mediação cultural nos trabalhos antropológicos? Entendo que essa pergunta pode ser respondida, com originalidade própria, pelo trabalho cadoganiano porque lida com saberes, que são a um só tempo descritivos e prescritivos, como se verá mais à frente. É possível afirmar que León Cadogan partilha de certo ideal humanista em sua forma de entender a antropologia e o conhecimento por ela gerado. É possível ver, em suas glosas e comentários, palavras que se assemelhariam a estas: "contra o teórico, o observador deve ter sempre a palavra final; e contra o observador, o indígena" (LÉVI-STRAUSS, 2013, p. 14-15). A pedra angular é a pesquisa de campo, por mais que o próprio León Cadogan não tenha tido oportunidades de realizá-la conforme o cânone acadêmico e o desejo dele próprio. Ao contrário, houve um modo bastante particular de praticá-la que, poder-se-ia dizer, inaugura certo modo de produção antropológica. De todo modo, León Cadogan aceitaria de bom grado a ideia segundo a qual a pesquisa de campo, "por onde começa toda carreira etnológica, é mãe e ama da dúvida, atividade filosófica por excelência" (LÉVI--STRAUSS, 2013, p. 36), não somente no sentido de "que não sabe", mas também pelo constante desiderato de expor "o que se pensava saber", sua ignorância, àqueles que podem desmentir as conclusões de sua pesquisa em mais alto grau: os índios. Essa é, em cheio, a qualidade da oficina poética/o ateliê da palavra [28] que perpassa toda a realização de *Ayvu Rapyta*.

A leitura modesta que ele faz de seu próprio trabalho, embora contradita pela amplitude de seus escritos, revela o modo como León Cadogan qualifica sua produção, uma série de compilações de saberes que, se bem lidos, permitiriam estudos "mais profundos" por outros pesquisadores em um futuro próximo:

> Minha contribuição foi registrar os ditos no papel, e as notas lexicográficas. E nestas notas reconheço ter abusado da minha condição de profano em antropologia ao me permitir destacar algumas, para mim surpreendentes, analogias que cri existir entre o conteúdo de certos versos destes mitos e tradições e as grandes religiões da humanidade. Saberá tolerar-me o leitor equiparando minhas observações ao alegre grito de surpresa de quem

---

[28] Ver seção "Pesquisa multissituada: Trabalho de Campo e Oficina Poética".

inesperadamente depara no percurso com uma bela flor, ou tropeça com uma joia rara. E, para diminuir a crítica que forçosamente hão de dar às lacunas e deficiências desta *recopilação*, narrarei um episódio que me ocorreu recentemente. Nos primeiros meses de 1954 acompanhei o professor Egon Schaden ao *tapýi* do cacique Pablo Vera, e em uma conversa referente à *couvade* o cacique, espontaneamente, revelou ao amigo dados referentes à alma recém encarnada que eu, com muitos anos dedicados ao estudo do tema, ignorava totalmente. (CADOGAN GAUTO, 1998, p. 122, grifo meu).

Essa modéstia vem mesclada com o desejo, recorrentemente manifesto, de estudar a sério os grupos indígenas. Nesse desejo é possível observar duas preocupações básicas de León Cadogan. Uma é de tom salvacionista, evolucionista, comum ao espírito do tempo em que viveu León Cadogan, no sentido de que ele temia o extermínio dos grupos indígenas e a destruição de um rico conjunto de saberes. Já a outra preocupação revela o paradoxo que subjaz ao modo como León Cadogan enxergava seu próprio trabalho, a saber, a necessidade de incentivar outras pesquisas que pudessem gerar mais conhecimento especializado, que, por sua vez, serviria como um horizonte para confirmar as suas próprias pesquisas (vistas como se meros aportes para outros trabalhos científicos). Esse intelectual que, em diferentes momentos, manifestou seu temor de soar e entrar para a história como um investigador farsante, um simulacro latino do já citado poeta inglês Thomas Chatterton, acreditava que somente estudos sistemáticos posteriores, com "critérios e métodos científicos", poderiam atestar se o que ele produziu era ou não autêntico. Sobre a frustração de ele mesmo não ter conseguido realizar esse ideal de pesquisa, escreveu:

> Uma vez versado em antropologia, reuniria meus trabalhos dispersos e minhas notas e dedicaria, no tempo que me resta de vida, a uma síntese. Mas estava escrito que

meu proveito não se cumpriria porque, mais que remédios, minha mente exigia uma visita periódica ao interior e à selva; exigia me comunicar de homem a homem, de irmão a irmão, com um camponês, com um índio. E isto é um luxo que um enfermo condenado à cadeira pelo resto da vida, por causa de deficiências cardíacas, etc., não pode se permitir. (CADOGAN, 1990, p. 204).

León Cadogan recorrentemente expressou sua vontade, nunca de modo pleno realizada, de fazer trabalhos de campo seguindo os parâmetros de uma etnografia moderna; mas, como afirma Egon Schaden, León Cadogan, pesquisador, possuía um discernimento notável:

> [ele] insiste no fato de não ter feito estudos teóricos de antropologia cultural que lhe habilitem a empreender a análise científica do material recolhido. De qualquer modo, ninguém deixará de reconhecer nele qualidades excepcionais de pesquisador. Entre elas, a capacidade notável de discernimento para ajuizar com segurança de resultados cientificamente válidos em oposição à interpretações duvidosas ou simples analogias que tenderiam a impor-se a qualquer espírito menos prevenido. Daí o valor de sua contribuição, que se evidencia desde logo a qualquer um que se ocupe no estudo comparativo da mitologia sul-americana. (SCHADEN apud CADOGAN GAUTO, 1998, p. 122).

A grande virtude de León Cadogan foi ter pautado suas pesquisas em torno de uma ideia mbya, a concepção de palavra, e dedicou anos de sua vida a uma espécie de utopia: a descoberta dos territórios da palavra guarani, seu estudo sistemático e sua preservação – variações sobre um mesmo tema.

León Cadogan foi batizado pelos Mbya, recebendo um nome guarani que manteve em segredo, só vindo a público após sua morte: *Tupã Kuxuví Vevé*, na tradução de B. Melià "redemoinho divino que passa voando" (MELIÀ, 1987, p. 38), ou em uma tradução pessoal, "redemoinho voante de Tupã". Uma dádiva consequente de uma extensa relação, na qual escutou a palavra guarani e tentou fazer dela mesmo a forma de seu pensamento, possibilitou a grande contribuição do trabalho de León Cadogan, suas pesquisas, transcrições e traduções das tradições religiosas dos Mbya, em especial, os *Jeguaká Tenonde Porãngue i:* os primeiros homens escolhidos que carregavam o adorno de plumas.

Alguns Encontros e o Indigenismo: Aliança Política e Diplomacia

Os contatos e os afetos com os mais diferentes indígenas são onipresentes na vida de León Cadogan. Mas, como destaquei, intensificaram-se a partir da década de 1920. Esses encontros geraram um descentramento por parte de León Cadogan e, por outro lado, um contramovimento indígena. O antropólogo, branco e *iñakã ju va'e* ("de boca peluda e pêlos loiros") que se "preocupava com os índios", apareceu também para os Guarani como um importante canal, por meio do qual puderam se fazer presentes, dando amplitude às suas vozes e demandas. Se León Cadogan foi um canal ativo para a agência indígena frente ao Estado paraguaio, foram os indígenas um canal privilegiado de acesso ao conhecimento nativo por parte do guairenho. Tomando de empréstimo as palavras de Bruce Albert, ao refletir sobre sua parceria intelectual com Davi Kopenawa, os antropólogos aparecem aos indígenas como importantes vias para desenvolver, "uma estratégia política de controle das representações de si por meio do espelho cultural da fronteira" (ALBERT, 2002, p. 246). Esses intercâmbios, quero já frisar, apresentam também conteúdos e conotações metafísicos – transportam e, portanto, são interações cosmológicas.

Os encontros com efeitos mais importantes na vida e obra de León Cadogan, para além dos de sua infância, deram-se quando ele já tinha mais de 20 anos de idade. É o caso do encontro com o indígena Emilio Rivas, cujos efeitos foram indeléveis. León Cadogan conheceu Rivas no ano de 1921, em San Antonio (CADOGAN, 1971, p. 9-10; 1990, p. 75; 196), quando trabalha nos ervais. O descendente de irlandeses, ingleses e australianos, alto, branco e loiro, encontra-se com o indígena, e se cumprimentam evocando o nome do "verdadeiro pai" mbya.

[LC] – *Ae-ty rami*

[ER] – *Ae-ty rami...*

[LC] – Falas evocando o nome de nosso verdadeiro pai Ñamandú, cujo filho, o sol, permite que nós, para quem ele proveu de arcos e do adorno ritual, ergamo-nos todos os dias...

[ER] – Falo evocando o nome de nosso verdadeiro pai Ñamandú... respondeu meu interlocutor. (CADOGAN, 1971, p. 9).

E. Rivas veio ao encontro de León Cadogan para relatar uma série de ocorridos e expropriações em que um branco estuprou várias mulheres indígenas e raptou crianças para usar como mão de obra escrava. O imbróglio desses crimes foi assentado por meio do assassinato do branco – algo que trouxe um conjunto de retaliações aos grupos guarani da região. Quando E. Rivas decide procurar León Cadogan, este já gozava de pequena fama entre os índios e, devido a isso, aquele se sentiu confortável e confiante em expor os acontecimentos e se entregar à lei dos brancos "para que se cumpra em mim sua lei e minha gente não seja perseguida", dissera E. Rivas (CADOGAN, 1971, p. 10). León Cadogan levou E. Rivas até Caaguazú e expôs o problema ao chefe de polícia da região, Basilio Scavone, que, por sua vez, garantiu que E. Rivas não seria preso nem mais incomodado, "assim como sua gente".

Essa primeira intervenção mais concreta de León Cadogan em favor dos indígenas cruzou os anos e as geografias e contribuiu muito para seu reconhecimento e fama junto aos Guarani. Anos depois, os índios Tomás e Cirilo, ambos de Yvytukó, foram até Villarrica encontrar León Cadogan, aconselhados por E. Rivas, que o tinha como aquele branco que é "defensor dos índios". Tomás e Cirilo permaneceram por um par de dias na casa de León Cadogan e contribuíram para alastrar ainda mais sua fama – aquela, o fato de que havia um paraguaio que ajudava os "explorados, marginalizados e perseguidos", de que havia um *juruá,* um *iñakã ju va'e* ("de boca peluda e pêlos loiros"), sempre aberto aos e a favor dos Guarani e outros indígenas e camponeses. A partir de então, tornou-se praxe a ida de vários índios até Villarrica, à casa de León Cadogan, porque sabiam que se tratava de uma pessoa que "considerava que os índios são humanos". A casa de León Cadogan era o lugar confortável, não hostil, seguro para os índios que viviam no Paraguai (CADOGAN, 1971, p. 9-10; 1990, p. 75; 196).

Outras relações bastante importantes foram aquelas entre León Cadogan e os Mbya Mario Higinio e Pablo Vera. Como mencionei, no ano de 1943, *Vuró,* apelido de M. Higinio, conheceu León Cadogan, que estava no moinho de Rancho Itá, de Ernesto Schaerer, e foi visitá-lo em sua aldeia, na qual lhe foi contado o "mito da lua" mbya (CADOGAN, 1990, p. 68). Porém, é no ano de 1946 que a relação entre os dois passa a ter colorações mais fortes. Nesse ano, M. Higinio estava preso na cadeia de Villarrica sob a acusação de assassinato de um paraguaio que havia estuprado sua esposa. Com a intervenção de León Cadogan, ele foi libertado e levado até sua casa. A atuação de León Cadogan tem em sua origem outro encontro de consequências muito mais importantes: fora Pablo Vera quem viera até ele a fim de pedir-lhe uma intervenção em favor de M. Higinio. Será esse intelectual-xamã mbya que lhe revelará o conhecimento "secreto", interdito até mesmo a outros Mbya (pois é feito com uma linguagem fortemente metafórica, distante das convenções léxico-linguísticas ordinárias), a respeito da palavra-fundamento que constitui boa parte do material metafísico e poético do livro *Ayvu Rapyta*.

Há algumas versões sobre o fatídico episódio que alterou profundamente a natureza e a qualidade da relação de León Cadogan com os Mbya, assim como a forma e os parâmetros de suas pesquisas. Trata-se de um grande evento: um indígena, por vontade e iniciativa própria, *fia a um estrangeiro* a palavra-fundamento, interdita e detentora de poderes, conhecimento especializado, com "vocabulário religioso" diferenciado, acessível só aos iniciados. Quero ressaltar, não obstante, que o acesso de León Cadogan a esse conhecimento resultava de uma relação de longa duração na qual a confiança fora conquistada gradativamente, cabendo ao encontro com Pablo Vera e M. Higino configurar o clímax de um dilatado processo de trocas e convívio, anterior e posterior, que perdurou até a morte de León Cadogan.

Eis o relato do próprio León Cadogan com o xamã mbya:

> Havendo o cacique Pablo Vera, de Yro'ysã, Potrero Blanco, me informado que um índio chamado Mario Higinio estava recluso na prisão regional de Villarrica, há quase três anos, ele me pediu que obtivesse sua liberdade. Através de trabalhosos trâmites, foi sustada a acusação e, obedecendo a um chamado meu, veio até Villarrica o cacique para encarregar-se do seu protegido. Conversando com meus hóspedes, abordei o tema das tradições religiosas. Mario, que já conhecia minha fixação por estas coisas, tendo-me narrado uma lenda que explica a etimologia de *Mbarakaju* [...], se dirigiu ao cacique perguntando-lhe se já havia falado comigo sobre: *gueroayvu*, sobre a origem da linguagem humana: *Ayvu rapyta*. Res-

pondendo o cacique que não, voltou a perguntá-lo se havia me divulgado os cantos sagrados relacionados aos 'ossos de quem porta a vara-insígnia': *yvyra'i kãnga*. Ao responder de novo negativamente, Mario lhe disse que eu já era merecedor que me revelasse as ñe'ë porã tenonde, 'as primeiras belas palavras'; porque, disse, os favores que os Mbya me deviam me faziam merecedor de que me considerasse como membro da tribo: Ñane retarã ae, ñande rataypygua ae i: 'nosso verdadeiro compatriota, membro genuíno do *asiento de nuestros fogones'*. (1997, p. 16).

É assim que León Cadogan passa a integrar *los fogones mbya*. Essa relação com P. Vera persistiu e foi bastante produtiva para os dois mundos, o mbya e o branco. Vários outros relatos, histórias, conhecimentos, esclarecimentos linguísticos e etnológicos foram conseguidos por León Cadogan por meio da generosa e paciente atenção dispensada por Pablo Vera a ele. Por outro lado, na outra direção, para dar um exemplo dentre outros, no ano de 1949, León Cadogan apresenta Pablo Vera ao presidente Molas López, no "Club El Porvenir Guaireño", o nomeando como chefe mbya na comarca por meio de uma eleição controversa (CADOGAN, 1990, p. 70-71).

A "equação para o segredo" – como aqui nomeio essa série de feitos e sua consequente produção acadêmica –, a conquista alcançada por León Cadogan, revelando uma série de saberes até então inéditos na antropologia, liga-se, como vimos, a uma vida de constante militância política ao lado dos índios. Contudo liga-se também a uma frágil infraestrutura, que minou, em certa medida, seu potencial investigativo antropológico, linguístico e indigenista. Não obstante, é clara certa ambiguidade que reside nesse ponto, pois León Cadogan, já na década de 1940, era bastante influente perante as instituições paraguaias, seja no acesso a que tinha ao presidente do País (ao ponto de nomear oficialmente Pablo Vera), seja no poder de barganha que tinha nas mais variadas instâncias da política e da socialidade paraguaias, seja nos mais distintos cargos oficiais que ocupou (ver tabela no fim da seção 2.1). A imagem propagada das dificuldades estruturais e econômicas desse período, que dificultaram as pesquisas e a vida de León Cadogan, precisa ser entendida e pensada, portanto, de modo mais nuançado, menos hagiográfico.

Por exemplo, no ano de 1948, León Cadogan somente aceitou o cargo de "chefe de polícia" pela segunda vez em Villarrica caso houvesse, em contrapartida, a criação de um órgão de proteção aos índios, expressando a necessidade de uma via institucional que fosse capaz de canalizar as demandas e os direitos indígenas. É nessa época que se gestou o que veio a ser a futura "Curadoria dos Índios no Paraguai", encarregada da defesa da população nativa, sempre ameaçada pela expropriação e exploração.

São desse período algumas intervenções de León Cadogan em relação a uma série de demandas e conflitos interétnicos, como a tramitação e efetivação do estatuto que reconheceu as populações indígenas em igualdade de condições com os paraguaios perante o Estado e a proibição e criminalização, por meio do "Ministério do Interior", dos atos de perseguição aos índios, em especial aos Guayaki, alvos de constantes atos de expropriação e violência. León Cadogan também estimulou o clero guairenho a realizar uma campanha beneficente a favor dos índios da região. A criação do "Departamento de Assuntos Indígenas" é também desse período. Por meio dessa instituição, encarregada de centralizar as atividades indigenistas no Paraguai, criou-se, por exemplo, um ambiente favorável permitindo a libertação de um grande número de mão de obra indígena em condições escravas.

Foi dessa prática indigenista em conjunto com outras ações pontuais, como aquela a favor de M. Higinio, que se sedimentou uma relação duradoura e forte, rendendo frutos outros inimagináveis, como o *Ayvu Rapyta*, na década de 1940. O pesquisador León Cadogan foi, em práticas que atravessaram décadas, um *aliado político* dos e para os Mbya, assim como um raro "representante diplomático" à época de seu trabalho em território paraguaio [29].

As correspondências de León Cadogan já enquanto tutor dos índios ligado ao "Ministério da Educação e da Cultura" do Estado paraguaio, mostram algo do alcance de seu trabalho indigenista. Em 30 de agosto de 1966, em correspondência direcionada à Hilda Figari, da Comissão Franciscana, León Cadogan busca ampliar a rede de cooperação, visando a garantir condições para que se diminuíssem as expropriações e brigas no Guairá, que seguiam em um amplo processo de extermínio étnico. Nessa correspondência há um contorno sobre as características dessa rede, que, além da comissão franciscana, é também composta por autoridades como o general Samaniego, amigo pessoal de León Cadogan e pesquisador folclorista da cultura guarani.

Essas ligações com instituições religiosas no trabalho indigenista, por outro lado, não representaram uma postura de todo acrítica de León Cadogan com relação ao apoio das missões evangélicas. Em uma carta ao Padre Ramom Juste (08/05/1967), responsável por uma missão evangélica mbya-católicos, León Cadogan pontua uma clara divergência com relação às opiniões e aos pontos de vista da congregação religiosa ao lidar com os mbya, cujas práticas "carregam males potenciais" por serem mar-

---

[29] No *post-scriptum* de Bruce Albert à obra *A queda do céu,* que li após escrever este livro, encontra-se uma caracterização da relação etnográfica como aliança e diplomacia entre mundos que me soa afim ao modo como interpreto o caso de León Cadogan com os Mbya no território paraguaio. Cito, "para seus interlocutores [do antropólogo], trata-se de engajar-se em um processo de auto-objetivação pelo prisma da observação etnográfica, mas de um modo que lhes permita adquirir ao mesmo tempo reconhecimento e cidadania no mundo opaco e virulento que se esforça por sujeitá-los. Para o etnógrafo, em compensação, trata-se de assumir com lealdade um papel político e simbólico de *truchement* às avessas, à altura da dívida de conhecimento que contraiu, mas sem por isso abrir mão da singularidade de sua própria curiosidade intelectual (da qual dependem, em grande parte, a qualidade e a eficácia de sua mediação)" (ALBERT; KOPENAWA, 2015, p. 522).

cadamente "etnocêntricas" – o ponto fulcral da crítica cadoganiana reside no uso de médicos e na prática da medicina de modo unilateral, sem qualquer atenção dispensada ao "engenho mbya".

A mesma postura pode ser encontrada nas correspondências direcionadas à "Caritas do Paraguai" e seu "Programa de Desenvolvimento Chiripá", também acusada de etnocentrismo ao não levar em conta a "medicina nativa", anulando toda sua "ciência racional", em uma carta datada de 30 de janeiro de 1967, carta seguida de outra, em 26 de fevereiro do mesmo ano, em que León Cadogan envia documentos e trabalhos acadêmicos, visando a oferecer àquela instituição um material no qual pudessem entender melhor o contexto e o modo de vida dos índios Guarani. Enfim, a ambivalência de León Cadogan que mescla adesão e distanciamento frente às instituições religiosas, entendidas como importantes meios para a efetivação do trabalho indigenista.

A busca de instituições internacionais e o anseio de mobilizar a opinião pública estrangeira também foram vias pelas quais o trabalho indigenista de León Cadogan enveredou. O instituto londrino "The Primitive Peoples Fund" foi contactado por León Cadogan em janeiro do ano de 1971 por meio de uma longa correspondência, na qual há uma descrição, informes, a respeito da "tragédia Guarani no Paraguai", o genocídio da população nativa, acompanhada, por sua vez, por artigos acadêmicos de León Cadogan (como o "Chono Kybwyrá").

A constante série de abusos sexuais, assassinatos e expropriações dos grupos guarani no Paraguai foi a que mais preocupou e ocupou a ação de León Cadogan. Da série de intervenções, por exemplo, destaca-se uma referente à violação sexual de uma menor mbya. Em 26 de abril de 1967, León Cadogan escreve uma primeira carta ao juiz da instância criminal de Villarrica, Roque Pérez Stanchi, na qual fornece informações e pede esclarecimentos a respeito dos trâmites sobre o processo de estupro. A violação sexual foi cometida em Taytetu pelo sargento Chilaver, cuja denúncia já havia sido feita há dois anos, porém, dada a morosidade, nada havia acontecido. Essa menor vítima de abuso sexual é filha do dirigente mbya Vicente Gauto, um dos principais intelectuais indígenas informantes de León Cadogan para compor o material do livro *Ywyra Ñe'ery* (1971). Nesse caso, León Cadogan foi bastante ativo, como mostram as várias cartas trocadas por ele com as autoridades do Estado paraguaio.

O assassinato de Reginaldo, criança mbya, ocorrido em Pastoreo, foi também um caso de repercussão. O autor do crime, Juan de la Cruz Velazquez, foi liberto após uma ordem de soltura falsa e o pagamento de indenização com algumas vacas. Conforme se vê na quantidade de cartas, esse fato desencadeou uma intervenção intensa de León Cadogan, embora sem qualquer efeito prático imediato. A esse seguiram outros casos de maus tratos corporais, como o do índio Gregório Cárcere, de Tava'i, agredido pelo sargento Vicente Monges; homicídios mbya denunciados por León Cadogan e levados à imprensa paraguaia; outros tantos estupros, como o da índia Asunción González, realizado por um grupo numeroso de homens e de modo (semi)público em Natalício Talavera.

Nesse ínterim, León Cadogan foi uma figura bastante atuante no processo que visou ao reconhecimento por parte do Estado do Paraguai de que "os índios são cidadãos com pleno direito", algo não reconhecido até o fim da década de 1950. León Cadogan, nesse caso, partiu de teorias sobre "a mistura das raças como a constituição da identidade paraguaia" (1990, p. 130), visando a um fim político pragmático de suma importância: o de ter que "convencer" boa parte da população nacional e as autoridades do Paraguai de que índios também são seres humanos, que precisam ser reconhecidos como portadores de direitos perante o Estado. Porque, na tese cadoganiana, "como já disse

Bertoni, no Paraguai 'o índio é considerado um animal por não ter sido batizado', e segundo Juan F Recalde, 'no Paraguai, matar o índio não é delito'" (1990, p. 132). Somente no ano de 1957 há um comunicado oficial a todos os habitantes do Paraguai em que se reconhece "todos os índios como humanos" (1990, p. 132). Estas são as palavras com as quais León Cadogan interpreta o processo que redundou no reconhecimento, perante o Estado, dos direitos indígenas [30]:

> Este objetivo se alcançou com relativa rapidez graças à colaboração do Ministério da Educação e Cultura e à do Interior, da Corte Suprema de Justiça, do Obispado de Villarrica e da Associação Indigenista do Paraguai. Para os fins de 1957 havia comunicado oficialmente a todos os habitantes do Paraguai que 'os índios são tão seres humanos como os outros habitantes da terra natal'; vários delinquentes que foram processados e presos por delito contra os índios; e desde Villarrica até o Paraná se correu a voz: *prohibido ko'ága guayakí juká* (é proibido agora matar Guayaki). (CADOGAN, 1990, p. 132-133).

Em entrevista, ao ser perguntado sobre a "assimilação do índio à civilização" devido ao uso de mão de obra guarani nos ervais, afirma León Cadogan:

> Em 1957, época em que o ministro Peña era ministro da Educação, a ele naquela época lhe levei casos concretos [de uso de mão de obra escrava indígena]. Me mandou com o assessor do ministério à Corte Suprema, e não nos quiseram acreditar. Mostrei a eles os processos. Foi então que se lançou esta famosa circular número um em defesa do índio, que é um documento que muito honra

---

[30] Sem aqui ignorar certa contradição que perpassa a pessoa de León Cadogan e suas ações, já que os índios eram vistos como *sujeitos de delito,* não só pelo restante da "sociedade paraguaia", mas também em algumas práticas pretéritas dele, na medida em que quando exerceu o cargo de Chefe de Investigações na polícia de Villarrica, entre os anos de 1941 e 1944 e depois em 1948, ele era responsável, dentre outras coisas e em algum grau, por *prender e libertar* índios.

ao Dr Peña, mas infelizmente, como quase todas as coisas no nosso país, todo ficou estancado. (CADOGAN GAUTO, 1998, p. 149).

Algumas vezes, León Cadogan embasava o trabalho de tutoria dos índios em conhecimentos etnológicos, o que surtia bons efeitos em suas ações indigenistas. Esse é o caso, por exemplo, das disputas entre os Mbya, encabeçados pelo cacique Che'iro, e o paraguaio Flecha (CADOGAN, 1990, p. 125-128), em que León Cadogan faz uso do trabalho de Nimuendaju (1987) para, em seu argumento, destacar o fato de que os índios "não temem a morte", tal como os brancos, por terem uma série de noções específicas a respeito da alma-corpo-nome-palavra, e que, portanto, era necessário um entendimento mais etnológico para lidar com as disputas em questão.

Pensando essa importante mobilização de León Cadogan, de conhecimentos acadêmicos para usos políticos e suas aparições como pessoa pública, é possível perceber, de maneira mais direta, as ambivalências e contradições que perpassam a figura e o trabalho do guairenho. Os conhecimentos etnológicos, filosóficos e literários de León Cadogan traziam consigo um ideário que misturava o modernismo com teorias evolucionistas típicas do fim do século XIX e início do XX. Contudo, se seus preceitos heurísticos e metodológicos eram heteróclitos, é importante não ignorar que sempre estiveram submetidos a uma anterioridade, a de escutar a palavra e as reivindicações dos índios. Seu ponto de partida foi sempre a materialidade empírica resultante da relação direta com as línguas e as políticas dos sujeitos guarani. Peço licença ao leitor para uma citação, algo longa, do trecho de uma entrevista concedida por León Cadogan, por revelar uma interessante mistura de relativismo, defesa indígena, com as teorias evolucionistas e fisicalistas do século XIX. Ao ser perguntado sobre os primeiros contatos com os indígenas, responde León Cadogan (CADOGAN GAUTO, 1998, p. 41-42), não sem a peculiar dose de ironia que lhe caracterizava:

Meu primeiro contato com eles foi no ano de 1920 mais ou menos; durante a revolução de 1922. Desde de 1940 estou em contato permanente com eles. Minha casa em Villarrica foi um local no qual houve uma constante procissão de índios.

Eu creio que estão desaparecendo. Poder-se-ia pensar que uma recuperação, mas como disse, necessitar-se-ia que nós os compreendêssemos. Mas o que se passa é que nós como homens civilizados, nos colocamos em um plano superior. Somos etnocêntricos e a ciência neste aspecto mudou muito de concepção.

– Teriam que ter uma evolução natural?

– Teriam, mas em um país tão pobre como o nosso não pode se dar ao luxo de atrelá-los à civilização.

– Defeitos semelhantes você encontraria no ser paleolítico e no ser civilizado?

– É muito difícil definir isto. O paleolítico por exemplo pratica o canibalismo e a poligamia, coisas que para nós seriam pecados mortais [...]. A maioria. Os Guayaki eram antropófagos. Nisto coincidem as versões dos cronistas. E negar isto equivaleria a eu, filho de ingleses, negar que os ingleses foram piratas. Os ingleses formaram seu império através da pirataria.

Dificilmente. É uma mudança muito brusca. Do paleolítico à era atômica é muito. Teria que ir por etapas. Sempre são gente desadaptada. Há muitos casos em que se os retirar do ambiente ao nascer. Mas, mesmo assim, são desadaptados.

É-me útil aqui, para pensar essa faceta da pessoa de León Cadogan, uma característica presente no campo das ciências, e de modo mais intenso no das ciências humanas, isto é, a vigência de um ambiente de debates no qual há uma espécie de atraso temporal nos movimentos teóricos entre as disciplinas. Em cada época, quando se acredita ter superado conjuntos de teorias e métodos em um determinado nicho, é possível perceber a observância desses mesmos quadros analíticos operando em outras searas do conhecimento. Para citar casos mais familiares, se desenvolvimentos da antropologia hermenêutica, paradigmática na figura de Geertz, aparecem no campo da historiografia justamente quando não goza mais do prestígio de outrora na e com a antropologia, por outro lado, vê-se um aflorar de perspectivas fenomenológicas no campo dessa, paralelo a uma ressaca e uma recusa no daquela.

Algo dessa dinâmica entre "os campos acadêmicos", por exemplo, é possível tomar para pensar a ambivalência de León Cadogan, expressa na citação anterior, a saber: um intelectual que, a um só tempo, é ligado ao e está além do evolucionismo antropológico. Essa entrevista é do ano de 1969 e, além de León Cadogan tomar partido das hipóteses evolucionistas, em um período em que elas já não eram levadas a sério há décadas pela imensa maioria dos acadêmicos na antropologia, o descompasso entre teorias, épocas e disciplinas acadêmicas surge também quando ele se mostra bastante entusiasmado com as hipóteses e os caminhos, também há muito desacreditados, de certa antropologia física:

> Não tem muito tempo, se descobriu o antígeno Diego que existe em certas tribos. Recebi de um amigo especialista em antropologia física, os resultados dos trabalhos que realizaram em todas estas tribos e as únicas que carecem do antígeno Diego são os Moro e os Guayaki. Isto coloca por terra muitas hipóteses bonitas. É uma tarefa que requer um trabalho de conjunto. (CADOGAN GAUTO, 1998, p. 45).

Não obstante, na ambivalência que está presente em toda sua carreira, logo em seguida, León Cadogan discorre sobre a "medicina guarani", abandonando o pano de fundo evolucionista e fisicalista, em favor de um argumento estritamente etnológico:

Há ramos de medicina, digamos. O índio comum sabe que tal planta vai aliviar tal mal. Em casos graves recorrem ao curandeiro, que se põe em comunicação com os deuses e averigua o que se passa. Logo opera suas sucções dos besouros [escarabajos] e outros animais. É um tema muito debatido, Schaden, eu e outros mais, chegamos à conclusão de que estes xamãs, apesar do papel aglutinante, também eram motivo de quase extermínio, porque surgia a rivalidade de grupos a causa do veredito destes feiticeiros. (CADOGAN GAUTO, 1998, p. 46).

Em seus textos de outra natureza, devido mesmo à característica comum que os subjaz – "menos" teóricos, "mais" empíricos –, pouco ou nada desse ideário está presente de modo explícito, no sentido em que são textos mais ligados à palavra indígena, com poucos momentos em que se vê um voo interpretativo mais desconexo de León Cadogan. Muito do material presente em seus livros e artigos é composto de transcrições e traduções de narrativas, cantos e mitos indígenas, embora, como abordo mais à frente, o fato de ser um conhecimento oriundo da transcrição (transcri(a)ção) de dados coletados não significa que contenha poucos aspectos interpretativos por parte de León Cadogan.

Muito do referido ideário está mais presente nas manifestações públicas de Cadogan do que nos seus trabalhos propriamente acadêmicos[31]. Em um discurso proferido na ocasião de uma homenagem que recebeu do "Rotary Club" de Villarrica em 19 de janeiro de 1963, León Cadogan discorre sobre a hipótese da degeneração das populações indígenas a partir do contato com o mundo dos brancos (CADOGAN GAUTO, 1998, p. 89-90):

---

[31] Outro exemplo, este com uma retórica semelhante à do evangelho: "se se admite – como asseguram muitos – que a etnologia tem algum valor positivo, dever-se-á também admitir que nossos conceitos de bem e de mal são errôneos, ou que as leis que nos governam no espiritual são totalmente distintas das que nos governam no material, pois ninguém, se neste 'vale de lágrimas' cultiva-se abrolhos, pretenderá colher milho; tampouco esperará que um jaguar transforme-se em cordeiro. E quantas barbaridades cometeu para que eu pudesse me dedicar à recopilação e lendas guarani" (CADOGAN, 1990, p. 73-74).

Natalicio González, em seu 'Processo e formação da cultura paraguaia' disse: [Em 1950] o poderio guarani havia se extinguido... as índias, velando pelo destino de seus filhos, começaram a repudiar aos deuses de sua raça, não desejando procriar a não ser com o amante espanhol para não amamentar servos.

Porquanto:

> Trágico é o quadro que nos deixam entrever as palavras de Félix de Azara, ao referir-se à expulsão dos jesuítas. Dos 2168 que tinha San Ignacio na época da expulsão, disse, poucos anos depois restavam 767; o empório de riqueza e civilização que havia sido Santa Maria era um monte de ruínas, e de seus 4343 habitantes somente ficaram 1100; dos 2533 habitantes de Santa Rosa, haviam desaparecido 2250. O que foi feito dos neófitos Guarani? Aqueles que puderam se internaram nas florestas, no desesperado esforço de liberação da avareza e da luxúria dos encomendeiros. Desaparecendo novamente no paganismo ancestral, desde aquela época distante vivem sendo objeto de discriminação; e pior ainda tem sido o destino de seus irmãos de raça, os Mbya e os Guayaki, negação da submissão ao conquistador. A tal ponto chegou esta discriminação, que em 1944, quer dizer, há apenas 18 anos, o conhecido médico e guaraninólogo Juan Recalde pronunciou aquela sentença lapidar: 'no Paraguai, matar índio não é delito'. (CADOGAN GAUTO, 1998, p. 90).

A relação com os indígenas e a preocupação com o destino desses grupos reverberam, em certa medida, o desejo constante de resgate da "cultura guarani". Afirma León Cadogan que, embora existisse uma consciência sobre o tema entre os paraguaios, ainda havia muita coisa a se fazer a respeito, prescrevendo, até mesmo, como única saída o apoio de instituições como as jesuítas: os "vinte anos dedicados ao estudo e à cultura e problemas desses grupos humanos me convenceram que a solução do problema consiste em encomendar a tarefa a uma ordem religiosa com experiência missionária, assessorada, naturalmente, por antropólogos competentes" (CADOGAN GAUTO, 1998, p. 91). O livre-pensador León Cadogan, muito atento a parâmetros ético-político-ideológicos de origem cristã:

> Para empreender a magna tarefa de reabilitar nossos remanescentes guarani e incorporá-los à vida civilizada, contribuiria, como quis o 'Poverello' de Assis, um ambiente em que onde há ódio, que haja amor; onde há ofensa...perdão, onde há discórdia...união; onde há erro... verdade; onde há desespero...esperança. (CADOGAN GAUTO, 1998, p. 91).

É o mesmo pesquisador, que se diz pouco ou nada católico – não obstante carregar consigo a influência de seu avô e de seus evangelhos –, que faz uso da moral cristã e muito de sua retórica parabólica para pensar o destino dos grupos indígenas em território paraguaio. No discurso cadoganiano acima referido, na ocasião da homenagem que recebeu do Rotary Club em 1963, lê-se:

> Devo *confessar* que estou convencido de que, enquanto a humanidade não ajustar sua conduta aos *preceitos deixados pelo Nazareno* e outros grandes caudilhos espirituais que a cada dia surgem *para iluminar o caminho* pelo qual devemos transitar, será utópico esperar que *na terra reinem a paz, a harmonia e o amor.*
>
> [...] *Então o rei dirá aos que estarão à sua direita: venha e tome a posse do reino que a vós está preparado. Porque eu tenho fome e me deste de comer; tive sede, e me deste de beber; era peregrino e me hospedaste; nu, e me cobriste; doente e me visitaste; preso, e vieste me ver. Ao qual os justos responderam: senhor, quando te vimos nós esfomea-*

dos, e te demos de comer; sedentos, e te demos de beber? Quando te chamamos de peregrino, e te hospedamos; nu, e te vestimos? Ou quando te vimos doente ou preso, e fomos visitar-te? E o rei em resposta dirá a eles: em verdade vos digo, sempre o que fizeste com alguns destes meus irmãos menores, comigo o fizestes.

Pois bem: se há seres humanos *a quem podem aplicar estas palavras evangélicas: 'estes meus irmãos menores', eles são nossos remanescentes Guarani.* 'Símbolos desamparados itinerantes de nossa raça', disse a respeito deles meu amigo Ramiro Domínguez em uma carta que recebi dele. E se são *sujos, cheios de vícios, como o são, isto se deve ao fato de ter a alma corroída* por traumas psíquicos, produto dos séculos de discriminação que vêm padecendo. *Não creiam que exagero.* (GAUTO CADOGAN, 1998, p. 89-90, grifos meus).

Essas palavras reverberam, em boa medida, o que afirmei antes a respeito da ambiguidade de um intelectual que se define como "livre pensador", cuja relação com o cristianismo, por outro lado, é bem mais presente em seus trabalhos do que se admite. A própria forma narrativa, para me referir a outro exemplo, em que apresenta *Ayvu Rapyta* como sendo de uma palavra que foi revelada a León Cadogan, guarda o formato parabólico, narracional, heurístico e mítico da metafísica da palavra cristã, a palavra revelada [32].

O ensejo de "resgate" (para usar o termo que empregava León Cadogan) e de registro das "culturas" guarani foi pensado muito com o apoio de pesquisadores estrangeiros. Por exemplo, toda a esperança de León Cadogan, mantendo assim "acesa a chama de um trabalho investigativo completo e sistemático"

---

[32] Recapitulando: trata-se, neste livro, de entender essas questões como pontes entre metafísicas, que estão de todo imbricadas e indissociadas, cujo trabalho de tradução/transcrição cadoganiano fornece boas pistas ao permitir o mapeamento de suas ambiguidades e da purificação realizada dos "híbridos" e mediações de seus trabalhos, que incluem inflexões cristãs.

entre os grupos guarani, passou a ser depositada na missão "Clastres-Sebag" na segunda metade do século XX. Com a morte de Sebag, que cometeu suicídio, Hèléne Clastres juntou-se à missão em parceria com Pierre Clastres. Segundo León Cadogan, Hélène era "uma mulher muito inteligente e dotada de uma capacidade assombrosa para assimilar línguas primitivas" (1990, p. 30). Seu entusiasmo aumentou ainda mais com "o preparo do casal", que chegara ao Paraguai "já sabendo muita coisa" (p. 30). León Cadogan sempre se mostrou entusiasmado com os trabalhos de Hèléne e Pierre Clastres:

> Espero que o estudo de Pierre e Hèléne Clastres sejam exaustivos. Eles sabiam já muito guayaki quando chegaram, graças às gravações existentes no Museu de L'homme, com tradução para o francês. E permaneceram mais de oito meses convivendo com os Guayaki (p. 30).

A fidúcia que León Cadogan sempre depositou nos intelectuais estrangeiros – característica que B. Melià destaca sobre a sua personalidade (MELIÀ, 2013a, comunicação pessoal) – deve-se ao fato de que, para ele, no contexto paraguaio em que vivia, não eram somente os militares que estavam contra o conhecimento, como também os "(pseudo)intelectuais" (1990, p. 32) que se proliferavam no país.

A missão francesa falhou no que se refere à expectativa de León Cadogan de que se realizasse um "estudo mais global das culturas guarani", fato que o amargurou (1990, p. 199- 200). Contudo, ele chegou à conclusão de que B. Melià, sim, estaria mais apto a levar à frente essa empreitada, sendo "mais capacitado que Clastres para realizar este trabalho". Não é, pois, sem razão que doou todo o material de suas pesquisas para Bartomeu Melià (CADOGAN, 1990, p. 205), perpetuando assim um traço de sua personalidade: a confiança nos pesquisadores estrangeiros para levar a cabo o entendimento das populações indígenas em território paraguaio. Coube à história mostrar que, ao menos no caso de B. Melià, León Cadogan estava certo, pois o trabalho desenvolvido por aquele desde então constitui uma importante contribuição à guaraninologia.

Pesquisa Multissituada: Trabalho de Campo e Oficina Poética

As práticas de pesquisas de León Cadogan evidenciam uma série de parâmetros a respeito da forma como concebia suas investigações etnológicas e linguísticas. A saber, a consolidação de um corpus largo de dados na qual houve um trabalho abrangente e detalhado de coleta, transcrição e tradução. Da perspectiva do guairenho, como inúmeras vezes afirmou, proceder assim é uma forma de gerar um "conhecimento aberto" na medida em que fornece bases empíricas sólidas para futuras investigações.

Obras, produtos de longos anos de pesquisa e maturação, que sempre apresentam uma transição dos conceitos indígenas para, e em contato, uma língua outra, o castelhano. Trabalhos que podem ser tomados como fontes documentais, tais como aqueles de A. R. Montoya, porquanto contêm uma série de materiais linguísticos e mitológicos exaustivos, acrescidos de notas – em sua maioria, lexicográficas, embora também algumas etnográficas. Notas, não menos, que explicam e discorrem sobre os conceitos e as práticas guarani, sobre as condições sociológicas da produção desses conhecimentos, assim como algo que é caro à minha abordagem, sobre os variados dilemas de interpretação e tradução. Essas obras possibilitam um mergulho no trabalho de León Cadogan para além daquele delimitado pelo próprio autor – como dito, um mero apoio para pesquisas futuras "mais fundamentadas" realizadas por investigadores com "maior preparo científico". Esse quadro permite também entender o importante capítulo da história guarani, de sua língua e de complexas noções, assim como um modo peculiar de pensar o conhecimento antropológico geral e o trabalho indigenista. Todo esse horizonte vem à tona a partir de uma premissa fundante para León Cadogan, a saber, o entendimento da língua como fonte primeira para o entendimento etnológico.

A fase considerada "científica" da obra cadoganiana é aquela caracterizada por uma menor preocupação com objetos e temas folclóricos e que se volta aos tópicos metafísicos, míticos e filosóficos dos indígenas (em especial, dos Mbya). Nessa fase, ao mesmo tempo em que cresce o fascínio com a riqueza e a beleza da "palavra mbya", observa-se também maior preocupação e cuidado de León Cadogan com questões metodológicas e com a delimitação de um ideário científico claro e direto, em especial com relação à coleta de dados. Visando a "reprimir todo excesso de subjetivismo" (CADOGAN, 1990, p. 73), León Cadogan passou a aplicar regras de pesquisa, cujo cerne radicou-se na coleta, pautada no ideal de maior fidelidade possível, de narrativas e cantos a respeito da religiosidade guarani diretamente da boca dos indígenas, com a menor intervenção possível por parte dos investigadores *durante o primeiro ato da coleta*. Foram anos de empenho nessa tarefa, em que cada narrativa foi minunciosamente registrada, transcrita, traduzida e *reavaliada* de modo *coparticipativo* com os nativos em outros momentos e em outros lugares. Esse aspecto é a maior contemporaneidade, a meu ver, de León Cadogan, pois, em suas práticas de investigação, ele fez aquilo que antropólogos viriam a fazer somente algumas décadas depois.

As pesquisas etimológicas foram fulcrais, em especial por meio dos trabalhos de A. Ruiz de Montoya (2002, 2011a, 2011b, 2011c), Restivo (1893) e Antonio Guasch (2008). Somente quando possível, o que não era tão frequente, León Cadogan recorria à bibliografia etnológica especializada – cujo acesso era escasso –, para comparar dados, ampliar informações ou corrigir interpretações. A consulta aos trabalhos guaraninólogos foi escassa em toda a obra de León Cadogan, mais voltado que esteve ao ensejo de apresentação "crua dos dados" de ordens linguística e mítica. Exceção à regra foi o trabalho de C. Nimuendaju sobre os Apapokúva (1987), em especial devido ao fato de trazer informações sobre a mitologia recôndita dos Guarani e de ser atento à palavra dos índios, horizonte afim ao das investigações cadoganianas (CADOGAN, 1997, p. 303):

> Quando li Nimuendaju – recorda Cadogan – já me dedicava como hobby ao estudo dos Mbya, e sabia que 'yryvovõ' significava oposto de um curso d'água e serve de ponte para cruzá-lo. Já havia descoberto, também, que a palavra figura no clássico 'Tesoro de la lengua guarani' do P. Antonio Ruiz Montoya, S.J., mas escondida entre as centenas de derivados da palavra (agua) que enumera o ilustre linguista, motivo pelo qual o havia escapado a Nimuendaju.

Os informantes de León Cadogan, tal como aparecem nos textos, foram na maioria das vezes individualizados e, em cada obra, contextualizados e nomeados de maneira central. Os relatos, mitos e cantos foram ouvidos em condições específicas, mas sempre da boca dos intelectuais mbya. Todavia, como são os casos dos materiais que compõem o corpus de *Ayvu Rapyta,* foram somente registrados em papel, "transcritos" – ou melhor, transcriados em transcri(a)ções – em um outro contexto, um outro momento, isto é, em ocasiões e espaços distintos do primeiro momento da coleta. Estavam ausentes tecnologias de registro, como as dos gravadores de voz. León Cadogan, no momento da coleta, fazia pequenas anotações (tal como é possível inferir pelos dados disponíveis a respeito) que, tais quais índices, em outros momentos desencadeariam os fios da memória. Como não existe memória possível que permita coletar uma tradição mitológica de modo fidedigno sem que se passe por demoradas e repetidas sessões de aprendizados, esse horizonte indica, ainda mais, que León Cadogan realizou processos de cocriações de modo radical e que dispunha de um conhecimento aguçado da língua e do saber mbya. Aliás, vale ainda lembrar que os próprios cantos-falas foram resumidos para e por León Cadogan, já que esses saberes são cantados em performances que duram entre sete e oito horas.

Como afirmei, é impossível (ou me foi) reconstituir em detalhes como eram os momentos em que se dava a *primeira* coleta dos conhecimentos indígenas por León Cadogan. Os protagonistas já não mais estão vivos, testemunhas desses momentos também não – o próprio filho de León Cadogan, Rogélio, era muito criança e suas memórias são nebulosas e vagas a respeito. Os materiais disponíveis no acervo de B. Melià que registraram são bastante escassos, acrescentando pouco, ou quase nada, ao que o autor já apresenta em seus textos. Nestes são ricas as referências aos interlocutores indígenas situados nominal, geográfica e culturalmente, mas não há muitos informes, por exemplo, de *como* as narrativas e os cantos eram contados e cantados – em que estilo, quais vozes, as diferenças dialetais, elementos da prosopopeia –, de *como* e em que *condições práticas* conseguiu fazer registro desse manancial – ainda mais se tratando de um conhecimento com um léxico que é torcido, metafórico, idiossincrático e não plenamente compreensível a qualquer índio. Estão inacessíveis tanto as condições sociolinguísticas da gestação e construção contínua desses conhecimentos, quanto os recursos de que dispunha León Cadogan para registrá-los sem auxílio tecnológico de gravação. São também nebulosas algumas escolhas formais da escrita cadoganiana, por exemplo, o amplo uso de versificações para transpor os saberes mbya para o papel, alguns desses sendo típicas gestas míticas (não necessariamente versificadas).

O mesmo afirmou Melià (2013a, comunicação pessoal, grifos meus)[33]:

> Cadogan era uma pessoa, eu não sei se era por prudência, ou se escondia o jogo, muito socrática. Muitas vezes eu perguntava uma coisa, e ele replicava, 'você já está em condição de entender isto'. Mas eu não estava. Aí eu não perguntava, porque não queria também apertá-lo com uma série de perguntas que poderiam ser antipáticas. Por exemplo, eu nunca soube exatamente de onde ele coletou estes cantos. Eu tenho a impressão que não foi no mato, mas na sua casa, com a visita dos índios que iam para lá. Ele tinha uma memória muito boa. Ele fazia a transcrição logo, mas não foram textos transcritos a partir de um registro no gravador, exceto o material do livro *Ywyra Ñe'ery* (1971). Ele só escutava, não tenho certeza se tomava notas, então não é uma transcrição. Ele em seguida escrevia. A exemplo do que os antigos fizeram com muita frequência. Toda bíblia é praticamente isto, quando se fala o profeta Isaías, ora, mais de 1000 anos que passaram. Isaías é o que está escrito.
>
> Não obstante, o importante a destacar e o que é mais admirável, é a fidelidade à linguagem ritual dos Guarani presente no *Ayvu Rapyta*, é algo extraordinária. Eu escutei, tenho algumas gravações desta linguagem ritual, é impressionante. O cineasta Ariel Ortega certa vez me disse, 'sinceramente, olha, eu reconheço que isto é genuinamente nosso, mas eu mesmo não tive a oportunidade de escutar isto. E fico admirado que alguém de fora tenha conseguido ter acesso'. Ele me falou isto não colocando em dúvida, e sim confirmando que é uma

---

[33] Série gravada de entrevistas, conversas e debates que realizei com Bartomeu Melià, entre os dias 18 e 24 de fevereiro de 2013, no "Instituto Superior de Estudos Humanísticos e Filosóficos" (Assunção, Paraguai). Série precedida de outras conversas e trocas acadêmicas, de longa duração, ocorridas nos anos de 2011 e 2012.

coisa extraordinária, e sociologicamente extraordinário, isto é, que uma pessoa de fora tenha conseguido não só ter acesso a este conhecimento, como também conseguir captá-lo. Um trabalho de campo complicado, difícil, e, principalmente, ter alcançado um tipo de relação com os indígenas a ponto deles confiarem estas coisas a ele. Livros como *Ayvu Rapyta* constituem documentos raríssimos. Talvez, provavelmente, poderíamos fazer vinte, trinta, 'ayvu rapytas', entre os xamãs que existem, porque são coisas secretas, que não revelam nem para os pares, os outros xamãs, além de não se aprender através de um conjunto de dogmas. Afirmo que cada xamã tem seu próprio 'ayvu rapyta'. Porém, estes outros possíveis livros não foram feitos, há alguns escritos, mas nada que se compare ao que fez León Cadogan.

Para a tarefa da transcrição, ou melhor, uma transcri(a)ção, já em outro momento e em outro lugar, León Cadogan contava com a ajuda de outros indígenas, também nomeados e contextualizados, que repetiam conteúdos das narrativas e dos cantos coletados outrora, esclareciam expressões e conceitos desconhecidos e ajudavam na reprodução das falas ditas. Um trabalho efetivo de cocriação de um primeiro registro, que reverbera um longo processo dividido em etapas. Uma primeira versão, depois de fixada no papel, geralmente era lida para os intelectuais, os xamãs mbya, que comentavam, corrigiam e acrescentavam dados ao que foi registrado, isto é, correcriado por León Cadogan e seus ajudantes indígenas. Esse retorno dos saberes gerados para os indígenas, possibilitado por León Cadogan, fornecia a ele dados e materiais de reflexão para retrabalhar a transcri(a)ção dos conhecimentos, em especial os sagrados, com léxico e elementos formais diferenciados daqueles presentes no uso cotidiano da língua mbya.

Uma pesquisa que foi *multissituada* no tempo e no espaço, em um tempo que era estendido, em um espaço que era plurilocalizado. E não só no sentido acima descrito das práticas de León Cadogan e dos indígenas, mas também na obra (quase) acabada entendida como um todo. Porquanto, como se vê em seus manuscritos, boa parte daquilo que León Cadogan editou e publicou foi posteriormente reformulada por ele próprio, com novos dados, outras transcrições e diferentes caminhos tradutivos a partir de *novas pesquisas* e *novos momentos* de revisão dos dados em parceria com os índios – uma *oficina poética*, um *ateliê da palavra*, cuja pena de León Cadogan foi guiada por ele, pela boca dos intelectuais mbya, como também pela astúcia, destreza e disposição de outros indígenas que lidavam com a materialidade dos dados linguísticos, míticos e metafísicos dos mbya. A presença nativa era entendida como presença de intelectuais cocriadores de seus trabalhos, pois os índios não eram somente vistos como informantes, insulados em um tempo e um espaço dados (*o* outrora lá *naquele* alhures do "trabalho de campo"), mas como pensadores ativos na criação do conhecimento de modo multissituado temporal e espacialmente. Ou seja, eram vistos como agentes que estiveram presentes no momento inicial da primeira coleta, escuta das palavras indígenas proferidas pelos *mburuvicha* (xamã guarani), mas que retornaram em outros momentos e em espaços diferentes para corrigir, acrescentar, repetir, esclarecer a respeito dos materiais disponíveis. Índios, contextualizados com nomes próprios e em lugares específicos, que repetiam para León Cadogan conceitos e orações que outrora havia coletado, esclareciam noções e expressões desconhecidas, ajudavam na morfologia do trabalho de transcrição. Esse é o caso dos textos de *Ayvu Rapyta*, em que parte do corpus é devedora dos saberes do xamã Pablo Vera, mas que foi retrabalhada, em um segundo (terceiro, quarto...) momento com a ajuda de outros Mbya, na transcri(a) ção, na explicação, na tradução e nos acréscimos.

Um aspecto "novo" é importante destacar da empreitada cadoganiana, a saber, não se trata apenas de um típico trabalho, como o dos antigos na tradição ocidental, por exemplo, da feitura da bíblia, pois há, de modo imbricado, uma concepção e uma prática sobre o que vem a ser a transcrição do conhecimento mbya. Tal como um poeta mutlissituando tempos e espaços, León Cadogan aproxima-se muito, a meu ver, da poetologia de Francis Ponge. A ideia de multissituação que uso para caracterizar as pesquisas de León Cadogan é devida à "heurística barroca" de Walter Benjamin (1984), que veio à minha memória quando li alguns trabalhos do poeta Francis Ponge, que, por sua vez, me sugeriam a noção de ateliê da palavra (de oficina poética composta de matérias e fragmentos vindos de espaços e tempos dos mais diversos e reunidos em uma obra aberta) como algo que poderia ser útil para pensar as obras de León Cadogan – no caso, pensá--las de modo positivo, isto é, tentando entender sua novidade e poder criativo, ao invés de lê-las como deficientes metodológica e heuristicamente, por meio de parâmetros de julgamento incompatíveis com essas mesmas obras. Nesse percurso da minha pesquisa, retomei certas leituras que fiz do filósofo W. Benjamin e aprofundei-me na obra de F. Ponge, visando a encontrar instrumentos heurísticos para forjar um modelo analítico a ser aplicado à obra cadoganiana.

Não obstante, na literatura antropológica há uma hipótese analítica semelhante, a saber, a ideia de multilocalidade etnográfica proposta por George Marcus (1986, 1995). A interpretação de Marcus, além de não ter sido a minha fonte de inspiração, como dito, também guarda algumas importantes diferenças da maneira pela qual uso a expressão "multissituação" (e afins). A análise de Marcus é voltada às pesquisas antropológicas "contemporâneas", em um "mundo globalizado", um "sistema mundo" que coloca(ria) grandes impasses aos pressupostos "holísticos", como o presente na ideia de "cultura", frequente em estudos monográficos antropológicos, baseados em "trabalho de campo".

Os impasses, segundo Marcus, são resultantes de uma conjuntura "pós-colonial", na qual as pesquisas dão-se em contextos que apresentam uma "descontinuidade do objeto de estudo", isto é, para o autor, *o objeto de estudo* antropológico passa a ser multissitiado (multissituado), não cabendo mais ideias totalizantes "como as de cultura" (de uma comunidade fechada no tempo e espaço). A consequência mais imediata, afirma Marcus, é aquela referente à importante divisão metodológica, adotada em certa antropologia, nós/eles, que precisa ser, de modo mais detalhado, nuançada e complexificada.

O caso de León Cadogan, por exemplo, já nesse ponto apresenta uma diferença importante, ou seja, não foi, necessariamente, o objeto de estudo que era multissituado, antes se poderia dizer o oposto, e sim as práticas e as inovações realizadas pelo próprio León Cadogan em parceria com os Mbya. Apesar da distância conceitual e empírica entre a hipótese de Marcus – mais ligada a estudos pós-coloniais e a diagnósticos pós-modernos das práticas clássicas da pesquisa antropológica – e a minha – mais próxima a uma heurística-estetizada para pensar construtos e fragmentos de modo legítimo –, há um ponto no qual elas se convergem. A saber, ambas as hipóteses tomam *as práticas de tradução enquanto mecanismos básicos para conectar os diferentes lugares e momentos* que o pesquisador explora, em meio às dissonâncias e aos imponderáveis. Isto é, a capacidade de fazer conexões, entre as multissituações, é factível pelas traduções; é o que permite seguir, cruzar, atravessar os diferentes discursos, as diferentes pessoas e agências, tempos e espaços que se apresentam para o pesquisador ao lidar com distintos contextos, ao se movimentar entre lugares, tempos, geografias. Na linguagem, pressupõe-se a (garantia da) integridade, a coerência cultural, a totalidade que abarca a matéria fragmentada.

Por ora, cito brevemente alguns exemplos que abordarei na seção 3.2 com mais detalhes. No primeiro capítulo de *Ayvu Rapyta*, cuja narrativa é oriunda das falas do mbya Pablo Vera, coletada na casa de León Cadogan em Villarrica, os *múltiplos informantes* (Tomás, Che'iro e outros), em *diferentes tempos e lugares* (Tapytã, San Juan Nepomuceno, Jaguakua i Yuty, Bordas), são revelados quando León Cadogan discorre a respeito da expressão mbya *papa*, usada para designar o Primeiro Pai, Ñamandú. No segundo capítulo, para esclarecer os empastamentos semânticos de conceitos em comum em torno da ideia de linguagem mbya, León Cadogan, além do texto central, evidencia seu método ao perguntar a diferentes pessoas, após já ter escrito o texto, sobre os significados possíveis para *papa*, com o índio Kachirito, de Paso Jovái, com *tréplica* de Pablo Vera e *opiniões* complementares de Patricio Escobar e Laureano Escobar. O intelectual mbya Cantalício, de Yvy Pytã, foi consultado e esclareceu a respeito do termo *ju*, presente no terceiro canto. O quinto capítulo, por sua vez, resulta de viagens de León Cadogan, em diferentes momentos, à *opy*, casa de rezas, do xamã Tomás, como também de narrações e canto fúnebres, por outros indígenas. O sétimo capítulo é ainda mais multifacetado em vozes, lugares e tempos (como se verá adiante).

O ateliê de *Ayvu Rapyta*, por exemplo, constitui a parte mais contemporânea da prática de León Cadogan que, a um só tempo, na ambivalência que lhe marca, criou uma aura de secretismo – a metafísica da palavra secreta revelada a um estrangeiro –, estabilizando a metafísica mbya: purificando-a, assim como purificando os mais diversos híbridos e mediações de seu trabalho – híbridos e mediações que, nesse processo, ressurgem e explodem a e na narrativa cadoganiana para além de seu ideário e da classificação metadiscursiva dos textos (textos classificados como secretos, sagrados):

> Nos textos mbya de *Ayvu Rapyta*, cuja recopilação e tradução dediquei muitos anos e trabalho, trouxeram tantas surpresas que eu mesmo os qualificaria de apócrifos se

não os tivesse escutado e compreendido pessoalmente, e creio poder dizer que a compreensão e a tradução deles me custaram 'sangue, suor e lágrimas'. E se ninguém continuar minhas pesquisas passarei para a história – como já disse – como um emulador do infeliz Chatterton, ou rotulado de farsante como o pobre Fitzgerald. E, salvo raríssimas exceções, a nossos compatriotas os interessa tanto o tema, quanto a mim, por exemplo, interessa a navegação polar. Com a chegada de [Pierre] Clastres (Sebag, infelizmente, se suicidou, como também Métraux), o problema muda de aspecto: ele já domina o guayaki (a base, por ser a língua guarani mais primitiva); se inteirou que nossos índios guarani são bilíngues e que, em 'guarani paraguaio', não podem propiciar informes que sirvam de base para estudos etnológicos sérios. Seus dados devem ser ditados em seus próprios dialetos, e, tratando-se de textos 'esotéricos', *achando-se o informante em estado de êxtase religioso*. Mais importante ainda: Clastres obteve já gravações em 'guarani paraguaio', em chiripá e em mbya que constituem provas irrefutáveis de ser este o caso. Talvez seus trabalhos sacudam a modorra de nossos compatriotas, coisa que não consegui. [34] (CADOGAN, 1998, p. 126, grifos meus).

O fato do grosso do material de León Cadogan também ser referente ao conhecimento "esotérico", em que os xamãs ficam em "estado de êxtase religioso", a condição para falar desses saberes indica que Cadogan só podia fazer pequenas anotações que, muito provavelmente, serviram de índices mnemotécnicos, já que não iria interromper a fala bela dos *mburuvicha* e pedir a eles esclarecimentos em meio ao êxtase. Posteriormente, na oficina poética, em outro momento e em outro lugar, León Cadogan incentiva outros índios a repetir, ditar (algo que varia de acordo com o canto/mito/narrativa de cada capítulo de *Ayvu*

---

[34] Gravações presentes no Museu do Homem de Paris, que "tranquilizavam" León Cadogan de seus medos e receios em se passar como embusteiro.

Rapyta) as palavras que outrora coletou, para, em seguida, quando possível, conferir com o xamã já não mais em transe, a partir da primeira transcrição.

Parece-me que as práticas e o método desenvolvido, muito como consequência das condições de pesquisa com que se deparou León Cadogan, assemelham-se à proposta de Abercrombie (SALOMON, 2004), segundo a qual se faz necessária a criação de um espaço não verbal para organizar o recordar. Ora, no trabalho de León Cadogan precisamente há algo que se assemelha a "essa localidade", esse momento-movimento no qual há uma organização das inscrições (recordações), que são regidas com o auxílio de ajudantes. O espaço para organização do recordar é a oficina poética, o ateliê coparticipativo da palavra. Muitas vezes, na palavra soprada, corpo pessoa mbya, há uma visibilidade do espírito, mas não da letra, ao passo que, na palavra traduzida por León Cadogan, é a invisibilidade do espírito e a visibilidade da letra que se apresentam. Embora exista relativamente pouca informação disponível sobre os momentos em que León Cadogan pesquisou, coletou e transcreveu a série de cantos mbya (e outros saberes indígenas), é possível perceber pelas pistas, pelas dobras e pelos choques deixados textualmente em notas, comentários e outros documentos a constante ação dele em encorajar os intelectuais indígenas, sempre os incentivando a falar – no sentido de narrar, refletir, discorrer, contestar, corrigir – sobre os mitos, o estatuto dos discursos rituais, as práticas cotidianas e, em especial, os conhecimentos metafísicos (secretos) menos ordinários.

Foram constantes, como se vê nas notas e nos comentários acessórios de León Cadogan, a prática de ler e discutir com os autores indígenas o conhecimento produzido e posto no papel. Esse método de trabalho de León Cadogan, com suas vantagens, também traz consigo um problema em especial com relação ao material que compõe o livro *Ayvu Rapyta*. A não presença sistemática em campo gerou um texto distanciado do contexto imediato da performance ritual – cantos, danças e batismos de crianças, que são as condições pragmáticas em que boa parte desse conhecimento faz-se presente, como mostram as etnografias sobre coletivos guarani (e como são cantos sagrados, com uma linguagem especial, é inescapável o fato de estarem muito personalizados na figura do xamã, do intelectual mbya). Essa distância resultou em uma baixa reflexão a respeito da qualidade dos informantes orais mbya, não mestres na arte da escrita alfabética adotada por León Cadogan, que é uma forma de inscrição mais ligada a uma concepção distanciada, reflexiva, intelectualista, mediada pela ação de outros indígenas. A ausência de uma etnografia, no sentido malinowskiano, levou a perdas e inflexões que são parte do resultado de suas pesquisas, mas que, por outro lado, na ambiguidade que é comum ao trabalho e à pessoa de León Cadogan, gerou um produto original, hibrido, cocriado, de surpreendente contemporaneidade.

Os lugares nos quais realizava as pesquisas foram os mais variados. Contudo, na fase mais prolixa de León Cadogan, a sua casa em Villarrica foi o principal ambiente em que recebia índios oriundos dos mais diversos sítios do Paraguai. Embora León Cadogan tenha ido a campo, ao contexto indígena, diversas vezes para dar continuidade às suas pesquisas, eram sempre viagens curtas e fragmentadas. Só a partir dos 50 anos de idade, como mostrado, ele pôde se dedicar às investigações acadêmicas de modo integral, quando já não gozava de boa saúde e já tendo realizado uma considerável parte de seus estudos entre grupos guarani – como é o caso do material que veio a integrar *Ayvu Rapyta*.

Rogélio Cadogan, filho de León Cadogan, conta que suas memórias estão repletas de imagens de uma infância em que estava sempre envolto com Guarani que visitavam seu pai em casa. Nascido em 1942, Rogélio tinha somente 4 anos quando se deu, por exemplo, a série de encontros entre León Cadogan e o xamã mbya Pablo Vera que resultou na obra da fase mais madura do antropólogo. Os índios sempre pareceram a Rogélio bastante familiarizados com o ambiente da casa de seu pai em Villarrica. Geralmente, havia a presença de um (ou mais) *mburuvicha*, xamã, nesses encontros cuja língua falada era o guarani. Quando era possível e permitido, Rogélio presenciava essas conversas, algo nem sempre factível, visto que o "costume da época" não aprovava a presença constante de crianças diante "das conversas de adultos" (CADOGAN, 2012, comunicação pessoal).

Nessas reuniões, que gestaram boa parte de *Ayvu Rapyta*, ao longo da década de 1940, a família necessitava de toda uma mobilização na qual o próprio Rogélio, alguns anos depois já com mais idade, passou a ser bastante ativo, embora o maior trabalho fosse realizado por sua mãe, María Pabla Gauto de Cadogan, que encomendava, na venda da cidade, todas os quitutes que eram consumidos pelos visitantes. O próprio Rogélio fornece um pequeno relato de como alguns desses encontros entre intelectuais aconteciam. León Cadogan, em casa, ia anotando as longas conversas que travava com os xamãs e índios guarani:

> Praticamente desde que me entendo por gente, os Mbya faziam parte do meu dia-a-dia, já que com relativa frequência apareciam em nossa casa de Yvaroty, quase sempre em grupo, acompanhados por um Mburuvicha, provenientes dos lugares mais remotos, dos departamentos do Guairá, Caaguazú y Caazapá. Quando isto ocorria todos tínhamos que nos mobilizar; o maior trabalho era reservado à minha mãe que tinha que contatar imediatamente a venda do bairro para adquirir o que seria consumido por nossos visitantes. Nós tínhamos que ir à roça e trazer mandioca e lenha, também utilizadas em grande quantidade. Meu pai se munia imediatamente de seu caderno

de notas e seu lápis, seus únicos instrumentos de trabalho, e começavam as intermináveis conversas que entre mate e mate, se desenrolavam durante todo o dia, ou até a entrada da noite, iluminada com uma lâmpada. A única interrupção era a breve sesta que era hábito permanente quando estava em casa.

Nossos visitantes chegavam a casa depois de vários dias de caminhar contínuo, segundo a distância de onde vinham. Ao retornarem, se a carteira de meu pai não se encontrava muito vazia, ao menos recebiam algo para pagar suas passagens até Caaguazú, lugar de onde habitualmente chegavam os caminhões, que eram o único meio de transporte. (CADOGAN GAUTO, 1998, p. 14-15).

León Cadogan sempre manteve, em vida, uma postura em que, em termos intelectuais-acadêmicos, os nativos e a alteridade davam a ele uma concepção de humanidade, concebida enquanto composta por diferenças culturais baseadas em um conceito de homem universal. De fato, o método de Cadogan foi múltiplo: os momentos de coleta de dados separados dos momentos de transcri(a)ção; as próprias transcrições para o papel foram momentos partilhados com outros indígenas; versões eram retrabalhadas a partir do julgamento dos próprios intelectuais mbya. Esse processo, no tempo, foi estendido às vezes por anos – o livro *Ayvu Rapyta* teve gestação de 10 anos e, depois de publicado, ainda continuou sendo alvo de suas pesquisas (incorporadas em sua tardia segunda edição). O método era também múltiplo em suas fontes, pois mesclava a palavra soprada da boca de diferentes xamãs, dirigentes e intelectuais indígenas e as organizava em um artifício outro; ele era igualmente variado no espaço com os encontros na casa dos índios, na casa de León Cadogan e em outros territórios para formatar um único conjunto de cantos e mitos. Um processo que, na sua própria gestão, é aberto para reapropriações nas atividades cocriativas de transcri(a)ção e tradução com vários agentes atuando, algo que resultou em uma obra finalizada que está sempre aberta a futuras pesquisas, retraduções, alterações – na verdade, a vontade mesma expressa por León Cadogan. O entendimento cadoganiano, dado o processo no ateliê da palavra, passa a ser inseparável das próprias explicações nativas em contínuo ato de complexificação e elaboração.

Um paralelo histórico: Lévi-Strauss, em seu ensaio sobre as lições do "Bureau of American Ethnology" (2013, p. 63-74), destaca justamente o quanto os estudos dessa escola, a partir de 1879, constituem uma fonte riquíssima, com uma vasta massa de dados, devido ao fato de os índios terem se transformado em coautores de livros acadêmicos coassinados com antropólogos. Era prática corriqueira, "enquanto desenvolvia suas próprias pesquisas, o Bureau encorajava indígenas a se tornarem seus próprios linguistas, filólogos e historiadores" (LÉVI-STRAUSS, 2013, p. 70), como os intelectuais indígenas Francis La Flesche (*omaha*), James Murie (*skidi pawnee*) e George Hunt (*kwakiutl*), por exemplo. Uma das diretrizes do Bureau era o incentivo a uma *pedagogia da etnografia*, pensada como um necessário aprendizado com aqueles que realmente sabiam ensinar – o aluno antropólogo aprendia com o índio (mestre, professor) que, pacientemente, ensinava horas a fio, ditando, repetindo, glosando e explicando aspectos de sua *língua* e de seus conhecimentos expressos. Esse processo gerava um tipo de cumplicidade difícil de ser alcançada em pesquisas realizadas nos moldes de uma antropologia mais marcadamente observacional, tal qual a prática etnográfica tornada célebre a partir de Malinowski (STOCKING JR, 1983, p. 70-231; 1989, p. 208-276), baseada na autoridade (e *não nas coautorias*) do antropólogo como tradutor de uma cultura (e *não como das palavras nativas*), sempre traduzida em prosa (*não em poéticas*). O modo de operação e o grau de cumplicidade da *pedagogia da etnografia*, pode-se afirmar, são, em bom grau, análogos aos encontrados no trabalho de León Cadogan e de sua oficina poética, porém se fizeram presentes em um contexto acadêmico-institucional de escassa infraestrutura, nada comparável à disponível para o "Bureau of American Ethnology" nos fins do século XIX.

Os paralelos entre a "oficina poética" de León Cadogan e a escola etnológica do Bureau podem também ser expressos no paradoxo presente em ambos os contextos, a saber, o duplo problema que tanto o Bureau quanto a oficina de León Cadogan tiveram que enfrentar: a distância cultural e, a um só tempo, a proximidade geográfica com os nativos[35]. Esse duplo problema é enfrentado por Cadogan, com sucesso, ao ser radical na prática da referida "pedagogia da etnografia". Sua ação e seu papel são os do ouvinte honesto, um infante ignorante que, incluindo os professores indígenas como sujeitos centrais do ateliê da palavra, adquire o conhecimento mbya ao ser socializado nele, em uma longa duração. A autoridade dos Mbya é explícita e desse modo reconhecida em sua antropologia, mesmo sendo León Cadogan, conforme outorgado e reconhecido pelos nativos, também um doutor sobre a metafísica *ayvu rapyta*, um embaixador-mediador para os Guarani.

O ponto de partida da investigação cadoganiana – e, talvez, exagerando na imagem, também o ponto de chegada – não é a descrição/interpretação dos antropólogos, *mas a dos informantes, intelectuais indígenas*, "considerados etnógrafos nativos" – *o que importa são suas palavras*. Não é gratuita, pois, a obsessão com a materialidade sígnica da língua guarani e sua apresentação de modo exaustivo e central. Um dos cernes das divergências entre León Cadogan e Branislava Susnik, patrona da antropologia

---

[35] Ainda é de se destacar que o enfoque massivamente folclorista e almanático da primeira fase da obra de León Cadogan, como abordado na seção 2.1, guarda outra série de correspondências e afinidades intelectuais e práticas com a conjuntura acadêmica do Bureau, assim como com os desenvolvimentos iniciais da antropologia cultural norte-americana, na figura de Franz Boas e seus alunos. Cf. STOCKING JR (1982; 1989).

paraguaia, radica-se exatamente nesse ponto. Embora tenham ocorrido trocas intelectuais e algumas tentativas de trabalho em parceria, subsistiu uma diferença epistêmica de fundo entre os dois, que nos conta muito a respeito da forma como León Cadogan entendia o trabalho de pesquisa antropológica em termos heurístico e metodológico.

Em uma série de correspondências endereçadas a E. Schaden, é possível mapear um pouco esse imbróglio. Em 26 de maio de 1958, ao mencionar um projeto de pesquisas etnológicas em conjunto com B. Susnik, León Cadogan afirma que não quis ir a campo no mesmo momento que ela, preferindo realizar a sua tarefa em outra ocasião, por conta própria. Em outra carta, datada de 17 de setembro de 1959, León Cadogan menciona o desejo de não ter que se "aventurar" novamente com B. Susnik em trabalhos científicos. Contudo são nas correspondências dos anos de 1961, 1962 e 1964 que a questão é posta de modo claro. Em carta ao mesmo E. Schaden, datada de 13 de novembro de 1961, León Cadogan afirma que cada vez mais tem consciência e segurança de trabalhar em suas pesquisas, ficando mais clara, para ele, a importância de evitar ao máximo "perguntas formuladas de antemão", para, dessa forma, "não sugerir, em excesso, respostas para os indígenas". Perguntas e questões já prontas precisam ser evitadas, afirma, porquanto se faz necessária uma postura paciente, de espera, que permita que os temas surjam de modo mais espontâneo possível da boca dos índios; dever-se-ia evitar uma proto-maiêutica forçada, que busque encontrar elementos para corroborar hipóteses já prontas, não necessariamente indígenas.

Em outra correspondência, de 12 de janeiro de 1962, ao falar sobre o seu trabalho com os Guayaki e sua fluência na língua, León Cadogan afirma estar seguro em fazer perguntas aos índios, pois uma pergunta posta de forma equivocada, em termos linguísticos e metodológicos, pode facilmente "resultar em um desastre, como o que passou com *a pobre Susnik*" (grifos meus). Meses depois, em outra carta, datada de 03 de abril de 1962, conta que teve que romper oficialmente com B. Susnik, e, em outra, a respeito da resenha que fez sobre a produção intelectual dela, pontua ser um trabalho: "cujas barbaridades me revoltam a cada vez que penso nele". Apesar do tom agressivo da afirmação de León Cadogan, a grande questão de fundo – o que não exclui eventuais brigas políticas e acadêmicas, às quais não consegui ter acesso – é uma clara divergência metodológica, como fica claro na correspondência de 25 de agosto de 1964 remetida para E. Schaden: "foi a mania da Susnik de buscar argumentos *ad probandun* [que me obrigou] a romper relações com ela e buscar que outros se encarreguem do trabalho".

Vê-se que a etnografia é tomada como rocha-dura na qual se funda a contribuição da antropologia; vê-se ainda que seu método multissituado é inovador. Contudo, o modo como o próprio León Cadogan enxerga sua prática de pesquisa trai outro ideário e uma frustração em não conseguir realizá-lo: a sua adesão a certo cientificismo, muito ligado a aspectos da antropologia vitoriana e a elementos da ciência modernista, sobre as quais fazia questão de falar publicamente. É dessa discrepância – entre os ideais e as práticas efetivas de suas investigações – que vem muito da qualificação que faz de seu próprio trabalho, enquanto algo que teria um grau "abaixo do ideal de produção científica" (CADOGAN, 1990, p, 64), dando a entender, na visão do próprio, a caracterização de um produto intelectual que é mais um suporte para futuras e mais precisas ("verdadeiras") pesquisas.

Eram claras para o guairenho as inúmeras dificuldades para pôr em execução essas pesquisas com os Guarani. A principal dificuldade é a de vencer a reserva dos índios, adquirir sua plena confiança, em especial para conseguir ter acesso ao "pensamento ortodoxo", aos "saberes secretos". Esse é o próprio diagnóstico que fez León Cadogan a respeito da fortuna crítica guaraninóloga de seu tempo, a saber, o fato de que muitos estudos sobre a mitologia guarani, afirma o autor, como o "notável trabalho de Samaniego", não têm acesso à "estrutura profunda do saber sagrado dos indígenas".

Aqueles que haviam lido com atenção o notável trabalho de Marcial Samaniego sobre a mitologia guarani, publicado na Revista de Turismo, fruto de anos de trabalho paciente entre os indígenas (se refere ao artigo 'Alguns conceitos e Mitologia dos Ava de Ybypyte', revista mencionada, n.26, Assunção, 1944), poderão ter uma ideia dos obstáculos que deve enfrentar o pesquisador que deseja obter dados fidedignos sobre esta matéria. Em primeiro lugar, deve vencer a reserva do índio – muito explicável tratando-se de coisas para ele sagradas – e conseguir que falem sem reticências sobre o tema. E outra das dificuldades com que tropeçará o aficionado que deseje realizar estudos sérios em matéria para nós tão interessantes, e que sejam de verdadeiro valor científico, é o determinar se tal ou qual lenda forma ou não parte do que *chamaremos de doutrina religiosa 'ortodoxa' ou se deve considerar-se como espúria ou apócrifa.* Pois, o que se dedica a estava investigações logo chega à conclusão de que, assim como há tradições guarani autênticas ou 'ortodoxas', também há tradições ou lendas espúrias ou apócrifas. E ao empregar estes qualificativos, não é nosso objeto nos referir a produções de literatos que, na opinião de um iminente pesquisador de nossa cultura autóctone, pagou tributo à pretensão literária do compilador, nem a páginas que, empregando as palavras do mesmo homem da ciência, são às vezes admiráveis do ponto de vista poemático, mas carecem desta fidelidade sem a qual não é possível qualquer ciência. Ao contrário, desejamos chamar atenção para lendas e tradições, fruto da fantasia criadora dos mesmos índios, mas que não formam parte do acervo de autênticas tradições religiosas, senão pareceriam criadas para entretenimento espiritual, ou mesmo, talvez, para despistar o pesquisador de cuja sinceridade não estiveram plenamente convencidos. (CADOGAN apud CARDOZO, 1966, p. 108).

Há uma forte ambiguidade de León Cadogan radicada nesse ponto. Ao mesmo tempo em que suas práticas de pesquisa constituem um ateliê da palavra, com traduções e transcri(a)ções abertas e cotrabalhadas com os índios, há por outro lado a pretensão de atingir um pensamento "ortodoxo mbya", composto de "saberes secretos", muitas vezes ligado a uma forma retórica comum às parábolas cristãs. Em seu trabalho, em destaque *Ayvu Rapyta* e *Ywyra Ñe'ery*, ele reconstruiu a metafísica mbya heterodoxa (variável, já que não dogmática, e sim particularizada em cada xamã) na forma de um cânone que implicava em ortodoxia – não é gratuito, pois, o tratamento dispensado à mitologia como "palavra revelada", que guarda ressonâncias com temas bíblicos por excelência. Poder-se-ia afirmar, talvez com algum juízo apressado, que essa ambiguidade – heterodoxia multissituada (nas práticas de pesquisa) e, a um só tempo, a criação de uma aura e um ideal de ortodoxia, saber secreto – resulta de outra, ligada à pessoa de León Cadogan, a saber, um intelectual que, de um lado, era "socialista liberal", "livre pensador" – mas que sempre lia a bíblia para fins de entendimento da "evolução do pensamento humano", tirando lições parabólicas – e, de outro, tinha uma forte atração pela ortodoxia religiosa. A tremenda ambiguidade de León Cadogan e o brilhantismo de seu método levam a sua obra a variados paradoxos, aquém e além da versão purificada, sem híbridos e mediações que na literatura especializada geralmente se afirmam.

Entre práticas e ideais de pesquisa, León Cadogan afirma que sua obsessão pela etnografia e o que realmente ele conseguiu pôr em prática estão muito bem simbolizados em um sonho que teve – o boteco, o copo e a cachaça –, narrado em suas memórias (1990, p. 39). A conclusão a que chegou, em um exercício de autoanálise, foi que:

> A cachaça, assim como a etnografia da que evidentemente é um símbolo, são coisas genuinamente paraguaias; o *fernet* que a substituirá [...] é de origem estrangeira, como estrangeiro é o sangue que corre por minhas veias. O bêbado desalinhado, que sento ao lado, representa a imensa maioria da humanidade que, apagada nas preocupações inerentes à luta pela vida, carecem de tempo para dedicar à etnografia nem – forçoso admitir – a atividade alguma que não possa se transformar em dinheiro. O bêbado é gordo, pois o burguês geralmente é caracterizado como barrigudo, e a sujeira que aparece no quadro dependurado simboliza o preconceito que a muitos inspiram aqueles cujo seu ideal consiste em satisfazer os prazeres materiais de uma vida acomodada. Preconceito absurdo, ilógico, pois deve se reconhecer que a vida de hoje em dia não se concebe sem carro, geladeira, telefone, televisão, etecetera, coisas que não se adquirem – em um país subdesenvolvido – copilando mitos ou filosofando. (CADOGAN, 1990, p. 41-42).

A etnografia era tida por León Cadogan como uma atividade divertida (CADOGAN, 1990, p. 203). Em suas pesquisas, conta o antropólogo, trabalhava horas solitário até surgir uma questão para a qual era necessária e indispensável a ajuda de um indígena. Partia, então, "para o mato, contente e animado", possibilitando assim dar continuidade à pesquisa que desenvolvia em cada ocasião. O que o trabalho cadoganiano mostra é que, usando a expressão de B. Melià, ele "deu a volta nos princípios do trabalho de campo" (1999, p. 170), tidos como ideais para as pesquisas etnográficas. Convidava e estimulava os índios a visitar sua casa, algo frequente, como se viu, e, em contrapartida, fazia pequenas viagens "para o mato", às aldeias guarani – uma proposta de pesquisa, entre o receber e o ir, que dilata os tempos e os espaços para além do imediato campo. Por exemplo, se a maioria dos capítulos de *Ayvu Rapyta* foi coletada – e depois transcrita e traduzida ao longo da década de 1940 – fora do contexto mbya (CADOGAN, 1997, p. 24-64), por outro lado, o capítulo "A nova terra" foi coletado na casa do índio Tomás, sendo que "a versão transcrita [lhe] foi ditada por Cantalício, de Yvy Pytã, sendo aprovada por Tomás, em cuja *tapýi* [registrou] no papel, como também por seu genro Cirilo" (CADOGAN, 1997, p. 105).

Nessa seara, pode-se dizer que León Cadogan partilha com Maurice Leenhardt (1997; CLIFFORD, 1982) uma inquietação e um projeto intelectual: o do processo de tradução, em que o trabalho linguístico é tido como "um trabalho de amor". Antes mesmo de ficar fascinado com a palavra-alma mbya, antes mesmo de ser aconselhado e incentivado por Egon Schaden a se dedicar às belas palavras, León Cadogan seguia sua obsessão, carregada por toda vida: a tradução, a transcrição – da e na palavra indígena, variações sobre o mesmo tema. Se tomo León Cadogan como um intelectual cuja *cabeça está entre os anos de 1900 e 1920 e com uma prática típica do final do século XX*, quero dizer com isso que ele traz consigo a autoconsciência sobre a criação de uma distância entre o escritor e o leitor. Isso é claro não só na forma com que trabalha suas pesquisas, mas também na forma de seus textos, por exemplo, com o uso de marcas textuais, as edições bilíngues que trazem os textos em língua nativa e seu correspondente em castelhano.

As ideias mbya são justapostas com as da "cultura do pesquisador", e não só ao ressaltar meandros do cristianismo e o modelo bíblico parabólico da "palavra revelada": por exemplo, também o são quando se observa as mediações tradutivas que redundam na adoção de ideias como "evolução" ou "amor ao próximo" para traduzir expressões mbya, como abordarei na segunda parte deste livro. Por mais que constituam textos os mais próximos possíveis da fidelidade da palavra proferida, as mediações mostram essa criação da distância, que, a um só tempo, é diminuída ao máximo nas práticas de León Cadogan e seus parceiros intelectuais, gerando uma obra cujo timbre é o de uma oficina poética da palavra[36], mas cujo ideal é o de uma metafísica ortodoxa estabilizada.

Assim, a diferença incontornável que a antropologia dos anos de 1980 insistiu com enfado em denunciar, entre nós/eles, não é posta em uma narrativa evolutiva, mas simplesmente – o que não é nada simples – como a fixação de uma perspectiva. Ao lidar com os textos de León Cadogan, os afetos do pesquisador, que é tradutor e escritor, estão a todo instante surgindo e mostram ser exercícios constantes de contextualização, que vão desde os retóricos-formais, a "materialidade crua" da língua mbya, até os informativos de ordem sociológica e histórica em que os intelectuais indígenas são nomeados e tidos como os responsáveis por aqueles saberes.

Os exercícios de contextualização, o jogo entre contexto e descontexto, são uma das grandes contribuições do trabalho de León Cadogan e um aspecto singular para um antropólogo da primeira metade do século XX. Mesmo estando profundamente unido a um ideal de autenticidade e de pureza com ligações claras com o ortodoxismo cristão, o método de León Cadogan e seu

---

[36] Poder-se-ia cotejar os livros de León Cadogan com as reflexões da chamada antropologia pós-modernista-colonialista. Em especial, quando essa diz do "efeito da dicotomia observador observado", como responsável pela criação do sentido de alteridade, de outro diferente, que, por sua vez, introduz, para o leitor, o "mundo do bizarro", movimento que, ao mesmo tempo, possibilitaria a descoberta de que esse bizarro é o que mais há de familiar. Na leitura que faz M. Strathern a respeito do trabalho de Frazer, encontra-se uma representação muito afim ao modo como vejo a obra conclusa (porém aberta) de León Cadogan, em contraposição ambígua ao seu próprio ideário. "O leitor e o escritor partilham um texto: o que o escritor força seus leitores a perceber é a irregularidade do texto em si mesmo, sua multivocalidade, sua conjunção emparelhada de selvageria e civilização [...]. O mundo é visto como plural, compósito, pleno de diferentes modos, de ecos do passado. O presente, o comum, carrega todas as possibilidades coloridas do folclore, ao mesmo tempo que a civilização é revelada como constituída como uma mistura de práticas que pertencem às trevas, aos tempos antigos" (STRATHERN, 1990, p. 107).

diálogo com os índios deixaram marcas por todo o texto (notas, comentários, comparações) que explodem o próprio ideal professado, um ideal que na prática não foi efetivo, pois seu trabalho mostra que o autêntico é o que não está na origem – no contexto indígena, dado no tempo e no espaço definidos de uma vez por todas no trabalho de campo, mas o contrário, em contextos plurais –, assim como é algo que surge não como aspirando uma cópia, e sim uma descontextualização que envolve a retirada da palavra soprada de seu nicho e posta, em transcri(a)ções, no papel via uma cascata de deslocamentos. Isso reverbera os modos como os índios concebem, nos textos mbya em questão, as noções de autoria, palavra, tradução – ver seção 3.2.

Vejo o trabalho de León Cadogan como o de um intelectual, engajado em processos coparticipativos com índios, que foi uma espécie de "citador criativo", aquele que faz uso da força poética de que falava Walter Benjamin, isto é, aquele que, em obras supostamente acabadas, mostra o poder dos contextos fora de contexto, do ordinário cognato do extraordinário. W. Benjamin propõe que muito do trabalho intelectual inventivo deve ser visto tal qual uma *citação textual* (BENJAMIN, 1987a; 1987b). A citação entendida como a retirada de um fragmento de um contexto e sua posterior inserção em um novo *lócus*, que tem como efeito a geração de uma ambivalência metonímica que repete um pedaço textual e, a um só tempo, evoca um texto inteiro, efetivando a ligação de dois contextos distantes. O fragmento textual citado linearmente causa ruptura, mas também uma aproximação dos dois textos envolvidos, visto que citar é arrancar o texto do contexto, e esse arrancar corresponde a uma nova invasão no contexto presente: choques, novos rearranjos de sentido.

Nos termos de Rouanet (1984, p. 23), as citações "têm uma função precisa: são estilhaços de ideias, arrancadas de seu contexto original, e que precisam renascer em um novo universo relacional, contribuindo para a formação de um novo sentido". Ou ainda, nas palavras do próprio Benjamin: "citações [...] são como salteadores no caminho, que irrompem armados e roubam ao passeante a convicção" [37] (1987, p. 61). A consequência dos choques entre citações fora de contexto é obrigar constantes renovações dos hábitos mentais, gerando a constelação de complexas imagens reunindo horizontes diferentes/ semelhantes entre si, com imagens contextuais e, concomitantemente, descontextuais. Tal jogo parte da proposta de rastrear virtuais conexões entre os estilhaços de saber que vêm de outros espaços e outros tempos, em suas variadas dimensões, no caso de León Cadogan, não só a pesquisa pensada e executada como um processo em multiestágio de coleta, como também em múltipla situação, de uma oficina poética que conta com a participação de outros indígenas, descontextualizados, na tarefa da transcrição, da tradução e da explicação de saberes cujas origens estão alhures e no outrora. Concepções tais quais original/autêntico têm pouco rendimento, até mesmo porque não são as mbya – muito embora, textualmente, León Cadogan tente fazer com que sejam mbya e suas práticas, descontextuais, a um só tempo desestabilizem essa pretensão [38].

Nos textos cadoganianos, veem-se habilidades tais quais de um esteta que justapõe diferenças, fragmentos moldados como blocos em um todo, assim como de um escritor que aproxima duas línguas e para quem conhecer é um ato de engajamento com outros, que possibilita recombinar elementos. Não é gratuita

---

[37] Ou em uma tradução que faz mais jus à tarefa do tradutor: "as citações em meu trabalho são como assaltantes à beira da estrada que fazem um assalto armado e aliviam um ocioso de suas convicções" (BENJAMIN apud ARENDT, 1987, p. 166).

[38] Com isso quero dizer também, em uma inspiração derridiana, de tomar os afetos do autor (León Cadogan) em outro sentido, isto é, os sintomas de sua intenção, que emergem no texto, não gratuitamente, quando ele procura dotá-lo de uma unidade, na procura de cosê-lo de forma adequada aos seus desideratos, tentando evitar que tome um rumo indesejado, que deixe entreabertas outras possibilidades. O que é, pode-se dizer, a particularidade daquilo gerado pela oficina poética cadoganiana são os seus efeitos, as consequências do ateliê da palavra.

a linguagem irônica quando León Cadogan fala a respeito de seu próprio trabalho – ironia, essa figura de linguagem que envolve a deliberada justaposição de contextos em contraste, não em (con) fusão (HUTCHEON, 2000).

Escalas em simultaneidade, um primeiro movimento teórico necessário é o de entender de modo mais detido o conceito de *escala*. Como mostra Revel (1998, p. 30), o atentar, tradicional na historiografia, para a "natureza das escalas de observação" proporciona uma forma diversa para pensar as relações entre espaços e tempos, pois amplia as possibilidades de conexões entre distintas dimensões. A própria adoção de escalas tem efeitos claros na produção do conhecimento, na medida em que constitui uma estratégia do entendimento. Escalas focalizam a construção da pluralidade de contextos, pois permitem um movimento do e no foco de observação; quando se muda "a escala de observação, as realidades que aparecem podem ser muito diferentes" (REVEL, 1998, p. 31). É nesse sentido que uma alteração na escala equivale a um abalo conceitual capaz de estranhar categorias e modelos com os quais se está acostumado a pensar os fenômenos. Semelhante reflexão é posta por M. Strathern, quando afirma que a mudança de escala, ela própria, cria um efeito multiplicador (1991, p. xiv), pois conexões e relações entre entidades ou escalas diferentes podem aparecer com novas configurações pelo simples ato de transferência de um *lócus* para outro. A consequência analítica mais direta da atenção às múltiplas escalas espaciais ou temporais é a habilidade de perceber *concomitantemente*, mais do que o focar a unicidade espacial ou a hierarquia lógica evolutiva entre temporalidades[39]. Perceber de modo concomitante, já vale

---

[39] Nos termos da teoria da "antropologia reflexiva", sempre há potenciais impasses éticos nos estudos antropológicos transculturais, como são os estudos de León Cadogan. Segundo Fabian, o iluminismo definiu e sedimentou as relações temporais como exclusivas e expansivas. O exemplo mais claro é o conjunto de ideias evolucionistas que postula o tempo como, simultaneamente, imanente e coextensivo ao mundo. Nesse registro, as relações entre as partes do mundo são entendidas como temporais – e coube à antropologia o papel de espacialização do

dizer, é algo típico dos saberes autocontidos e reflexivos mbya, que abordo no capítulo três.

Tem-se uma ideia no campo da antropologia que se tornou um truísmo, a saber, a de que a antropologia é um braço do modernismo e do colonialismo, em sua constante ambição de produzir conhecimentos a respeito de "outras culturas" (ARDENER, 1985). Essa ideia é, de modo imbricado, inescapável a León Cadogan, no sentido em que, em boa medida, o tempo-espaço da antropologia modernista (o trabalho de campo como método que estipula um recorte de parâmetros no tempo e no espaço e os aloca em um sistema) tem um timbre muito peculiar em León Cadogan. Assumidamente, vê-se, a um só tempo, o desejo de trabalho de campo, mais sistemático, aos moldes da antropologia da primeira metade do século XX, assim como a prática de pesquisas que aqui nomeio de multissituadas. Entre contextos-descontextos, León Cadogan traz consigo uma atualidade antropológica surpreendente. Ao invés de comparar diferenças, como em seus textos folcloristas do início de carreira, a partir de uma suposta unidade original do pensamento e do tempo, León Cadogan constrói um texto em que se veem choques entre horizontes diacríticos, colocando em cena questões metodológicas e, por via de consequência, heurísticas que o próprio negava em seu ideário.

---

tempo, paradigmaticamente operada pelo evolucionismo e pelo difusionismo. A espacialização do tempo no mundo traz consigo a ideia de que se referir a outro espaço é sempre um movimento que liga, conecta o aqui com o alhures. É também um movimento que pode estabelecer vínculos no qual esse alhures nada mais é do que a criação de uma distância temporal que impede, nos termos de Fabian, uma coexistência no tempo de diferentes sociedades. É assim que o tempo iluminista passa a ser entendido, por Fabian (1983), instituindo uma "relação entre o *self* e o *other*". Na antropologia, em um interessante efeito paradoxal, a presença empírica do *outro* emerge de sua ausência na teoria, já que se dá por meio da manutenção da alteridade fora do tempo da antropologia. A categoria tempo é usada para criar distância – a ideia por meio da qual se conceitualizam as relações entre antropólogos e seus objetos de pesquisa. O efeito perverso é o do não permitir a coexistência temporal, já que sempre relega a alteridade em uma peculiar "tríade distancial": outrem-outrora-alhures. Nesse molde, a antropologia surge como "uma ciência de outros homens em outros tempos" (FABIAN, 1983, p. 143). A multissituação dos saberes, nas obras de León Cadogan, faz justamente o contrário desse diagnóstico posto por Fabian, porém, assim o faz, apesar do próprio ideário cientificista cadoganiano.

O não aldeísmo de León Cadogan é muito responsável por essa forma criativa e plural em que se deram suas pesquisas. Ao lado de seu engajamento e de seu trabalho indigenista por longos anos, seu não aldeísmo favoreceu uma tendência de León Cadogan: aquela de deixar a palavra nativa aparecer de modo centralizado [40], trabalho que ficou na história, como queria León Cadogan, porque suas contribuições são um manancial de dados de campo com sólida qualidade linguística, que se tornaram imprescindíveis para os pesquisadores de coletividades guarani. Trabalho longe de ser "adivinhações assombrosas", é fruto de uma austera pesquisa linguística e etnológica, de esforço que demandou longos anos. Os encontros, como dito, constituíram uma forma peculiar de etnografia, da qual León Cadogan foi um grande expoente. Nas palavras de Melià, poder-se-ia dizer que:

> Estes dirigentes [indígenas] converteram-se em etnógrafos de si mesmos. Neste método etnográfico, como se vê, o etnógrafo não cumpriria aquela hipótese de ter que dar um testemunho de toda alteridade do grupo. O resultado da conversão conjunta de um etnógrafo-índio e de um índio-etnógrafo é uma palavra original, em que um pergunta selecionando e o outro responde traduzindo-se. Não há dúvidas de que, quando um etnógrafo pede a um indígena que descreva como se prepara uma armadilha, ou como se fabrica um tambor, este se encontra na situação de ter que dizer uma palavra incomum, já que precisa traduzir em palavras os gestos rotineiros da tribo, sempre repetidos, porém talvez nunca ditos. Este ato de palavra singular provoca um estranhamento no índio, aquele de produzir-se frente a pessoas, de todo estranhas, que equivaleria [no caso Mbya] a uma traição. Contudo, entre

---

[40] Não se pode negar o fato de que León Cadogan "se comporta como membro verdadeiro do *asiento de los fogones* e sua maneira de fazer etnografia não se enquadrava na descrição objetual nem no academicismo: em sua escritura de emoção contida, há defesa e súplica, luta e cansaço, furor e fracasso, a exaltação da dança ritual que conduzia à perfeição e o pessimismo do cataclismo imanente: tudo, porque é seu, é ele mesmo" (MELIÀ apud CADOGAN GAUTO, 1998, p. 136).

'compueblanos', este ato permite a eclosão do dizer que, precisamente pela via linguística, é apoio e reflexo de um pensamento miticamente estruturado. Dado que no tempo primevo tudo foi palavra, assim tudo pode se tornar palavra.[41] (MELIÀ apud PANE, 2012, p. 29).

Para concluir, no território paraguaio, como abordei anteriormente, León Cadogan foi muito responsável por criar uma realidade menos desfavorável aos indígenas (CADOGAN, 1990, p. 125-128). Como um "estrangeiro" a ser adotado, a constante relação com índios e camponeses em território paraguaio sedimentou toda uma rede de fidúcias, sem a qual muito do que León Cadogan produziu não seria possível. O que quero destacar, ao retomar esse fio e encaminhar a conclusão desta seção, é que as relações de confiança também podem ser, em certa medida, qualificadas como multissituadas, no sentido de que sempre estiveram sujeitas a reavaliações, o que deixa ainda mais clara a importância do trabalho de indigenista e intelectual de León Cadogan com os Guarani – confiança que outros estrangeiros conseguiram, mas que não mantiveram ao longo dos anos, como é o caso notório do F. Müller (s/d).

A descoberta do fundamento da palavra-alma mbya foi o que impulsionou León Cadogan a "seguir os nativos", ou melhor, "seguir a palavra", ao perceber a criatividade e a originalidade em jogo, e a levar a sério esses conhecimentos. Mais do que aplicar uma série de ideias ao pensamento guarani (o que de modo frequente quis, sem praticar, León Cadogan em seu ideário cienti-

---

[41] Interessante é como essa fama de León Cadogan é dilatada ainda em outro sentido, porquanto atravessou os tempos e os espaços, como nos conta este relato de Sardi: "já em 1960, em Itanhaém, na costa paulista do Atlântico, podemos comprovar que o pequeno grupo mbya que para ali migrou, através de mais de um século em busca da célebre 'terra-sem-males', conhecia León Cadogan como membro genuíno da tribo. Dez anos mais tarde, com a ajuda de outros pesquisadores, soubemos que em todos os *tapyi* mbya, que se estendem desde a região oriental do Paraguai até o rio Grande do Sul, cruzando os estados brasileiros do Paraná e de Santa Catarina, assim como a província argentina de Missiones, o nome de Cadogan é a chave que abre a postura fechada destes indígenas diante de um estranho" (CADOGAN GAUTO, 1998, p. 146).

ficista), antes o guairenho *ocupou* múltiplos *espaços*, dilatando suas relações, pesquisas e afetos no *tempo*. Ele participa do pensamento guarani com sua metodologia que se apega à palavra escutada, que envolvia estar em campo e viver com os indígenas, como também recebê-los. E mais, talvez a grande originalidade para seu tempo: envolvia rever e negociar os saberes com seus originadores, ao lado de uma frequente ação indigenista, sem uma exclusiva ancoragem temporal e espacial.

Obras e o Campo Acadêmico Incipiente

A fortuna crítica tende a apontar a principal contribuição do trabalho de León Cadogan como residindo em dois lugares: as pesquisas linguísticas e a descoberta dos saberes "secretos" em torno da palavra-mbya, isto é, seu livro *Ayvu Rapyta*, diagnóstico que o próprio León Cadogan partilha, por exemplo, ao entender que seu trabalho teve dois triunfos: a publicação de *Ayvu Rapyta* e ter possibilitado que uma missão francesa viesse estudar os Guayaki, que habitam o território sob a jurisdição do Estado paraguaio. Não obstante essa correta imagem a respeito das principais contribuições da obra cadoganiana, há outros caminhos também importantes por ele sedimentados. León Cadogan dedicou-se também a outros grupos indígenas, além dos Mbya (MELIÀ, 1987). Dedicou-se, por exemplo, à etnografia Chiripa, cujo fruto mais célebre é o texto a respeito da dança ritual, em que mostra a centralidade da palavra cantada e dançada entre os indígenas. Igualmente, trabalhou com os Kaiová (Paï). León Cadogan contribuiu ainda com traduções para outros pesquisadores, como Samaniego, em que procurou definir a semântica dos textos sagrados com o apoio de informantes e do trabalho de Montoya; ou Pierre Clastres, para quem traduziu cantos guayaki. Isso sem mencionar as mais variadas coletâneas (CLASTRES,

1974), resultado direto dos trabalhos de León Cadogan, muitas vezes editadas sem quaisquer créditos autorais.

Em especial, vale destacar ainda como o trabalho de Egon Schaden com grupos guarani é muito devedor do apoio, da ajuda e da ciência de León Cadogan. As trocas de cartas entre os dois mostram quão presente Cadogan esteve no trabalho de tradução, de correção e de coleta de dados, em que é possível ver a pena de um exímio linguista obcecado com a transcri(a)ção artesanal dos dados. Na correspondência de 17 de julho de 1957 endereçada a E. Schaden – cuja motivação principal é o envio de uma tradução que ele fez para o trabalho de Schaden com os Paï –, León Cadogan conta como trabalhou na coleta e tradução do material etnológico. Para a realização dessas pesquisas, que forneceram dados para o trabalho de E. Schaden, León Cadogan conversou e esteve em campo, alguns dias, com os índios Paï, de Cerro Guasú, Agapito Lopez e José Arce, que, além de fornecerem dados linguísticos e esclarecerem conceitos e expressões guarani, narraram mitos que constam na correspondência. O principal relato é a narrativa de um xamã (*tesapysó*) descrevendo o translado até a "morada divina" por meio de um "exercício de purificação" do corpo e da alma. Há também informes sobre "nomes próprios" coletados e a preocupação com os atos de nomeação e genealogias.

León Cadogan, seguindo seus próprios parâmetros metodológicos, também menciona a vontade que teve de ir a campo novamente para verificar a exatidão desses dados *com outros Guarani*. Em uma reflexão que diz muito de seu ideário, ele afirma:

> [...]me surpreendeu o fato de os Paï conservar, em suas tradições, tantas supervivências genuinamente pré-colombianas, porque em seus cantos "esotéricos" creio haver achado numerosos casos de sincretismo, de verdadeiras simbioses que demonstram, sem lugar para dúvidas, que o grupo foi catequisado e que deve ter vivido

durante um período relativamente grande em uma missão. (CADOGAN. Carta 17 jun. 1957, Assunção para SCHADEN, E., São Paulo. 3f.)

Nessa mesma correspondência, o guairenho fala de sua viagem a Ypané, reserva dos Paï, para levar os textos e solicitar colaboração dos indígenas. Por fim, há seis laudas em que constam as traduções que fez para E. Schaden. Nessas páginas há algumas marcas à caneta, com correções pontuais, com comentários linguístico-formais que evidenciam o trabalho obsessivo com a materialidade linguística, típico do poeta, mais próximo a Francis Ponge do que a Thomas Chatterton, como mencionei antes.

No mês seguinte, 26 de agosto, León Cadogan envia outra carta a E. Schaden, visando a corrigir um erro de tradução do trabalho que fez para o amigo. Tomou consciência do equívoco – com relação à expressão *mongy* – ao traduzir outro texto e conversar com Samaniego. Em outra carta datada de 21 de setembro de 1958, fala da visita de outro xamã, de Ypané, com quem conseguiu terminar a tradução para E. Schaden, a quem sugere, "publicar rapidamente, sem aventurar em interpretações" [42]. Em carta de 3 de setembro de 1964 endereçada a E. Schaden, afirma León Cadogan:

> Você sabe que "o fundamento desta língua (o guarani) são partículas" (Montoya), o que torna o trabalho de tradução e interpretação muito arriscado. Para interpretar corretamente a palavra guayaki *pyryvä, pryvä*, por exemplo, precisei esperar meses *até que, espontaneamente, os índios me ditassem* nada menos que oito exemplos de seu emprego em distintos contextos. (grifos meus).[43]

---

[42] Nas mesmas correspondências com E. Schaden, León Cadogan fala sobre um caso mbya, em que Pierre Clastres pedia informações a respeito do que é necessário para se conseguir *aguyjé* e, assim, ir para *yvy marã eý*, sem sofrer a prova da morte. O índio relatou, em guarani paraguaio, uma série de ações e prescrições necessárias para se tornar "um bom sujeito" e assim alcançar *aguyjé* e ser capaz de "viajar por sobre o mar".

[43] O mesmo dilema e a mesma preocupação com a tradução, por parte de León Cadogan, são expressos aind₂ em carta a E. Schaden (03/03/1960), ao dizer que escreverá um artigo para refu-

Entre os Guayaki, para além da ajuda e do apoio que forneceu aos Clastres, León Cadogan também procurou desenvolver um projeto em parceria – depois abortada, como vimos – com B. Susnik. O projeto envolvia a cooperação entre León Cadogan, B. Susnik e também E. Schaden, mas não foi concretamente efetivado. Em carta de 20 de novembro de 1959 endereçada a Schaden, ele conta que o projeto seria desenvolvido junto ao grupo Guayaki de Ava'í, e financiado pelo Ministério da Defesa Nacional do Paraguai, de acordo com ofício datado de 4 dezembro daquele mesmo ano. E. Schaden (USP) ficaria responsável pelos estudos de antropologia física, cultural e social, León Cadogan (Ministério da Educação e Defesa do Paraguai) pela religião, mitologia e mentalidade e B. Susnik (Museu Andres Barbero e Sociedade Científica do Paraguai) pelos estudos de etnolinguística. O projeto, contudo, não rendeu a publicação de livros, como idealizado, assim como acirrou as divergências heurísticas e metodológicas entre León Cadogan e B. Susnik.

Em 1959, o guairenho esteve nos limites geográficos das cordilheiras de Yvytyrusú para estadia com indígenas, "cerca de 20" guayaki. Nessa viagem, permaneceu pouco tempo, mas contou com a generosidade dos nativos que lhe cantaram hinos, contaram histórias, realmente "entusiasmados e com vontade e interesse reais em me ajudar" (17/09/1959). No fim de 1960, passou outros 15 dias entre os Guayaki, que retificaram alguns dados, confirmaram outros e ampliaram o conteúdo de sua pesquisa: três mitos de origem não guarani, séries patronímicas e informes sobre contato com outros grupos étnicos. No ano seguinte (23/08/1961), esteve novamente com o grupo, quando coletou muito material, dessa vez com o auxílio de gravadores e máquina fotográfica, material esse enviado para o "Centre de

---

tar a "série de equívocos que se tem escrito sobre *Kurusú Jeguá*". Por essa mesma carta, fica-se sabendo que León Cadogan foi o revisor das notas de Cavalcanti Proença sobre os mitos e lendas de Koch-Grumberg.

la Recherche Scientifique" na França. Em especial, destacam dois relatos notáveis sobre o tema da reencarnação, uma narrativa sobre metamorfose, assim como os dados linguísticos de praxe. León Cadogan passou duas semanas em campo com Pierre Clastres entre os Guayaki, ajudando-o a desenvolver uma lista dos termos de parentesco do grupo, experiência que possibilitou realizar outras investigações etnográficas (Carta a E. Schaden, 25 de agosto de 1964).

León Cadogan manteve constante contato com outros centros acadêmicos e pesquisadores individuais, mas sempre de forma dispersa e não sistemática (importantes exceções foram E. Schaden, Samaniego e B. Susnik, assim como, mais no fim de sua vida, B. Melià). Sua rede acadêmica, com intelectuais latino-americanos, incluía:

> Graças a minhas comunicações me relacionei com Juan Belaieff e Andrés Barbero e, devido a eles, com Manuel Gamio, do México, e com Juan Comas, diretor e secretário, respectivamente, do Instituto Indigenista Interamericano; com Egon Schaden, de São Paulo; com Berro García, do 'Boletín de Filosofia', de Montevideo. (CADOGAN, 1990, p. 73).

Importante também foi a relação com Emile Lelieur, formador de certo horizonte intelectual para León Cadogan, pois foi com a ajuda daquele que teve maior contato com o pensamento francês. Posteriormente, a sua rede de contatos franceses incluiria não apenas Hèléne e Pierre Clastres, como também Métraux e Lévi-Strauss. Em entrevista, o próprio León Cadogan diz, novamente, sobre o horizonte intelectual a que esteve sujeito:

> Há vários. Entre eles, Schaden, de São Paulo. Mas aqui no Paraguai, a Dra. Susnik é uma heroína. Agora estão Clastres, que esteve entre os Guayaki durante oito meses com sua esposa. Schaden é o que mais sabe da cultura e

mitologia guarani. A Hèléne Clastres leciona aulas sobre mitologia guarani na Universidade de Nanterre, vinculada à Sorbone. (CADOGAN GAUTO, 1998, p. 43).

A esses, acrescentam-se outros: Paulo Carvalho Neto, Ralph Boggs, Adolfo Berro García, Antonio Tovar, Bernard Pottier, Herbert Baldus. As trocas de correspondências possibilitaram acesso a antropólogos, linguistas e etno-historiadores.

Se, por um lado, é possível dizer que León Cadogan não teve uma série de diálogos das mais sistemáticas com acadêmicos, na medida em que o caráter fragmentário e espaçado no tempo foi a tônica, por outro lado, faz-se necessário evitar a ideia ingênua segundo a qual ele não estava inserido em qualquer campo acadêmico. Essas poucas páginas que relato, de modo sintético aqui, evidenciam o contrário. O que mostram seus trabalhos e documentos é o fato de que León Cadogan esteve inserido em uma rede de troca intelectual com acadêmicos não só paraguaios, mas também estrangeiros, assim como em outra rede que lhe permitiu acesso (mais a partir da década de 1940) a instituições e personalidades ligadas ao Estado paraguaio, como o general Samaniego, cuja ação e ajuda teve consequências práticas para o ofício de León Cadogan. Se a rede intelectual e institucional na qual León Cadogan estava inserido não se assemelha às redes de pesquisa e ensino formal universitárias, isso, por outro lado, não significou isolamento intelectual e práticas de pesquisa avulsas. Foram sobretudo os diálogos com intelectuais estrangeiros e paraguaios que abriram um importante caminho que forneceria futuras bases para a projeção de seus trabalhos – um longo percurso, que não é o de um mero autodidata[44]. Tudo isso contribuiu

---

[44] É "quase milagroso", afirma Melià, "como, no tempo em que estava em plena vigência o que Cardozo chamara de a 'Etnografia patriótica' carregada de sentimentalismos e mitos – 'a bela índia que é mescla de deusa e pantera' –, Cadogan ponha as bases do estudo da cultura guarani em sua autêntica realidade de grupo discriminado e tragicamente agonizante. As obras de Cadogan são os aportes científicos que revelam para nossa consciência colonial a magnitude do desastre que estamos provocando" (CADOGAN GAUTO, 1998, p. 137).

para o seu método multissituado – tempo estendido, espaço fragmentado –, característica presente também em seus diálogos e inserção no campo acadêmico antropológico oficial. Permitiu uma combinação que foi de uma troca intelectual à distância, com pesquisadores de outros países, sendo um importante aporte complementar aos "sábios professores das florestas" com quem León Cadogan apreendeu modos de vida e de conhecimentos.

Peço licença para uma longa citação, por ser ilustrativa a respeito de uma característica da relação entre León Cadogan e o campo acadêmico (CADOGAN GAUTO, 1998, p. 130):

> Certo etnólogo ficou surpreso que eu tivesse 'intuído' este conhecimento, sem uma cabal compreensão do lugar no qual a cosmovisão do índio guarani pensa o reino vegetal e o animal, o que forçosamente será fragmentário o quadro que da mitologia destes silvícolas podemos obter.
>
> No que a supostamente 'genial intuição' se refere, preciso pôr os pingos nos is [...]. O que aconteceu foi o seguinte: chegou ao Paraguai um acadêmico com o objetivo de estudar a cultura guayaki, acompanhado de uma recomendação de um etnólogo amigo meu. Lhe sugeri o seguinte plano de ação: obter, com a colaboração de um camponês paraguaio competente e de um mbya amigo, listas completas de nomes de árvores, arbustos e plantas no 'guarani paraguaio' e mbya, com suas características salientes e todo outro dado de interesse etnológico possível de obter. Com esta lista, que permitiria com a ajuda do catálogo de Teodoro Rojas e o de Hassler, a classificação científica, obter, com a colaboração do mesmo montês paraguaio e de informantes guayaki, um catálogo guayaki, com todos os dados aludidos. Sugeri também a confecção de uma lista similar de animais, explicando-lhe, mas sem entrar em detalhes que considerava supérfluos, que tais monografias, por um especialista como ele, seriam de valor inestimável para a etnologia americanista. Não pôde ou não quis realizar a tarefa, mas quando dois anos, ou mais,

depois me visitou, confessou, algo constrangido, haver-lhe escrito fulano que segundo um distinto especialista – se mal recordo, Lévi-Strauss – para um estudo exaustivo da mitologia guarani, faltam trabalhos sobre etno-botânica e etno-zoologia. Admito que, se devesse optar entre passar à história como um emulador guarani do pobre Chatterton e morrer com a fama de falsificar do que rodeou o tradutor de Omar Ibn Ibrahim o Kaayyam, ou ser rotulado de 'gênio intuitivo', preferiria adotar este apelido. Mas como não tardaria em descobrir-se o embuste, convém pôr as coisas em seu lugar. Uma das primeiras descobertas que fiz foi que para o Guarani, as árvores, assim como os animais e os seres humanos, têm almas. Posteriormente, me inteirei de que vários nomes de árvores guardam estreita relação com a mitologia. A nomenclatura guarani em botânica demonstra a estreita relação existente para o Guarani entre o reino vegetal e o reino animal. Enquanto que para os Guayaki, Guarani mais primitivo, uma fruta consumida por sua mãe, estando grávida, contribui a seu *bykwa* ou natureza, e se designa com o mesmo nome que se aplica ao animal que o Guarani deve seu nome. Enquanto para os Paï-Cayguá, duas das grandes figuras de seu panteão levam nomes de árvores. Estes fatos e outros similares que figuram em comunicações dispersas, foram os que motivaram as recomendações ao jovem etnólogo. Não existe, pois, nenhum motivo para falar de intuição ou alguma coisa do tipo.

Enfim, León Cadogan, poder-se-ia dizer, foi um intelectual de muitas ambiguidades, que basculava entre ideal científico e afecção religiosa (com forte afã ortodoxo cristão) perante os Mbya, entre ação política prática e produção acadêmica. Ele recusou boa parte das homenagens que recebeu no fim da vida, aceitando somente as que possibilitavam "gerar algo a favor dos índios" ou as que tinham alguma relação com a "preservação do conhecimento" nativo (CADOGAN GAUTO, 1998, p. 91). Em sua biblioteca há poucos livros e revistas acadêmicas. Há algumas obras de Borges, Dom Quixote, Mil e Uma Noites,

Divina Comédia, livros resumos, feitos por William James, sobre correntes filosóficas, breve cânone de escritores em inglês, como Chatterton, Stevenson, alguns livros que são resumos das mitologias nórdicas, outros sobre a tradição argentina, como Martín Fierro, e enciclopédias, em boa quantidade. León Cadogan esteve inserido em uma rede acadêmica, nem tão restrita, ligada às condições do campo acadêmico paraguaio em meados do século XX (e da América Latina, também, em boa medida), rede que, ao lado do engenho e da curiosidade intelectual de León Cadogan, possibilitou um trabalho científico sistemático, com obras de nível apurado tais quais *Ayvu Rapyta* e dicionários de línguas guarani. O campo acadêmico em que León Cadogan viveu foi, de todo modo, incipiente, mas para além da ideia romântica de total precariedade, foi o de uma rede de autores, pesquisas e produção acadêmicas bastante prolixas.

A Lição das Variantes, A Palavra

Quero aqui retomar, de modo breve, a caracterização que dei ao trabalho cadoganiano, multissituado, visando ao surgimento de seu *Ayvu Rapyta* e, assim, encaminhar a argumentação para a parte central (a segunda) deste livro. Em carta de 26 de maio de 1958, León Cadogan pediu a E. Schaden um prefácio para o, na época inédito, *Ayvu Rapyta*, pois começaria a buscar meios para sua publicação no Paraguai, ou mesmo pelo "Departamento de Antropologia" da USP (que viria um ano depois a publicá-lo, após tentativas frustradas de León Cadogan em publicá-lo no Paraguai e na Argentina) [45]. É nessa mesma oportunidade que conta a E. Schaden como se emocionou ao ouvir, em campo, o

---

[45] Outra série de correspondências entre León Cadogan e Schaden mostra certa ansiedade de ambos perante a publicação de *Ayvu Rapyta*, cujos três primeiros capítulos já haviam sido editados em revista pela própria USP.

canto *Kotyú mamoranguá*, junto à sua dança e o sumo da flor (*kagui*) que marca a ave mítica (pássaro azul), conforme narra o mito mbya do colibri e Ñamandú.

A narrativa sobre a história do pássaro azul, que León Cadogan (1990, p. 185-190) enviou em carta para sua neta Mercedita, fora-lhe contada por Pablo Vera. Na carta há conselhos a respeito da forma como se deve entender o conteúdo dessas histórias, presentes no conhecimento e na metafísica mbya. Cadogan começa repetindo as palavras do xamã P. Vera:

> – Para aprender estas coisas, deverás *permanecer um ano comigo na selva*. Comerás mel, milho e frutas, e de vez em quando um pedaço de carne de pecari. Deixarás de ler, pois a sabedoria dos papéis te impedirá de compreender a sabedoria que nós recebemos, que vem de cima e que nos permite entender, entre outras coisas, as mensagens que nos traz o Pássaro Azul sobre as crianças.
>
> Sendo-me impossível permanecer um ano inteiro na selva, não aprendi a interpretar as mensagens do Pássaro Azul e deixei de aprender muitas outras coisas mais que o sábio poderia ter me ensinado. Sabia, entretanto, que ele não havia me enganado e me pôs a pensar, perguntando-me: não será que o sábio não está me olhando lá de cima e vendo o desconsolo desta netinha minha que enviou o Pássaro Azul com uma mensagem, que eu devo tratar de interpretar para reconfortá-la? E lhe perguntei onde você viu o Pássaro Azul. Me respondeu que sim, e te perguntei de onde havia vindo.
>
> - Veio do céu, vovô – me disse. (CADOGAN, 1990, p. 186, grifos meus).

Em campo, León Cadogan pergunta ainda a P. Vera sobre o "início do mundo", que, por sua vez, narrou o mito, apresentado a nós *em prosa* (CADOGAN, 1990, p. 191-192), cujo conteúdo é bem similar àquele presente na versão que consta, *em forma de versos*, em *Ayvu Rapyta* (CADOGAN, 1997, p. 49-59). É a grande descoberta que faz León Cadogan de que há "guarani esotéricos", cujo entendimento "só" é factível aos iniciados, incluindo os próprios indígenas, que, para ascender a esses conhecimentos, precisam aprender as convenções metafóricas e estilísticas da linguagem diferenciada empregada neles.

O fato de serem contextos interditos condiciona com forte viés o trabalho cadoganiano. O próprio León Cadogan reconhece que teve acesso privilegiado a certos dirigentes e intelectuais guarani. A configuração do conhecimento produzido é, nesse sentido, muito característica. São saberes que refletem e constituem *certa* perspectiva sobre o "mundo", a "cultura", o "modo de ser" guarani, quadro esse que coloca em cena nuances na relação nós/eles (modelo retórico e metodológico presente em algumas searas da antropologia), na mediação cultural, que merece uma breve glosa. Peço desculpas ao leitor, pelo acidental tom abstrato, sem muitos dados empíricos, que se segue.

Tomo aqui, de modo metafórico, uma ideia gramatical para justapor elementos sociológicos e heurísticos sobre a forma como os saberes de *Ayvu Rapyta* foram engendrados, antes de abordá-los a seguir neste livro mais detidamente. Explico: os pronomes são unidades puramente gramaticais, isto é, são unidades relacionais, conectam antes que denotam ou veiculam conteúdo semântico. É comum, ademais, linguistas conceituarem os pronomes como *substitutos do nome* (JAKOBSON, 1970). Benveniste (1976), por exemplo, destaca uma diferença fundamental entre os pronomes pessoais de primeira e segunda pessoas (A) e os de terceira pessoa (B). Grosso modo, os pronomes do tipo *A* são indiciais, isto é, estão relacionados ao contexto de enunciação; já os pronomes do tipo *B* relacionam-se anaforicamente com um antecedente, como um nome (geralmente, nome próprio), presente no texto. Essa diferenciação nos permite entender que os pronomes de terceira pessoa (B) estão mais libertos do contexto de enunciação e incrustados no contexto textual, ou seja, são intertextuais, derivam seus significados dos antecedentes já presentes dentro do próprio (con)texto.

Em boa parte dos textos antropológicos, poder-se-ia dizer, vê-se a seguinte configuração: "eu" e "ele" do etnógrafo, isto é, A' e B' do pesquisador de um lado; e "eu" e "ele", por outro lado, dos interlocutores, dos nativos, A'' e B''. Esses dois horizontes são postos em fusão, são convertidos de modo assimétrico em um "eu" (A) anaforicamente livre e em um "eles" anaforicamente cumulativo. Contudo, o "nós" raramente ocorre nas etnografias, ou é pouco tematizado.

Pesquisador: $A' + B' = AB'$	Interlocutores nativos: $A'' + B'' = AB''$
Ideal de Fusão: AB' (nós'): AB'' (nós'')	
Justaposição assimétrica nos textos:	A' anaforicamente livre (pesquisador) B'' anaforicamente cumulativo (nativo)

QUADRO 2 – NÓS DA ANTROPOLOGIA

FONTE: o Autor

No ateliê da palavra *ayvu rapyta*, os lugares que ocupam as funções pronominais, eu/ele, variam à medida que emergem os autores a cocriar e formatar, de modo aberto, esses saberes. Pode-se dizer que, nos seus escritos, há um "nós" expresso em diferentes níveis por meio do jogo permutativo A e B. Assim o é porque se trata de um conhecimento com fortes características daquilo que M. Foucault chama de "doutrinal"[46] – uma metafísica *heterodoxa*, embora León Cadogan a tome como ortodoxa (revelada), mas nunca plenamente purificada, estabilizada (suas práticas na oficina poética que implodem o ideal).

Mas não só por isso, ou para emular o maneirismo de Lévi-Strauss, "isso não é tudo". Nos versos e textos de *Ayvu Rapyta* está presente uma série interminável de iterações tanto textuais quanto sociológicas e, em especial, um jogo com um aspecto formal, gramatical, da língua mbya, presente também em outras tantas línguas, qual seja, a diferença entre dois tipos pronomes de primeira pessoa (A) no plural – o *nós inclusivo* e o *nós exclusivo*. É esse um elemento linguístico que tomo *como uma imagem sintética* para o caso cadoganiano, que teria influenciado não só modo como León Cadogan pensou o conhecimento mbya, como também moldado suas relações com os indígenas.

Assim, em seu trabalho de campo não aldeado, o que se vê é um jogo permutativo entre *AB'* e *AB"*, que tem nós e nós, isto é, que são diferentes: um nós (A) inclusivo, outro nós (Aa) exclusivo que exclui *alguns* eles (B) do todo (AB':AB"). Esses dois aspectos poderiam ser vistos tanto nas alterações de vozes, passiva/ativa nos textos antropológicos cadoganianos, quanto nos agenciamentos de pesquisa dos parceiros intelectuais indígenas. Dado que é a "linguagem religiosa mbya" que toma o terreno das mediações na obra cadoganiana, trata-se, pois, de lidar com uma linguagem que não é de acesso imediato, muito menos de

---

[46] Cf. Foucault (1971): o discurso doutrinal tem a tendência de dispersar a si mesmo na medida em que a cada iteração, repetição, as pessoas que ocupam o lugar eu/você mudam e a linguagem, altamente rotinizada, torna-se a linguagem daquele que realiza a performance. Nesse jogo de transposições, são os mais variados elementos dêiticos que fornecem índices a partir dos quais os novos roteiros são recontextualizados: esse é um procedimento comum por meio do qual palavras e sentimentos fundam novas configurações de realidades a cada momento. A questão da iterabilidade dentro dos discursos que carregam em si o aspecto doutrinário, bem como a das variações dêiticas, ligadas ao modo como *A* e *B* funcionam como figuras textuais e pragmáticas, servem-nos para pensar o modo como León Cadogan lida e gera o conhecimento junto a indígenas guarani.

acesso universal. E, assim, *os "nós" precisariam variar, precisariam também multissituar, enquanto uma estratégia política e intelectiva.* Para além da forma pronominal da primeira pessoa no plural castelhana, é a forma mbya, inclusiva e exclusiva, o parâmetro da variação presente no ateliê da palavra *ayvu rapyta*. Toda "revelação" a León Cadogan de uma série de saberes sagrados e interditos está diretamente ligada a seu *modus operandi* de trabalhar com grupos indígenas, em que se vê um pesquisador que precisa lidar com as lições de levar a cabo uma obra que é, em si, uma série de variantes sobre um mesmo tema: a palavra mbya, que se multiplica no (quase) eterno trabalho de inconclusão, para além dos vocabulário e ideário "ortodoxos" cadoganianos. A palavra indígena (conceito mbya) nas pesquisas de Cadongan transforma-se na palavra instrumental do investigador (instrumento da fixação e da tradução etnológicas, pelo branco e pelos índios), ambas se fundem, se revelam e se alimentam. Vê-se a presença dos nós, aqueles da distinção *entre nós inclusivo/exclusivo: o nós que pode ser inclusivo (a oficina poética coparticipativa), o nós que pode ser exclusivo (o saber secreto interdito, especializado, aos poucos revelados e que precisa ser salvo)* – talvez a principal lição das variantes em torno *do* tema a palavra fundamento. Essa lição, que é uma concepção mbya, uma entextualização nativa, está plenamente incorporada em *Ayvu Rapyta.*

A obra cadoganiana é um conjunto de variantes, muitos fragmentos dispostos em um todo, cuja ligação é dada pela pressuposição da palavra como o tema (mítico) a variar. É o que as próximas páginas deste livro abordam, a saber: tomar a constante ligação e variação entre a palavra mbya e a de León Cadogan. Foi um processo no qual tentou fazer com que aquela surgisse de modo ortodoxo, mas acabou sendo vencido por ela, que foi vertida em uma estabilização metafísica, uma paragem, uma purificação, sem contudo perder "seu sopro". A lição das variantes é que, pela natureza própria dessas palavras e da mitologia mbya, a estabilização definitiva está fadada ao fracasso; só são possíveis paragens, pequenos horizontes, cortes plenos de inflexões nem sempre controláveis. Como dito, entendo o trabalho cadoganiano como o de um intelectual no entremeio, em constantes atos de tradução, isto é, pontes entre metafísicas: nó(s). Nesse bojo, a ambiguidade sempre se apresenta em um itinerário pessoal e científico, como aparições.

*– La palabra escrita es siempre robada, ha
dicho tu padre. Y eso es una verdad grande
como un templo... – chirrió profesoral el
portón sin otorgarme el más mínimo óbolo
de consuelo ni de justificación.*

Augusto Roa Bastos, Contravida

*– Onde está o sábio?
O filósofo estava sentado na grama. Disse:
– Os símbolos formam uma língua, mas não
aquela que você imagina conhecer.
Compreendi que devia me liberar das
imagens que até ali haviam anunciado as
coisas que procurava: só então seria capaz
de entender a linguagem de Ipásia.*

Italo Calvino, As Cidades Invisíveis

SEGUNDA PARTE...

3

A PALAVRA FUNDAMENTO – O FUNDAMENTO DA PALAVRA

3.1. Falas e Segredos

O conjunto de textos míticos que integram *Ayvu Rapyta* é composto, em grande medida, por conhecimentos especializados, conforme já mencionado. Versados em uma linguagem especial, não cotidiana, repleta de arcaísmos, com forte carga metafórica e poética, esses conhecimentos ficam, nos grupos mbya guarani, a cargo de especialistas denominados *mburuvicha*, que Cadogan adjetiva como "poeta[s], teólogo[s], legislador[es] do grupo" (1997, p. 13). Constituída por um mosaico de assertivas metafísicas, a fala é um registro diferenciado, a exemplo, de outros registros "sagrados", rituais, que a literatura antropológica é célebre em mostrar (BATESON, 1958; MALINOWSKI, 2010; TAMBIAH, 1968). O registro diferenciado não se dá somente no emprego de outro léxico, mas também no uso de elementos formais, como variações sintáticas, paralelismos, configurações iterativas, discursos reportados, dentre outros. Em maior ou menor grau, estabelece-se convencionalmente uma hierarquia entre os modos de linguagens, o ordinário e o especial.

A seara do sagrado, ou da metafísica, como prefiro nomear, coloca como obstáculo inicial o fato de que se trata de um conhecimento cujo acesso não é imediato, sem mediações ou interdições, conforme já pontuei na primeira parte deste livro. A palavra fundamento mbya é interdita, pertencente à linguagem do encantamento, da eficácia e da poesia. É interdita até mesmo aos próprios mbya, na medida em que não é um saber de todo compreensível aos não iniciados, em especial por usar uma linguagem com muitas torções metafóricas – emprego de termos não usuais a elementos que, na linguagem cotidiana mbya, são designados por outras expressões [47].

Antes de avançar em direção ao núcleo duro do meu argumento, faz-se necessário discorrer um pouco a respeito das implicações do elemento que León Cadogan qualifica como "segredo". O léxico diferenciado, presente em *Ayvu Rapyta*, é de ordem linguística e sociolinguística, assim como, a um só tempo, é de ordem estética e ideal. O conjunto de ideias metafísicas presentes na linguagem nativa é pensado em íntima relação a partir das variantes: segredo (ou, sem ortodoxismo, saber especializado e interdito), poder (ação e prestígio dos *mburuvicha*) e criação (poiesis). Por um lado, muito de seu poder advém da virtude e da capacidade de comunicação com os deuses, isto é, atos que constituem um importante canal para influenciar ações. Como são falas que não entram, propriamente, no sistema de comunicação ordinário, a inteligibilidade literal dos enunciados é relegada para outras instâncias, aquém e além do mundo concebido como meramente "humano".

O horizonte que equaciona sagrado e segredo é bastante recorrente, entretanto, nas mais diversas metafísicas. Jacques Derrida (1983, p. 42), por exemplo, fala a respeito de um duplovínculo (*double bind*) na tradução do verbo hebreu, *gala*, traduzido comumente por "apocalipse":

---

[47] Um exemplo dessa lógica pode ser visto quando se atenta à própria autodenominação dos Mbya do Guairá. O grupo mbya em questão se autodenomina *Jeguakáva Tenonde Porangue i.* (CADOGAN, 1997, p. 14). *Jeguakáva* é um termo que, na linguagem cotidiana, denota "adorno", porém, quando usado na linguagem "religiosa", passa a designar a noção de "humanidade masculina" (procedimento típico da "torção" metafórica na linguagem mbya utilizada nos saberes que compõem o livro).

146   KLEYTON RATTES

Eu descubro, eu desvelo, eu revelo a coisa que pode ser uma parte do corpo, a cabeça ou os olhos, uma parte secreta, o sexo ou qualquer coisa oculta, um segredo, o que há que dissimular, uma coisa que não se mostra nem se diz, que se significa talvez mas não pode ou não deve ser entregue diretamente à evidência. 'Apokekalummenoi logoi': estas são palavras indecentes. Trata-se, pois, do segredo e do pudico. Nathan A Chouraqui precisa que 'se descobre a orelha de alguém levantando-se os cabelos ou o véu que a cobre para sussurrar um segredo, uma palavra tão oculta como o sexo de uma pessoa. Yaveh pode ser o agente deste descobrimento. O braço ou a glória de Yaveh podem também descobrir-se no olhar ou na orelha do homem. Em nenhuma parte, a palavra *apocalipse*, conclui o tradutor referindo-se aqui tanto ao grego como ao hebreu, possui o sentido que acabou por ter em francês e em outras línguas: catástrofe temível. Assim, o Apocalipse é essencialmente uma contemplação (hazon) [e de fato Chouraqui traduz o que nós costumamos chamar o Apocalipse por Contemplação de Yohanan] ou uma inspiração (névoa) visível, um descobrimento de Yaveh e, aqui, de Yeshua, o Messias.

Esse horizonte, cuja citação acima ajuda a evocar, coloca em cena uma importante personagem conceitual e não menos etnológica. Trata-se de pensar as figuras que são *especialistas no segredo*, na revelação ou no descobrimento de algo interdito que é reservado a poucos. A implicação mais direta é de que não se trata de uma linguagem sem mediações – comunicação imediata acessível a todos –, mas sim de algo que é dado por *inspiração* ou iniciação – em especial, diante de alguém que é *um fora*. Inspirar é uma ideia importante para o contexto mbya, que se casa com outra, a saber, o modo por excelência de veiculação desses saberes interditos, especializados, é por meio do *sopro da palavra inspirada*.

Todavia, tendo em vista as configurações relacionais e sociológicas presentes entre os Guarani, não se trata aqui de pensar em "sociedades secretas", insuladas das demais esferas sociais, expressando formas próprias de poder, mas, sim, de tomar como horizonte a noção de socialidades *com* segredos, com interdições, em que as questões da performance, das relações sociais (internas e externas aos grupos) e da construção da pessoa passam a ser centrais, antes do que a de uma qualidade intrínseca, essencial, a certas facções guarani. Assim, o segredo não se traduz como algo que ecoa formas de dominação social (embora possam estar presentes e assumir contornos concretos), mas, sim, como outra coisa:

> [...] se contra o fenomenalismo e o politismo integral, atentássemos a um direito ao segredo e todo segredo absoluto devesse permanecer inacessível e invulnerável, ele não concerniria ao segredo político, mas, antes, à figura metonímia do *marrano*, ao direito ao segredo enquanto direito à resistência contra a ordem do político, até mesmo do teológico-político em geral e para além desta ordem. (DERRIDA, 1996b, p. 32).

Com essas palavras, não viso a substituir uma teoria do segredo vinculada ao poder por outra que o toma como resistência negativa ao poder (a clássica e estimulante interpretação de Pierre Clastres). Antes, viso a apontar para outro aspecto: o segredo como uma espécie de *força motriz, um mecanismo básico de relações sociais* e, no caso mbya, calcado em uma metafísica da palavra bela e de uso diferenciado, que não se traduz na imediatez da instituição política do poder – o que, claro, não necessariamente o exclui.

Nos textos mbya coletados, transcritos e traduzidos por León Cadogan, é importante frisar duas qualidades recorrentes. De um lado, tem-se outra lógica, na qual o léxico e os aspectos formais da língua mbya diferem de seus registros e usos linguísticos cotidianos – esse lado nomeio de poética (com isso quero me distanciar um pouco do ideário de León Cadogan e a qualificação, às vezes exagerada, do conhecimento mbya como secreto a ser revelado). De outro lado, tem-se uma forte propensão a versar sobre temas como panteão, ou suas interações entre as distintas agências que povoam o mundo: por exemplo, Ñamandu (a divindade "absoluta" dos Mbya), a tríade de deuses auxiliares *Karaí, Jakairá, Tupã* (dentre outros menores), os pássaros antagônicos, o colibri e a coruja. Essa conjunção entre a poética e reflexão de cunho metafísico, em *Ayvu Rapyta*, é tecida por meio de uma noção central para os Guarani – a *palavra*, uma noção de palavra não necessariamente linguística, como argumento mais à frente [48]. Essa ideia central, por sua vez, coloca em cena uma versão original para o clássico dilema euro-americano do mito de Fausto: no início era a palavra ou a escritura?; O que escolher, a expressão ou a ação?

Já quero destacar essa questão, que será retomada mais à frente, a fim de chamar a atenção do leitor para uma chave, dentre outras possíveis, para entender a junção entre o trabalho de León Cadogan e a metafísica mbya das belas palavras *sopradas*. A dicotomia palavra/escritura é tomada de modo contrastivo com (e ao mesmo tempo paralelo a) certo cânone do pensamento ocidental em que se observa uma narrativa lógica e filosófica progressiva, ascendente: da palavra vai-se ao pensamento e ao corpo e, em seguida, do poder à escritura, ou seja, parte-se de uma noção não

---

[48] Em um tempo-espaço indistinto, definem-se os quês e quems do mundo: fórmula discursiva frequente em metafísicas que reverbera, em seu processo, outras importantes questões temáticas: "estaremos assim cercados por todas as questões do nome e daquilo que 'se faz em nome de': questões do nome 'religião' dos nomes de Deus, do pertencimento e do não pertencimento do nome próprio ao sistema da língua, devido a sua intradutibilidade, mas também por sua iterabilidade (isto é, do que faz de um lugar da repetibilidade, de idealização e por isto, já, de 'tekné', de tecnociência, de teletecnociência na chamada a distância), de seu vínculo com a performatividade da chamada na oração, de seu vínculo com aquilo que, em toda performatividade, como em todo apóstrofe e em toda atestação, apela a lei do outro e se desprega por isto em uma profissão de fé" (DERRIDA, 1996b, p. 33). Ou as constantes formulações que associam conceitos como: deidade, luz, sentido luminoso, clarear, discretar, desvendar, revelar – conhecimento. Ou mais: natureza, sobrenatureza; interno, externo; luz teórica (significante), ação prática (significado em uso). Aos deuses criadores é necessário portar a palavra, que prolixos enchem o mundo de questões: o que é o mundo? O que é o dia? O que é o presente?

corpórea da palavra e do pensamento para chegar a uma concepção corpórea de poder. Na metafísica mbya-guarani, segundo a versão conquistada, transcrita, criada e traduzida por Cadogan, proponho que: da palavra corporal chega-se ao pensamento apalavrado, isto é, anunciado e prometido, e, de modo consequente, da escritura ao poder.

Faz-se necessário *evitar* a tese — muito em voga em vertentes cognitivistas e formalistas da antropologia – de que, dado o segredo e a não comunicabilidade imediata das linguagens rituais--religiosas, as dimensões semânticas, convencionais, seriam de importância secundária [49]. Prefiro seguir uma recomendação de Victor Turner, quando ele nos adverte para a necessidade de recusarmos a "navalha cognitiva de Occam" na teoria antropológica (TURNER, 1986, p. 42). A "navalha de Occam" caracteriza-se como uma petição metodológica, na filosofia e nas ciências,

---

[49] No ensaio de Sherry Ortner (1984), por exemplo, é possível acompanhar os movimentos que, de modo gradativo, fizeram das orientações teóricas contemporâneas em suas mais variadas manifestações na antropologia um conjunto de paradigmas que pode ser rotulado com expressões tais quais "teoria prática", "pragmática", "análise processualista" etc. Não obstante, uma das grandes contribuições de Ortner é entender esse clima como sendo mais do que uma teoria ou um método, porque antes é um ambiente que se caracteriza como "um símbolo" por meio do qual uma variedade de perspectivas e metodologias está sendo desenvolvida. Em termos comparativos, nos mostra a autora, só foi a partir da década de 80 do século passado que a denominada teoria prática tomou vigor, como efeito consequente de uma ressaca simbolista. É quando, exauridos de abordagens simbolistas, antropólogos passam a enfatizar análises e interpretações sobre os aspectos processuais, pragmáticos, da vida social: a teoria do parentesco volta-se para as ações dos sujeitos, para as manipulações das regras prescritivas, em que os termos do parentesco passam a ser entendidos como "categorias práticas"; as grandes descrições cosmológicas dão lugar à descrição das *decalagens* entre o nível organizacional ideativo e o que é "observado na prática"; a centralidade da linguagem e da comunicação é subsumida em favor de elementos paralinguísticos; e a lista é extensa... A "ação humana no mundo" passa a ser premissa chave, uma espécie de busca do lugar no qual o "sistema" ou a "estrutura" encontra-se: a saber, na *ação humana*, afirmariam os propositores. A unidade inicial analítica mais frequente, por exemplo, torna-se a ação, sempre mediada pelos *sujeitos* ("complexos", "distribuídos", etc.), como também em quadros teóricos amplos cujos conceitos mais correntes, e muito díspares entre si, são expressos em termos como "reivindicações", "metas", "campo de forças", "relacionalismo", "atos ilocucionários". Esse tom está também presente, em outros exemplos, no forte interesse em processos semióticos, tais quais a metonímia, a indicialidade e a literalidade, "três modos de se recusar a metáfora e a representação (a metáfora como essência da representação), de privilegiar a pragmática sobre a semântica, e de valorizar a parataxe sobre a sintaxe (a coordenação sobre a subordinação)" (VIVEIROS DE CASTRO, 2007, p. 95). Entretanto, nos lembra Ortner, como qualquer teoria, trata-se de um produto de seu tempo.

sobre a necessidade de purificar a linguagem humana, de reduzir os modelos analíticos às suas unidades mínimas. Segundo o postulado de Occam, que, não custa nada lembrar, é um princípio lógico, a explicação para qualquer fenômeno necessita ter só as premissas mínimas necessárias à explicação, retirando todas as demais, ou seja, uma análise que carregue o menor número de conceitos e a menor quantidade de entidades possíveis[50]. Para Turner, entretanto, essa purificação da linguagem – abreviada em relações lógicas e práticas elementares – ao ser aplicada ao ritual, às "linguagens religiosas diferenciadas", faz um corte cego, já que reduz ao mínimo justamente o que é muito notório e importante nesse campo[51]: o construto de uma linguagem distinta, em sua prosódica, em sua poética, em seus léxico e gramática peculiares, em sua estética particular. É essa recomendação que quero tomar para meu argumento, sabendo, evidentemente, que há contextos rituais em que os enunciados rituais possuem, de fato, um conteúdo semântico mínimo[52]. No caso Guarani, contudo, a semântica é tão central quanto os traços formais: o registro diferenciado não está a serviço de um horizonte da não significação. A flutuação semântica e os processos de significação variados possibilitam pensar a qualidade *sui generis* da linguagem especializada, a saber, uma potencial reflexão sobre a qualidade poética da linguagem com sua estrutura prosódica diferenciada, seu léxico esotérico recôndito e ambíguo, com seus processos e mídia semióticos variados – a linguagem em seu uso especial.

---

[50] Cf. LEACH (1966) para uma aplicação desse horizonte epistêmico na antropologia clássica.

[51] Ver Houseman e Severi (1998) para um modelo ritual na teoria antropológica, que aplica justamente esse tipo de "corte de Occam" que eu recuso em minha análise. Para detalhes de minha crítica, ver Rattes (2016b).

[52] Esse é o caso, por exemplo, de boa parte dos cantos kuikuro, que são, em uma forma arcaica da língua arawak xinguana, transformados ainda pela fonética karib meridional. Eles não apenas são incompreensíveis aos espectadores, mas também aos especialistas rituais, que conhecem apenas o nome que indexa o canto (FAUSTO; FRANCHETTO; MONTAGNANI, 2011). Ver também Humphrey e Laidlaw (1994) sobre o ritual Puja entre os Jains na India, o que não se passa nos casos dos coletivos Mbya-Guarani.

Em seu clássico estudo em que retoma o material trobriand de *Coral Gardens* (MALINOWSKI, 2010), Tambiah (1985) tenta equacionar a importância do componente verbal nas ações mágicas, buscando fundamentar a tese segundo a qual o ato de dizer, em si mesmo, é um ritual. As palavras rituais não podem ser tratadas como uma categoria indiferenciada, ou sofrerem um "corte de navalha", pois boa parte de sua eficácia advém do uso especial da linguagem por meio de uma mescla de traços estilísticos e semânticos. O caso trobriand analisado pelo autor coloca como questão a dependência entre a estrutura semântica das palavras e a estrutura dos atos rituais. Via etnografia, Tambiah refraseia um postulado de Jakobson a respeito das funções da comunicação verbal. Segundo Jakobson (1976), há seis funções básicas da linguagem: referencial, poética, fática, emotiva, conotativa, metalinguística. Mesmo os traços formais e gramaticais como o paralelismo, a recursividade, as torções analógicas e as justaposições heteróclitas, dentre outros, que constituem usos não semânticos da fala, só são efetivos dada uma convencionalização mínima de fundo, isto é, dado um quadro semântico de base.

Se em certas vertentes decreta-se a atrofia do significado (BOYER, 1993; SEVERI, 2007), faz-se por meio da atribuição de qualidade universal a fenômenos que são contingentes. Como afirma e mostra Tambiah (1985, p. 165), é impossível pensar *todas* as formas religiosas com linguagens diferenciadas ou secretas como estando, *prioritariamente*, no registro infrassemântico. Uma simples coleta etnográfico-comparativa apresenta falas diferenciadas cujos rastros simbólicos (convenção, semântica) são postos em cena; uma comparação transcultural evidencia que, ao lado das variadas formas estilísticas e infralinguísticas da fala, há também *múltiplas* mídia, *meios semióticos*, presentes nas performances, por exemplo, de um xamã, de "um poeta, teólogo, legislador do grupo" (CADOGAN, 1997, p. 13) [53]. A prosódia e o léxico esotérico especializados dessas linguagens valem-se de diferentes mídias, diferentes instrumentos semiológicos (não só de processos tais quais metonímia, indicialidade e parataxe, isto é, processo não semânticos)[54].

A linguagem sempre sofre uma inflexão, transforma-se em boa parte dos saberes rituais e/ou interditos, construindo *em ato seu próprio* universo. Não à toa, há a recorrência da criação cosmológica de um conceito de mundo sedimentado em várias temporalidades e espacialidades por meio da técnica narrativa do

---

[53] Para Tambiah, a dificuldade de definir o que vem a ser um ritual necessita ser levada mais a sério, mas sem com isso tomar uma definição restrita. Para o autor, o que importa é a "definição provisória" para um uso específico e circunscrito, isto é, etnográfico, do ritual (1985, p. 125-126). Por exemplo, alguns traços, geralmente encontrados em rituais combinam-se de diferentes modos em cada província etnográfica – o formalismo, os traços estereotipados, a condensação (fusão), os mecanismos de redundância, o uso de várias mídia, a veiculação de valores indiciais (incluindo os pragmáticos e os semânticos). Para Tambiah, faz-se necessária uma junção entre "cultura" e "análise formal", na medida em que cosmologias têm suas formas específicas de classificação, seus conceitos e modos de relacionar, por exemplo, mitos, ritos e códigos legais. A integração dos dois pólos é entendida como fundamental. Por que certas formas comunicacionais são escolhidas em detrimentos de outras? Uma pergunta que sempre coloca em cena uma resposta de ordem sociológica, de ordem simbólica, antes que pragmática ou lógica. Envolve, pois, *concepções*.

[54] A releitura crítica de Benveniste (1976) sobre a arbitrariedade do signo linguístico expressa o desejo de uma poética para além do idioma dualista saussuriano. Como sabemos, para Saussure, a união de um conceito com uma imagem acústica é o que constitui a unidade linguística – o signo é sempre "uma coisa dupla, constituída da união de dois termos" (SAUSSURE, 2000, p. 79). O signo é arbitrário nessa interpretação, visto que o laço que une o *significante* e o *significado* é imotivado; por exemplo, a ideia de "mar", seu conceito, não está enraizada na sequência acústica representada pela junção dos caracteres "m-a-r", já que essa noção pode ser expressa de diferentes maneiras ("sea", "mer"). O significante, portanto, é imotivado frente ao significado. O que há como vínculo é a condicionante do hábito coletivo, a convenção, a fixação por regras sociais. Para Benveniste, entretanto, a relação entre o significante e o significado é *necessária*, não arbitrária, porquanto, na consciência do falante, o conceito 'X' é idêntico ao conjunto fônico 'X': juntos eles "foram impressos na consciência do falante" (BENVENISTE, 1976, p. 56). O significante e o significado são consubstanciais: "o significante é a tradução fônica de um conceito; o significado é a contrapartida mental do significante" (ibidem). Assim, o "domínio do arbitrário fica relegado *para fora* da compreensão do signo linguístico" (BENVENISTE, 1976, p. 57, grifo meu), no sentido em que não é a relação significante-significado que é arbitrária, mas o fato de que um signo (em vez de outro) se aplica a um determinado elemento (e não a outro). É por pensar em um elemento real, concreto, substancial que o linguista pode julgar signos, tal qual "mar", como arbitrários, já que são variáveis em suas manifestações discretas nas línguas. Aleatória é a forma como o vínculo entre significante e significado efetiva-se em diferentes conjunturas, isto é, a "forma cultural" que associa o termo ao referente.

paralelismo linguístico – uma maneira frequente de fiar imagens concomitantes e múltiplas em cadeias sucessivas, recursivas, justapostas[55].

Com isso, quero afirmar que se trata de lidar com falas que estão avizinhadas com a poética, ou melhor, para ser mais específico, é uma *poiesis*, tal como a concepção mbya de belas palavras. As falas mágicas, os provérbios, as rezas são falas especiais, não são comuns – "indefinição e poder criativo afiguram-se como inteiramente interconectados" (JAKOBSON, 1970, p. 17). O léxico altamente metafórico e a linguagem poética ocupam o centro do meu argumento. Não parto da divisão a priori entre duas formas de tecnologia, oralidade e escrita a partir de uma interpretação, algo pessoal e idiossincrática, da metafísica da palavra mbya. Nesta, já que ela é a posta no papel por Cadogan junto a intelectuais mbya, antes de qualquer divisor ser acionado, a noção basal é a de *força* (seção 3.2). Vale notar que esse horizonte é recorrente em outros contextos nos quais também há associações entre os conceitos de *palavra*, de *origem* e de *força*, bem como reflexões acerca do que vem a ser "linguagem":

> Há uma noção segundo a qual é certo dizer que a linguagem está fora de nós e nos é dada como parte de nossa herança cultural e histórica; ao mesmo tempo, a linguagem está dentro de nós, ela nos move e nós a geramos como agentes ativos. Desde que palavras existem e são num sentido agentes em si mesmas que estabelecem conexões e relações entre homem e homem, e homem e mundo, assim como são capazes de 'agirem' sobre eles, elas são

---

[55] Carlo Severi, ao trabalhar com os cantos e as iconografias do xamanismo kuna (1996; 2007), mostra como o paralelismo da forma-canto é uma maneira de orientar a imaginação e, portanto, de construir esquemas cosmológicos. Por exemplo, a enumeração por lista horizontal ou vertical dos espíritos associados às luas é realizada por meio da iteração paralelística – que dota o cosmos de ordem (2007, p. 165) – e da classificação por territórios em uma distribuição cosmográfica, em que há pareamentos relacionais entre pictografia e cantos (2007, p. 167). A estrutura paralelística é também a forma com que os Kuna constroem uma dimensão sobrenatural pensada como um duplo invisível, que por sua vez traz um estilo específico de representação (2007).

uma das mais realísticas representações que temos do *conceito de força* que não é nem diretamente observável, nem uma noção metafísica que encontramos necessariamente um uso (TAMBIAH, 1968, p. 184, grifos meus).

Atenho-me a um elemento específico desta discussão: a conexão íntima entre as ideias de *palavra* e de *força*, em particular a combinação entre palavra-performance-escritura. Para tanto, faz-se necessário tomar como ponto de partida o cenário que parte de uma concepção de escrita não mimética e não secundária à fala. Assim, os textos míticos presentes em *Ayvu Rapyta*, já que fixados na escrita, no trabalho seletivo e tradutivo de León Cadogan, são aqui tomados tais quais uma etnografia da escritura. Isso requer um enfoque metodológico que parte da ideia de que é necessário entender um código cuja (lógica) gramatológica está localizada fora do domínio da escrita alfabética, pois se encontra na palavra soprada pela boca dos *mburuvicha* mbya. Um dos elementos que se mostra mais contundente na série mbya é que a escrita está longe de ser um código secundário que representaria outro primário (o sonoro), uma mera derivação. Assim não o é, pois, em termos etnológicos; não dá para conceber ou mesmo traçar hipóteses que configuram a "vitória da escrita alfabética" devido à noção mesma de palavra entre os Mbya, assim como à forma como esse conhecimento veio a se traduzir para os leitores de Cadogan. Parto, assim, do pressuposto que há cruzamentos que vão desde a manifestação performática oral de um conhecimento interdito até a versão definitiva (quase morta) em letras gráficas da escrita cadoganiana, submetida ao ateliê da palavra por meio de longas cadeias mediadoras e deslocadoras dos saberes.

Como ficará mais claro daqui para frente, em *Ayvu Rapyta*, não só *palavra* é um conceito peculiar, como também a ideia de *som* nela embutida, na medida em que está ligada a uma concepção corpórea e xamânica que inclui os sentidos singulares de "sopro", "(auto)criação", "transformação". As palavras-fundamento, *ayvu rapyta*, não são entendidas como *partes* de uma fala independente de seu contexto de enunciação, mas como uma configuração que tem iconicidade, indicialidade e simbolismo, todos presentes em conjunto na forma e no conteúdo das narrativas: a palavra mbya é o todo, afirmava o xamã mbya Pablo Vera[56].

Evitar a divisão entre oralidade e escrita em uma perspectiva etnológica é entender que, por exemplo, os ameríndios têm suas próprias teorias de entextualização[57], com cosmologias inscritas no corpo social e no território (BAUMAN; BRIGGS, 1990; UZENDOSKI, 2012). Assim, o antropólogo não está livre para inscrever textualmente o conhecimento oral sem levar em conta ideias de entextualização nativas para além das fonético-logocêntricas[58]. Como é possível ver na fortuna crítica guaraninóloga e, em específico, no corpus mítico mbya de *Ayvu Rapyta*, suas estórias e narrativas enfocam encontros entre corpos, almas-corpos, nomes,

---

[56] Ora, "qualquer conceito linguístico aplicado à poética coloca, automaticamente, em primeiro plano a ideia de relações mútuas" (JAKOBSON et alii, 1985, p. 29), extrapolando até mesmo no plano formal e metafísico e indo em direção à sociopolítica: "Constantino fundou o dever e o direito de cada povo à autodeterminação linguística e opôs ao símbolo veterotestamentário da mistura babilônica das línguas, castigo de Deus, o milagre de Pentecostes, a decida do Espírito Santo e seu dom das línguas, que transfigurava a pluralidade das línguas humanas em manifestações da Graça divina" (JAKOBSON et alii, 1985, p. 150).

[57] Nos termos de Bauman e Briggs (1990, p. 73): "um ponto de partida para estas questões é uma distinção entre discurso e texto. No centro do procedimento de descentrar o discurso, o processo mais fundamental é o da entextualização. Para dizer de modo simples, algo entretanto que longe está de ser simples, é o processo de tornar o discurso destacável de seu contexto imediato, de possibilitar que uma parte do discurso linguístico torne-se uma unidade que pode ser deslocada para fora da sua configuração interacional. Assim, um texto, a partir deste ponto de vista, passa a ser o discurso que se tornou descontextualizado. A entextualização pode muito bem incorporar aspectos do contexto, de forma que o texto resultante carregue elementos de sua história de uso em si". O processo de descentrar o discurso, por sua vez, é diretamente ligado a concepções nativas a respeito do estatuto das falas, das técnicas possíveis de inscrição, dos modos de registro, das alterações de meios semióticos. Aliás, é o que proponho ser uma das grandes novidades e um grande engenho do ateliê da palavra *ayvu rapyta*, com atos de transporte, deslocamentos, contextos e descontextos. Uma performance oral carrega consigo um "enquadre", "enquadramento" (BATESON, 1972; BASSO, 1987) que opera uma quebra da língua cotidiana, trazendo à tona uma linguagem poética. Para traduzir e recriar na escrita alfabética, a consequência dessa quebra, faz-se necessário buscar as marcas da língua usada na performance, no caso, a mbya (metafórica, "sagrada").

[58] Ver Salomon (2004), a respeito dos *khipus* andinos, e Uzendoski (2012).

em que as mais variadas espécies de seres podem enviar mensagens e atualizar relações por meio de dutos e instrumentos como sonhos e imagens[59]. A fala mbya é convertida em discursos, em um primeiro momento pelos xamãs, mestres do conhecimento mbya, e posteriormente por León Cadogan e seus ajudantes na oficina poética da palavra-fundamento. Nesses atos são efetivos os processos típicos dos mitos, que "mostram que os narradores são sensíveis a territórios para além dos próprios, quando criam mitos" (UZENDOSKI, 2012, p. 71).

Qualquer sistema escrito contém vários pressupostos sobre a estrutura da linguagem. A escrita alfabética é uma forma poderosa de classificação por, dentre outros motivos, conter uma teoria parcial sobre a ideia de som e sobre quais são as unidades da linguagem, além de estabelecer, comumente, um dialeto privilegiado como padrão em detrimento de outros. Por isso, viso a entender o que veio a ser a escrita *de* León Cadogan, isto é, quais as teorias que a constituem e como as categorias e ideias mbya funcionaram como seu molde. Se a palavra é tudo, o ponto, contudo, não é ir em direção a uma teoria negativa da escrita, e sim antes recusar sua noção a priori, na medida em que pode torcer os conceitos indígenas em questão, assim como a sócio-política-linguística que formatou a experiência desse conhecimento, já que (a escrita) acentua a ênfase na palavra antes de na experiência, ou na palavra-experienciada [60].

---

[59] Como coloca Duranti (1997), a compreensão da teoria local de pessoa seria fundamental para apreendermos de modo mais efetivo a maioria dos cantos, dos mitos, dos textos poéticos etnológicos. Trata-se de evitar tomar algumas noções – ação, indivíduo, intenção – como universais. Assim, por exemplo, a fixidez da teoria euro-americana sobre o corpo impede de pensar a plasticidade das alterações corpóreas, tema ameríndio por excelência. No caso Mbya, ademais, tempo e espaço são categorias que estão ligadas diretamente ao *corpo* e aos atos de *criação* do mundo e da vida.

[60] Em certa medida, houve uma relativa disjunção entre o desejo modernista-primitivista de Cadogan do registro e o ato performático e dadivoso dos diferentes mbya que trabalharam anos a fio com o antropólogo. A escrita de Cadogan não foi oriunda de uma gravação, uma fixação, de algo já existente. Primeiro, porque fala e escrita não são isomórficas, como já abordado, até mesmo por ele não ter podido gravar as falas e por adotar uma heurística de jogos entre *contextos e descontextos*; segundo, porque ambas – fala e escrita – são modos de ação, e não necessariamente uma é mais acurada do que outra.

Não obstante, eu fujo, neste livro, de um lugar comum nas acusações, travestidas de críticas, contra os regimes de escrita, a saber, que é o "reino do mal, da repetição, da exclusão" – o reino do ineficaz porque repetiria uma verdade que está no mundo. Essa leitura, devedora de Platão, em que os gêmeos da *pharmakon* representam a ideia de imitação ligada à figura do charlatão, não é universal[61]. Etnograficamente, a *imitação* nem sempre é associada a um mal[62], assim como as próprias noções de *morte* e de *repetição* não são as mesmas (algo que abordarei mais à frente).

Se for possível afirmar que há um etnocentrismo que ecoa no conceito de escritura alfabética (logocêntrica), a saber, uma metafísica da escrita secundária ao som, algo particular e histórico pensado como universal e atemporal, por outro lado será possível dizer que, como acontece em *Ayvu Rapyta*, o conceito de escrita é um resultado que forja e mescla outras ideias endêmicas (nativas), cuja força motriz radica em conceitos de *força* e de *imanência*, antes de nos de "fonética" e de "mimeses". Com o perdão da generalização, no Ocidente, a escrita deixa de ser uma forma particular, específica de escritura, tornando-se, por derivação metonímica, uma técnica universal. Desse modo, escritura e escrita (alfabética) se confundem com a história que associa técnica e metafísica logocêntrica, algo que é limitado no curso do tempo da história (humana?) e no espaço (ocidente versus outrem) – clausura histórica. O fonetismo se confunde com o historial e a escrita-escritura em uma *natureza* ou *lei natural* –

---

[61] A escrita e a pintura, por exemplo, surgiriam como as artes por excelência que dissimulam a morte ao representarem o ausente como presente, o morto como vivo.

[62] Ao contrário, como sustentou Fausto (2006; 2007), a *mimesis* tem um lugar positivo no mundo ameríndio: "Em que consiste essa tradição? Qual o conceito de inovação que a ela subjaz? Como têm-nos mostrado os trabalhos etnográficos sobre educação escolar indígena (cf. Weber 2004), as teorias nativas de transmissão do conhecimento fundam-se na idéia da cópia, e não da inovação (como ocorre com nossas teorias educacionais contemporâneas). Aí residiria o aspecto 'frio' da tradição indígena. Qual seria, então, o mecanismo de inovação? Seria este resultado de uma mera falha no processo de replicação? De modo algum. O aspecto 'quente' da tradição transformacional indígena deriva do papel atribuído ao dispositivo de apropriação, de captura: a abertura da tradição não se faz pela inovação autóctone, mas pela apropriação exógena – a inovação é alopoiética." (FAUSTO, 2006, p. 29).

criada ou não, a escrita, é tida por meio de uma presença eterna, dado seu vínculo com a voz: no conhecido aforismo, "o signo e a divindade têm a mesma data de nascimento. A época do signo é essencialmente teológica" (DERRIDA, 2004, p. 16). A determinação do sentido como presença, o timbre do logos. Ou de modo mais direto, a dominação de *uma* forma de linguagem:

> O paradoxo a que devemos estar atentos é então o seguinte: a escritura natural e universal, a escritura inteligível e intemporal recebe este nome por metáfora. A escritura sensível, finita, etc., é designada como escritura no sentido próprio; ela é então pensada do lado da cultura, da técnica e do artifício: procedimento humano, astúcia de um ser encarnado por acidente ou de uma criatura finita. (DERRIDA, 2004, p. 18).

À primeira vista, essas ideias sobre a palavra e a escrita apresentam alguma convergência com a metafísica mbya, seu *ayvu rapyta*, mas, por outro lado, guardam grande distância, visto que os conceitos guarani partem de e propõem outros horizontes, como mostro daqui para frente. Assim, deixo desde já claro que não é possível pôr uma "presença originária" sem acionar um conjunto de noções nativo, o que faz recusar uma série de ideias de antemão, como as divisões *fala-escrita, imediato-abstrato, literal-aliteral,* assim como a própria ideia de *humanidade* ou de um *humanismo*[63], sujeitos à revisão, via dados, para a empreitada antropológica.

---

[63] Ideias metafísicas implícitas naturalizam a qualidade e o papel da linguagem na vida social (que são convenções relativas às culturas). Encontramos um movimento teórico semelhante em Benveniste (1976, p. 73-76), que mostra como as dez categorias de Aristóteles constituem uma projeção conceitual de determinado estado linguístico, apresentado como se fosse uma condição geral. A língua não orientou a *definição metafísica do ser*; o que ela permitiu *foi fazer do ser* uma noção objetável – "a estrutura linguística do grego predispunha a noção de 'ser' a uma vocação filosófica" (1976, p. 79). Essa é a célebre "façanha grega": fornecer as condições de possibilidade de funcionar como um suporte para a separação filosófica entre o *real* e a *linguagem*. Porquanto, "*ónoma, rhêma* e *logos* não são vistos simplesmente como vozes, mas como vozes 'significativas', formas através das quais se dizem coisas" (NEVES, 1978, p. 134). Na base dessa gramática está uma distinção a priori de consequências indeléveis, *physis* e *nomos*. Vale ainda ressaltar que, neste trabalho, busco focar a investigação cadoganiana enquanto uma forma de "teoria da tradução", que implica, no mínimo, duas línguas, ao invés de uma "teoria relativista", que se baseia em um modelo monolíngue.

3.2. Mundo de Seres Radicalmente Linguísticos

A principal questão que exploro talvez possa ser formulada em uma pergunta: como é pensar (e viver em) um mundo de "seres radicalmente linguísticos"? – seres esses como os que povoam, para tomar de empréstimo uma imagética, o universo de Nuno Ramos:

> Vim considerando que os primeiros homens teriam se dividido entre seres linguísticos e heróis mudos, e que os últimos, isolados e pouco gregários, teriam sido extintos. Mas não consegui descrever sua mudez, em tudo diversa da dos bichos. De que era feita? Tinham os olhos cheios, concentrados, pareciam sempre ocupados, distraíam-se? O que lhes preenchia os dias, além das tarefas básicas? Talvez, ao contrário do que viemos postulando, fossem seres radicalmente linguísticos, a ponto de que *tudo* para eles pertencesse à linguagem. Cada árvore seria assim o logaritmo de sua posição na floresta, cada pedregulho parte do anagrama espalhado em tudo e por tudo. Mover-se-iam entre alfabetos físicos perceptíveis aos seus cinco sentidos (e ler talvez constituísse um sexto, que reunisse e desse significado aos demais), e cada cor seria música e cada música seria mímica, e cada gesto seria um texto. O desenho das linhas de suas mãos seria parte deste enorme texto; o sangue do cervo os derrubaram; os fios do pelo que os aquecia. Em tudo liam, nas nuvens e no hálito, no dorso de um mamífero, na luz fosforescente de um inseto que já morreu, na textura dos troncos e no seu limo, no desenho do voo de um besouro, no vasto bigode de uma morsa – e no som que grunhiam, no cuspe que cuspiam, nos olhos que piscavam e no número dos seus dias. Tudo parecia escrito para eles e bastava que tocassem um corpo de pedra ou carne para que o enorme livro se abrisse e mais uma linha fosse escrita. Todo o acontecer parecia parte desta página, reescrita a cada momento; todas as mortes, os pios, cada gota, cada sal.

A única restrição deste texto dissipado por tudo era ser feito de matéria física, mutável e perecível. Toda matéria aceita um grau bastante alto de metamorfose, mas há um limite depois do qual não é mais reconhecível. Talvez um grande cataclismo – um terremoto, um meteoro ou um incêndio – tenha transformado a tal ponto a matéria que os cercava que acabou por emudecer para sempre em texto físico, obrigando à sua substituição. Isolados em seu próprio corpo, que já não parecia parte desta escrita única, tiveram de usar a matéria mais leve e de fácil manuseio de que dispunham (a voz), e substituir com ela o que haviam perdido. Procuraram então marcar, para cada coisa que sumira, um som próprio, que a substituísse e presentificasse, ainda que de modo incompleto. Preferiram esta frágil duplicação à perda que haviam sofrido. E assim por precaução, nunca mais atribuíram matéria à linguagem, mas apenas vento e signos sem matéria. Com isto, não corriam mais perigo. Traziam em seu próprio pulmão e memória toda a riqueza e diversidade de que antes faziam parte.

Fico imaginando o que teria acontecido se tivessem desafiado o cataclismo e construído uma linguagem com os restos da antiga, calcinada. Se ao invés de tornarem-se ventríloquos das coisas tivessem transformado as próprias cínzeas, a terra deserta, o mau cheiro de tantos bichos mortos, expostos ao céu e à risada das hienas, se tivessem transformado as próprias hienas em sujeito e predicado de seu mundo moribundo. Se tivessem a coragem de escrever e falar com pedaços e destroços. Então seriam parte deste caos, desta correnteza de lava e de morte, mas trariam a cabeça erguida, seus passos teriam o tremor do terremoto que os aniquilou e sua risada a potência do vento lá fora. (RAMOS, 2008, p. 28-31).

Seria esse radical mundo palrador, descrito por Nuno Ramos, o "outrora" do qual nos falam os xamãs mbya, essa morada divina cujo acesso tem-se em fragmentos, via palavra, cantos, rezas e danças? Teria Cadogan possibilitado por meio de sua obra, cocriada e multissituada, ver esse mundo palrador brilhoso, sonoro e corpóreo?[64]

O mundo concebido e povoado por "seres radicalmente linguísticos" apresenta um campo estimulante, ao qual Cadogan dedicou toda a sua vida e suas pesquisas. O que eu tenho em mente, contudo, quando uso o termo "palavra" como instrumento (meu) heurístico? Esse terreno é bastante escorregadio quando se pensa, em termos linguísticos, o que vem a ser uma "palavra", o que conta para a definição de uma palavra em uma dada língua, fator que ganha proporções ainda mais complexas quando se depara com uma língua, tal qual a mbya-guarani, em que às raízes lexicais se agregam uma série de partículas. Atenho-me sobretudo aos usos que faz Cadogan, isto é, como suas transcrições e traduções lidam com o conceito de palavra. Em boa medida, Cadogan insere-se em uma tradição cujos parâmetros centrais são herdados (porém atualizados) do trabalho de Montoya (1939; 1940a; 1940b; 1940c) e, portanto, devedor do latim e sua gramática. Busco, ademais, acompanhar os ensinamentos mbya que León Cadogan teria adotado: o de tomar partido da "palavra no estado nascente", para, no ínterim da análise, ver como essa palavra liga-se a (e constitui) uma metafísica e à configuração de um ser que é, a um só tempo, natalício e necrológico.

---

[64] As "respostas" oferecidas pelos próprios Mbya apontam para um *ideal perdido de uma fala que, no presente, no mundo atual, é só destroços.* O expresso não existe fora de sua expressão, do corpo e do sopro; longe de poder se calcinar, ele entra no ciclo dos ventos e circula. Porém, circula não de forma plena e divina, como outrora: "A presença de tais descrições assume então uma função linguística: não se trata de falar de corpos tais como são antes da linguagem ou fora da linguagem, mas, ao contrário, de formar com as palavras um 'corpo glorioso' para os puros espíritos", porquanto "tudo começa com este brasão, esta reflexão do corpo e da linguagem" (DELEUZE, 2000, p. 290-291).

O *Corpus* de *Ayvu Rapyta*

Os três primeiros capítulos de *Ayvu Rapyta* já haviam sido publicados no ano de 1953 na *Revista de Antropologia da USP*, antes da edição do texto na íntegra. Essa aparição constitui uma espécie de primeira versão dos textos míticos dos Mbya do Guairá. Em suas memórias, Cadogan informa que o corpo de *Ayvu Rapyta* já estava ordenado e datilografado em 1949, ano em que o livro deveria ter sido publicado pelo Estado paraguaio, mas ficou emperrado na burocracia estatal (1990, p. 25). Após o malogro na publicação, o autor teve grandes dificuldades para recuperar os originais, perdidos entre burocratas. O livro também teve recusada a publicação em uma editora argentina, cujo parecer, nas palavras humoradas e irônicas de Cadogan, foi mais ou menos expresso nestas palavras: "meu manuscrito, fruto de anos de 'sangue, suor e lágrimas' foi qualificado como um crime de lesa ciência ou algo assim" (CADOGAN, 1990, p. 26). Os originais foram arquivados em seu baú por quase uma década, até a intervenção providencial do Egon Schaden em 1959, que possibilitou a publicação do texto pela primeira vez na íntegra.

Ayvu Rapyta, como vimos, resulta de um trabalho de anos de coleta, transcrição e tradução. O corpus é oriundo de grupos indígenas da região do Guairá, localizada entre o sul de *Yuty* e o norte de *San Joaquín,* no território do Paraguai. O grupo mbya, em questão, se autodenomina *Jeguakáva Tenonde Porangue i.* (CADOGAN, 1997, p. 14). Como afirmei em nota, *Jeguakáva* é um termo que, na linguagem cotidiana, denota "adorno", porém quando usado na linguagem religiosa passa a designar a noção de "humanidade masculina" (procedimento típico da "torção" metafórica na linguagem mbya utilizada nos saberes que compõem o livro). Assim, a expressão autodenominativa, nos termos de Cadogan, significa: "os primeiros homens escolhidos que carregavam o adorno de plumas" (CADOGAN, 1997, p. 14) [65]. Esse grupo, na caracterização cadoganiana, é praticante de constantes – quero destacar aqui a expressão de Loyola usada por Cadogan – "*exercícios espirituais*" (CADOGAN, 1997, p. 15), porquanto é o meio pelo qual os Mbya "obtêm amor e sabedoria".

Como discutido na primeira parte deste livro, durante o longo período de gestação de *Ayvu Rapyta*, Cadogan não podia fazer visitas frequentes aos grupos indígenas, pois somente quando se tornou tutor indígena pôde se dedicar exclusivamente a essa seara. O acesso aos saberes que integram *Ayvu Rapyta* deu-se graças a uma iniciação na "tradição esotérica" mbya[66], como recompensa pelo fato de ter auxiliado na libertação de Mario Higinio, preso por homicídio na cidade de Villarrica. Há várias versões sobre o fatídico episódio que desencadeou a descoberta da palavra-fundamento, das belas palavras mbya. Esse episódio alterou a natureza da relação entre Cadogan e os Guarani de modo definitivo, embora, para além desse episódio (envolto em uma aura romântica), convém de novo destacar que se trata de uma relação com origens mais longínquas, na qual a confiança emergiu de modo gradativo ao longo de anos[67].

---

[65] *Porangue i*, "escolhidos; empregado sozinho designa a Porãngue i os 'deuses'" (CADOGAN, 2011, p. 140).

[66] Para um possível paralelo, ver Clifford (2002, p. 179-226) a respeito do trabalho de Marcel Griaule com o intelectual Dogon, em especial o que o autor denomina como a sobreposição da ficção etnográfica (conhecimento iniciatório) na ficção da etnografia (trabalho de campo enquanto inciação).

[67] B. Melià (1991) mostra como aspectos das coletividades guarani foram postos de modo inaugural por Montoya, Nimuendaju e Cadogan. Por exemplo, o jaguar mítico, os gêmeos, já foram tematizados pelo trabalho de Montoya, assim como a couvade masculina, os ritos funerários – conjunto de elementos que traduzem a concepção de alma, as implicações práticas e metafísicas das narrativas sobre o dilúvio (MELIÀ, 1991, p. 26). A "importância da palavra", os "mitos da criação e da destruição" e os aspectos rituais e cosmológicos das danças/orações foram postos de forma pioneira por Nimuendaju (MELIÀ, 1991). Em uma comparação estatística, cujo crédito de codificação é de Pane (2012, p. 31): "Cadogan acompanhou integralmente este aspecto do pioneirismo de Nimuendaju: Ayvu Rapyta gira exclusivamente em torno dos mitos e narrativas dos Mbya de algumas áreas do Guairá. Na realidade, avançou, pois inovou e radicalizou esta prioridade pelo propriamente indígena. Aos mitos dos Apapokúva-Guarani de Nimuendaju, que ocupam só 16 páginas da edição original em alemão, correspondem 106 páginas de comentários de Nimuendaju.

As mais variadas informações metadiscursivas são apresentadas no decorrer do livro, principalmente nos capítulos considerados "menos religiosos". Os principais intelectuais indígenas e responsáveis pelo livro foram Pablo Vera, Tomás Benitez, Che'iro, Kachirito, que morreram antes da edição da obra. Outros dois colaboradores fundamentais foram os Mbya Francisco (de Tava'i) e Cirilo (de Yvytuko), que repetiam as palavras dos xamãs, assim como, ora e outra, explicavam o significado de frases e expressões desconhecidas. Francisco e Cirilo, presentes nos momentos de transcrição, são assim também cocriadores de *Ayvu Rapyta*.

Cadogan é notório pelo rigor em creditar as fontes e por atribuir autoria aos próprios índios. Ainda na introdução, ele escreve:

> Os verdadeiros autores do trabalho são o cacique Pablo Vera, de Yro'ysã, Potrero Blanco, Colônia Independência (próxima de Paso Jováí); Kachiri, de Paso Jováí, obrajes Naville; cacique Che'iro, do Alto Monday (Obrajes Fassardi); major Francisco (Chiko i), de Tava'i, e um soldado seu cujo nome não recordo; Tomás e Cirilo de Yvytuko, Potrero Garcete, Colônia Mauricio José Troche; Higinio e Mario Higinio, já citados; e outros cujos nomes figuram no texto. (CADOGAN, 1997, p. 18).

De fato, no decorrer de cada seção do livro, há constantes referências, que situam o leitor em relação às condições da produção do conhecimento e às suas fontes. Outra recorrência é a tematização da confiança entre o autor não indígena e os autores indígenas. Dada a natureza do conhecimento e a qualidade da linguagem especial(izada), faz-se necessário, adverte Cadogan, conhecer bem o idioma e suas variações, para entender as intervenções metafísicas dos Mbya, algo que só é factível por

---

A versão atualizada de *Ayvu Rapyta* de 1992 [Cadogan, 1997] contém 98 páginas de comentários e 221 de versos em mbya-guarani y castelhano. Em *Ywayr Ñe'ery* os relatos dos indígenas ocupam um pouco mais da metade do total de 116 páginas".

aqueles que alcançam a "plena confiança" dos indígenas, a ponto de fiarem esse conjunto de conhecimentos a um branco (CADOGAN, 1997, p. 15). A rede de fiúza entre os Guarani e Cadogan, porém, não foi sempre inequívoca. Três parágrafos são fundamentais para se entender o nascimento de *Ayvu Rapyta* e sua peculiaridade. Por motivo desconhecido, esses parágrafos não foram incluídos na primeira edição do livro (CADOGAN, 1959b), embora estivessem presentes no manuscrito que se encontra aos cuidados de Bartomeu Melià. Passando a integrar *Ayvu Rapyta somente na segunda edição* (CADOGAN, [1992]1997: 20), esses parágrafos contam muito sobre as disputas sociopolíticas entre diferentes facções mbya, sobre a natureza (*não* dogmática) do "conhecimento esotérico" em questão e sobre a relação dos diferentes grupos guarani com Cadogan.

Houve uma querela entre Pablo Vera e Angelo Garay, dois importantes dirigentes mbya para o trabalho com Cadogan, como ele mesmo relata:

> Sempre falei com respeito [das] tradições e costumes [mbya], mas lhes aconselhando que não tratassem com qualquer pessoa sobre estes assuntos. Assim que se espalhou que havia alguém que se interessava por eles, não passava uma semana sem que viesse algum índio me ver. Falava-me sem receio, porque assim havia recomendado Pablo Vera, o chefe.
>
> Porém um dia, Alberto Medina, um dos poucos Mbya que havia lutado na guerra do Chaco, me pediu que o levasse a Assunção para tramitar sua pensão de mutilado – já faz quinze anos e ainda não se conseguiu nada!
>
> Foi com seu cunhado Angelo Garay, que me pediu para obter um papel para que se respeite 'a ele e sua gente'. Obtive um certificado para ele do Secretário do Ministério da Educação, e isto foi começo de uma luta feroz que se segue até hoje. Ao voltar para o seu grupo, Garay con-

vocou uma junta, fez sua 'nomeação' e se erigiu cacique, rival de Pablo Vera. Acusou Vera de traidor por revelar a estranhos os segredos dos Mbya. A onda de *revivalismo* durou até a morte de Pablo Vera, que em defesa própria acusou Garay de ser instrumento dos missionários protestantes, com quem teria pactuado vender a seus concidadãos. A tal extremo chegaram as coisas, que em Caaguazú se negavam a me dizer alguns nomes de plantas. (CADOGAN, 1997, p. 19-20).

Tal imbróglio, de certo modo, foi solucionado novamente não só pelo trabalho de afeto e engajamento indigenista de Cadogan, como também – e aqui reside algo fundamental – com a escrita e a edição do livro *Ywyra Ñe'ery*, cuja parcialidade mbya referente é justamente a de Angelo Garay. Com *Ywyra Ñe'ery*, publicado em 1971, Cadogan consegue dar um contorno aos imbróglios de outrora, quando foi acusado indiretamente de revelar os segredos mbya e de adotar Pablo Vera e seus afins em detrimento de outros grupos guarani. O material mítico e linguístico desse livro foi coletado principalmente com dois outros intelectuais mbya: Vicente Gauto e Alberto Medina, pertencentes aos grupos que se opuseram à nomeação de Pablo Vera como chefe de toda a região. Isso indica o quanto foram obnubiladas as disputas entre os grupos, incluindo a disputa pelo conhecimento mbya interdito na construção de *Ayvu Rapyta*. O livro *Ywyra Ñe'ery* não tem somente diferente conjuntura sociológica e política, tem também uma diferença substancial em relação à natureza dos dados, como pontua Cadogan (1971, p. 18). Ao passo que em *Ayvu Rapyta* a linguagem diferenciada era o centro de sua economia textual, a novidade de *Ywyra Ñe'ery* reside em sua linguagem mais cotidiana, apesar de também versar sobre temas mitocosmológicos.

O corpus de *Ayvu Rapyta* não é constituído de transcrições "diretas", embora seja fidedigno. Somente o material presente em *Ywyra Ñe'ery* pode ser entendido como provindo de transcrições *mais* diretas, porquanto as falas dos dirigentes mbya foram gravadas. Isso não quer dizer que a linguagem esotérica de *Ayvu Rapyta* seja puro resultado da mediação posterior à sua enunciação, mas sugere que, ao menos, ela é fruto de uma construção composta por saberes fragmentados, contextos-descontextos, múltiplas vozes sedimentadas em um único texto via oficina poética, tudo em *um único* poema, se assim posso classificar na medida em que é assim que os Mbya classificam, ou melhor, em um só bloco feito de pedaços. A afirmação do próprio Cadogan, e de alguns de seus comentadores, de que *Ayvu Rapyta* caracteriza-se como uma recopilação sem qualquer análise e interpretação é problemática, em particular quando se olha mais de perto o material. A assertiva reflete mais o ideário científico do autor e de seu desejo de que o texto fosse reconhecido pela academia e despertasse o interesse para o estudo – no sentido intelectual e salvacionista – dos conhecimentos e saberes dos índios que residiam no território paraguaio à época.

Algumas perguntas, a partir disso, guiaram o tratamento que dou ao material: quais gêneros e estilos seriam mais adequados para transcriar o material com o qual Leon Cadogan se deparou? Isso implicou perguntar também quais convenções adotou ao converter o oral em escrito? Sabemos, por exemplo, que no que tange à ortografia, Cadogan adotou as convenções propostas pelo Padre Antonio Guasch no Congresso da Língua Tupi-Guarani que ocorreu em Montevidéu em 1950. Quanto ao tratamento morfológico dado por Cadogan em *Ayvu Rapyta*, Melià afirma que "de forma geral, os morfemas foram sempre aglutinados aos lexemas, quando constituem uma unidade gramatical; León Cadogan, como dizia em sua *Advertência*, havia separado os radicais componentes de palavras, sobretudo nos primeiros capítulos" (MELIÀ apud CADOGAN, 1997, p. 23).

Como vimos, o texto de *Ayvu Rapyta* foi retrabalhado, corrigido e teve vários acréscimos, evidenciando um trabalho de artesania inconcluso, sempre aberto a reapropriações por seus autores. Em correspondência a Schaden, datada do dia 16 de agosto de 1962, Cadogan menciona que adicionou muitas notas ao exemplar de *Ayvu Rapyta* que havia sido publicado há apenas três anos, pois, afirma, "a cada vez que falo com um Mbya encontro algo novo". Já em 28 de novembro de 1963, o guairenho remete a seu interlocutor um exemplar de *Ayvu Rapyta* com uma série de anotações, correções e acréscimos. Seis anos depois, em 17 de junho de 1969, Cadogan envia-lhe outros anexos e mais um vocabulário para uma futura segunda edição. E assim segue por anos o trabalho para uma eventual reedição do livro.

Egon Schaden e Leon Cadogan, em vista desse constante labor de (in)conclusão de *Ayvu Rapyta*, criaram uma forma de trabalho à distância. A um exemplar do livro foram acrescidas folhas em branco, após cada página, nas quais Cadogan acrescentava dados linguísticos e míticos, notas explicativas, comentários e comparações, eventuais correções, além de novas traduções a serem incorporadas na nova edição.

Ao escrever a Melià, mais de 20 anos depois, em 7 de fevereiro de 1987, Schaden fala da existência de um material substantivo que pode ser útil para uma segunda edição, atualizada e definitiva, de *Ayvu Rapyta*. Afirma Schaden: "aliás, a meu pedido o próprio Cadogan fez para este fim, em 1961, umas tantas anotações em um exemplar, que também lhe remeto hoje". Como é possível ver nas correspondências, não são só essas notas do ano de 1961, mas outras tantas que marcam mais de uma década de trabalho de pesquisa de León Cadogan a fim de compor uma futura reedição de *Ayvu Rapyta*, que apareceria em 1992 graças ao cuidadoso trabalho de Melià, que reuniu toda essa informação dispersa. A multissitualidade a que me referi ao falar da composição do texto também esteve presente após a obra ser finalizada, configurando-a como uma obra tipicamente aberta, afeita a constantes reedições, correções e alterações na forma de um ateliê da palavra.

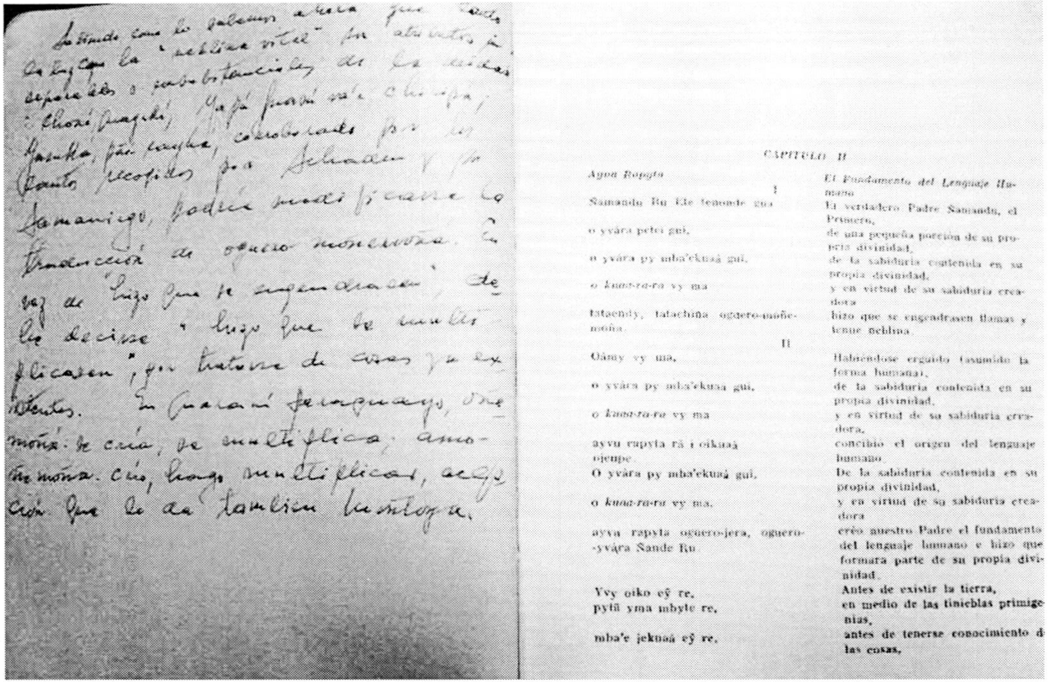

CAPITULO II

Ayvu Rapyta

I

Samandu Ru Ete tenonde gua

o yvára petei gui,

o yvára py mba'ekuaá gui,

o *kuaa-ra-ra* vy ma

tataendy, tatachiña ogüero-moñe-moña.

II

Oámy vy ma,

o yvára py mba'ekuaa gui,

o *kuaa-ra-ra* vy ma

ayvu rapyta rã i oikuaá ojeupe.

O yvára py mba'ekuaá gui,

o *kuaa-ra-ra* vy ma.

ayvu rapyta oguero-jera, oguero-yvára Sande Ru.

Yvy oiko eỹ re,
pytũ yma mbyte re,

mba'e jekuaá eỹ re,

El Fundamento del Lenguaje Humano

El verdadero Padre Samandu, el Primero,
de una pequeña porción de su propia divinidad,
de la sabiduría contenida en su propia divinidad,
y en virtud de su sabiduría creadora
hizo que se engendrasen llamas y tenue neblina.

Habiéndose erguido (asumido la forma humana),
de la sabiduría contenida en su propia divinidad,
y en virtud de su sabiduría creadora,
concibió el origen del lenguaje humano.
De la sabiduría contenida en su propia divinidad,
y en virtud de su sabiduría creadora
creó nuestro Padre el fundamento del lenguaje humano e hizo que formara parte de su propia divinidad.
Antes de existir la tierra,
en medio de las tinieblas primigenias,
antes de tenerse conocimiento de las cosas,

FIGURA 1 - EXEMPLAR DE "AYVU RAPYTA" COM FOLHAS EM BRANCO INSERIDAS PARA OS ACRÉSCIMOS DE LEÓN CADOGAN

FONTE: Acervo Bartomeu Melià.

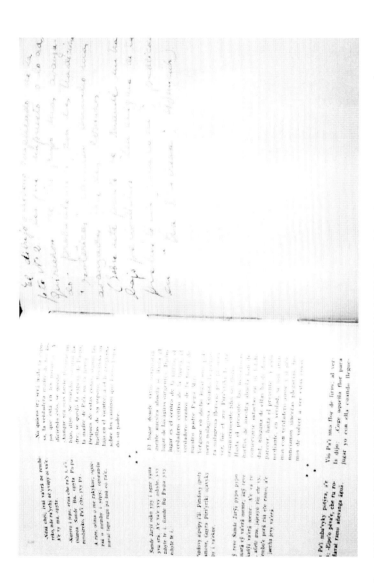

FIGURA 2 - EXEMPLAR DE "AYVU RAPYTA" COM FOLHAS EM BRANCO INSERIDAS PARA OS ACRÉSCIMOS DE LEÓN CADOGAN

FONTE: Acervo Bartomeu Melià.

Faz-se necessária aqui uma digressão relativamente longa para evitar desentendidos antes de escrutinar o corpus de *Ayvu Rapyta*. Algumas traduções e premissas presentes no texto cadoganiano mostram a ambiguidade do autor, basculando entre a metafísica cristã e a metafísica mbya. Para além do trabalho tradutivo e de recriação da oficina da palavra, em certa medida o texto Ayvu Rapyta pode ser lido também como contendo a indigenização e o registro de uma história colonial e missionária. Ou seja, como outras tradições dos "Guarani de papel", o texto cadoganiano pode ser lido como uma recriação guarani, na forma de uma cosmogênese na qual é possível ver o registro dessa história.

Essa é uma hipótese hermenêutica desenvolvida por Carlos Fausto e outros, que parte de uma premissa metodológica para inserir *Ayvu Rapyta* na esteira de uma história missional-colonialista, qual seja, a concepção estruturalista de transformação (2005, p. 386):

> a noção de transformação, tomada como processo que se desenrola no tempo (uma história), como produção de um espaço topológico (uma estrutura) e como uma categoria nativa. Trata-se de desestabilizar visões tradicionais consolidadas na literatura para abrir campo a novas interpretações.

Partindo dessa petição de método, C. Fausto examina a hipótese segundo a qual houve um longo processo missionário que teve consequências indeléveis para os grupos guarani, que pode ser sintetizado em um ponto (uma transformação): a crescente negação do canibalismo como elemento que funda o poder xamânico e a reprodução social guarani – uma "desjaguarização".

Ayvu Rapyta é lido como pertencente a uma tradição etnológica, cuja característica central é a indigenização da tradição – no caso, da cristã. León Cadogan apresenta(ria) uma população isolada, que teria conseguido conservar suas tradições puras mesmo estando em contato com as mais distintas influências cristãs, mas que, no texto cadoganiano, é retratada com características muito afins ao ideário cristão ("palavra revelada" e "segredo-sagrado"). O trabalho de León Cadogan é tido como uma transformação de Montoya e de Nimuendaju, no qual se passa "do cripto-paganismo de Nimuendaju, visto como um mecanismo de defesa contra a sociedade envolvente, para uma religião secreta transmitida secular e imaculadamente no interior da floresta"[68] (FAUSTO, 2005, p. 391). O cerne dessa interpretação liga-se a uma questão consequente de um modelo etnológico ameríndio subjacente, a saber, a dificuldade de compatibilizar a imagem dos grupos guarani, com um núcleo duro religioso e fechados ao estrangeiro, com as etnografias e teorias da etnologia americanista contemporânea. Essa etnologia volta-se a temas da socialidade e da cosmologia indígenas e mostra, nesse ínterim, como o tema da alteridade – abertura ao outro – é central para boa parte dos grupos indígenas das Américas, característica essa que coloca uma série de dúvidas às perspectivas que caracterizam os grupos guarani "como fechados em si", impermeáveis à ação ádvena.

No caso de *Ayvu Rapyta*, por exemplo, a ideia de "vara-insígnia" (*yvyra'i*) e outras traduções e representações dos Mbya feitas por León Cadogan são tomadas por Fausto para sustentar sua interpretação. A "vara-insígnia" de *Ayvu Rapyta* é vista como uma transformação da "vara-insígnia" conferida pelas autoridades coloniais aos cabildos indígenas (FAUSTO, 2005, p. 410).

Essa apropriação, como aponta Wilde, terá um efeito paradoxal no contexto missional do século XVIII, quando servirá como

---

[68] E Pierre Clastres prossegue, nessa hipótese, com a referida tradição etnológica, propõe C. Fausto (2005, p. 392): "Pierre Clastres respondia à questão que incomodava Cadogan: qual a origem dessas Belas Palavras que explicam a geração de Nosso Pai Primeiro e Último (Ñande Ru Pa-pa Tenonde), que se autoconcebera nas trevas primordiais e de sua sabedoria engendrara a linguagem humana e o amor, antes mesmo de criar a primeira terra, e que esta fizera para depois destruí-la, comandando a outra divindade para reconstruí-la, mas agora repleta de infelicidade? Sua origem, enfim, seria um *pli sur soi même* da religião guarani, que teria levado à substituição da mitologia pela metafísica".

ATELIÊ DA PALAVRA AYVU RAPYTA: ANTROPOLOGIA, METAFÍSICAS E TRADUÇÕES ENTRE OS MBYA (GUARANI) E LEÓN CADOGAN   173 uma "potente via de agregação simbólica à sociedade dominante", em condições de subordinação (2003b, p. 218). Wilde refere-se aqui aos bastões e outras insígnias conferidas ritualmente aos cabildantes indígenas pelos padres jesuítas. É difícil afirmar se, no passado pré-conquista, símbolos de poder semelhantes existiam entre os Guarani. O certo, contudo, é que os "bastões de poder" tiveram um impacto muito grande na religião guarani, aparecendo, por exemplo, no início das Belas Palavras, pois Ñanderu traz a "vara insígnia" (*ywyra'i*) na palma de suas mãos (Cadógan 1959, p. 14). Os *chiru* (cruzes e varas insígnias) kaiowá contemporâneos remetem a esse mesmo contexto. E não deixa de ser curioso que os assistentes dos xamãs kaiowá, que devem zelar pelos *chiru*, sejam denominados *ywyra'ija* (os "donos das varas"), tais como aqueles que, nas missões, ocupavam o cargo de *aguazil*.

Ou ainda, ao se referir à sexta estrofe do primeiro canto de Ayvu Rapyta – em que consta a ideia segundo a qual a divindade suprema mbya, em meio às trevas, era iluminada pelo reflexo do próprio coração (CADOGAN, 1997, p. 27) –, argumenta C. Fausto (2005, p. 412):

> O culto ao Sagrado Coração, cuja iconografia característica é a do órgão no peito ou nas mãos de Jesus de onde emanam raios de luz em várias direções, data do final do século XVII, seguindo-se às aparições de Jesus a Santa Maria Margarita Alacoque a partir de 1673. O Sagrado Coração está fortemente associado à noção católica de amor. Em suas aparições, Jesus teria apontado para seu peito e dito a Santa Maria Margarita Alacoque: 'Eis aqui o Coração que tanto amou os homens, que não poupou nada até esgotar-se e consumir-se, para testemunhar-lhes seu amor; e, por reconhecimento, não recebe da maior parte deles senão ingratidões, por suas irreverências, sacrilégios e pelas indiferenças e desprezos que têm por Mim no Sacramento do amor'. Em Roma, na Igreja de Santo Inácio, encontra-se

uma Capela do Sagrado Coração, que data provavelmente do século XVIII. No altar, há um quadro do final daquele século, em que — como explica uma pequena nota para os turistas — 'Jesus aponta para o coração como símbolo de seu amor pelos homens'. Não sei dizer se, antes da década de 1740, quando milhares de pinturas, esculturas e gravuras vindas da Europa chegaram à região, a imagem do Sagrado Coração circulava nas missões. Sabemos, contudo, que em 1744, aportaram nada menos do que 900 gravuras do coração de Jesus em um único barco.

Essa crítica etnológica é importante ao menos por dois motivos: permite abordar a "longa duração" de uma história missionária e colonial, com a qual os mais diferentes grupos guarani tiveram que lidar, assim como possibilita atentar às múltiplas mediações, transformações e cristalizações (estabilizações metafísicas, como eu proponho) presentes na literatura etnológica guarani com fortes influências cristãs.

Não obstante, ao lado dessa perspectiva, parece-me que, apesar do afã ortodoxo de León Cadogan e seu ideário ambíguo, a oficina poética cadoganiana multissituada deixa pontas que não se fecham, arestas que potencializam seus escritos. O seu método de trabalho – um trabalho "sem fim" – faz com que *Ayvu Rapyta* apresente-se como um livro rico com várias possibilidades (inclusas as cristãs). Para o meu argumento, a hipótese de Carlos Fausto – de inserção de *Ayvu Rapyta* em uma história de longa duração dos "guarani de papel" sob influências transformadoras do cristianismo – ora é complementar às, ora é distante das que proponho nas próximas páginas, em especial para destacar o aspecto transformativo dos saberes que se revelam *no paradoxo*. A prática que multissitua espaços, tempos e autores é-me central para entender a riqueza e originalidade do trabalho de León Cadogan em *Ayvu Rapyta* – e, assim sendo, não se restringe a *apenas uma* direcionalidade te(le)ológica das transformações[69].

---

[69] Não se trata aqui de negar a importante longa duração que registra uma história missionária

Apresento agora, de modo mais detido, o conteúdo dos capítulos de *Ayvu Rapyta* de acordo com as traduções e representações *de* León Cadogan: as sigo de perto. Nas páginas a seguir, ficarei mais próximo ao texto cadoganiano, deixando para as outras seções uma leitura mais distanciada e crítica, embora essa também esteja presente por ora.

Primeiro Capítulo

O primeiro capítulo, "Os costumes primitivos dos colibri", traça a teogênese mbya, com a aparição e a autocriação de Ñande Ru Papa Tenonde (Nosso Pai Último-último Primeiro)[70] em meio às trevas primevas. Os versos detalham uma série de criações que, a um só tempo, estão relacionadas à autocriação da deidade, assim como são elementos basais do e para o mundo mbya.

Nesse processo de teogênese, é criada a vara-insígnia a partir das palmas das mãos divinas, ramos floridos (adornos, a partir dos dedos e unhas)[71]. Flores e adornos de plumas, pela imagem das gotas de orvalho, emergem na coroa excelsa, de onde há a aparição do colibri, voando entre as flores da coroa. Trata-se do surgimento do "primeiro ser fora", *a primeira manifestação de um ser discreto*, a saída do contínuo indiferenciado. Por meio de uma série de reiterações, em que cada repetição traz uma nuance diferenciadora, algumas ideias são enfatizadas: Ñande Ru criando seu próprio corpo, na sua própria constituição; sua já existência em meio aos ventos primevos; a potência de suas futuras criações (como a terra e o firmamento).

---

e colonialista, antes é o contrário. Trata-se de destacar com mais ênfase as práticas de um texto e de uma palavra negociados, cuja consequência é a cristalização de uma obra na qual há uma variedade de pessoas (mbya e paraguaias) que respondem pela sua autoria – ou melhor, coautoria em processos transformacionais. Essa premissa põe como questão consequente abrir também a história colonial e missionária, que, no meu caso, faço inserindo-a na oficina poética, ateliê da palavra *ayvu rapyta*.

[70] Divindade que tem outras denominações, sendo a outra mais recorrente Ñamandú.

[71] Das palmas do pé, a divindade suprema mbya cria um pequeno assento.

As estrofes apresentam uma estrutura formal, estilístico-narrativa, em que a informação central de cada uma delas, no caso as criações de Ñande Ru, só é apresentada no último verso de cada uma. Outro traço frequente é a repetição de noções apresentadas e expressas nos versos anteriores – o do paralelismo. É importante abordar a estrutura paralelística pelos aspectos formais, estilísticos e retóricos. A literatura que se volta ao tema traz grandes aportes para pensar o paralelismo e princípios formais afins (CESARINO, 2008; FINNEGAN, 1992; JAKOBSON, 1970; LORD, 2000; MONOD--BECQUELIN; ERIKSON, 2000; RISERIO, 1993; SEVERI, 1996; 2007; SIMONCSICS, 1978; TAYLOR, 1983; ZUMTHOR, 1983).

Jakobson (1970; 1985; 1981), em seus estudos sobre as formas de paralelismo presentes na poesia chinesa e no folclore russo, mostra como o pareamento constitui uma técnica formal rica, e não uma série de repetições tautológicas, sem consequências, como certa crítica estética propõe. As reiterações ultrapassam os limites dos versos isolados, constituem um procedimento poético intencional (bastante comum, diga-se de passagem, na dança, na música, no cinema e nos mitos). Trata-se de uma técnica que visa a estabelecer relações entre as "declarações verbais" próximas e distantes, partindo de uma rede de "múltiplas afinidades vinculantes"[72] (JAKOBSON, 1985, p. 294). Cada assertiva constitui um fragmento de uma imagem maior, que, por sua vez, se vincula a outro. A repetição segue geralmente um padrão binário, nos termos de Finnegan (1992, p. 97-98), em que um elemento é substituído e outro permanece constante (no mais das vezes, a estrutura sintática).

Dentre outros fins, a técnica do pareamento – que demarca um regime especial de enunciação – visa ao propósito da *visuali-*

---

[72] Na comparação de Jakobson, "a justaposição de conceitos gramaticais contrastantes pode ser comparada ao chamado 'corte dinâmico', um tipo de corte em que, na definição de Spottiswoode, por exemplo, a justaposição de tomadas ou sequencias contrastantes é utilizada para suscitar ideias na mente do espectador, ideias estas que não são veiculadas por cada tomada ou sequência em si" (1970, p. 74).

zação mais do que o da informação em si (ver seção "Transcri(a)ção e Tradução" a respeito da escrita-tradução como instrumento para gerar imagens impregnantes). Ao invés de redundância, trata-se de um aspecto formal que oferece saliência, uma ênfase. Impregna a memória e as afecções do leitor (do ouvinte, do espectador) com uma série de imagens e de relações entre termos, ações e ideias, que se dão unicamente por meio de justaposições, iterações, pareamentos.

I

1. Ñande Ru Papa Tenonde
Nuestro Padre Ultimo-último Primero
2. gueterã ombojera
para su propio cuerpo creó

3. pytü ymágui.
de las tinieblas primigenias.

II

1. Yvára pypyte,
Las divinas plantas de los pies,

2. apyka apu'a i,
el pequeño asiento redondo,

3. pytû yma mbytére
en medio de las tinieblas primigenias

4. oguerojera
los creó, en el curso de su evolución.

III

1. Yvára jechaka mba'ekuaa,
El reflejo de la divina sabiduría [ojos],

2. yvára rendupa,
el divino oye-lo-todo [oído]

3. yvára popyte, yvyra'i,
las divinas palmas de la mano con la vara-insignia,

4. yvára popyte rakã poty,
las divinas palmas de las manos con las ramas floridas.

5. oguerojera Ñamanduï
las creó Ñamanduï, en el curso de su evolución,

6. pytû yma mbytére.
en medio de las tinineblas primigenias.

(CADOGAN, 1997, p. 24-25)

Na apresentação acima, uso a seguinte convenção: a numeração romana marca as estrofes, e a numeração decimal os versos. A estrutura paralelística está presente em todos os textos de *Ayvu Rapyta*, e já nessas primeiras estrofes ela é bastante presente, por meio da justaposição de ideias que engendra a referida *visualização* imagética. Há uma intenção formal e poética na qual a iteração é dada pela permanência da estrutura sintática nas estrofes e pelo jogo entre repetição e variação (substituição) de conteúdos semânticos: a primeira série de repetição interestrofes é dada em 3(I) e 3(II), assim como em 2(I) e 4(II), *sendo que em 4(II), além do pareamento reiterativo, há uma novidade apresentada no canto* (a ideia de "evolução" na tradução controversa cadoganiana). Esse padrão repete-se conferindo maior intensidade ao aspecto visual da narração por meio das repetições-variações.

Após essas iterações, um elemento novo figura na narrativa, seguindo o estilo do canto – isto é, da apresentação de uma novidade semântica ao fim da estrofe após uma série de repetições, a saber, o trabalho/função do colibri – que em algumas outras narrativas mbya aparece como sendo a própria manifestação da divindade [73] –, o de refrescar a boca de Ñande Ru e sustentar o Primeiro Pai com os produtos do "paraíso".

A tradução de Cadogan enfatiza a ideia de "evolução" (CADOGAN, 1997, p. 25), ao invés da noção de "abrir-se", "desdobrar-se" (que abordarei mais à frente, mas já deixo por ora frisado, para registro mnemônico ao leitor). Via reiterações, repetições que visam a dar saliência semântica, o próprio León Cadogan reforça a noção de evolução, mantendo a escolha tradutiva, em que se pode ver de modo recorrente versos traduzidos, tais quais: "no curso de sua evolução / em meio às trevas primevas" (CADOGAN, 1997). Outra opção tradutiva de Cadogan que quero destacar é "paraíso" ao invés de "céu" (como adotada por outros guaraninólogos).

Principalmente nas estrofes 4 e 5 é que se dá a presença do colibri, uma figura externa, o primeiro ser pós-engendrado, ajudante da teogênese da divindade que está em curso. Vale destacar que o colibri é ao mesmo tempo fundido com a divindade nessa altura da narrativa, enfatizando a ideia de aparição que amalgama criação e surgimento (CADOGAN, 1997, p. 24-27).

IV

1. Yvára apyre katu
De la divina coronilla excelsa

2. jeguaka poty
las flores del adorno de plumas

3. ychapy recha.
eran gotas de rocío.

---

[73] *Maino i* – o colibri. Essa personagem é uma frequente na mitologia guarani. Na mitologia mbya, ela é responsável por refrescar a divindade em seu intenso processo de autocriação e alter-criação; é também, em algumas outras versões dessas narrativas míticas guarani, uma personagem que assume, personifica, a própria divindade, como são os casos do oitavo canto (mito dos gêmeos) (CADOGAN, 1997, p. 115-138), e do décimo-quinto capítulo a respeito dos amuletos (CADOGAN, 1997, p. 223-237). O colibri também é o conselheiro dos xamãs no que toca às crianças e aos atos de nominação.

4. Yvára jeguaka poty mbytérupi
Por entremedio de las flores del divino adorno de plumas

5. Guyra yma, Maino i,
el pájaro primigenio, el Colibrí,

6. Oveve oikóvy.
volaba, revoloteando.

V

1. Ñande Ru tenondegua
Mientras nuestro primer Padre

2. oyvára rete oguerojera i jave oikóvy,
creaba, en el curso de su evolución, su divino cuerpo,

3. yvytu yma íre oiko oikóvy:
existía en médio de los ventos primigenios:

4. oyvy ruparã i oikuaa'eỹ mboyve ojeupe,
antes haber concebido su futura morada terrenal,

5. oyvarã, oyvyrã
antes de haber concebido

6. oiko ypy iva'ekue
su futuro firmamento, su futura tierra,

7. oikuaa'eỹmboyve i ojeupe,
que originariamente surgieron,

8. Maino i ombojejuruei;
el Colibrí le refrescaba la boca;

9. Ñamanduĩ yvarakaa
el que sustentaba a Ñamanduî conproductos delparaíso

10. Maino i.
fue elColibrí.

Na quarta estrofe do canto, o pássaro primevo, o colibri, surge em meio à divindade ao invés de ser discretamente criado por ela. Na estrofe cinco, vê-se a seguinte estrutura: em 1, 2, 3, 4, 5, 6, 7 iteram-se as ações criadoras de Ñamandu Ru Ete, já narradas nas outras estrofes, com pequenas variações, e conclui com a exposição da função desempenhada pelo colibri em 8, 9, 10. O exposto nos três últimos versos é a novidade semântica apresentada na estrofe, estabelecendo uma *justaposição entre a divindade e o colibri (Maino i)*.

Esse padrão formal diz respeito àquilo que a sócio-linguística e a linguística chamam de recurso formal ou semântico sustentado na diferença entre *implícito* e *explícito* (BERNSTEIN, 1976). São marcas de entextualização indígenas (e do antropólogo), marcas formais e/ou semânticas que visam a explicitar o implícito – dar saliência conceitual.

Na pena de Cadogan, tem-se a opção de transcrever e apresentar a narrativa em versos, que gera transformações, ao mesmo tempo em que busca sugerir uma série de elementos que estão presentes na performance oral dos xamãs. A repetição, tal como a seleção de temas, traz para o centro do palco a série de imagens que impregna o leitor, uma série que é enfatizada, ao lado da repetição, nos contextos da performance oral com o auxílio de outras técnicas e ações dos xamãs[74]. Seguindo o padrão formal, surge outra ideia fundamental para a metafísica da palavra mbya a partir da referência a um futuro "paraíso" na "evolução da criação". Ideia que emerge ao lado do fato de que mesmo nas trevas primevas do tempo mítico indistinto, contínuo, a divindade não mirava escuridão mesmo ainda não existindo o sol, pois

---

[74] Cf. BASSO (1987) para uma abordagem detalhada sobre elementos presentes nas performances orais que desempenham tais funções.

era iluminada por si mesma, pelo reflexo do próprio coração. O próprio reflexo serviu de iluminação, a sabedoria contida dentro da própria divindade. Na nota lexicográfica, ausente na primeira edição do livro, mas presente na segunda, a respeito da expressão *Jechaka mba'ekuaa*, lê-se: "o reflexo de seu conhecimento das coisas, de sua sabedoria, nome do órgão da visão dos deuses como também do sol" (CADOGAN, 1997, p. 31).

Há em seguida o relato do surgimento da noite, quando a divindade, no tempo-espaço primevo, parou para descansar e apareceu-lhe a coruja, dona e produtora da escuridão, isto é, a noite[75]. A coruja é outro ser-externo, discreto, pássaro, a aparecer na narrativa. Faz parte dos seres que não foram criados por Ñande Ru, tais quais outros serão; antes, são as formas radicais da externalidade que aparecem e desempenham certos papéis na metafísica mbya.

Textualmente, há uma série de associações entre "saber", "reflexo" (ótico e cognitivo), "iluminação", "escuridão". Uma noção presente, que é o cerne dessa narrativa mbya, é a de sabedoria divina, que será em outro canto-mito desenvolvida de forma mais detalhada. Não obstante, formal, estilística e retoricamente, a narrativa já antecipa uma série de ideias: a sabedoria divina é ligada à noção de reflexo por meio *de uma noção cor-*

---

[75] Opto por verter *pytü*, no português, para "escuridão", ao invés de "tinieblas/trevas" (o termo espanhol escolhido na tradução de León Cadogan). Assim o fiz, para seguir o padrão do canto, no qual há um forte contraste entre claro/escuro, como também para seguir os próprios deslocamentos semânticos das traduções cadoganianas, que, em *Ayvu Rapyta* (p. 27), por meio de uma nota de pé de página, destacam a expressão "a noite" como sinonímia da expressão mbya presente no verso. No dicionário mbya-castelhano de Cadogan (2011, p. 143), *pytü* designa "escuridão, obscuridade", e *pytü rupa* "leito da escuridão, a noite". Trata-se de uma versão, poder-se-ia afirmar, do clássico mito ameríndio da origem da noite a partir da coruja, que postula uma escuridão inicial em contraponto à clareza e ao reflexo. O ponto do mito de origem da noite é que ele narra a criação da distinção entre dia/noite, a alternância discreta entre luz e escuridão. No canto mbya, assim, o regime descontínuo é instaurado por *Urukure'a*, a coruja.
Vale ainda afirmar que na segunda edição de *Ayvu Rapyta* há um acréscimo de León Cadogan com relação ao termo mbya *pytü* (1997, p. 31): "*Pytü*. Trevas. A crença de que no princípio não havia escuridão parece muito difundida. Não será esta passagem uma reminiscência, desenvolvida, do mito primitivo, conservado prelos Guayaki e outras tribos tupi-guarani?".

pórea, literalmente a sabedoria é dada no e pelo órgão da visão (CADOGAN, 1997, p. 27). De modo secundário (em termos da sucessão lógico-narrativa), destaca-se a capacidade auditiva da divindade que ouve tudo e o todo, que é, também literalmente, o órgão da audição. Aqui há certa semelhança com ideias do pensamento euro-americano – embora, também frequente em outras metafísicas, a saber, a concomitância entre os conceitos de luz física e sabedoria cognitiva –, iluminar e entender, treva indistinta e mundo discreto claro feito da alternância entre o dia e a noite.

O *vento originário*, que faz parte de outra série de conceitos importantes, é definido e narrado nas estrofes do primeiro canto. É quando se tematiza as divisões do tempo e do espaço. A divindade volta a alcançar o "tempo-espaço primitivo", que, no vocabulário religioso (metafórico), conota "inverno". A cada momento em que a divindade retorna a (e retoma) esse tempo--espaço, desencadeia o ciclo do ressurgimento; indica o fim de uma época em que os ventos se mudam para tempos e espaços novos – ventos novos (norte e nordeste). Na tradução que oferece Cadogan, trata-se da produção da ressurreição do tempo-espaço, que significa, em linguagem religiosa, a "primavera". Tempos--espaços, estações do ano, etapas, ciclos de vida, porém, como já enfatiza Cadogan na apresentação do texto, trata-se de um conceito de ressurgimento que difere da noção de ressurreição cristã.

Isso é contado não só em termos semânticos, pois o próprio padrão formal e estilístico do canto cumpre também um papel importante. O modo iterativo é acentuado nessa estrofe, em que toda a gestação e gestão de Ñande Ru é retomada e repetida paralelisticamente, em uma recursividade que constrói um quadro a partir do qual, apenas no fim da estrofe, o texto apresenta o que há de novo nesse estágio da teogênese. Trata-se da maior estrofe (oitava) do primeiro canto, em que os aspectos formais são apresentados e sistematizados de modo mais intenso (1997, p. 26-27):

1. Ñamandú Ru Ete tenondegua
Antes de haber el verdadero Padre Ñamandú, el primero,

2. oyvarã oguerojera'eÿ moyve i;
creado en el curso de su evolución, su futuro paraíso;

3. Yvy Tendonde oguerojera'eÿ mboyve i;
antes de haber creado la primera tierra;

4. yvytu yma íre A'e oiko oikóvy:
El existía en medio de los vientos originarios:

5. Ñande Ru oiko i ague yvytu yma,
el viento originario en que existió Nuestro Padre
6. ojeupity jevýma
se vuelve a alcanzar

7. ára yma ojeupity ñavõ
cada vez que se alcanza el tiempo-espacio originario [invierno,
en el vocabulario religioso]

8. ára yma ñemokandire ojeupity ñavõ
cada vez que se llega al resurgimiento del tiempo-espacio
primitivo.

9. Ara yma opa ramove,
En cuanto termina la época primitiva,

10. tajy potýpy,
durante el florecimiento del lapacho,

11. yvytu ova ára pyaúpy:
los vientos se mudan al tiempo-espacio nuevo:

12. oikóma yvytu pyau, ára pyau,
ya surgen los vientos nuevos [norte y noreste], el espacio
nuevo;

13. ára pyau ñemokandire
se produce la resurrección del tiempo-espacio [primavera].

A novidade é dada no verso 6; os versos anteriores repetem o conteúdo não só na e da própria estrofe, como também se referem às outras estrofes, como a quinta apresentada acima (versos 1 ao 7). A estrutura do canto é bem sintetizada nessa estrofe, na medida em que todos os aspectos formais presentes anteriormente são expressos de modo condensado: o pareamento semântico, a justaposição de ideias e a apresentação da novidade mítica e filosófica no final. Nota-se também uma característica presente em outras narrativas de *Ayvu Rapyta*: a referência a tempos futuros, que são adiantados para serem recapitulados em outros cantos.

No momento, quero apenas apontar para um aspecto do funcionamento das figuras de linguagem analógicas em falas esotéricas. Textualmente, as construções são bastante metafóricas, um traço que envolve, para citar Tambiah, "um modo de reflexão e [que] ativa o pensamento abstrato por meio da predicação analógica. O uso metafórico da linguagem explora os procedimentos de seleção e substituição pelos quais palavras e ideias se realocam reciprocamente nos termos de similaridade semântica" (TAMBIAH, 1968, p. 189). Há um constante uso de *analogias de atribuição* em que construtos ora metonímicos, ora metafóricos são usados para enfatizar um conjunto de conceitos. Assim, observa-se, tanto no caso das metáforas quanto no das metonímias, a ocorrência de transferências verbais[76], algo comum na poesia: "pode-se afirmar que na poesia a similaridade

---

[76] Isto é, no processo de replicação, recursividade, de metáforas, há uma transferência semântica entre as expressões justapostas, que geram aquilo que Roy Wagner chamou de efeito da *obviação* (WAGNER, 1981), a saber, aquele em que as metáforas usadas funcionam como expressões substitutas, apresentadas em cascata, acopladas umas às outras, que configuram um modo por excelência de apresentar o enredo do mito.

se superpõe à contiguidade e, assim, 'a equivalência é promovida a princípio constitutivo da sequência'" (JAKOBSON, 1970, p. 72).

Nesse ponto, poder-se-ia afirmar, radica a principal questão em torno da linguagem diferenciada usada pelos *mburuvicha* em *Ayvu Rapyta*: o léxico diferenciado, interdito (incompreensível ou pouco inteligível) aos não iniciados, vem muito do aspecto metafórico desse saber – elemento esse a partir do qual León Cadogan reforça a ideia segundo a qual se trata de "textos esotéricos", de saberes com segredos[77] (em especial, a um estrangeiro). Para tomar uma comparação rápida, Graham Townsley (1993) destaca um aspecto importante do uso diferenciado da linguagem nos cantos dos Yaminahua (Peru), a saber, o uso de circunvoluções metafóricas. O uso da linguagem por meio de circunvoluções metafóricas – muito comum às artes verbais – é ligado às concepções de pessoa, de cosmos e de poder yaminahua. Cada canto é definido pela constelação central de metáforas presentes, e a criação de analogias estendidas gera uma forma discursiva com forte densidade metafórica. Há um frequente uso de palavras ou expressões incomuns para se referir a coisas prosaicas, característica essa que torna o canto incompreensível às pessoas que não conhecem os usos metafóricos empregados, as associações realizadas pelo xamã – o sentido imediato lhes escapa[78]. Trata-se

---

[77] As dificuldades de tradução que se apresentaram a Cadogan foram de diversas ordens, sendo apenas um dos casos as figuras de linguagem, bastante frequentes nos cantos de *Ayvu Rapyta*. Os intelectuais indígenas que o auxiliaram ora adotaram a literalidade, ora a paráfrase, ora a substituição metafória (torção imagética). Esses desafios intelectuais à compreensão com os quais Cadogan se deparou em toda sua carreira obrigaram-no a buscar soluções criativas. Contudo a dificuldade fulcral, divisora de águas, radicou-se no caráter secreto desse conhecimento, e a ação de León Cadogan alterou todo o quadro, abrindo portas e apontando horizontes para lidar com a questão intelectual da antropologia, da etnologia guarani, frente a esse conhecimento esotérico, secreto. Nesse plano, é possível observar como as variadas relações sociais com as quais o antropólogo se deparou em seu longo trabalho com índios Guarani guardam ressonâncias com aspectos, digamos, formais e filosóficos dos cantos *Ayvu Rapyta*.

[78] Contudo as metáforas não são aleatórias, pois são diretamente ligadas à percepção de semelhanças entre o termo empregado nos cantos e o referente: por exemplo, "peixe" torna-se "porco-do-mato" (dada a semelhança das guelras daquele com as listas brancas no pescoço desse), "jaguares" são designados como "cestos" (pela similitude dos padrões da cestaria yaminahua) etc. A linguagem torcida, na teoria yaminahua, é aquela capaz de colocar o xamã mais próximo das

de uma característica bem parelha à dos versos de *Ayvu Rapyta* e sua linguagem diferenciada – aliás, não custa lembrar e enfatizar: o próprio termo *Jeguakáva*, "adorno" na linguagem cotidiana, em uma torção metafórica da metafísica *ayvu rapyta* no uso especial da linguagem designa "a humanidade masculina".

Da intervenção de Townsley (1993) quero destacar um aspecto importante a respeito dos cantos e o uso de uma linguagem diferenciada. O uso de circunvoluções metafóricas diz respeito à metáfora poética, mas não só; ou seja, não se trata somente dessa figura de linguagem entendida como síntese de várias unidades (analogias), cujo efeito não é dado por análise ou exegese, e sim pela percepção imediata de uma relação. Dado o fato de que as metáforas funcionam por meio da lógica da "referência dividida", isso coloca em jogo uma lógica muito propícia para criar imagens ressonantes e imediatas, sem a necessidade de uma glosa ou um meta-discurso, desde que se conheçam as convenções dessas práticas de falas circunvolvas. Não obstante, os cantos yaminahua apontam também para outro aspecto: o "estatuto de realidade" das circunvoluções metafóricas, tanto no grau de realidade atribuído às coisas associadas, quanto na capacidade de gerar efeitos no mundo atual. A justaposição de ideias gera imagens ambíguas e transformacionais por meio de um "estilo declamatório" (TOWNSLEY, 1993, p. 461) que se caracteriza por frases cantadas em "melodias monótonas e repetitivas", gramaticalmente condensadas nos cantos.

As estrofes do primeiro canto de *Ayvu Rapyta* recapitulam ideias nos versos, fazendo com que elas ressonem, impreg-

---

e em contato com as outras dimensões do cosmo (TOWNSLEY, 1993, p. 461-464). É ela o mecanismo por meio do qual se tem acesso às outras instâncias, como também é o que permite acessar a fonte de poder e, desse modo, atuar na socialidade atual yaminahua. Assim o é devido a uma concepção fundamental, a de *Yoshi*, "espírito" ou "essência animada", que está "presente em tudo". Os *yoshi* são reais, e sua característica mais importante é que não são estáveis, antes são ambíguos, paradoxais ou, na linguagem de Townsley, são também "torcidos", tais como são as metáforas em linguagem circunvoluta usadas pelos xamãs.

nando com as belas palavras e com linguagem metafórica a percepção daqueles que as leem/ouvem. Há uma clara construção de um efeito discursivo-narrativo que enfatiza temas. É possível afirmar, muito pela perspicácia da poética tradutiva Cadogan, que se trata de marcas semânticas que explicitam aquilo que é implícito e dependente do *contexto de enunciação* dessas narrativas míticas sagradas sopradas pelos xamãs. A iteração produz marcas semânticas sem as quais os temas ficariam, nos cantos transcritos, implícitos e recônditos, já que não há contato com aspectos performáticos da oralidade que enfatizam tais ideias. Porém, quero já destacar o que desenvolverei mais à frente. São traços que constituem também *marcas de entextualização dos Mbya* que são adotadas, assumidas e apresentadas no trabalho de tradução de Cadogan e seus parceiros na oficina poética: linguagem apresentada e usada com forte carga metafórica, que implica, por sua vez, a centralidade da ideia de concomitância.

Os versos que se replicam constituem uma técnica que permite recolocar a primeira instância do discurso em outro contexto. Esse traço está presente tanto nos textos de *Ayvu Rapyta* quanto no trabalho de oficina poética de Cadogan, isto é, trata-se de um fenômeno com duas escalas: a textual e a social. É por meio disso que ocorre uma segunda transformação: não como mera repetição da performance oral, na medida em que há alterações e recriações que passam por relações sociais entre os originadores (os xamãs mbya) e o transcritor-tradutor. Essas vozes do texto reverberam em sua função metapragmática, nos comentários, nas notas, na calibração artificial realizada pela escrita – *em versos* e em prosa, em outros momentos – cadoganiana.

São práticas que encerram efeitos, pois os termos acionados são relacionados, seja por sinonímia, seja por antonímia, seja por redundância, de modo a conferir um destaque filosófico (ênfase para visualizar) aos temas. Ou seja, colocam em cena relações lexicais que estão tácitas na superfície do discurso. Se for possível afirmar que houve um princípio estético presente em *Ayvu Rapyta*, esse foi o de parear de modo preferencialmente iterativo: replicação de termos, orações, conceitos, sintaxes[79], um dos momentos por excelência em que a forma mbya infiltrou-se na cadoganiana, na medida em que se trata de um traço muito característico dessas formas de discursos ameríndios.

Quero aqui destacar também, por outro lado, como há nos versos outra função retórica imbricada nessas práticas poéticas. Dada a centralidade e recorrência de tais pareamentos, em negativo (no sentido fotográfico) é possível ver como se sugere a existência de relações semânticas entre termos pouco arrolados, ou com relações mitológicas implícitas, ou ainda termos não relacionados – à semelhança com o *modus operandi* de certas transformações míticas sobre as quais discorre Lévi-Strauss (1971; 2004a; 2004b; 2006). Por exemplo, a recorrência metafórica às flores (*poty*) é, por boa parte de *Ayvu Rapyta*, arrolada dessa maneira, imagens-negativos consequentes de pareamentos, iterações, que não necessariamente instituem nexos causais explícitos entre as ideias, mas, antes, assim o faz por meio somente da justaposição de ideias. É pela repetição estrutural da organização que emergem as associações e o nexo entre os termos e a mitologia. Uma espécie de mitologia implícita está relacionada à lógica da autocriação (abrir-se, desabrochar) da primeira divindade, Ñande Ru, a saber, um conjunto de ideias mitológicas e heurísticas rela-

---

[79] É possível notar que a paridade semântica é o meio pelo qual muito das relações léxicas são transmitidas e reproduzidas, paralelismo, por vez, que é bem recorrente nas poéticas, nos mitos e nas histórias ameríndias (CESARINO, 2008; RISÉRIO, 1993; TOWNSLEY, 1993; VIVEIROS DE CASTRO, 1986). Para Tambiah (1985), o paralelismo e a redundância são instrumentos, no mais das vezes, reservados para *situações especiais*, tais quais: a tradição, aquilo que requer segredo; o ritual, aquilo que cura; a comunicação com espíritos. As metáforas estruturais, analogias, induzem similaridades cujo feixe de associações em *Ayvu Rapyta* apresenta espirais redundantes: conhecimento, visão, luz, construção, criação (seção 3.2). Tem-se um quadro pleno de noções como *simetria, inversão, equivalência, homologia, isomorfismo*, que são usadas para designar grades fixas de relações que têm algo em comum, uma teoria do conhecimento a partir da reiteração de uma série de formulações metafísicas.

cionadas às flores e às plantas no pensamento mbya (algo que abordarei com mais detalhes em outra seção).

Como os versos têm distribuições algumas vezes simétricas e, na maior parte das vezes, bastante assimétricas, foi uma tarefa árdua e para mim pouco frutífera fazer uma análise quantitativa e qualitativa a respeito. Foi assim que percebi que os versos transcritos e traduzidos por Cadogan podem ser, talvez de modo mais apurado, entendidos na busca da unidade elementar na fala narrativa e da unidade entonacional, definidos como uma "unidade ideia" que pode conter uma só linha, uma palavra ou um conjunto de versos.

Não há um padrão nas estrofes, na metrificação, muito menos na quantidade de versos distribuídos em cada canto. Por exemplo, no primeiro canto – os costumes primitivos do colibri –, há a seguinte distribuição de versos por cada estrofe (oito no total), respectivamente:

$$3 : 4 : 6 : 6 : 10 : 7 : 5 : 13$$

Já no segundo, as 15 estrofes têm a seguinte distribuição de versos:

$$5 : 13 : 9 : 9 : 11 : 11 : 10 : 17 : 10 : 16 : 5 : 5 : 5 : 4 : 13$$

No terceiro, para dar mais um exemplo da não padronização, há 21 estrofes, com esta distribuição dos versos:

$$6 : 8 : 5 : 6 : 5 : 4 : 4 : 7 : 14 : 9 : 5 : 2 : 15 : 9 : 10 : 5 : 9 : 6 : 7 : 5 : 10 : 6$$

No momento, quero sublinhar somente mais uma característica frequente na forma como Cadogan apresenta essa narrativa e que, em meu entender, constitui o aspecto (pós) moderno de sua antropologia. Ele fornece, como vimos anteriormente, diversas informações metatextuais, contextualizando o ambiente no qual emergiram os cantos-narrativas e nomeando cada intelectual indígena. Aqui, por exemplo, Tomás (de Yvytuko) e o cacique Che'iro são consultados para esclarecer o nome do Primeiro Pai mbya, pois o termo *papa* iria ao encontro das teses sobre uma suposta influência cristã, comum na bibliografia especializada de seu tempo, que Cadogan desejava refutar.

Cadogan consulta ainda vários outros indígenas de Tapytã, San Juan Nepomuceno, Jaguakua i Yuty, Bordas, Chararã, e, segundo afirma, nenhum intelectual mbya desses lugares havia ouvido o termo *papa* evocando indistintamente o primeiro pai: "Estas observações me obrigaram a dedicar vários meses de trabalho a mais à recopilação de hinos e rezas, única fonte fidedigna para a reconstrução da religião aborígene" (CLASTRES, 1974, p. 29). Quando chega finalmente à conclusão de que é impossível traçar e descobrir a origem de *papa*, Cadogan se rende ao fato etnográfico de que alguns Mbya adotaram o termo fazendo uso da expressão indistintamente para designar Ñamandú Ru Ete / Ñande Ru Papa Tenonde.

Segundo Capítulo

No capítulo central do livro, "O fundamento da linguagem humana" (*ayvu rapyta*), há noções que fizeram fortuna na literatura especializada guarani. É a narrativa da antropogênese, em complementaridade à teogênese do primeiro canto. É um canto que segue o aspecto formal da iterabilidade, frequente na maioria das narrativas que constam no livro. Aqui a repetição enfatiza um conjunto central de ideias, em especial o nexo entre "criação" (*-ra*) e "saber" (*mba'ekuaá*), "autocriação" (*jera*) e "reflexo" (*jechaka*). A partir de si próprio, de uma pequena porção de si (*petei*), a divindade, de modo reflexivo, criou as chamas (*tataendy*) e a neblina tênue (*tatachina*): duas *substâncias* centrais na metafísica da palavra mbya. Trata-se de uma criação a partir da sabedoria *autocontida* em Ñande Ru, uma consequência da virtude de sua sabedoria que, por definição, é criadora.

"Graças a seu saber criador" (*okuaararávyma*), desde então, a todo instante essa ideia passará a frequentar as páginas de *Ayvu Rapyta*. Trata-se de estar diante de um pensamento que enfatiza de modo recorrente uma noção ativa do saber. Expressão e ação são sinonímias, longe portanto do dilema euroamericano faustiano que as toma como exclusivas. Nessa narrativa, há a descrição do *desdobramento* – ideia central que retomarei mais à fundo em outra seção – do Primeiro Pai. Ao desdobrar, palavras ganham contornos mais fortes, humanos surgem. Os homens são secundários à criação do mundo. A divindade se desdobra, advém a palavra e, daí, a socialidade. A palavra da divindade e o seu movimento conduzem o mesmo ao mesmo, no sentido em que no texto observa-se a ideia segundo a qual se trata, para a perspectiva dos índios, do "discurso de sua origem e a citação de seu destino" (CLASTRES, 1974, p. 25). Essa característica dota as narrativas com uma configuração em que se torna difícil entender os textos míticos de *Ayvu Rapyta* enquanto atos de fé, no sentido de crença; antes se assemelham mais a atos que afirmam o saber, que é intrassapiente, fonte e fundação da própria divindade autogerativa, como, por consequência, da humanidade mbya. Esse é um dos motivos pelos quais na introdução afirmei que minha abordagem é te-*i*-ológica; isto é, nesse sentido que a palavra mbya é concebida como divina e como a essência do humano, o lugar do desdobramento dessa palavra-força.

Repetindo elementos importantes, como o tema da sabedoria (*kuaarara*), narra-se a concepção da *linguagem humana*, assim como a ideia segundo a qual assumir a forma humana é erguer-se pela e com a palavra (reafirmando o aspecto reflexivo dessa série de criações). Seguindo o padrão narrativo semântico e formal, a divindade primeira engendra a linguagem humana a partir da própria sabedoria já contida em si e a partilha com os homens. Antes de ter conhecimento das coisas, embora já embutido em si, em meio à neblina, o Primeiro Pai criou aquilo que *seria* o fundamento da linguagem humana, aquilo que é a forma de sua divindade. Os homens, portanto, também são divinos, no sentido em que são aqueles que compartilham com as divindades a linguagem da palavra fundamento, *ayvu rapyta*.

Outro conceito apresentado é referente à moral mbya, *mborayu*, traduzido, como dito, por "amor" na versão de Cadogan[80]. O próprio, em suas notas lexicográficas, afirma que se trata de "amor ao próximo" (1997, p. 41), uma rede de reciprocidades apontando para uma concepção semelhante à cristã. Nos versos, repete-se a ideia para depois acrescentar a noção de amor a si mesmo – trata-se, textualmente, de amor ao outro e amor a si mesmo.

O padrão formal do canto II é similar ao do canto I. Eis a estrutura apresentada na segunda estrofe:

1. Oãmyvyma,
Habiéndose erguido,

2. oyvárapy mba'ekuaágui,
de la sabiduría contenida en su propia divinidad,

3. okuaararávyma
y en virtude de su sabiduría creadora,

4. ayvu rapytarã i oikuaa ojeupe.
concibió el origen del lenguaje humano.

---

[80] Na hipótese de Fausto (2005, p. 411): "faltam-me dados para analisar a fundo essa categoria entre os Guarani contemporâneos, pois desconheço uma descrição fenomenologicamente densa desse afeto. Montoya utilizava o termo no século XVII para verter ao Guarani a noção cristã do amor de e a Deus. Cadogan (1959) o traduz nas Belas Palavras por 'amor (ao próximo)'. Pierre Clastres o corrige, sugerindo que o sentido original de mborayu seria o de 'solidariedade tribal' (1974, p. 27), enquanto H. Clastres prefere o termo mais neutro 'reciprocidade' (1975, p. 116). Seria importante buscar na documentação histórica evidências de como se deu esse processo de transformação, focalizando não apenas as práticas repressivas e pedagógicas das Missões, como também as contradições e as angústias vividas pelas pessoas indígenas. Tais experiências talvez estejam gravadas em baixo-relevo nas crônicas menos edificantes e na descrição de casos particulares".

2. Oyvárapy mba'ekuaágui,
De la sabiduría contenida en su propia divinidad,

3. okuaararávyma,
y en virtude de su sabiduría creadora,

4'. ayvu rapyta oguerojera,
creó nuestro Padre el fundamento del lenguaje humano

5. ogueroyvára Ñande Ru.
e hizo que formara parte de su propia divinidad

6. Yvy oiko'eỹre,
Antes de existir la tierra,

7. pytũ yma mbytére,
en médio de las tinieblas primigenias

8. mba'e jekuaa'eỹre,
antes de tenerse conocimiento de las cosas,

4''. ayvu rapytarã i oguerojera,
creó aquello que sería el fundamento del lenguaje humano

5'. ogueroyvára Ñamandu Ru Ete tenondegua.
e hizo el verdadero Primer Padre Ñamandú que formara parte de su propia divinidad. (CADOGAN, 1997, p. 32-33).

A estrutura é, pois: expõe-se a ação de criação da linguagem humana em 1, 2, 3, 4, repete-se 2 e 3 de forma idêntica e 4 com uma variação (4'), concluindo a exposição em 5 ao nomear o agente da ação. Em seguida, 6, 7 e 8 localizam no tempo a ação e não são mais repetidas, pois retornam as linhas 4 e 5 com variações (4' e 5'). Esse tipo de exposição feita por repetição e deslocamentos não é apenas interna às estrofes, como também ocorrem inte-restrofes. Assim, por exemplo, as linhas 2 e 3 aparecem já na primeira estrofe como núcleo estável, isto é, sem qualquer variação, e reaparecerão nas estrofes III a VI. A ideia de uma sabedoria criadora que está contida na própria divindade é, portanto, um nexo central de todo esse canto atado ao primeiro, que discorre sobre a criação da "linguagem humana" e do "amor".

Em meio à solidão, no tempo-espaço originário, dá-se a criação de um único hino sagrado, narrada na estrofe IV. A consciência de que se trata de somente um hino[81] é uma ideia central, por mais que ele, para os sujeitos guarani, apresente-se de modo fragmentado – León Cadogan, em termos estéticos e formais, também faz uso da ideia nativa de unicidade do hino para dar unidade ao corpus de *Ayvu Rapyta*. Trata-se da linguagem humana, que é divina, em que *tudo significa*, cria, em que o *mundo é de totalidade*, não da discretude.

Ñande Ru (Ñamandú) reflete – no duplo sentido, reflexão óptica e reflexão pensamento – sobre quais serão aqueles que participarão, poderão, terão (d)a linguagem, (d)o amor e (d)as belas-palavras (cantos, hinos sagrados): os deuses auxiliares, aqueles que serão seus companheiros (estrofe V). A função indicial (PIERCE, 2000) dessas personagens e desses conceitos funciona como uma espécie de âncora fundamental para a interpretação. A estrutura do pareamento é muito acentuada quando o texto passa a narrar a criação dos companheiros da divindade, homens e deuses auxiliares a partir da estrofe VI – novamente, o artifício que qualifico como processo de visualização é marcadamente buscado.

Na série criadora de seres dotados de agência, isto é, dotados da linguagem humana, temos: Ñamandú de coração grande (isto é, valente, corajoso[82]) foi criado do reflexo da sabedoria (textualmente, sabedoria solar) do Primeiro Pai mbya, que sempre cria em *atos de concomitância*. Há uma estrutura iterativa

---

[81] "El origen de um solo himno sagrado lo creó em su soledad" (CADOGAN, 1997, p. 35).

[82] Cf. CADOGAN (1992, p. 41).

para descrever a função principal dessa divindade auxiliar: ser pai dos futuros e numerosos filhos.

A divindade absoluta, por meio de sua sabedoria autocontida, também "dota de consciência" os verdadeiros pais dos *Karaí*, *Jakairá* e *Tupã*, três dos principais deuses do cosmos mbya, criados por Ñande Ru a partir da sabedoria e da virtude autocontidas. Esses são "pais das palavras-alma dos futuros filhos", isto é, dos homens.

VII

1. A'e va'e rakyguégui,
A continuación

2. oyvárapy mba'ekuaágui,
de la sabiduria contenida en su propia divinidad

3. okuaararávyma,
y en virtud de su sabiduria creadora

4. Karai Ru Eterã
al verdadero Padre de los futuros Karai

5. Jakaira Ru Eterã
al verdadero Padre de los futuros Jakairá

6. Tupã Ru Eterã
al verdadero Padre de los futuros Tupã

7. omboyvárajekuaa.
les impartió conciencia de la divinidad.

8. Gua'y reta ru eterã,
Para verdaderos padres de sus futuros numerosos hijos,

9. gua'y reta ñe'êy ru eterã,
para verdaderos padres de las palabras-almas de sus futuros numerosos hijos

10. omboyvára jekuaa.
les impartió conciencia de la divinidad.

Na estrutura dessa estrofe, quero marcar, além das linhas (números decimais) pareadas que geram o aspecto visual já referido, outro aspecto que é comum a esse canto: a contraposição de duas "cenas" (tematizações) existentes, isto é, o tema da sabedoria divina/consciência (versos 2, 3, 7 e 10 destacados por mim) contraposto ao da paternidade-divindade (versos com recuo na formatação). O contraste das duas cenas a partir de uma estrutura iterativa e justaposta, com forte sugestão imagética "a serviço da visualização", passa a ser a característica formal mais frequente na primeira metade desse canto (i.e., até a décima primeira estrofe) – o emprego contrastante de dois feixes de ideias: "sabedoria" e "paternidade" divinas.

Todas as divindades auxiliares, ao lado das "verdadeiras mães" – apresentadas na oitava estrofe do canto, via seu padrão estilístico –, assimilam a sabedoria autocontida do Primeiro Pai mbya, assim como as "belas palavras dos cantos" e os "fundamentos da sabedoria criadora", tudo apresentado em uma intricada série de relações de contiguidade[83]. Nesse ponto, há um conceito central mbya, a ideia de sabedoria criadora: *kuaarara*. É um saber poderoso que é inacessível na morada terrestre, porém é divulgado pelos deuses para aqueles que se dedicam com "fervor verdadeiro aos hinos sagrados". O saber é posto "no centro do coração", do qual se origina a "palavra excelsa" que a divindade inicialmente desdobrou (CADOGAN, 1997, p. 39-40).

A divindade põe-se de pé e permite que os outros entes também assim se ponham, na medida em que a luz sai do coração,

---

[83] Na décima estrofe, León Cadogan, quebrando um pouco o padrão do capítulo, cita uma reza matutina comum a todos os "Mbya ortodoxos" (1997, p. 39) para corroborar a tese segundo a qual o conteúdo apresentado na sexta estrofe refere-se à criação do sol. Nessa estrofe da reza matutina há as imagens de Ñamandu se levantando repetidas vezes, em que o reflexo da sabedoria (com palavras indestrutíveis, carentes de mal) constitui uma imagética do nascimento diário do sol.

façanha que implicou um horizonte em que *nada, nenhum lugar, escapa à sua visão* (onipresença). Criam-se aqueles e aquilo, porém, como parte de si, em virtude do seu dizer, de sua palavra, as chamas e as neblinas do poder criador, o sol da divindade, *kuaray'i* (CADOGAN, 1997, p. 41).

Antes das notas lexicográficas referentes a este canto, León Cadogan explicita em prosa seu método de trabalho ao discorrer sobre a "maneira de interpretar corretamente" o canto da palavra-fundamento (1997, p. 42):

> Para interpretar corretamente o conteúdo destes versos que constituem, a meu parecer, o capítulo mais importante da religião mbya-guarani, é indispensável ter presente que *ayvu:* linguagem humana; ñe'ëy: palavra; e *e*: dizer, encerram, para nós, o conceito duplo de 'expressar ideias' e 'porção divina da alma'. Foi esta sinonímia que me impulsionou a estudar a fundo a religião dos *Jeguakáva*, e a eles se deve esta obra, fruto de mais de seis anos recopilando seus hinos, pregarias, mitos e tradições. Antes de haver-me convencido desta sinonímia, fiz a seguinte pergunta a dois *mburuvicha* versadíssimos: Kachirito, de Paso Jovái, e o cacique Pablo Vera, de Yro'ysã (Potrero Blanco):
>
> 'Se tu estivesse discorrendo sobre as ñe'ë porã tenonde (capítulos sagrados) e seus netos te perguntassem o significa de *ayvu rapyta*, o que responderias?'
>
> Kachirito respondeu:
>
> '*Ayvu Rapyta oguerojera, ogueroyvára Ñande Ru Tenonde ñe'ëy mbyterã:* o fundamento da linguagem humana o criou Nosso Primeiro Pai e fez com que formasse a parte de sua divindade, para a medula da palavra-alma'
>
> O cacique Pablo Vera:
>
> '*Ayvu Rapyta, ñe'ëy ypy, Ñande Ru Tenondekuéry yvy rupáre opu'ã va'erã gua'y reta omboúmavy omboja'o i*

anguã: o fundamento da linguagem humana é a palavra-alma originária, a que Nossos Primeiros Pais, ao enviar a seus numerosos filhos à morada terrestre para erguer-se, as repartiram'[84].

Terceiro Capítulo

O capítulo "A Primeira Terra" é dividido em duas partes. Na primeira, Ñande Ru concebe sua "futura morada" no mundo por meio da sabedoria autocontida, sabedoria criadora, fazendo que da extremidade da vara-insígnia, que apareceu no primeiro canto (que é o sustentáculo do mundo), engendrasse-se a terra. Na primeira e segunda estrofes, narra-se a criação das cinco palmeiras eternas: uma no centro da terra, outra na morada de *Karai* (oriente), uma na de Tupã (poente), mais uma palmeira é concebida na origem dos bons ventos (norte / noroeste) e, por fim, outra na origem do tempo-espaço primevo (sul). As palmeiras eternas estão, desse modo, atadas à morada terrestre. Em uma cosmografia, o canto mostra uma intricada disposição espacial e o topos criativo da metafísica da palavra mbya.

Logo após, o texto conta da existência de sete *yva* (céu), que Cadogan traduz por "paraíso" nos versos de *Ayvu Rapyta,* mas que em seu dicionário adota uma tradução menos carregada, "céu" (2011, p. 186). O firmamento repousa sobre quatro colunas (antes era sustentado por três), que são varas-insígnias, e coube à divindade primeira estender o firmamento e, com os ventos, colocá-lo no devido lugar.

Outro conceito muito importante apresentado nesse canto é o de *a'anga,* um termo plurissemântico que Cadogan sintetiza com

---

[84] Ou na leitura de Pierre Clastres, "encadeamento genealógico: o indivíduo, determinado como tal por ñe'ë, princípio da individualização que fixa, ao mesmo tempo, o pertencimento da pessoa à comunidade daqueles que são reunidos pela *ayvu"* (1974, p. 29).

a tradução por "imagem". Em outra seção, abordarei essa opção tradutiva, pois ela tem uma implicação no pensamento guarani: a concepção de que o poder, que é originário, está estacionado na fonte, a qual é plena, pura palavra divina autocontida[85]. A essa expressão estão associados vários seres importantes da cosmologia mbya, apresentados da estrofe 5 à 11: a serpente originária, a cigarra vermelha, o dono das águas, a perdiz e os grilos (1997, p. 51-53). Vale notar como o quadro conceitual envolto da noção *a'anga* é formado a partir do pareamento iterativo, com pequenas *alterações sempre relacionadas ao surgimento* de seres míticos mbya.

V

1. Yvy rupa mongy'a ypy i are
El primer ser que ensució la morada terrenal

2. mbói yma i;
fue la víbora originaria;

3. a'anga i tema ñande yvýpy ãngy oiko va'e:
no es más que su imagen la que existe ahora en nuestra tierra:

4. a'ete i va'e
la serpiente originaria genuína

5. oî ãngy Ñande Ru yva rokáre.
está en las afueras del paraíso de Nuestro Padre.

VI

1. Ñande Ru Tenonde yvy rupa
2. ogueroñe'ê ypy i va'ekue
El primer ser que cantó
en la morada terrenal de Nuestro Primer Padre,

---

[85] Ademais, a tradução de *a'anga* por "imagem" traz para a cena central um aspecto capital da oficina poética cadoganiana: a entextualização nativa que nos faz indagar se trata-se de uma forma de escritura que admite (ou não) a "representação mimética", que o "nosso" conceito de imagem denota. Voltarei a isso mais à frente.

3. oguerojae'o ypy i va'ekue,
el que por primera vez entonó su lamentación en ella,

4. yrypa i, ñakyrã pytã i.
fue la yrypa, la pequeña cigarra colorada.

VII

1. Yrypa yma oime
La cigarra colorada originaria está

2. Ñande Ru yva rokáre:
en las afueras del paraíso de Nuestro Padre:

3. a'anga i tema ãngy opytya va'e
es solamente una imagen de ella la que queda

4. yvy rupáre.
en la morada terrenal.

VIII

1. Yamai ko yja,
Pues bien, el yamai es el dueño de las aguas,

2. y apo are.
el hacedor de las aguas.

3. Ñande yvýpy oî va'e
El que existe en nuestra tierra

4. a'ete ve'eÿma:
ya no es el verdadero:

5. a'ete va'e oime Ñande Ru yva rokáre;
el verdadero está en las afueras del paraíso de Nuestro Padre;

6. a'anga i téma
ya no es más que su imagen

7. ãngy ñande yvýpy oiko va'e.
el que actualmente existe en nuestra tierra.

IX

1. Ñande Ru, yvy ojapóvy,
Cuando Nuestro Padre hizo la tierra,

2. ka'aguy meme araka'e:
he aquí que era todo bosques:

3. ñuu jipói araka'e.
campos no había, dicen.

4. A'éramiramo,
Por este motivo,

5. ñuu ruparãre omba'apo va'erã
y para que trabajase en la formación de praderas,

6. tuku pararã i ombou
envió al saltamontes verde.

7. Tuku pararã i guevi oikutu i ague,
*En donde el saltamontes clavó originariamente su extremidad
inferior*

8. kapi'i remypy i oñemoña:
se engendraron matas de pasto:

9. a'égui maê oiko ñuu.
solamente entonces aparecieron las praderas.

10. Ñuu oqueropararãrã,
El saltamontes celebró con sus chirridos

11. oguerochiri tuku pararã i.
la aparición de los campos.

12. A'ete va'e
El saltamontes originario

13. Ñande Ru yva rokárema oime:
está en las afueras del paraíso de Nuestro Padre:

14. ãngy opyta va'e a'anga i téma.
el que queda ahora no es más que una imagen suya.

X

1. Ñuu ojekuaa i mavy,
En cuanto aparecieron los campos,

2. ogueroñe'endu ypy i va'ekue,
el primero en entonar el ellos su canto,

3. oguerovy'a ypy i va'ekue,
el primero en celebrar su aparición,

4. inambu pytã.
fue la perdiz colorada.

5. Inambu pytã
La perdiz colorada

6. ñuu ogueroñe'eundu ypy i va'ekue,
que por primera vez entonó sus contos en las praderas,

7. oime ãngy Ñande Ru yva rokáre:
está ahora en las afueras del Paraíso de Nuestro Padre:

8. yvy rupápy oiko i va'e,
la que existe en la morada terrenal

9. a'anga i téma.
no es más que su imagen.

Ao narrar o aparecimento da dona da noite – a coruja, já presente no primeiro canto mbya –, há uma drástica alteração formal na narrativa. Dado que é um ser que está/é oposto ao ser dono do amanhecer, o sol – metonímia do Primeiro Pai –, a coruja é apresentada *não* como algo que surge em meio ao trabalho criativo, e sim como um ente que "está aí" (para lembrar o vocabulário de Heidegger (2015)). O texto constata a sua existência em um balanço contrastivo com a da divindade criadora que surge em aparições. Após a criação dos elementos principais da morada terrena, a segunda parte do terceiro canto começa a descrever o trabalho de Ñande Ru frente à tríade de divindades auxiliares do panteão mbya.

Com relação a *Karaí Ru Eté* (KRE doravante), o Primeiro Pai, internado nas profundezas de sua morada divina, diz a KRE que ele terá e será responsável pelas chamas inspiradas. Os filhos de KRE, os *Karaí valiosos,* farão a vigília das chamas. Ñamandú delega a KRE a tarefa de lhes dar nome, ou seja, na concepção mbya, dar consciência, "os donos das chamas", que vigiarão o ruir do crepitar das chamas. A cada primavera será necessário inflamar as chamas; só assim os "filhos amados", os que "possuem os adornos", ouvirão e terão consciência das chamas criadoras. É preciso também fazer com que as chamas habitem o coração de seus filhos. Três elementos merecem destaque aqui: (1) o conceito mbya de inspiração; (2) a ideia segundo a qual ter nome é ter consciência, saber, conhecimento; (3) o elemento fogo, revelando o ciclo do mundo e as condições de viver humanamente – isto é, um viver com a chama que aquece.

Jakairá Ru Eté (JRE doravante) é a divindade responsável pela vigília da fonte da neblina, da qual se gera, faz-ser, as belas palavras inspiradas. Seus filhos serão os responsáveis pela vigília. O que gera, diz o Primeiro Pai, a necessidade de JRE fazer com que seus filhos sejam chamados de "donos da neblina das palavras inspiradas". Assim, faz descer à morada terrestre a "boa ciência" para gerir as gerações de homens e mulheres adornados. Segundo o conselho de Ñamandú, JRE deverá alojar a neblina dentro da cabeça de seus filhos. E, a cada primavera, deverá circular a neblina na terra por meio dos *Jakairá* de coração grande. Somente com a neblina os filhos poderão "prosperar" (viver bem), já que a neblina é vivificante (vale chamar atenção para a escolha, tradução, da expressão *va'erã* por "prosperar" feita por León Cadogan nesse verso).

Já *Tupã Ru Eté* (TRE doravante) é a divindade responsável pelo mar e suas extensões. É também a divindade que inspirará as leis pelas quais a divindade refrescará os humanos. Incumbido da função de enviar a seus filhos – os *Tupã de coração grande* – aquilo que permite refrescar a "cólera", a raiva, TRE precisa alocar no coração dos filhos a potência do resfriamento, pois somente assim os múltiplos seres da morada terrestre, mesmo se desviarem das "boas práticas", conseguirão viver em harmonia. Somente mediante aquilo que refresca, as leis pronunciadas por Ñamandú para reger as socialidades mbya não produzirão calor excessivo nos filhos[86].

A narrativa passa, então, a recapitular, por meio do traço estilístico que lhe é comum, via formas da iterabilidade, de reiteração e de pareamento, informações dos outros cantos: a nomeação dos verdadeiros pais, pais da palavra-alma, as moradias de cada divindade. Contudo há um aspecto formal distinto daqueles dos cantos anteriores, tanto no nível das linhas, versos, quanto na divisão do canto realizada por Cadogan em duas partes. Após resgatar e enfatizar essas ideias, o texto acrescenta a ideia segundo a qual é somente a partir desse horizonte que as leis regerão a morada terrestre. Ou seja, as leis só se fazem presentes depois do término total da gênese, embora já fossem/estivessem embrionárias na sabedoria absoluta e autocontida do

---

[86] Ideias de moderação são ligadas diretamente às de "amor", dado que se vinculam às de calor, donde a necessidade de resfriar as paixões.

Primeiro Pai. Só aí que Ñamandú inspira os cantos sagrados dos homens e das mulheres, dando condições para que "vivam bem", para que se ergam em grande quantidade na morada terrestre.

Nas notas ao terceiro capítulo, Cadogan cita alguns informantes, às vezes de modo alusivo, assim como faz breves comparações com trabalhos etnológicos de outros autores, como ao discutir o conceito *Pindovy/Pindo ovy,* "palmeira eterna" (CADOGAN, 1997, p. 60). É possível exemplificar o horizonte metodológico e heurístico de Cadogan não só nos dados apresentados com riqueza linguística e etnológica admiráveis, mas também nos momentos em que o autor afirma que somente os indígenas, consultados sem insinuar respostas nas perguntas, podem esclarecer questões – como no caso da querela sobre deus tupã e a mitologia guarani cristianizada (CADOGAN, 1997, p. 63): "Os únicos autorizados a nos ensinar algo a respeito: os índios mesmos!"[87]. Ao explicar como entendeu o termo *–ju,* Cadogan não só menciona o fato de que foi o intelectual indígena Cantalício de Yvy Pytã que esclareceu o que significava a expressão, assim como fornece muitos detalhes a respeito.

> As versões da criação da primeira terra que me narravam antes de divulgarem-me as tradições secretas omitiam a menção de *ayvu rapyta* e de *kuaarara,* englobando em um só capítulo a criação da terra e dos quatro Ñe'ëy. Segundo Cantalicio, de Yvy Pytã, Ñande Ru, ao assumir a forma humana, criou a abóboda e os quatro pais da palavra: logo fez surgir das trevas uma coluna de madeira indestrutível: *yvyra ju'y,* para apoiar contra ela a terra que havia criado. [...] Foi mediante esta versão que pude decifrar o verdadeiro significado da voz *ju,* sendo a definição que dela me deu Cantalicio: *omarã'eÿrã oupity va'e:* o que alcançou seu estado de indestrutibilidade; *imarã'eÿ va'erã:*

---

[87] Ao mesmo tempo, uma página antes, Cadogan fazia uma vaga referência comparativa à mitologia egípcia, além de creditar dados mbya de forma genérica: "assim me informaram vários Mbya" (1997, p. 62).

o que não pode sofrer danos ou ser destruído. Segundo esta versão de Cantalicio (publicada na revista *Cultura*, X, Assunção, 1946), o *Aju'y*, laurel, é imagem da coluna indestrutível criada por Ñande Ru para sustentar a terra; segundo a maioria, entretanto, é uma árvore privilegiada criada simultaneamente com o cedro (*ygary*) para ser empregado pelos Mbya na construção de suas casas, etc. Esta crença na árvore privilegiada deve-se, seguramente, ao fato de ser empregado para produzir fogo (Cap. 7). (CADOGAN, 1997, p. 64).

Quarto capítulo

Cadogan intitula o quarto capítulo de *Ayvu Rapyta: Oñemboapyka pota ajeayu porangue i rembi rerovy'a rã i* ("Está por dar assento a um ser para a alegria dos bem amados"). Diferentemente do que ocorre nos capítulos anteriores, Cadogan abre o quarto discorrendo sobre a construção formal narrativa que ele, pesquisador que coletou, transcreveu e traduziu os dados, teve que adotar (1997, p. 67). O material do capítulo é composto por instruções que o Primeiro Pai enviou, via mediadores, para as almas na morada terrena. Esses versos fazem parte do segundo canto, dizendo respeito à criação da humanidade; porém, como explicita Cadogan, ele optou por apresentá-los em um capítulo específico por considerar um material que requer muitas notas lexicográficas para que se possa ter um bom entendimento e, portanto, fazer jus tanto aos seus aspectos poéticos quanto à profundidade filosófica contida neles (1997). A "totalidade da palavra fundamento" – cantos e mitos *Ayvu Rapyta* – é de modo proposital e explícito quebrada por León Cadogan, ou não "purificada", que, no caso, significam a mesma coisa.

Ñamandú diz aos deuses das palavra-alma que as envie a seus filhos para que possam tomar assento (ñemboapyka), isto é, nascer, como esclarecido em nota de pé de página (1997, p. 71). Segundo o texto, ao receberem a palavra-alma, os seres ficam alegres, adornados, portadores das insígnias. A alma-palavra é enviada para encarnar e aconselhar os filhos diversas vezes, uma espécie de fortaleza para na morada terrestre enfrentar as adversidades de uma vida.

Cadogan interrompe o tecido narrativo das falas mbya, que estava em versos, e adiciona um pequeno comentário sobre como os *mburuvicha* esclarecem o conteúdo das duas primeiras estrofes. Os comentários dos xamãs consultados – uma exegese nativa, mbya – são apresentados, em uma torção estilística da escrita cadoganiana, em versos, que, devido ao fato de serem comentários, glosas sobre os atos de enviar as almas aos humanos, não guardam os aspectos formais típicos de *Ayvu Rapyta* (o pareamento e a justaposição).

> [LC] Comentando esta alocución, dirigida por Ñande Ru Tenonde por turno a sus padres de la palabra-alma, dicen los mburuvicha:

> **III**
> 1. Mitã ñane mboúmavy:
> *Cuando a nosotros criaturas nos envían:*

> 2. "Néi, tereo yv!py",
> *"Bien, irás a la tierra",*

> 3. e'i Ñande Aryguakuéry.
> *dicen los Situados encima de nosotros.*
> 4. "Ne ma'endu'áke cheree ne ãmy.
> *"Acuérdate de mí en tu corazón.*

> 5. Aipo cheree aroñemongeta va'erã
> *Así, yo haré que circule mi palabra*

6. cheree ne ma'endu'áramo".
por haberte acordado de mi.

IV

1. "A'évare chee aroñemongeta va'erã
Así, yo haré que pronuncien palabras
2. che ra'y mbovy katu'ëÿ chee ano'ã va'égui".
los excelsos inumerables hijos que yo albergo.

V

1. "Mby'a guachu apoa,
En valor,

2. mba'e mbojaitya chee ano'ãvagui
en la facultad de conjurar maleficios,

3. jipói va'erã yvy rupáre rei,
no habrá, en toda la extensión de la tierra,

4. che ra'y mbovy'eÿ reko acha arã".
quien sobrepase a los innumerables hijos a quienes yo albergo.
(CADOGAN, 1997, p. 67-69).

As palavras-alma são enviadas, contam os xamãs, para que as pessoas possam lembrar-se do divino por toda a vida, pois só dessa maneira os deuses conseguem fazer com que a palavra *inspirada circule* na medida em que ela é recordada. Duas ideias centrais estão em jogo: além da de inspiração das palavras na cabeça, há também uma concepção ligada ao ato de *lembrar* como sendo uma forma por excelência de estar em conexão com as divindades. Assim, recordar constitui uma espécie de ato que faz (fará) com que os múltiplos filhos pronunciem as belas palavras, instrumento com o qual poderão conjurar malefícios. Mais uma vez surge a voz de um xamã comentando, que Cadogan arranja artificiosamente de modo versificado (1997, p. 69):

[LC] Vuelve a comentar el mburuvicha:

VII

1. Arakuaa jareko i voi,
Entendimiento lo tenemos desde un principio,
2. ajevéramo
debido a cuyo hecho

3. ñande chy kã jepeve jaropocy.
hasta con los pechos de nustra madre nos encolerizamos.

VIII

1. Mbochy ñane moarandu,
Nos inspiramos en la ciencia nociva

2. arandu porã ñano'ã'eÿ mboyve i;
antes de inspirarnos en la buena ciencia;

3. a'évare, kórami che roayvu Ñande Aryguakuéry.
por consiguiente, así me han hablado los Situados encima de nosotros.

4. Pejopyy porã íke ko ch'ayvu,
Escuchad atentamente estas mis palabras,

5. che reindy i kuéry, che ryvy i kuéry,
mis hermanitas, mis hermanitos,

6. kurie opa'eÿ va'erãmavy!
por ser de las que perduran! [88]

De modo relativo, há uma novidade formal perante os cantos anteriores na medida em que há enxertos, *multissituados,*

---

[88] Na leitura e na apresentação (por meio da citação de outros *mburuvicha*) de León Cadogan, os Mbya sempre têm o entendimento, desde o começo, as chamas, o calor resultante da sabedoria, porque até contra o peito de nossas mães as pessoas se encolerizam. "Os de cima", primeiro, inspiram as más ciências para só depois inspirar as que são boas. Somente quando uma pessoa, uma criança, recebe e é chamada pelo nome correto, isto é, aquele que é enviado pelos deuses, é que deixa de se encolerizar.

de explicações dos *mburuvicha* em meio aos versos transcritos e que são partes do canto II, a saber, discursos citados ("falas reportadas") entre os xamãs-cantores e os deuses:

> 'Mesmo contra os peitos de sua mãe há de encolerizar-se muito a criança',
> dizem os Situados acima de nós.
> 'Enquanto se acha entre a gente,
> se inspira na cólera.
> Por eu haver enviado à terra inumeráveis seres para que se ergam na morada terrestre,
> às palavras destes deve-se que isto aconteça' (CADOGAN, 1997, p. 71)

Esse aspecto formal, a citação direta, a fala reportada, "dizem os situados acima de nós", é um traço bastante característico das poéticas ameríndias e nas narrativas míticas[89]; contudo é um aspecto com pouco relevo em *Ayvu Rapyta*. Não obstante, entrar em contato com esses textos mbya, como entramos e entrou Cadogan, possibilita evidenciar certos modos de pensamento e ação sobre o mundo que se repetem em outros grupos ameríndios. Pensar e atuar sobre o mundo atual é algo desolador e sombrio, por exemplo, nos conta P. Cesarino (2008) a respeito da poética e do xamanismo marubo, plena de citações[90], em que a cadência encantatória, a visualidade metafórica e a intensidade paralelística constroem mundos e modos de ação com precisão imagética[91]. As próprias citações estão pouco presentes de modo explícito em *Ayvu Rapyta*: alguns traços indiciais, referências locativas, modos presentacionais, escolha lexical, organização formal. Contudo o trabalho de calibragem, purificação de Cadogan, caminha na sedi-

---

[89] Cf. CESARINO (2008); VIVEIROS DE CASTRO (1987).

[90] Cf. também os cantos araweté (VIVEIROS DE CASTRO, 1987).

[91] Na colocação de Lévi-Strauss, "duração da narração, a recorrência de temas, as outras formas de retorno e paralelismo que, para serem corretamente localizados, exigem que o espírito do ouvinte varra, por assim dizer, o campo do relato em todos os sentidos à medida que este se desdobra diante dele" (LÉVI-STRAUSS, 2004a, p. 35).

mentação de outro horizonte em que esses traços mostram-se em outras esferas – seja nas introduções dos capítulos, nos comentários conjunturais ou nas notas lexicográficas.

Cadogan efetua um corte drástico no texto não apenas para acrescentar explicações, por meio das vozes do *mburuvicha*, sem razão aparente apresentadas no formato verso, como também para, logo a seguir, tratar em prosa da noção de cólera e da necessidade de controlá-la. *Mbochy/pochy* é traduzido por "cólera", que é vista como a raiz de todo mal, sendo *Mba'e Pochy*, o ser colérico, identificado ao demônio. Desde muito nova, conta-nos Cadogan, uma criança mbya é treinada para controlar a cólera a partir de uma série de ensinamentos já presentes após o recebimento do nome, isto é, da palavra-alma, do erguer-se, que a torna propriamente humana. Para nomear corretamente, os xamãs necessitam entrar em comunicação com os deuses a fim de determinar a região do cosmos da qual partem os nomes que habitarão a criança. Um dos atos centrais do batismo é, tendo inspirado a bela palavra com a palavra-alma, soprar a fumaça, a contraparte da neblina vivificante no mundo terrestre, na cabeça da criança. Ao fazer isso, é preciso dizer *ery mo'ãa:* aquilo que mantém erguido o fluir do seu dizer.

Com o fim dessa vinheta etnográfica, Cadogan afirma que Tomás, de Yvytuko, recebeu uma mensagem esclarecedora a esse respeito, que é apresentada, alterando-se novamente a voz e o estilo, no formato de versos. Para tornar possível o nascimento de uma pessoa guarani, os deuses auxiliares falam sobre a origem da palavra-alma com o xamã que a recebeu na morada terrena, para assentá-la, inculcá-la na criança. Tomás também afirma que, ao assim procederem, os deuses avisam que não enviarão novamente a palavra-alma para prover assento ("encarnar", na outra sinonímia de tradução que León Cadogan oferece em nota de pé de página). TRE é o encarregado dos conselhos para a morada terrestre – de conversar, de inspirar. Também há a menção dos inumeráveis seres amaldiçoados, condenados.

Momento em que há o retorno da voz ativa de Cadogan, tecendo comentários etnográficos e linguísticos, em meio aos versos, novamente no formato prosa (1997, p. 75-77). A mensagem recebida por Tomás esclarece que não foi a divindade que pessoalmente enviou os espíritos à morada terrena, e sim seus agentes auxiliares, mediadores, como os Ñamandú Py'a Guachu, por exemplo. Por meio de um cotejamento com outros materiais, León Cadogan chega à conclusão de que é a palavra-alma que escolhe, ela mesma, quem serão e quais servirão de pais na terra[92].

Nas notas lexicográficas referentes a esse capítulo, há importantes questões sobre o conhecimento sagrado mbya, em especial a respeito dos nomes recebidos para "encarnar". Como mostra a literatura guaraninóloga (LADEIRA, 2001; MELIÀ, 1986, 1987, 1991; MELIÀ; GRUNBERG, 1976; NIMUENDAJU, 1987; NOELLI, 1993; SCHADEN, 1974; SUSNIK, 1965), um indígena guarani não revela seu nome sagrado para um estranho, um branco; para lidar com essa relação social com o de fora, adota um segundo nome em castelhano, em português etc. Interessante é notar que León Cadogan conseguiu, embora com dificuldades, que revelassem a ele alguns nomes sagrados, assim como a região do cosmo à qual pertencem (CADOGAN, 1997, p. 81). Os sobrenomes sagrados, *Tery mo'ãa, 'ery mo'ãa*, não devem se confundir com os nomes comuns, *tery, ery, che rery*. Estes os homens empregam; aqueles, os deuses para chamar a seus filhos. Em uma única família mbya, podem coexistir espíritos de diferentes moradas divinas, diferentes deuses como fonte (CADOGAN, 1997, p.82).

---

[92] Em mais um momento em que Cadogan surge como um comentador ativo (1997, p. 78), informa-se sobre a negação dos deuses em enviarem os nomes, as palavras-alma, nos casos de adultério. Cadogan refere-se ao xamã Tomás, que tentou por três dias, sem sucesso, obter dos deuses o nome de uma criança, que lhe foi recusado em razão do adultério dos pais. Há também casos de nomes dados equivocadamente, comenta Cadogan. Esses eventos são frutos da ação astuta do *Mba'e Pochy* (o ser colérico), que se adianta ao divino, ao pai da palavra. Somente a ação do xamã é capaz de contra-efetuar tal dano a um mbya.

Quinto Capítulo

Assim como ocorre no capítulo quatro, esse que versa sobre os temas da *concepção* e da *morte* inicia-se com uma introdução de Cadogan, mas ao contrário do anterior não recebe um título. Na introdução, o autor esclarece sobre suas fontes: o hino da concepção, afirma, "foi ditado por Mayor Francisco, de Tava'i" (1997, p. 85), enquanto o canto fúnebre (*a endecha dos mortos*) afirma ter escutado em Potrero Garcete após a morte de um importante membro do grupo indígena radicado na região, tendo recebido em seguida a ajuda de Pablo Vera para transcrevê-lo (1997, p. 85). O material do capítulo é obtido (e produzido) em diferentes contextos e situações, no tempo e no espaço, e reunido tematicamente por Cadogan em um mesmo conjunto. Diferentemente dos primeiros cantos, aqui temos um trabalho mais evidente, mais explícito, de colagem e de estruturação de blocos temáticos.

O primeiro bloco fala da concepção, sobre os ossos de quem porta a vara-insígnia (os homens) a quem se dá assento (vida), associando a paternidade e a maternidade às práticas para obter a "grandeza do coração". Trata-se de hinos recebidos pelos deuses Ñe'ẽ Ru Ete para celebrar o nascimento, isto é, o engendrar de um ser humano, que logo é entoado por um xamã ao constatar a gravidez de uma mulher.

Já o canto fúnebre é entoado assim que morre alguém. Nele, o Primeiro Pai fala aos demais pais (os outros deuses) sobre a alma dos filhos (homens), que devido ao fato de terem elevado a bela palavra, a palavra-fundamento, de terem retornado a quem a enviou, terão os ossos iluminados mansamente com a luz dos relâmpagos sem trovão, até o colapso do espaço.

Cadogan narra e comenta essa endecha com o xamã Tomás, que lhe narrará o "mito do capitão Chikú", um "herói divinizado" – isto é, um guarani que atingiu o *aguye*, a perfeição, graças a "exercícios espirituais" e uma dieta vegetariana e, com isso, garantiu sua entrado no Paraíso sem passar pela prova da morte. Essa narrativa, a que Cadogan classificará como *mito*, só aparecerá, no entanto, no capítulo 16 de *Ayvu Rapyta*.

Tomás afirma ainda que "afundar no espaço" é também um modo de discorrer a respeito do surgimento do amanhecer da nova era. Após esse evento, a divindade faz com que se circule a palavra novamente pelos ossos de quem porta a vara-insígnia. Nas notas, Cadogan comenta que ele inicialmente considerara as teorias da reencarnação presentes nas falas de Tomás (novamente versificadas sem motivo aparente no texto) como apócrifas, dada a forte semelhança com a doutrina cristã, em especial à similitude com os temas da "ressurreição dos corpos" e do "juízo final". Quando Cadogan foi à *opy* de Tomás, contudo, viu um recipiente de cedro que continha os ossos de sua neta: "são os ossos da minha netinha que portava o bambu da dança ritual"[93]. Textualmente, isso fornece o quadro para Cadogan, em timbres etnográficos, discorrer sobre as noções práticas mbya a respeito da morte e dos funerais[94] (1997, p. 88-89), saindo novamente da forma versificada e apresentando o texto em prosa – reflexo formal da *oscilação entre transcrição poética e transcrição etnográfica*. O ponto de Cadogan é, assim como o de Nimuendaju em *As Lendas de Criação e Destruição do Mundo*, afirmar "a origem genuinamente autóctone desses versos sagrados de *Ywyra' ikãgã*" (1997, p. 89).

Antes de apresentar mais uma endecha, Cadogan (1997, p. 89), em mais um momento de escritura antropológica (pós)

---

[93] O xamã Tomás relata que os deuses disseram para que ele guardasse os ossos de sua neta, com a esperança de que ressuscitasse. Assim o fez, ocasião em que ele menciona o caso de *Takua Vera Chy Ete*, uma xamã divinizada que alcançou o estado de perfeição mbya, o *aguyje* (CADOGAN, 1997, p. 89).

[94] A conservação dos ossos dos mortos faz parte do culto, mas, segundo Tomás, é algo que foi perdendo a força, a prática, entre os indígenas. Os esqueletos dos mortos são chamados de *yvvra'i kãnga* e *takuaryva'i kãnga* e são por esses nomes que os deuses se referem ao corpo humano nas mensagens aos xamãs. Sobre a prática guarani de revivificação a partir dos ossos, que aparece também entre grupos tupi da Amazônia, cf. Fausto (2002).

modernista, informa a respeito de Patrício Benítez, dirigente mbya de Bordas, que narrou o canto fúnebre. A primeira parte do canto é dedicada ao morto (1997, p. 89-91), já a segunda é composta por versos que contam da esperança de que os ossos do morto não se convertam em terra (1997, p. 93-95). A morte também abre uma comunicação com os deuses, porque coloca em favor de sua causa a palavra-alma. A morte, assim, é também um caminho, é a subida para a morada celeste, aquela da qual se sai para habitar um corpo, ou, em outros termos, a morte é concebida e vivida como uma ocasião para renovar o discurso em direção às divindades por via dos xamãs e de seus cantos-rezas. A palavra é o que virá para dar vida aos ossos, assim os mortos ressuscitarão.

Nesses cantos mbya, pela natureza mesma de serem fúnebres, as formas verbais são flexionadas no *imperativo* e evocam imagens fantásticas, construtos com ornamentos estilísticos, referências espaço-temporais, aspectos esses que estão presentes de forma difusa no trabalho tradutivo de León Cadogan.

I

1. Yvyra'i kãnga ñemboapyka i va'e:
Huesos de quien portará la vara-insignia a los que se da asiento.

2. Ndee, chy ramo reî va'e,
Tú que le sirves en calidad de madre;

3. ndee, tuúramo re'ã va'e:
tú quien te yergues en calidad de padre:

4. ko va'e py'a guachu porã pereko i anguã.
esto acontece para que obtengáis hermosa grandeza de corazón.

5. A'éramo ae aguyjevéte va'erã.
Unicamente así se llega a la perfección.

[...]

VI

1. Néi, aipóke, Che Ru Tenonde,
Escúchame, oh mi Primer Padre!

2. ereñemongetáke, kurie, mby'a guachu
haz que nos hable, en plazo no lejano,

3. ijapy katu'eÿ va'e.
excelsa grandeza de corazón sin límites. (1997, p. 84-85; 88-89)

Sexto Capítulo

O capítulo do dilúvio, o célebre cataclismo mbya que teve fortuna no pensamento antropológico com as exegeses dos Clastres pontua vários elementos sobre o modo como os Mbya concebem a "natureza da vida terrena", o "pós-vida", assim como uma série de ideias sobre "política" e "mundo metafísico". O canto é aberto com a afirmativa de que todos os habitantes da Primeira Terra, *Yvy Tenonde,* já alcançaram o estado da indestrutibilidade, da imortalidade. Rezaram bem, tiveram o bom entendimento, alcançando assim a perfeição e, portanto, foram para a morada divina, fonte e destino da linguagem total, autocontida.

No mito do dilúvio há uma série de concepções que mostram que para os Mbya, na bela formulação de Pierre Clastres, "o desejo humano contém em si uma potência suficiente para ofender a alma dos deuses" (1974, p. 44). É o fim da primeira terra que traz a disjunção entre homens e deuses, o fim do imediatismo experimentado daquele bem viver, o de partilha divina, que é substituído pela nostalgia desse tempo e por uma melancólica esperança que pautam o mundo "puramente terreno". Esse momento é fundamental para a metafísica mbya, pois é o fim da *Yvy Tenonde* que marca o ato de nascimento da humanidade (isto é, dos homens que vivem na morada terrestre efetiva). O incesto, tema ameríndio por excelência, é uma das chaves para disparar a ira dos deuses e a série consequente de transformações.

Em contrapartida, aqueles que obtiveram pouco entendimento, a má ciência, ou transgrediram as leis dos "Situados Acima", partiram da *Yvy Tenonde* de forma ruim, isto é, *sofreram metamorfose*. É quando o corpo, fonte que abriga a alma-palavra, sofre alteração, cujo valor é negativo: a metamorfose é tida como uma punição, pois é a alteração daquilo que abriga o fundamento do humano, a palavra-alma. Há seres que foram convertidos em pássaros, rãs, dentre outros animais, evidenciando que somente aqueles que viveram de acordo com os preceitos desejados por Ñamandú conseguiram viver bem e não sofrerem alteração corporal, permanecendo humanos.

O Senhor Incestuoso (*Karai Jeupie*) casou-se com sua tia paterna. Durante o dilúvio, o *Karai Jeupie* rezou, mas não conseguiu alcançar a perfeição antes das águas chegarem. Ele e sua esposa incestuosa, contudo, não desanimaram; eles dançaram e cantaram os hinos em meio às águas com muito fervor e, após meses, conseguiram alcançar a fortaleza, a perfeição. Nesse estado alterado, especial, criaram uma "palmeira milagrosa" com duas folhas, que serviram de base de descanso para cada um, e subiram para a futura morada na qual jazem até hoje: eternos. Mesmo o senhor incestuoso, portanto, foi capaz de construir sua terra indestrutível via sabedoria da palavra fundamento, não obstante no lugar do cosmos reservado aos deuses menores. Esse ser se converteu no pai *Taparí*: "o verdadeiro pai dos deuses pequenos" (CADOGAN, 1997, p. 98).

Esse capítulo também traz importantes conceitos guarani que se tornaram célebres na guaraninologia, a saber, *oupitypáma omarã'eÿrã; aguyje; oñemokandire; yvy Marã'eÿ* [95].

Sétimo Capítulo

O capítulo seguinte, "A nova terra", *Yvy Pyau*[96], é o capítulo mais multifacetado e vocal da primeira metade dos "anais religiosos dos Mbya", isto é, a primeira parte de *Ayvu Rapyta* (1997, p. 24-114). Na forma como a oficina poética de Cadogan a apresenta, esse é o capítulo em que está mais presente a multiplicidade de vozes, de fontes e de momentos metadiscursivos de modo mais explícito aos leitores.

O capítulo inicia-se com a conversa que se deu entre o Primeiro Pai, Ñande Ru Eté (NRE), e Ñe'eÿ Ru Ete a respeito da

---

[95] Afirma Cadogan: "*Oupitypáma omarã'eÿrã*. Alcançaram o estado em que já não podem sofrer danos. Aplica-se tanto àqueles que alcançaram a perfeição: *aguyje*, como aqueles que foram metamorfoseados em seres inferiores ou sofreram metamorfose: *aguyje amboae*, como castigo a suas transgressões. Os habitantes de *Yvy Tenonde* não morriam; aqueles que viviam de acordo com as leis, vencendo as tentações a que eram expostos se purificavam, seus corpos perdiam seu peso e ascendiam aos paraísos sem sofrer a prova da morte, acompanhados de mulheres, filhos, animais domésticos e sementeiras, tudo purificado e em estado de *aguyje*. Aqueles que sucumbiam às tentações sofriam a metamorfose: *aguyje amboae*. Todos estes seres povoam os paraísos; e al ser criada a terra que habitamos, *Yvy Pyau*, imagens de todos eles foram enviadas para povoá-la; os habitantes desta terra são imagens, *ta'anga*, dos que povoam os paraísos que sofrerem a metamorfose em seres inferiores devido aos seus pecados" (1997, p. 99).

"*Oñemokandire*. Com esta expressão descrevem o transito da imortalidade sem sofrer a prova da morte, isto é, a ascensão ao céu depois de purificar o corpo mediante exercícios espirituais. É empregado também em: *araguyje ñemokandire*: o surgimento ou ressurreição do tempo-espaço, primavera. É apócope de: *kã*: ossos; *ndikuéri*: se mantêm frescos (cf *Tesoro*, p. 236, de Montoya). O nome denota que os que alcançam este estado ascenderam aos céus sem que o esqueleto do corpo se decomponha. O emprego da palavra se encontra ilustrada no capítulo XVI. É empregada com o mesmo significado entre os Avá Guarani do Yvy Pyte (Samaniego, 1968, p. 409). É sugestivo que a uma nação não guarani se tenha designado na época da conquista com este termo *Kandire*. Terão sido considerados imortais por possuírem uma cultura superior?" (p. 101).

[96] *Yvy Pyau* mostra como entre os Guarani não há uma relação de pura piedade com os deuses. A "fé" não passa "nem pela humilhação, nem pela resignação" (CLASTRES, 1974, p. 55); os Mbya não suplicam favores, mas, contrariamente, cobram direitos. Afirma Clastres que o único pecado para os Guarani é o orgulho, "desejo de imortalidade na escuta dos deuses: é todo o contrário da culpabilidade" (CLASTRES, 1974, p. 56).

criação da nova terra em substituição da primeira morada, *Yvy Tenonde*, destruída pelo dilúvio:

> NRE pergunta (via mensageiro) se KRE está disposto a criar uma nova morada terrestre. KRE responde ao mensageiro que não está disposto a criar algo que não vai *perdurar*, porque terá que, num dado momento, descarregar sua ira nesta nova terra também (CADOGAN, 1997, p. 103).

Quero destacar aqui a centralidade da noção de "(não) perdurar" (*va'erã'eÿ: va'erã*, futuro, apócope de *va'erã ae* + 'eÿ sufixo de negação) como elemento a partir do qual a divindade não aceita a tarefa que NRE lhe incumbira. Cadogan comenta o fato de que os *mburuvicha*, de modo recorrente, dizem que KRE sempre reporta a eles a seguinte ideia: esses deuses sabem que os habitantes da morada terrena "pecarão" de novo e consideram-na como uma morada de existência efêmera, da qual, portanto, não gostam.

NRE consulta JRE a respeito da mesma coisa, contudo ele aceita a tarefa, mesmo embora reconheça, já em presságios, os infortúnios que cairão sobre os filhos, os habitantes da nova morada terrena. Dada a consciência desse futuro, JRE espalhará a neblina vivificante, assim como estarão as chamas sagradas, e todos os seres que trilham o caminho da perfeição poderão ter acesso à neblina. É a mesma divindade que criará o *tabaco* e o *cachimbo* (e produzir assim equivalentes mundanos para a neblina divina vivificante) para que os filhos possam se defender das agoiras da vida terrena, como também será a divindade que iluminará os seres com seus "raios sem trovão".

Nos comentários de Cadogan (1997, p. 105-107), temos informações etnográficas, questões de método de trabalho e o situar contextual dos informantes. Os dirigentes afirmam que *Yvy Pyau* é o lugar da prova para humanidade: *tape rupa reko achy*

– sendas da imperfeição terrestre, o caminho das imperfeições.

Aqui mais uma vez temos o jogo de contexto e descontexto, das citações e narrativas multissituadas: a versão transcrita foi *ditada por* Cantalício, sendo *aprovada por* Tomás, cuja transcrição para o papel foi *realizada com a ajuda* de seu neto Cirilo (CADOGAN, 1997, p. 105).

Há várias versões a respeito da criação da Nova Terra. Algumas afirmam que não foi JRE quem a criou, e sim um filho, *Ychapy i;* outras colocam a criação na conta de Ñande Ru Papa Miri. Para não ser destruída, nessa versão, Ñande Ru Papa Miri colocou alicerce de pedra na nova morada (a primeira era de alicerce de papel). Foi essa divindade que povoou a nova terra com imagens – *ta'anga* – dos seres genuínos que haviam habitado a *Yvy Tenonde* (CADOGAN, 1997).

As estrofes 7 e 8 desse hino foram ditadas, em outro contexto e em outro lugar, por outro xamã mbya, o grande intelectual mbya do século XX Pablo Vera, e editadas por Cadogan como complemento aos primeiros versos. Aqui temos mais um exemplo de sua pesquisa multissituada: após transcrevê-las, a partir dos sopros do xamã, Cadogan leu os versos a um grupo que era composto por: Pablo Vera (Yro'ysã), Patricio Benítez (Bordas), Laureano Escobar (Tava'i) e Inocencio Martinez (de Jaguakua i). Ao fazer isso, perguntou aos intelectuais indígenas se não havia nada a mais a acrescentar, e Inocêncio propôs que contassem a Cadogan a narrativa da origem do fogo (*tata oiko ypy i ague).* A versão então narrada, afirma Cadogan, corresponde bem ao mito da *Yvy Pyau* (CADOGAN, 1997, p. 107-109). Já não mais existindo a primeira terra e com a presença da nova, NRE diz a *Papá Miri* que ele leve a bela insígnia da masculinidade para que se conheçam o adorno das plumas e as palavras para lavrar a terra.

O primeiro trabalho na Nova Terra é a provisão do fogo, aquisição do conhecimento (inicialmente, restrito ao sapo), pois, para se viver na terra, os humanos precisam do fogo, de sua ciência. Na gesta narrada, com sapos, mortes dissimuladas, urubus (seres que não respeitam as coisas grandes), a divindade consegue divulgar, entre os humanos, a ciência do fogo.

O sétimo capítulo, para além das múltiplas vozes, caracteriza-se também, pelos diferentes tons que se alternam entre o metafísico-especulativo e aquele mais típico das narrativas míticas, as quais, aliás, estão pouco presentes em *Ayvu Rapyta*. Embora seja difícil determinar com segurança, suspeito que esse fato decorra antes de escolhas pessoais, formais-estética, de Cadogan, do que de sua ausência no contexto indígena propriamente dito. Em outras palavras, esse tom, digamos, mais especulativo da primeira parte de *Ayvu Rapyta* depende tanto da linguagem oral em que foram enunciados, como de escolhas tomadas por Cadogan e seus parceiros no processo de transcrição, tradução e recriação dos cantos.

Oitavo Capítulo

Esse capítulo é de fundamental importância para o entendimento do processo criativo da pesquisa de León Cadogan. O texto – "O senhor do corpo como o sol" – marca o início da segunda parte de *Ayvu Rapyta*, conforme León Cadogan concebe a divisão do livro, trazendo consigo uma torção, uma mudança na forma como o texto é construído. Abandona-se a quase exclusividade dos versos da primeira parte do livro, entrando uma escritura em que a pena de Cadogan passa a estar mais presente por meio de divagações e comparações etnográficas. Na verdade, esse deslocamento já estava presente no próprio desenvolvimento da primeira parte de *Ayvu Rapyta*, embora não notado explicitamente pelo autor. Os três primeiros cantos são inteiramente versificados e divididos em estrofes numeradas, sem qualquer interrupção pela voz de Cadogan, reservada apenas às notas[97]. Já o quarto canto começa, como vimos, com uma breve introdução do autor, e o desenvolvimento é interrompido, primeiro, pelos comentários versificados de um *mburuvicha* e, em seguida, por vinhetas etnográficas em prosa.

Contudo, na construção de *Ayvu Rapyta*, Cadogan estabelece um corte de conteúdo, afirmando que a primeira parte dos "anais religiosos" mbya termina no sétimo capítulo. No capítulo oitavo, torna-se explícito o método de trabalho que deu origem a esse corpus e o ideário científico de Cadogan. Para a redação dos "anais religiosos" mbya, Cadogan ouviu da boca de vários *mburuvicha* um conjunto de conhecimentos originários de vários grupos mbya (1997, p. 115). Contudo, nesse material heterogêneo, afirma Cadogan, não há grandes discrepâncias que mereçam atenção, a não ser aquelas, no julgamento dele, que já constam nas notas lexicográficas. A homogeneidade construída desse conhecimento, que Cadogan qualifica como "sagrado e secreto", leva-o a afirmar que esse conjunto de cantos mbya constitui um saber que atravessou os séculos "sem grandes alterações".

> [...] com relação a seu caráter genuíno e à fidelidade com que as versões transcritas nestas páginas foram registradas no papel, pode constatá-las quem quiser tomar o trabalho de verificá-las, não requerendo para tal senão saber o guarani e pôr-se em contato com algum índio medianamente versado nas mitologia e religião de seu grupo.

---

[97] Na edição de 1959, o único traço textual da presença de Cadogan são termos entre parênteses que esclarecem o sentido de uma expressão figurada. Cotejando com a segunda edição de *Ayvu Rapyta*, há outra diferença na forma como o conteúdo é apresentado: León Cadogan, na primeira edição, só enumera as estrofes dos três primeiros capítulos (e algumas do quarto); já na segunda edição revisada e com acréscimos, todos os capítulos têm estrofes enumeradas. Essa formatação diferencial entre as duas versões mostra um aspecto importante do *corpus* do livro, a saber: o fato de os três primeiros capítulos, hinos-cantos, serem mais marcadamente "ortodoxos", com menos alterações de vozes e com uma maior sistematicidade, até mesmo por ter como fonte Pablo Vera. Interessante também notar o fato de serem, na história desses conhecimentos mbya, esses mesmos três primeiros capítulos os mais replicados e reproduzidos.

> Faz-se necessário, entretanto, advertir que unicamente o comunicado espontâneo pelo indígena tem valor científico, devendo os relatos ser escutados na linguagem autêntica das *ayvu porã tenonde* – tradições sagradas ou esotéricas –, ou seja, a linguagem religiosa, estando o índio sob a influência do fervor religioso às vezes na fronteira do êxtase que sempre o domina quando trata de coisas sagradas. (CADOGAN, 1997, p. 115, grifos meus).

Essas palavras de León Cadogan acima reproduzidas são de fundamental importância para pensar *Ayvu Rapyta*, sua oficina poética e, principalmente, os imbróglios e a ambiguidades do autor, que bascula entre um afã ortodoxo, com influências parabólicas do cristianismo ao representar os Mbya, e um método propriamente etnográfico. A passagem citada revela os afetos de León Cadogan textualmente, para além do processo de purificação a que submeteu seu texto. Como notei na primeira parte deste livro, León Cadogan sempre teve uma relação dual, ambígua, com as religiões instituídas. A um só tempo, dizia-se um "ateu livre-pensador" e um "ferrenho leitor da bíblia". Eram os textos bíblicos, segundo Cadogan, lidos "sempre para fins parabólicos" e para entender a "evolução do pensamento humano" (CADOGAN, 1990, p. 175). Rogelio Cadogan contou-me, como também já pontuei, que seu pai constantemente andava com uma bíblia debaixo dos braços, que a lia sempre quando possível.

Em alguma medida, o texto bíblico é o modelo – digamos, parabólico – de que León Cadogan faz uso para lidar com a dificuldade técnica básica de *todo* afazer antropológico, a saber, com as próprias categorias culturais traduzir as concepções de outrem, de uma dada alteridade. Essa operação típica da antropologia sempre coloca em cena a necessidade do antropólogo usar categorias (metafísica), modelos (instrumentos heurísticos) e formas (modos e estilos de narração e retórica) de sua "própria cultura" no processo de tradução e de (re)apresentação dos dados de suas pesquisas[98]. A palavra mbya, tal como coleta, transcreve e traduz León Cadogan, na multissituação, é parelha, *parabolicamente*, à palavra revelada (cristã) quando aparece em livro para nós leitores. Isso é notório em diferentes momentos de *Ayvu Rapyta* – como mencionado anteriormente –, em especial com relação à qualificação que dá Cadogan, de modo excessivo, aos saberes presentes no livro: como "secretos". O fato de o próprio autor reconhecer que o simples ato de um investigador "pôr-se em contato com algum índio medianamente versado nas mitologia e religião de seu grupo" como algo que é suficiente para "verificar" o quão "genuíno e fiel" (1997, p. 115) é o seu trabalho, em *Ayvu Rapyta*, mostra que a ideia de segredo desse corpus é algo inflada por Cadogan. O que se liga, por sua vez, ao que nomeio aqui de operações tradutivas, entendidas como tentativas de estabelecer pontes entre metafísicas.

Há outra questão de fundo, de ordem metodológica e ligada à história da antropologia nesse procedimento cadoganiano, a saber: o entendimento do segredo como uma importante e *recorrente chave heurística e retórica para a descrição antropológica*. Nesta, o conhecimento é estruturado – emulando o modo operativo de xamãs mbya, por exemplo, Pablo Vera – como algo a ser *revelado*. O pesquisador é pensado como uma figura, uma "dobra" que liga duas ou mais conjunturas culturais, que recebe e interpreta *revelações* de uma série de conhecimentos que, no cotidiano, é restrita a alguns membros e oculta aos demais. Poder-se-ia afirmar que tal pendor constitui um nicho, uma seara, um gênero (ou modelo) específico de saber etnográfico – *o do segredo*, que apresenta o conhecimento etnológico como algo a ser revelado[99]. O pesquisador, após uma série de mediações, recebe a revelação; traduz, transcreve e interpreta o que lhe foi

---

[98] Sem, contudo, ignorar o desiderato e a prática de poluir, trair, reinventar as nossas próprias categorias com as antropologias dos outros, da alteridade.

[99] Cf. CLIFFORD (2011).

permitido saber. O movimento heurístico é aquele que visa a dar luz àquilo que pode emergir, que está recôndito, escondido, inacessível, porém presente em potência prestes a se desdobrar. A etnografia é entendida como revelação, no caso, a palavra que foi revelada[100]. Não obstante, é mais: é fundamental ter-se em mente que "iluminar", "trazer à tona" o que está invaginado e recôndito, "desdobrar/desabrochar" são noções com *conteúdos filosóficos mbya plenos*.

Não se pode negar o fato de que Cadogan, inserindo-se nesse modo antropológico que pensa a etnografia como revelação, visou à criação de uma ortodoxia por meio do movimento que apresenta a palavra mbya como sagrada e secreta – *a criação de uma ortodoxia não pode ser deixada de lado*. É fato o aspecto não dogmático da palavra mbya, no sentido em que é dita por *um* xamã específico, logo variável de acordo com o *mburuvicha* envolvido na formulação e enunciação desses saberes, que não é estruturada em dogmas rígidos, nem inscritas, assim como pelo fato de ser trabalhada e interpretada por várias pessoas. Para lembrarmos a ideia de Melià, entre os Guarani, "cada xamã tem seu próprio ayvu rapyta" (1973, p. 13). Trata-se de um saber não dogmático, mas que, *nas penas de Cadogan*, traz um grau de ortodoxia. A rigor, se seguimos os aspectos internos dessa questão, a ideia de *revelação* contrapõe-se à de criação cocriativa e participativa. Contudo, como mostrado, ao lado desse movimento de "ortodoxização" operado por Cadogan há também a todo instante, na multissituação, um contramovimento de pulverização dos dogmas, uma heterodoxia – os aspectos e efeitos incontroláveis da prática cadoganiana e seus parceiros indígenas

---

[100] Cf. GRIAULE (1965), para um paralelo. Marcel Griaule, em sua obra tardia, registrou uma série lendária de relatos com um sábio dogon, o xamã Ogotemmêli. Nessa série há o relato de uma metafísica, também da palavra, cujos processos de coleta, registro e tradução desses saberes guardam semelhantes condições com aqueles que existiram entre León Cadogan e o mbya Pablo Vera em Ayvu Rapyta – muito embora a postura de "etnógrafo inquisidor" de Griaule difira bastante da de "etnógrafo ouvinte" de Cadogan.

– e mais, incontroláveis *da palavra mbya!* A palavra mbya é incontrolável, não dogmatizável – é a lição dessa palavra. A etnografia como revelação constitui-se, portanto e na prática, nesses casos, como apenas uma etapa, no sentido em que a massa etnográfica sempre foi, posteriormente em outros tempos e espaços, retrabalhada em diálogo e cocriações com alguns índios em procedimentos distantes da heurística e retórica do segredo – antes, no ateliê da palavra se viu o contrário, e nas purificações de Cadogan o contrário do contrário. Esse processo confere uma complexidade, como também uma ambiguidade, ainda maior a noções tais quais "revelação", "palavra interdita" e "divulgação".

A "inflação do segredo" constitui um artifício heurístico, vale dizer que bastante comum na prática dos antropólogos, a partir do qual a metafísica mbya é equiparada à cristã, uma paragem da metafísica mbya. O que quero destacar aqui é o fato de que estamos frente a uma série de saberes e conhecimentos que são, em certa medida, interditos no sentido em que usam um léxico com "circunvoluções metafóricas", de compreensão não imediata, e refratários à presença de um estrangeiro. Contudo, por outro lado, isso não condiz necessariamente com a representação de Cadogan, que excede na qualificação dos saberes mbya *como secretos, fechados* e de *pouca acessibilidade.* Menos que falar de "revelação da palavra", modelo bíblico, parece-me que o trabalho cadoganiano nos conta de uma *"aparição da palavra", que segue um longo itinerário:* isto é, a palavra é interdita, não imediata, contudo não enquanto uma ortodoxia, no sentido em que, mesmo interditada, essa palavra pode aparecer – e assim apareceu, e não só a Cadogan. Trata-se, para este trabalho, de entender a questão enquanto uma aparição, antes de uma revelação, já que a noção de revelação, de modo peremptório, traz consigo uma série de conceitos e categorias metafísicas que está ligada a uma versão, poder-se-ia dizer, ortodoxa da teologia e da doxa cristãs, que são incompatíveis, ao menos, com a *oficina poética* e o longo trabalho indigenista de León Cadogan. No caso da metafísica presente em *Ayvu Rapyta,* a explicação é o segredo, isto é, o segredo está no vínculo entre os *ditos* e os *contextos sociais.*

É também necessário destacar aqui a advertência (outro afeto do texto cadoganiano que está além de sua purificação) que faz León Cadogan na passagem citada há alguns parágrafos: a saber, o estado ideal para coletar essas informações é aquele em que está "o índio sob a influência do fervor religioso às vezes na fronteira do êxtase que sempre o domina quando trata de coisas sagradas" (CADOGAN, 1998, p. 126). O estado alterado, "na fronteira do êxtase", nem sempre foi possível e passível no e ao ateliê da palavra de Cadogan, já que é multissituado no tempo e no espaço. Ou seja, o "fervor religioso" é sempre situado con-junturalmente – as condições especiais e particulares de um dado momento ritual do contexto de campo "na aldeia", geralmente via performances com cantos e danças –, ao passo que o método de trabalho de León Cadogan deu-se sempre na multiplicação das situações (não *uno* aldeísmo).

Comparando dados etnográficos, Cadogan se vale do material e da análise dos cantos aranda pesquisados pelo linguista australiano Theodor George Henry Strehlow para notar que os Aranda também empregam um vocabulário muito especial, de uso exclusivo, nos seus cantos sagrados, além de adotarem uma grande variedade de métrica musical (CADOGAN, 1997, p. 115-116). Essa parte do capítulo é um acréscimo da segunda edição do livro, portanto ausente na primeira aparição de *Ayvu Rapyta* – essa obra multissituada e alongada no tempo. Em tom que lembra seus trabalhos de outrora, folcloristas, Cadogan aborda comparativa-mente como na antiguidade europeia os poemas eram cantados ou entoados, mas não recitados, chegando à conclusão de que a poesia anglo-saxônica foi escrita de modo semelhante aos versos aranda, isto é, ao menos em um sentido, pois teriam sido postos no papel em uma linguagem poética especial, que não pode ser entendida por alguém não treinado.

> o *mesmo fenômeno se observa nos cantos transcritos nos capítulos I ao IV*, e baseando-me no que sei dos Chiripá e Paï-Cayová, e nos cantos recolhidos por Schaden e Samaniego entre estes últimos, creio que não seria aventurado afirmar que constitui uma característica da cultura espiritual guarani[,] (1997, p. 115-116, grifos meus)

a saber, o aspecto da linguagem diferenciado das linguagens rituais que, como se vê em diversas etnografias, não se limitam ao mundo guarani, nem às poucas referências a que Cadogan teve acesso.

Essa citação grifada acima – que como dito presente só na segunda edição de *Ayvu Rapyta* – é esclarecedora sobre uma divisão implícita no livro, a saber, ao comparar os mais diferentes regimes de artes verbais com as mbya e ao dizer que é um "mesmo fenômeno" presente nos quatro primeiros capítulos transcritos, o que está a fazer León Cadogan, dentre outras coisas, é deixar antever a classificação interna e recôndita que o próprio usa para configurar e apresentar os saberes mbya. Os quatro primeiros cantos (dado, como notei, que o quarto capítulo é, na verdade, um apêndice ao segundo canto) constituem na apreciação, no modelo e na ciência cadoganiana um núcleo duro dos "anais religiosos" mbya.

Ainda no capítulo 8, Cadogan fornece informações que deixam claros não só as fontes, como os processos de transcrições e traduções multissituados. Assim, lemos:

> Os maiores serviços quem me proporcionou para "registrar este capítulo no papel foi o Francisco, de Tava'i, que, com paciência extraordinária, ia repetindo o ditado

pelo cacique Pablo Vera. Outro índio muito inteligente e paciente que me prestou serviços incalculáveis neste sentido foi Cirilo, genro de Tomás, de Yvutuko, que me repetia e explicava o ditado pelo seu sogro, pelo Cantalicio e outros dirigentes". (CADOGAN, 1997, p. 116).

O processo de trabalho aqui descrito estabelece um horizonte que mistura as entextualizações nativas e do encontro antropológico, contribuindo muito para pensar o estatuto da tradução no conhecimento e na prática da antropologia. Se Cadogan sente a necessidade de afirmar a autenticidade e a originalidade dos "anais religiosos" mbya, contra as possíveis acusações de artifício ou sincretismo, ao mesmo tempo ele destila informações ao longo do texto, que marcam a multiplicidade das fontes, dos tempos e dos lugares e que, em última instância, desautorizam uma noção simples de original ou de autêntico.

O capítulo traz ainda para o centro do palco uma importante personagem do panteão e do mundo mbya: *Pa'i Rete Kuaray*, isto é, o SoLeón Cadogan reconhece e, mais, *destaca* a enorme variação do tema, de acordo com o contexto, com o narrador e suas qualidades performáticas, o que me faz perguntar no quanto a variação poderia também estar presente na primeira parte de *Ayvu Rapyta*, com seus "cantos mais secretos". É difícil, porém, julgar se estamos diante de uma opção de Cadogan ou se, de fato, os primeiros cantos são mais estáveis, como ele nos faz pensar. Para o autor, a primeira parte de *Ayvu Rapyta* é "altamente filosófica e profunda", tendo forte timbre poético[101] (1997, p. 116), enquanto a segunda, mesmo contendo algumas exceções, traz um conteúdo "menos abstrato". De qualquer modo, ele também sustenta que a influência cristã sobre os conhecimentos que configuram a segunda parte do

---

[101] Material que poderia, afirma León Cadogan em um pequeno escorregão, típico do espírito de seu tempo, "ser extraído dos anais de uma raça muito mais culta que a mbya" (1997, p. 116).

livro é pouco provável, no sentido em que também são conhecimentos secretos, não facilmente divulgados[102].

Antes de adentrar no material etnológico do capítulo, León Cadogan faz breves comentários sobre os trabalhos de Samaniego e Nimuendaju a respeito da centralidade que os "mitos dos gêmeos" têm para os grupos guarani. Afirma, porém, que é algo que não encontra grandes ecos no caso dos Mbya responsáveis pelo material de *Ayvu Rapyta*. Os Mbya não admitem a divinização e a adoração dos gêmeos, caso se leve a sério a concepção nativa, segundo a qual irmãos que nascem simultaneamente de um mesmo parto representam uma ofensa aos deuses. É típico de casamentos que ofendem as divindades e que, portanto, criam uma lacuna para que o *Mba'e Pochy* (o ser colérico) se adiante aos deuses que provêm a prole – é quando se geram os gêmeos, com o envio de espíritos malignos. Gêmeos, para os Mbya, trazem algo da qualidade demoníaca (1997, p. 117).

Na proposição de C. Fausto:

> Entre os Mbyá do Guaíra, a saga dos gêmeos é submetida a uma transformação significativa. Nesse mito de difusão pan-americana, temos, em geral, dois irmãos gestados no ventre da mesma mãe, mas produzidos por pais diferentes. Entre os Tupi-Guarani, frequentemente o mais velho é filho do demiurgo Maíra e representa o xamanismo e a imortalidade, enquanto o mais novo é filho da mucura, símbolo da morte e da podridão. Nas 'Belas Palavras', porém, o Sol cria a Lua de si mesmo após a mãe ser morta pelos jaguares: ele faz um companheiro, a quem chama de irmão, mas nega sua gemelaridade, pois eles sequer partilharam o mesmo útero. [Um informante de Cadogan explicou-lhe a ausência de gemelaridade no mito, remetendo à concepção de que o nascimento de gêmeos é uma punição divina contra

---

[102] Nessa parte de *Ayvu Rapyta*, Cadogan segue também com o seu afã (e sua destreza linguística) de corrigir erros de trabalhos realizados por outros investigadores, que continham erros crassos que, como ele afirma, "minhas pesquisas posteriores, realizadas com critério científico e dominando já a língua, me permitiram retificar" (1997, p. 117).

o casal: "o índio jovem que me revelou a crença me disse que seria uma inconsistência muito grande que os Mbya adorassem a deuses gêmeos, se eles mesmos consideram os gêmeos como encarnação do Demônio e os eliminam ao nascer" (Cadogan 1959, p. 70-71)]. Talvez se possa ler aqui um fato mais geral, se tivermos em mente que, seguindo Lévi-Strauss (1991), o mito dos gêmeos trata da impossibilidade de uma identidade perfeita e expressa "a abertura ao outro" que caracteriza as cosmologias ameríndias. Seria descabido pensar que as transformações guarani representariam uma deriva à tentação identitária, esse *pli sur soi-même* de que falava Pierre Clastres, e que, consequentemente, ele estava certo, *exceto pelo fato de que as Belas Palavras não estiveram jamais 'ao abrigo de toda mácula'?* (2005, p. 402, grifos meus).

Os gêmeos da mitologia mbya colocam uma ideia interessante, a saber, "a infelicidade de sua existência na terra má é a repetição da infelicidade inaugural na qual encontram-se imersos Sol e Lua" (CLASTRES, 1974, p. 58-59). A terra imperfeita é a separação radical do espaço divino e todos os esforços são voltados para abolir essa separação, para transpor esse espaço infinito que nos separa dos deuses. Os homens estão e habitam a *Yvy Pyau*, um lugar em que a natureza é definida por meio das coordenadas alto e baixo, natureza e sobrenatureza, estando a humanidade no entremeio. Isto é, a humanidade não é nem divina, nem animal quando está na nova terra, *Yvy Pyau*. É possível afirmar que há um conceito de *totalidade acabada* para usar a expressão de Pierre Clastres (1974, p. 110). As belas palavras, palavras que habitam, se instalam na pessoa mbya; pelo topo da cabeça, entra o fluxo da palavra. É o fluxo das belas palavras que garante a possibilidade de pensar que não há um abandono total dos homens por parte dos deuses. Por meio delas, já que há um todo acabado, é possível lembrar a boa morada, os traços da primeira terra destruída no dilúvio e a promessa divina no porvir.

O capítulo tem 58 estrofes, mas que não são estrofes formalmente ditas, e sim algo como "unidades de ideias" (como propus) com estrutura de narrativas míticas – trata-se de uma gesta típica, que Cadogan opta por transcrever no formato versos-estrofes em vez da prosa. Aqui aparece uma versão mbya para o mito do Sol (*Pa'i Rete Kuaray*) e da Lua (*Jachy*), cujas façanhas são contadas em "sagas intermináveis", nos termos do próprio Cadogan (1997, p. 116).

Diferentemente de grande parte do material da primeira metade do livro, esses episódios foram recopilados no interior das casas indígenas, na linguagem em que foram narrados. Para mostrar a importância da narrativa, agregou mais duas (CLASTRES, 1974, p. 137-138): uma narrada por Pablo Vera "e outros índios"; outra por Tomás "e também por outros índios". Na segunda edição de *Ayvu Rapyta* há o acréscimo do manuscrito de Cadogan sobre a importância desses mitos em comparação com os dados oriundos dos Guayaki (CLASTRES, 1974, p. 138-139).

Capítulos 9 a 19

Tom semelhante está presente no nono capítulo sobre a "boa ciência" mbya. Cadogan informa que a primeira parte foi conseguida com o sábio Francisco, de Tava'i, que lhe descreveu as faculdades do médico-xamã (1997, p. 145). Na segunda parte, constam as transcrições de pregarias que se devem pronunciar para alcançar a "grandeza do coração" (*mby'a guachu rekorã)* e a "fortaleza" (*mbaraete rekorã)*. Na terceira e última parte, constam as mensagens recebidas pelos dirigentes mbya: são hinos particulares, individualizados, que foram coletados na intimidade das casas dos respectivos indígenas, todos eles nomeados pelo autor. Além dos comentários às numerosas estrofes presentes nesse capítulo, em suas notas lexicográficas, Cadogan destaca as figuras da mitologia mbya, de modo, às vezes, comparativo (CADOGAN, 1997, p. 173-175).

Na segunda edição há um acréscimo importante referente às estrofes 1-9 do nono capítulo. Formalmente se trata de um comentário cadoganiano. Cito:

> Mais ou menos um ano antes de sua morte, veio ver-me meu grande amigo Tomás Benitez. Estava muito agitado, dizendo-me que um dirigente, que não me recordo mais a localidade, o ameaçava, razão pela qual me pediu um papel. Lhe dei um salvo-conduto, e comentando o caso com outro índio, cheguei a saber que Tomas era acusado de ter causada a morte, por feitiçaria, de um moço jovem; se não me engano, o próprio genro. Este homem morreu repentinamente, aparentemente de problema cardíaco, e se não mataram Tomás, foi graças ao papel que o dei. O incidente demonstra o papel que desempenha a feitiçaria na vida dos Mbya, coisa que eu não havia chegado a saber quando escrevi o capítulo relativo à medicina; demonstra também a enorme importância que atribuem aos papéis. Este ponto merece um estudo detido a respeito do valor que a palavra *kuatiáva* assinalam os Paï.
>
> Genaro Vera, filho do célebre Pablo Vera, atribuiu a morte de um filho novo às más artes de uma mulher, que se salvou refugiando-se em outro grupo.
>
> O terceiro caso foi de um homem que morreu de hidrofobia. O suposto culpado foi perseguido e se salvou refugiando-se na Estancia "Primeira", de Caaguazú.
>
> Os Guayaki designam, como *Pajé(gi)* aqueles, mordidos por cobras venenosas, não sucumbem. Aparentemente gozam de certos privilégios, mas ainda não pude averiguar em que consistem.[103] (CADOGAN, 1997, p. 168).

---

[103] Há também um acréscimo na segunda edição nesse mesmo capítulo, referente aos temas *Tupichua, pichua* – alma ou espírito da carne crua –, cujos informantes foram Angelo Garay e outros

O capítulo seguinte trata da medicina mbya[104]. Aqui Cadogan fornece uma série de informações sobre as relações entre *teko achy*, as imperfeições humanas, e as várias enfermidades, *mba'achy*, a que os Jeguakáva estão sujeitos durante a vida terrena. Ele também informa a respeito do que acontece após a morte de um Guarani com *teko achy:* converte-se em ãngue ou *mbogua*. Assim, "as enfermidades são atribuídas à influência de nossas próprias paixões sobre nossos destinos, a não observância dos preceitos divinos e as infrações ao código moral" (CADOGAN, 1997, p. 179). Esse capítulo narra quais são os instrumentos de que dispõem os indígenas em sua "medicina racional" para se defenderem das doenças – em sua maioria, resultas de *teko achy*. Os remédios foram divulgados pelos deuses em suas belas palavras. Requerem fidúcia para que sejam eficazes. Cadogan apresenta ainda uma lista de doenças e suas respectivas receitas.de tratamento (1997, p. 182-185).

O capítulo 11 é denominado Ñande rekorã oeja va'ekue Ñande Ru Porãkuéry "Los preceptos que dejaron Nuestros Buenos Padres para nuestro govierno" e apresenta o "código mbya guarani", recopilado graças ao auxílio dos intelectuais myba Pablo Vera e de Francisco. No código moral em questão, a noção de compensação (*epÿ*) ligada ao conceito de justiça é recorrente. Carlos Fausto (comunicação pessoal) chamou a minha atenção para uma importante questão ligada às noções afins ao termo mbya *epÿ* na etnologia americanista. Em sua etnografia a respeito dos Parakanã (2011, p. 324-325), C. Fausto esboça uma *teoria da guerra*, na qual há uma importante nuance:

> A significação comum aos vários termos nativos traduzidos por vingança remete, de modo interessante, a uma

---

mbya (1997, p. 174-175).

[104] A partir daqui, faço uma menção mais breve aos capítulos devido a seu conteúdo mais diverso e fragmentado, mas principalmente para retomar e atacar mais detidamente os temas da tradução/metafísica e do conhecimento antropológico que são o cerne deste livro.

forma de troca que parece aproximar-se da troca econômica. Journet (1995, p. 189) nota que entre os curripacos, a expressão *pauma pakuada* ('querer seu retorno') 'aplica-se particularmente à vingança e às transações negociadas, como, por exemplo, os casamentos com compensação'. De modo geral, os termos para vindita são mais bem traduzidos como pagamento, equivalente ou contrapartida. Assim, nas línguas tupi-guaranis, os cognatos do verbo *tepy* (Montoya 1876) significam pagar e vingar; o vocábulo kayapó *pãnh* traduz-se por vingança, pagamento, compensação (Verswijver 1992a, p. 173); os wari' vertem para o português o movimento da vindita como 'pagar um parente morto' (Vilaça 1992, p. 96); no Chaco, encontramos o vocábulo nivacle *caatshai*, 'vingança', que parece conter o morfema *sha*, 'preço ou pagamento' (Sterpin 1993, p. 58). Na maioria dos grupos ameríndios temos uma distinção entre a ideia de vingar-pagar e trocar no sentido clássico do dom. Isso não é, em si, um empecilho para se tratar a guerra como troca [105].

Voltando ao corpus de *Ayvu Rapyta*: a parte dedicada ao homicídio é extraída de uma fala de Pablo Vera pronunciada por ocasião de "un ajusticiamiento de un reo" (CADOGAN, 1997, p.

---

[105] "Em parakanã existe um verbo que se emprega exclusivamente no sentido de 'vingar': *-ajongepyng* (ocidentais) ou *-ajomepyng* (orientais). Não sei analisá-lo com segurança, mas meus informantes traduzem-no por 'pagar [o morto]'. Pode-se também usar, com o mesmo sentido, o verbo *-wepy*, que em outros contextos significa 'pagar', 'oferecer uma contrapartida'. O conceito de vingança implica, pois, a idéia de pagamento ou contrapartida. As mortes subseqüentes são a compensação pela primeira, são o seu preço: 'para que eu dance com vigor, eu digo meu irmão, ao pagar meu avô, ao pagar meu tio' (*tajerahyetene weja, wetywyneto, wetamonia-repy-ramo je jano, wetotyra-repy-ramo je jano*), diz o matador anunciando que dançará no ritual, pois pagou-vingou seus parentes. 'Pagar' (*-wepy*) não se confunde com 'trocar' (*-ponekwam*). Este último parece exigir semelhança estrita (não simples equivalência) e direção contrária. Assim, troca-se de posição com uma pessoa quando se cruza com ela em sentidos opostos, trocam-se flechas quando inimigos as lançam de parte a parte, trocam-se espingardas quando se permuta uma por outra, trocam-se mulheres quando dois maridos intercambiam suas esposas. A cadeia matrimonial, contudo, não pode ser descrita como conjunto de trocas, tampouco pode ser assim concebida a realização mútua de serviços entre os cônjuges. 'Pagar' (*-wepy*) implica o encadeamento necessário entre dois atos sucessivos e equivalentes. Tal equivalência, porém, não é objetiva, mas subjetiva: o que tem igual valor é a intencionalidade das ações, e não os objetos ou serviços permutados, embora seja preciso que haja suporte objetivo para que as ações tenham intenções equivalentes" (FAUSTO, 2011, p. 271-272).

191) condenado por assassinato. Vale lembrar que a compilação do código guarda lastros com a ação indigenista de Cadogan em favor dos indígenas, em especial, com os célebres casos já tratados aqui de Emilio Rivas e Mario Higinio (ver primeira parte deste livro).

Há também um capítulo dedicado aos "conselhos de casamento", que vão desde "trabalhar duro", "neblinar a casa", evitar a flatulência; outro a respeito das normas, inspiradas pelas belas palavras dos deuses, para a agricultura (práticas e noções recopiladas graças à ajuda dos indígenas Tomás e Francisco), em que se destacam ideias de reciprocidade, de bem comum e do trabalho de zelo do deus Tupã. O capítulo das aves migratórias, por sua vez, relata os caminhos cíclicos dos pássaros, que retornam à morada de seus verdadeiros pais no inverno, bem como a associação de alguns cantos dos pássaros a desgraças e outros fenômenos.

Têm-se também capítulos sobre os amuletos e filtros usados pelos Mbya: *Kaavo Tory, Manga ysy* e o sangue de jaguar, por exemplo; sobre os heróis divinizados da mitologia Mbya, capítulo em que há relatos sobre aqueles que alcançaram o *aguyje*, a perfeição, como ocorreu com o capitão Chikú de quem falamos mais atrás (1997, p. 233-237); sobre a famigerada "Terra sem mal" (*Yvy Marã'ey*). Embora Cadogan já tenha apresentado o tema no capítulo referente à Nova Terra (*Yvy Pyau*), é no décimo sexto capítulo, "Capitán Chiku", que há maiores informações a respeito. A partir da narrativa de Chiku que alcançou *aguyje* – relatada por Pablo Vera e "outros, de Arroyo Kurukuchi'y o Urukuchi'y" (CADOGAN, 1997, p. 229), atual San Joaquín –, Cadogan fornece dados que também fizeram fama por meio, em especial, da antropologia francesa da segunda metade do século XX. O relato em versos das transformações alcançadas por Chiku é assim mencionado:

> [...] mediante aos exercícios espirituais, livra paulatinamente o corpo do lastro que representa *teko achu*, as imperfeições humanas, o corpo vai perdendo paulatina-

mente seu peso até ficar imponderável e postulante, sem sofrer a prova da morte, ingressa em *Yva* ou *Yvy Marã'eÿ*, que consegue cruzando o mar que separa a terra do paraíso. (1997, p. 229).

Heróis divinizados, ligados a uma *longa duração*, na leitura do guairenho:

> De *Kuarachy Ju, Kuarachy Ete, Takua Vera Chy Ete, Karai Katy* y *Kapitã Chiku*, os heróis divinizados da mitologia *jeguakáva*, pode se afirmar, baseando-se em detalhes contidos em seus respectivos mitos, que obtiveram *aguyje* e ascenderam ao paraíso depois da Conquista. Este fato o confirma a asseveração dos dirigentes de que a origem do Mar Grande, *Para Guachu Rapyta*, está situada além de *Kurutue Retã*, o país dos portugueses. Sendo notória a tenacidade com que os *Jeguakáva* se aferravam a sua religião, língua e tradições, e os desesperados esforços que realizaram para se livrarem da dominação espanhola e da assimilação, é quase seguro que Chikú, Chapá e demais heróis eram médicos que conduziam a suas respectivas trilhas em um êxodo até o mar a fim de salvá-las da dita dominação. E uma investigação exaustiva das tradições referentes a estes caudilhos religiosos sem dúvida alguma lançaria luzes sobre as grandes migrações guarani em busca da Terra sem Males: *Yvy Marã'eÿ*, de tão funestas consequências sobre o corpo político e social da raça e cujas causas, tomando o que diz Nimuendaju, ainda não foram satisfatoriamente explicadas pelos cientistas.
>
> As causas destas migrações, entretanto, existiam antes da Conquista, tal como é possível comprovar pelo mito de *Karai Ru Ete Miri* e os dados que fornece Montoya na *Conquista Espiritual* (1989, p. 132) sobre a veneração dos esqueletos e a reencarnação do espírito nos mesmos. (CADOGAN, 1997, p. 230-231).

No capítulo 17, "A língua de nossos pais", Cadogan apresenta, em um raro momento, algumas fontes bibliográficas por ele usadas, tais como Schmidt e Belaieff (a respeito do idioma secreto em grupos guarani do Chaco), Nordenskjöld (os Chané), Métraux (sobre os Tapieté e o discurso guarani-chiriguano). Por meio da comparação, chega à conclusão de que o léxico sagrado *ayvu porã* ou *ñe'ë* é "de origem indiscutivelmente guarani" (CADOGAN, 1997, p. 238).

Há uma série de nomes secretos que são usados para referir-se a certos animais (CADOGAN, 1997, p. 239). Esses dados só constam na segunda edição do livro, típica operação cadoganiana de obra-aberta, com pesquisas posteriores. Esses nomes foram revelados a Cadogan pelo mbya Angelo Garay – o mesmo do imbróglio com Pablo Vera. De modo complementar, há também uma lista em que é possível ver os nomes religiosos ao lado dos comuns usados pelos mbya (CADOGAN, 1997, p. 240-241), assim como palavras do guarani contemporâneo e seus equivalentes mbya (CADOGAN, 1997, p. 242-243): ora, isso indica bem como León Cadogan enxergava os possíveis futuros frutos que seu trabalho poderia ajudar a gerar.

Os contos, as lendas e as brincadeiras infantis ocupam 50 páginas em *Ayvu Rapyta*. É um corpus muito variado, sem uma coesão global direta que o abarque. O fato de os comentários de Cadogan estarem ausentes nessa parte do livro, bem como a opção por apresentar esse material na forma de versos, é uma incógnita para mim. É interessante notar que há também, no livro, uma série de textos que poderíamos classificar como provérbios, advinhas, jogos infantis, falas mágicas – falas que considerável parcela da sociolinguística aloca no meio do caminho entre a linguagem ordinária e a linguagem mágico-poética, isto é, também são modalidades que organizam a fala de forma especial (não cotidiana).

O livro termina com o capítulo "El concepto guaraní de 'alma'" (CADOGAN, 1997, p. 301-307), que tem um tom distinto de todo aquele que marca o corpus do livro, na medida em que é o único capítulo marcadamente analítico e interpretativo, em vez de etnográfico ou linguístico. Nele, Cadogan conecta o campo linguístico mbya a discussões propriamente radicadas no campo da filosofia da linguagem, algo que abordarei na próxima seção. *Ayvu Rapyta*, finaliza León Cadogan (1997, p. 307), é uma recopilação que pretendeu "mostrar o engenho e a originalidade" dos indígenas. Esse registro especial, continua ele, das falas de *Ayvu Rapyta* traz variações morfológicas, sintáticas, lexicais, estilísticas, empastamento semântico, assim como faz uso de procedimentos que intensificam certos conteúdos e mensagens: sinonímias raras, arcaísmo, junção de metafísicas, intertextualidade.

A Palavra-Força

Para dizer um truísmo, as relações entre cosmologia e linguagem nas narrativas míticas apresentam vários graus. Uma narrativa cosmológica (TAMBIAH, 1985), por exemplo, apresenta o delineamento do universo em torno de ideias como espaço, tempo, matéria, causalidade; traduz o mundo em termos de um panteão de divindades, de humanos, de animais e de demônios, no mais das vezes, por meio de uma concepção de mundo marcadamente dinâmica. A *palavra fundamento* mbya, pela qual León Cadogan apaixonou-se e buscou dar ênfase em suas transcrições, traduções e criações ecoa esses horizontes gerais. No caso do material com o qual trabalho, quero enfatizar as relações: deidade e criação, palavra e cosmos – a fundação palradora dos mundos.

Antes, uma comparação importante: as vinhetas etnográficas (e filosóficas) reunidas por Tambiah (1968, p. 182-183) visando a extrair um modelo analítico para pensar a ação ritual mostram casos em que noções de "palavra", com variações em cada caso, estão ligadas à criação do cosmo. Não obstante, afirma o autor, em meio a todas as diferenças há uma concepção recorrente: a palavra cria o mundo e suas qualidades. Por exemplo, na religião parsi, na batalha entre o bem e o mal, é pela *palavra falada* que o caos – isto é, o tempo-espaço indiferenciado, contínuo, "as trevas primevas" – foi transformado em cosmos, o contínuo-confuso em discreto; já com os egípcios do Antigo Egito tem-se o deus da palavra; os semitas concebem, por sua vez, a palavra de deus como aquela que é capaz de criar os objetos; ou na doutrina do *logos* grego, para a qual a alma (ou a essência das coisas) reside em seus nomes[106] (TAMBIAH, 1968).

De modo esquemático, ter-se-ia primeiro uma divindade que cria o mundo no ato de nomear; segundo, um mundo criado, no qual o humano assume a função da nomeação, por meio da fala; então, por fim, a constituição clara do conceito de palavra, em termos míticos, entendida como uma entidade capaz de atuar e gerar efeitos por si mesma. Esses três princípios, afirma Tambiah, estão relacionados dos mais distintos modos em variadas cosmologias. É também o caso, tal como o entendo, da cosmologia mbya e sua palavra fundamental. Assim, tanto na bíblia cristã, na metafísica trobriandesa, no *logos* grego quanto na palavra-fundamento (*ayvu rapyta*), as divindades instituem a fala (e, em alguns casos, a atividade classificatória); as figuras da criação a usam em sua potência; a linguagem é concebida e vivida como tendo um poder independente e capaz de influenciar o mundo atual (isto é, o mundo do tempo não mítico).

Em seu texto sobre o conceito de alma guarani, que integra de modo conclusivo o livro *Ayvu Rapyta*, Cadogan (1997, p. 301-

---

[106] Os Busama, da Nova Guiné, apontam para uma questão muito cara a meu argumento. No mundo mítico indiferenciado, cada pessoa tem uma "fala separada". A comunidade de falantes foi um desenvolvimento posterior, realizado por um herói cultural, um transformador (HYMES, 1996, p. 28). De forma sucinta, a metafísica busama, na relação palavra-criação-mundo, apresenta duas reflexões instigantes, a saber: trata-se de um movimento para a uni-versidade ou para a di-versidade? Concebe-se um mundo dentro ou entre uma comunidade de falantes? Uma perspectiva universalista (de Hymes) colocaria as respostas na ideia de tempo, concebida de forma evolutiva, em que há uma referência ao passado, à origem das línguas, assim como há uma ao futuro para se construir uma moral da unidade.

307) busca sintetizar e sistematizar conceitos guarani em torno da noção de palavra-alma-linguagem. Partindo da comparação de Peramás (1946), na qual a teoria da linguagem guarani é posta ao lado da visão platônica sobre a linguagem, tal como expressa em "Crátilo" (as línguas não seriam humanas, mas uma dádiva dada aos homens pelos deuses), Cadogan dá um passo a mais no argumento. Ele afirma que o segundo capítulo *Ayvu Rapyta*, tido como o "mais sagrado e importante" da metafísica mbya, expõe reflexões que "ultrapassam as de Platão", no sentido em que afirmam não somente que a linguagem é divina, mas também de que é a "primeira obra do Absoluto quando assumiu a forma humana em meio ao caos primevo" (1997, p. 301). A ideia de fundo destacada é aquela segundo a qual a linguagem humana é o germe e a medula da palavra-alma[107]. O cerne dessa ideia é a concepção de que o conceito de alma guarani tem uma sinonímia, a saber: "expressar ideias" e "porção divina da alma" são noções sinônimas. Ao longo de *Ayvu Rapyta*, Cadogan enfatiza várias vezes esse ponto:

> *Ayvu* significa em mbya-guarani: falar, linguagem humana; e *ayvu rapyta* (literalmente: origem da linguagem humana) significa segundo os dirigentes mbya, o que chamaríamos de origem ou germe da porção divina da alma (1997, p. 33-46).

> Ñe'ëy, ñe'ë, é a palavra-alma, a porção divina da alma que se encarna no ser humano uma vez engendrado (1997, p. 33-46, p. 66-77, p.85-94, p. 145-169). Significa também palavra em: *che ñe'ë ñeychyrõ*: minhas séries de palavras.

---

[107] Cadogan preocupa-se em assegurar o estatuto originário desse conhecimento aos indígenas, mas reconhece que não está autorizado – nem nenhum outro pesquisador – a postular uma hipótese sobre a origem dos versos que descrevem o surgimento da linguagem humana. Desde logo, apressa-se em afirmar, "o objeto desta presente recopilação não é o de aportar argumentos probatórios de tal ou qual sobre as origens nem do grupo nem das tradições recopiladas, senão, como já dito, o de reunir alguns elementos de juízo que facilitem a tarefa do pesquisador que queira aprofundar no tema da alma do indígena e penetrar até o fundo de suas concepções religiosas" (CADOGAN, 1997, p. 302).

> 'E significa dizer, tanto em nosso guarani clássico como em mbya-guarani; e para expressar o conceito que encerra nossa palavra ressuscitar, isto é, o devolver a alma ao que morreu, empregam os Mbya a palavra *eepy*, cuja tradução literal é: resgatar ou redimir o dizer. O nome com que designam o patronímico sagrado dado pelos deuses ao homem e que o acompanhará pela vida e que, segunda as crenças mbya constitui parte integrante da natureza do homem, é: *ery mo'ã a:* aquilo que mantém erguido o fluir do seu dizer (1997, p. 79).

Em resumo, os vocábulos *ayvu, ñe'ëy* e *'e* traduziriam os conceitos duplos de (CADOGAN, 1997, p. 302-303):

1. Linguagem humana, origem da porção divina da alma humana.

2. Palavra, porção divina da alma.

3. Dizer: o princípio vital; a alma, o dizer (Verbo).

Comparando-os com os dados de Nimuendaju e de Samaniego (CADOGAN, 1997, p. 303), fica clara a ressonância do conceito de alma-palavra-divina entre os diferentes grupos guarani. Se há uma noção de fundo que alicerça o "mundo guarani", é aquela de alma, que se mantém apesar de todas diferenças linguísticas e sociológicas. Portanto:

> Temos [...] três nações falantes guarani, falando três dialetos distintos do guarani e povoando três regiões muito separadas entre si, que, para designar a parte divina, não perecível da alma humana, empregam vocábulos que traduzem o conceito de palavra, linguagem humana; quer dizer, para quem os conceitos de: porção divina da alma e linguagem humana constituem uma única ideia, um conceito indivisível.[108] (CADOGAN, 1997, p. 303-304).

---

[108] Outros exemplos textuais em empregos distintos: "*Ayvu* no guarani clássico, esse termo denota a noção de 'ruído'. 'Ruído' em mbya se diz *evovo, hevovo*". (1997, p. 43). "Ñe'ë porã tenonde: as primeiras belas palavras. Nas tradições xamânicas, dizer 'as primeiras belas palavras' é mais frequente com a célebre expressão *ayvu rapyta*. Animais e plantas têm alma, têm ñe'ë y. Ãngue, palavra empregada para designar a alma do defunto" (1997, p. 43).

Os *Jeguakáva* (Mbya do Guairá), os *Avá Guarani* da fronteira e os *Apapokúva Guarani* do Brasil são três grupos que concebem uma dualidade da alma, porquanto estipulam que fala (linguagem humana) e porção divina da alma são sinonímias. Os grupos também partilham raízes semânticas paralelas, utilizam cognatos de *ang, ãngue* (que, no *guarani clássico,* denotaria a "alma humana") para designar a porção animal, telúrica, da alma [109].

Ãngue, para os Mbya, ã, estar em pé: para entender esse termo e chegar à sua tradução, que ecoa também o que afirma Montoya no *Tesouro,* Cadogan destaca alguns exemplos do emprego em sentenças (1997, p. 305):

> *Jaipycho yguýpy imo'ãmy:* Fixamo-lo debaixo d'água, em posição vertical.

> Oãmývyma: em virtude de haver se erguido, de haver assumido a forma humana.

> *Kue (gue, ngue),* sufixo de pretérito, porém é também um traço linguístico que expressa qualidades abstratas dos seres e coisas.

Desse modo tem-se "as qualidades de um ser vertical, erguido, que foi; em outras palavras: a mortalidade de um ser humano desaparecido, pois não existe outro ser vivo cuja posição norma é a vertical" (CADOGAN, 1997, p. 306) – uma alma que é exclusiva dos humanos pós-morte, ãngue, não partilhada por outros seres, no sentido em que, na teoria mbya, os animais, por exemplo, só têm ã. A verticalidade é o conceito chave em

---

[109] Outro exemplo do exercício de comparação de Cadogan, "salta aos olhos que este *asygua,* alma animal, segundo Nimuendaju, é o mesmo *teko achykue (teko asykue),* o produto das imperfeições humanas dos Jeguakáva. Ao morrer o Apapokúva, sua *asygua* – alma animal – se converte em *anguéry,* espírito perigoso; ao morrer o Mbya, sua *teko achyku* – produto de suas paixões – se converte em ãngue ou *mbogua,* espirito igualmente perigoso que se faz necessário afastar com rezas e fumo de tabaco, especialmente criado por Jakairá, deus da primavera, para este fim" (CADOGAN, 1997, p. 305).

questão. Diferentes contextos guarani apresentam a mesma ideia, segundo a qual,

> fora do homem, do ser vivo vertical, nenhum outro ser vivo possui ãngue. Porque esta porção da alma é produto da mortalidade, devendo sua gênese exclusivamente às paixões e imperfeições inerentes ao ser que viveu erguido: *o'ã va'e reko achukue* (CADOGAN, 1997, p. 306)[110].

Já a ideia de "linguagem humana" é expressa pelo conceito *ayvu*, e Cadogan traça outros paralelos para reforçar essa tradução. O termo *ñe'eng* denota a ideia de palavra e também é usado para os sons dos animais (portanto, aqui se coloca a questão de que não é uma exclusividade dos humanos terem alma). Há também o termo *'e*, que é um conceito duplo, a saber: conota, simultaneamente, *expressar ideias* e *porção divina da alma* (CADOGAN, 1997). Pablo Vera, por exemplo, afirma:

> *Ayvu Rapyta, ñe'eng ypy, Ñande Ru tenonde kuéry yvy rupa re opu'ã va'erã gua'y reta omboú ma vy omboja'o i ãguã//*
> O fundamento da linguagem humana é a palavra-alma originária, a que os nossos primeiros pais, ao enviarem a seus numerosos filhos para a morada terrena erguer-se, as repartiram. (CADOGAN, 1997, p. 42).

Na gesta, as palavras foram perdidas, porém recuperadas pelo primeiro pai, que as contém (CADOGAN, 1959, p. 24). Isso vem ao encontro do que disse há algumas páginas. A teoria da palavra, dado o mundo atual, possibilita pensar um ambiente em que há respostas, caminhos, para uma questão cara à meta-

---

[110] Na nota etiológica de Cadogan sobre Ñamandú Ru Ete (1959, p. 27), vê-se, em uma etimologia, digamos, "selvagem": "o verdadeiro pai Ñamandú; ou, possivelmente, o verdadeiro pai do ou dos Ñamandú; deus do sol. A meu ver, se decompõe em: ñe'ã = esforçar-se, erguer-se, dedicar-se às rezas; *andu, endu*, perceber. Uma análise do conceito que encerram o vocábulo ã e seus derivados induz a crer que o verdadeiro significado de Ñamandú *Ru Ete* é: o verdadeiro pai dos que se erguem conscientemente; ou possivelmente: o verdadeiro pai dos que escutam as rezas. No primeiro caso, Ñamandú seria o verdadeiro pai da humanidade; no segundo, o verdadeiro pai dos deuses. Como Ñamandú criou os demais deuses, a segunda hipótese me parece mais razoável".

física e à vida mbya. O mundo de seres radicalmente linguísticos – mas que não são mais plenos porque não habitam a primeira terra destruída, e sim a nova terra de coisas que não perduram – coloca em cena *um ideal perdido de uma fala divina potente que, no mundo presente, é somente destroços*, palavras perdidas, mas recuperadas pelo Primeiro Pai (CADOGAN, 1959, p. 24), que as conta para os deuses auxiliares que, por sua vez, inculcam-nas nos sujeitos. Esses sujeitos mbya podem manter, assim, as palavras em fluxo, tendo, portanto, "esperanças", já que podem acessar as palavras, destroços do mundo, pela dança, pelas rezas, pelos atos de nomeação, nas trocas e intercâmbios cosmológicos entre os *mburuvicha* e os deuses, horizonte que mantém o fluir e a autoridade do dizer no outrem e em alhures.

A expressão mbya *ayvu rapyta* apresenta uma mancha semântica. Ela é plurissemântica e traz consigo várias implicações: é escorregadia e plural. É possível observar que, mais de uma vez, Cadogan faz uso de uma mitologia implícita para conseguir traduzir a expressão, a qual adjetiva com o termo "humana", ao invés de fazer uma tradução mais literal, em que não está presente, de modo explícito, a ideia de humano.

Ao discutir com Melià essa noção mbya e perguntar por que ele optou por não usar (retirar) o qualificativo "humano" em sua tradução dos cantos coletados por Cadogan (2005, p. 21), ele contou-me ter buscado uma tradução mais literal:

> Simplesmente, temos na expressão *Ayvu Rapyta*: *apyta* é ficar, "eu fico aqui", "eu fico sentado". Porém, como acontece de modo frequente no guarani, muitos verbos são também substantivos. Para citar um exemplo, *karu* é "eu como", *akaru* "eu sou comilão", também como adjetivo.
>
> Na expressão *ayvu rapyta*, a construção sintática do guarani permite duas traduções. Tanto "palavras fundamentais" ou "a palavra fundamental", quanto "o fundamento

da palavra". Se optarmos por uma tradução mais prosaica, "a palavra básica", ou "a base da palavra". Eu quase traduzo por "a palavra fundamental", contudo há o fato mesmo de como a expressão está construída, pois, também pode ser substantivo, "o fundamento da palavra".

Porém, Cadogan adverte que *ayvu* é diretamente ligado ao colonialismo, pois significa "barulho", no guarani clássico, que sofreu transformações semânticas no percurso da história. Barulho, algazarra (dicionário Guasch). *Ayvu*, um grupo de porco do mato.

Em uma expressão sobre o célebre homicídio, o xamã Pablo Vera usou *Ayvu* para denotar algo como "nestas circunstancias eu não tenho caminhos para falar". Isto mostra o quão forte e plural é esta noção. Algo como, "fico sem palavras". *Mbach'ayvu*, "não tenho caminho de palavra", ou "a palavra não tem caminho" (2013a).

A tradução por "humano" em Cadogan resulta de um recurso a uma mitologia (implícita) mbya. Essas noções nativas aqui elencadas em torno de uma cosmogonia palradora apresentam-se em uma série concatenada. Nela vê-se um conjunto de ideias associadas: nome, ser, palavra em fluxo, corpo e, também, como sugere Cadogan, a ideia de "estar ereto", que é ser humano consciente. O nome, pois, é parte integrante do ser, "aquilo que mantém erguido o fluir do seu dizer" (CADOGAN, 1997, p. 73).

Ayvu, ñe'ë, ä: todos registram a noção de palavra-alma, ato de dizer, assim como uma concepção em que é impossível pensar alma separada do corpo, porquanto não é algo que se tem, antes é algo que se é. Alma e palavra adjetivam-se reciprocamente em corpos[111], princípio nativo que reflete, por sua vez, a dualidade presente no conceito mbya de palavra: ação e expressão, que requer um corpo para soprá-la e circulá-la no mundo.

---

[111] "Assemelhar-se-ia ao conceito de *nEphesh* ou *psychè* dos gregos?", pergunta-se Chamorro, já que "alma e palavra podem adjetivar-se mutuamente, podendo-se falar em palavra-alma ou alma--palavra, sendo alma não parte, mas a vida como um todo" (1998, p. 49).

Em uma comparação a respeito da noção de palavra entre coletividades guarani, Graciela Chamorro nota:

> [...] que tanto nos léxicos escritos por Montoya, no século XVII, como nos registros de etnógrafos de nosso século confere-se uma capacidade expressiva singular ao termo 'palavra', entre os Guarani. Ñeë é expressar-se, é palavra, é linguagem. Tentar a palavra [sic] é jogá-la pra frente, ñeëäa. Refletir antes de falar é jogar a palavra diante de si. Falar com ternura ou por querer no que se diz é vestir as palavras, ñeë monde. A palavra dita com ternura é a palavra ainda não madura, ñeë aky. A palavra alegre é de olhos pequenos, ñeësai. Ñeë syry é a palavra que sai facilmente da boca, que escorrega. A palavra entrecortada é ñeëndóy, razão solta. Ser mudo ou silenciar é comer as palavras, ñeëngu. O segredo é palavra escondida, ñeë ñemï. Palavra dura é o chamar alguém com psiu, ñeë piru. O aturdir com palavras é deixar o outro perdido, ñeë poromokañy. Falar timidamente é ter medo, ñeë kyhyje. Palavra gorda, ñeë kyra, é mentira. Resposta é a palavra que encara, ñeë rovaicha. O falar ordinário é uma plantação de palavras, ñeëtyra. A palestra, o sermão, a conversa é tornar-se palavra, ñemoñeë. (1998, p. 52-53).

Primeiro, um traço que quero destacar e forjar uma interpretação pessoal – a partir dos dados de Cadogan, tomados em primeira mão – é que a palavra mbya constitui menos uma noção de *palavra em termos linguísticos* e mais de palavra-força. A linguagem é concebida como um excesso de força que se liga à cosmologia guarani[112]. A palavra assim como não é uma dimensão linguística, em seu conceito, também não é entendida pelos índios enquanto um corpo doutrinário, e sim como algo que é inspirado, soprado, palavra falante, ligada aos sujeitos particulares que a emitem.

---

[112] Para um paralelo interessante alhures, ver a cosmologia mapuche e sua noção de palavra-força descritas por Course (2012).

A expressão *oãmyvyma*, cuja tradução de Cadogan é "havendo-se erguido (assumido a forma humana)" (1997, p. 32-33) é esclarecedora a respeito. Uma comparação breve com os Tapirapé, família tupi-guarani, vem a calhar. Yonne Leite (1998) mostra como o sistema de classificação numeral tapirapé aglutina classificações por forma, por quantificação e pela perspectiva do falante, de modo imbricado. Por exemplo, a combinação *'aã i' ymi* agrupa em uma mesma classe homens, pássaros e árvores, pois ela reúne o que está "redondo" com o que "está em pé" (p. 88-89), isto é, o que tem pernas, pés, para se apoiar e não precisa se sustentar. O sistema de formas em questão é expresso por "verbos de posição" (p. 87), verbos de posição, em que a configuração dos entes e dos objetos é associada aos lexemas que significam "sentado", "de pé", "estendido", "suspenso" (p. 95-96). Ou seja, "não é a forma física intrínseca do objeto que determina a escolha do lexema, mas antes sua posição" (p. 95-96). Assim, as ideias de forma, tempo/aspecto e espaço aglutinam um mesmo lexema para expressá-las.

Retomando a expressão mbya *oãmyvyma*, segundo B. Melià (2013a, comunicação pessoal), trata-se de "havendo-se posto em pé". Somente na décima estrofe do segundo canto Cadogan dá maior ênfase na tradução para a ideia de "levantar-se, colocar-se em pé" *rogueropu'ãma*, (CADOGAN, 1997, p. 39). A pergunta é: em que lugar está localizada essa ideia no contexto textual, já que é tão importante para a metafísica mbya e, mais, na estabilização que dela fez Cadogan em seu livro?[113]

Segundo Melià (2013a), o próprio Cadogan sempre destaca que o verbo expressa um ato *reflexivo*, o de "se colocar em pé" (no Montoya também se vê o mesmo).

O verbo *oãmy* curiosamente é coloquial, não é um vocábulo secreto.

---

[113] A ênfase corpórea, por outro lado, é o acento que precisa ser apresentado aos leitores?

É muito usado para coisas corriqueiras, "ficar em pé", "se levantar da cama".

Rogueropu'ãma é muito interessante porque pode ser duas coisas: "eu te faço levantar levantando a mim mesmo", "quando nos levantamos fazemos que os outros levantem junto conosco". É próprio do *ro*. O primeiro *ro* é a primeira pessoa exclusiva, já o segundo *ro* é "fazer mas me fazendo". Por exemplo, uma sentença como "eu faço caminhar um porco, vou atrás, mas o faço caminhar", *aro guata*.

Ao mesmo tempo que faço outrem caminhar, eu estou me fazendo caminhar. São dois factivos. Uma ação que faz com que o outro faça. (MELIÀ, comunicação pessoal, 18/12/13).

Estar em pé, estar consciente[114], a ideia de nascimento da palavra mbya pode ser aproximada ao modelo que Bateson propunha para a antropologia, a saber, a ideia de *nascimento de uma matriz:* um nascimento daquilo que faz nascer, ao invés de uma fonte originária, já dada, para o nascimento – uma "epistemologia recursiva reflexiva" e uma "epistemologia da recursividade" (BATESON, 1972, p. 43), que em minha leitura é também típica dos versos presentes em *Ayvu Rapyta* –, mesclando metafísica nativa e tradução multissituada de Cadogan. Esse pensamento recursivo fala do nascimento de matriz, ao invés de falar *da* matriz, ao invés de enfatizar ideias de origem e uma consequente lógica evolutiva progressiva. O ponto central é a ideia de *força*, nasce matriz que é, desdobra-se também matriz. É nesse sentido que a noção de palavra mbya não é a de uma teoria sígnica da palavra, um conceito que tenha algo de linguístico em um primeiro momento; antes, é uma noção metafísica, uma palavra-força que, radicada no seu campo ontológico, assume várias dimensões, inclusive a linguística.

---

[114] Talvez aí tenhamos também um sistema classificatório que aglutine lexemas em comum para designar ideias de formas, tempo/aspecto e espaço, a exemplo do sistema tapirapé – hipótese que ultrapassa as possibilidades deste trabalho, porém importante salientar na medida em que a centralidade da noção "estar ereto" mbya parece ecoar certa tendência das línguas da matriz tupi-guarani e seus sistemas classificatórios.

Não há nada que seja imediato – ou óbvio – de linguístico no conceito de palavra mbya. É força, a noção base: em uma palavra contínua, flutuante, com uma presença multissituada – tal qual também foi Cadogan em suas relações de palavra fiada com os indígenas. O conceito de palavra, em seu cerne, não corresponde necessariamente aos atos de fala reais de uma pessoa ou outra guarani, no sentido em que a palavra é circulante, habita diferentes corpos, seres, age em e entre distintas dimensões – é algo que não pode ser reduzido somente a declarações linguísticas, nem só aos ditos atos da linguagem (AUSTIN, 1986), sua fonte é a imanência de Ñamandú.

Tomando de empréstimo uma formulação de Course a respeito dos Mapuche e sua noção de palavra, trata-se, em termos a um só tempo ontológicos e sociológicos, de envolver "um pronunciamento metalinguístico ao longo das linhas 'de palavras que agora surgiu com você'" (2012, p. 18), isto é, algo que não pode ser reduzido somente aos atos de falas efetivos, no sentido em que palavras são circulantes e não podem ser limitadas só às declarações linguísticas – como é o caso similar mbya, no qual se vê o filosofema nativo, surgindo ao fazer surgir, por meio da criação autocontida de Ñamandú. Assim, concebe-se um mundo no qual a transmissão da palavra-alma passa por, por exemplo, mensageiros, e não somente pelo próprio falante (humano). É um pensamento sobre a linguagem, sobre a palavra, que a define como algo que é mais opaco e abstrato, menos linguístico e material sígnico. A palavra é contínua e indicial com a força que está no mundo, que gera o mundo, sendo ela própria a matriz, ou melhor, a operação de um maquinário típico de *nascimento de matriz*[115].

---

[115] Uma palavra *falante*, mais do que *falada*. Portanto, não há espaço para uma noção tal qual a de criação *ex nihilo*. Nesse ínterim, a palavra não pode ser resumida, limitada, ao humano como uma espécie no mundo. Antes, "esta palavra, por ser a fonte e o sustentáculo do próprio ser das coisas, não pode ser definida. Ela é o grande Falar, anterior e posterior a todas as coisas, a todas as falas e

Como pontua Ingold (2000), a capacidade da fala é um critério para a humanidade nas mais variadas cosmologias, porém isso não redunda necessariamente em uma teoria da intencionalidade solipsista, na medida em que é também recorrente essa ideia vir em conjunto com metafísica e socialidade "relacionais". No caso mbya, habita-se um mundo de pura-glota (não de poliglotas), em que a capacidade de fala é um critério para a partilha divina, para a humanidade. O grande pai é pensado e percebido como outro-supremo. Não obstante, faz se necessário não partir de uma ideia de divindade transcendente para o caso mbya, porquanto parece ecoar mais um tipo de imanência que engloba a transcendência. Em comparação parelha:

> A personalidade objetiva do 'Ser supremo' o situa no mundo ao lado de outros seres pessoais da mesma natureza, sujeitos e objetos juntamente com ele mesmo, mas dos quais é claramente distinto. Os homens, os animais, as plantas, os astros, os meteoros... se são às vezes coisas e seres íntimos, podem ser considerado ao lado de um 'Ser supremo' deste tipo, que, como os outros, está no mundo, que como os outros, é descontínuo. Não há entre eles igualdade última. Por definição, o 'Ser supremo' tem dignidade dominante. Mas todos são da mesma espécie, na qual a imanência e a personalidade se mesclam, todos podem ser divinos e dotados de um poder operatório, todos podem falar a linguagem do homem. Assim se alinham essencialmente, apesar de tudo, em pé de igualdade. (BATAILLE, 1999, p. 37).

a todos os sinais" (CHAMORRO, 1998, p. 169). Cólera, mal, crises da vida, portanto, significam uma dissociação entre alma e pessoa, entre palavra-nome e sujeito, significam a perda da integridade do ser – sua fragmentação. Se a palavra não tem mais um lugar, isso resulta na morte da pessoa. A morte, muitas vezes, é acompanhada pela expressão, "a palavra que não está mais presente": ayvu<u>kue</u>, ñe'ẽngue / apy ka kue (CHAMORRO, 1998, p. 49). Chamorro refraseia a ideia de Hèlène Clastres: "no pensamento guarani, a diferença entre mortais e imortais não é incomensurável; a palavra é precisamente sua medida comum, é o que leva os primeiros a quererem a imortalidade" (CHAMORRO, 1998, p. 50).

A língua, a palavra, que é fundamento, assim, é o meio principal para se conhecer o outro – é o que sustenta o ser, é o que dota de consciência, dá o nome, isto é, dar-se a conhecer a pessoa humana mbya. O excesso ou potencialidade da linguagem, que se abre em flor da sabedoria autocontida de Ñamandú, é de um tipo de força basal e ativa, da qual todas as coisas no mundo são exemplos – seus efeitos.

Assim como a palavra é um conceito particular, também nela está embutida uma noção de som específica que, por sua vez, é distinta do logocentrismo da escrita alfabética ocidental (e quase cadoganiana, quase). A ideia de som aqui é outra porque não é um som divorciado do corpo que sopra as palavras (signo linguístico saussureano). A palavra com seus sons está ligada a uma concepção corpórea cheia de empastamentos semânticos nativos: "sopro", "inspirar", "autogerar", "estar ereto" – transferência de qualidades (signo artaudiano). Longe, portanto, está de se aquietar na arbitrariedade do signo linguístico. São poéticas não só devido a um ideal de beleza, seja ele nativo ou do antropólogo, mas também porque tomam a antessala da produção do signo, do processo de significação, que é da ordem do corpo, da palavra-alma, que põe o ser ereto, que sai da boca específica daquele que sopra.

O que quero dizer: a autoridade é metalinguística, antes que linguística. Porém, como argumentei anteriormente, não é somente algo que possa ser limitado à cosmologia ou ao trabalho formal e poético das traduções e pesquisas linguísticas de Cadogan. Há também processos de encontros políticos em campo, vividos por León Cadogan a partir dos quais essa palavra passou a figurar – uma aparição de um conhecimento ao qual se teve acesso devido ao contato privilegiado com sujeitos excepcionais, intelectuais indígenas extraordinários.

Vê-se uma manobra textual que é mbya e, a um só tempo, é do antropólogo. Metáforas se desfiguram, reverberam, ressoam em horizontes parelhos: olhos, vista, reflexo, visão, criação. Desabrocha em flor, desdobra, nasce matriz nascente e nascedoura. Constrói-se, desse modo, um processo que vai contra a propriedade privada da língua, ou a uma noção purificada da intencionalidade humana, e, em contrapartida, acena para o acontecimento: ou melhor, para o surgimento – a aparição. A fundação palradora do mundo em uma palavra-força não é da ordem, como afirmei em nota, de uma criação *ex nihilo*, e sim de um conhecimento *kuaara*, criador e criado, *ombojera*, da ordem do emergir, do aparecer, do desdobrar da potência autocontida ao ato – tema da próxima seção[116].

O cenário das aparições, do emergir, da autocriação está distante daquele que pensa a repetição como ruim, mera reprodução idêntica. A ideia de repetição, substituição, tem outra semântica filosófica, porquanto não é vertida pelo ideal mimético da representação sonora do signo linguístico desencorpado. Imitação e reiteração, iterabilidade e citação – traços também estilísticos e formais, como mostrei, que não são tautologias. Imita, mas não repete, antes atualiza o corpo no qual habita a palavra--alma, de sons e brilhos que se ligam de modo reportado a outras esferas do cosmos.

A lógica iterativa em uma metafísica palradora, assim como no modo como o trabalho de Cadogan a apresentou, é uma maneira para lidar com o "paradoxo da regressão infinita". Esse paradoxo é tido como um horizonte comum consequente às metafísicas da palavra, isto é, o fato dessas gerarem um conjunto de proposições filosóficas que afirmam que pensar o estatuto da *palavra*, em relatos metafísicos, redunda em uma regressão infinita e que, portanto, somos impotentes em assertar o *sentido último* de qualquer coisa dita – um ciclo tautológico, embora não

---

[116] Eduardo Viveiros de Castro, aliás, marcadamente tratou de destacar em seus trabalhos esse aspecto como recorrente em diversos grupos ameríndios (Cf. 1986; 2002; 2007).

infecundo, no conceito *palavra*. Se pensar o estatuto da *palavra* em relatos metafísicos redunda em uma regressão infinita e que, portanto, torna-se impossível afirmar o *sentido último* de qualquer coisa dita, trata-se também, paradoxalmente, de uma ideia de *palavra* que destaca, o poder infinito que a linguagem tem de falar sobre *palavras*, sobre mundos, mesmo estando ela, *palavra*, ocupando o lugar formal da petição de princípio (em metafísicas da palavra). A geração de um ambiente propício à propagação sem fim de "entidades verbais" resulta da singularização e multiplicação da *palavra, palavra* que, a um só tempo, é instrumento técnico – as traduções – e fundamento metafísico – o *verbo* e a *constituição dos existentes* no mundo. A forma iterativa, comum aos versos, aos cantos mbya, liga-se, portanto, diretamente a esse paradoxo – e faz com que ele ganhe uma visualização, uma visibilidade, um destaque maior.

Trata-se de um passo a passo, um processo, palavra por palavra, em que há: negociação com os deuses, negociação com os homens, negociação intercósmica (e intercultural, se pensamos no trabalho engajado do antropólogo Cadogan em parceria com os Mbya). O poder radica e tem seus efeitos mais visíveis no ato de fazer, e não no feito, no sentido em que o feito – como se verá mais à frente – é a morte: aquilo que se dá sob o signo da obra, do acabado, remete à célebre má finitude guarani. A obra a ser criada (escrita), o mundo (o livro), não para, não tem fim. Assim o é, também, para a metafísica guarani e para o trabalho de León Cadogan em seu ateliê, sua oficina poética de processos fala-força. Contínuo desdobrar das dobras, desabrochar as invaginações[117].

---

[117] B. Melià coloca a pergunta inescapável (1991, p. 29): como não cair na tentação do etnocentrismo e dizer que se trata de uma influência ocidental sobre estas teorias mbya, dada as missões jesuítas entre os Guarani? Para o autor, o que importa é a resposta que a etnografia fornece: o "único terreno seguro" (ibidem), aquém e além dessas hipóteses que soam sempre "anacrônicas e preconceituosas" (ibidem). Tal hipótese a respeito da influência ocidental mostra-se imersa em grandes dificuldades, na medida em que são "semelhantes às que se encontram ao tentarmos uma teologia do Espírito ou do Logos em sua tradição cristã. Teremos que recorrer a textos particulares, ver seu valor semântico em um contexto cultural mais amplo e verificar sua realidade em experiências de vida" (ibidem). Para

Desdobrar e Soprar: Corpo e Saber da Palavra

Ao lado da noção de palavra-força, palavra-mbya, quero destacar aqui outros horizontes conceituais apresentados em *Ayvu Rapyta*, expressos pelos conceitos nativos *mbojera* e *kuaa* ao lado de uma série de noções corpóreas a respeito do saber-criação-habitação dos mundos.

A expressão mbya *mbojera* coloca em cena um horizonte conceitual, cuja mancha semântica está radicada em torno de atos reflexivos como "surgir", "vir-a-ser", "criar", "descobrir-se", "revelar-se". A primeira ocorrência do termo dá-se no primeiro canto, mais exatamente no segundo verso da primeira estrofe (CADOGAN, 1997, p. 24-25), no seguinte emprego: *Gueterã ombojera:* para seu próprio corpo criou.

Uma noção de reflexividade já está presente nessa primeira tradução proposta por Cadogan, que, nas notas lexicográficas, discorre a respeito tomando exemplos do emprego da expressão, como no caso do *jeasojavo, mbojera:* "fazer com que desenvolva, *que se abra*, que surja" (CADOGAN, 1997, p. 29-30). É fundamental atentar a essa nota lexicográfica de Cadogan, para os termos mbya *jera, mbojera, guerojera* (CADOGAN, 1997), na medida em que aí é possível ver com mais detalhes a série complexa de noções guarani em torno dessa reflexividade para além da tradução estabilizada e purificada que Cadogan fornece de modo versificado no texto central (CADOGAN, 1997, p. 24 e ss). Em especial, é digno de destaque o acoplamento de metáforas para designar, no efeito da tradução, o conteúdo semântico.

---

a teoria da palavra-alma, o homem, ao nascer, "será uma palavra que se põe de pé e se ergue até a estatura plenamente humana" (idem, p. 33). Isso, continua Melià, está longe de ser uma derivação platônica; é experiência indígena.

Por outro lado, gostaria de destacar, acrescentar uma nuance à questão – que é impossível tratar nos limites deste trabalho –, a saber: trata-se de pensar a presença do cristianismo *nas traduções* que se inserem em uma história missional e colonial de longa duração, e não a presença dele em termos estritos no texto cadoganiano. A criação de ortodoxia, eis o meu ponto, não pode ser minimizada.

Radical *–ra*: abrir, desatar, desenvolver (CADOGAN, 1997, p. 29).

Diferentes vocábulos traduzem o conceito mbya que Cadogan traduz por *criar* e designam "não produzir do nada, senão fazer que se desenvolva, que se abra, que surja" (CADOGAN, 1997, p. 29-30). A comparação com expressões verbais que indicam ações de *concomitância*, a partir do referido radical, é usada por León Cadogan: *oguerojupi* (subir), *ogueroguejy* (baixar). Ele se vale do acoplamento de metáforas para lidar melhor com a tradução, nas notas lexicográficas, ao falar de *ojera yvoty*, "se abrem em flores" (idem, p., 29), *yvoty* é o termo mbya para "flor", escolha tradutiva adotada por pesquisadores posteriores, como é o caso da tradução de Melià (CADOGAN, 2005).

Outros empregos e expressões que pertencem à mesma região semântica são (CADOGAN, 1997, p. 45): "*Gueromoñemonã*, fazer com que se engendre como parte do próprio ser, ou como fazer que se engendre *ao mesmo tempo* que está se engendrando". Na segunda edição de *Ayvu Rapyta*, há um acréscimo, uma glosa, de Cadogan a respeito:

> *Romoñemoña.* Fazer que se multipliquem. Sabendo, como sabemos agora, que tanto a luz como a 'neblina vital' são atributos inseparáveis ou consubstanciais da deidade: *Chonó*, guayaki; *Yapu tuasu va'e*, chiriá; *Jasuka*, païˉ-gayguá, corroborado pelos cantos coletados por Schaden e por Samaniego, poderia se modificar a tradução de *ogueromoñemonã*. Em vez de 'fez com que se engendrassem' deve dizer 'fez que se multiplicassem', por tratar-se de coisas pré-existentes. Em guarani paraguaio, *oñemoña:* se cria, se multiplica; *amoñemoña:* crio, faço multiplicar, acepção dada também por Montoya, *Tesoro:* 229. (CADOGAN, 1997, p. 45)[118].

---

[118] Vale citar, para fins comparativos, como León Cadogan, em uma fusão entre metafísicas, em uma "indigenização da tradição", discorre a respeito da ocorrência da expressão *guerojepovera* no

Na tradução de Cadogan está ausente a expressão *em si mesmo*, que Melià adota (CADOGAN, 2005, p. 21). O verso *ayvu rapytarã i oikuaa ojeupe* (CADOGAN, 1997, p. 32) é traduzido da seguinte forma por Cadogan: "concebeu a origem da linguagem humana" (CADOGAN, 1997, p. 33). Como abordado em algumas páginas atrás, León Cadogan adota, em suas traduções, o qualificativo "humano(a)" (em expressões que contêm morfologicamente **ayvu)* por meio de uma referência a uma espécie de mitologia implícita a respeito da *palavra-força-alma* mbya. Essa opção, além de não ser uma tradução mais direta, literal, trai, nas penas cadoganianas, em alguma medida, a semântica presente em alguns versos. É o caso da reflexividade presente em *ojeupe* expressa no verso que Melià, por sua vez, traduz como: "conheceu em si mesmo a origem da palavra" (CADOGAN, 2005, p. 21).

> *Ojeupe* é um ato reflexivo, em si mesmo, que o Cadogan não se dá conta. No caso estou sendo o mais literal possível.
>
> Este *rã* se refere ao futuro da "palavra fundamental", "a origem da futura palavra". Mas de fato pode ser, "tendo conhecido em si mesmo a origem da futura palavra", "o fundamento da palavra futura". Literalmente, seria "o futuro do fundamento da palavra". (MELIÀ, comunicação pessoal, 18/02/2013).

Há outra importante ideia afim presente, dentre outros versos, na expressão *"Oyvárapy mba'ekuaágui:* a sabedoria contida em sua própria divindade" (CADOGAN, 1997, p. 32, 33).

Um primeiro elemento que quero destacar na tradução de Cadogan é a utilização do termo "contido" para lidar com *oyvárapy* presente no verso acima. Melià propõe, em sua "tradução mais

---

quinto capítulo ("Da paternidade e da morte"): *"Guerojepovera*. Iluminar. Composto dos prefixos verbais *guero, je, po*: 'o contido em'; *Vera*: relâmpago sem trovão; é considerado como uma manifestação visível ou símbolo da bondade dos deuses, sendo por conseguinte o verdadeiro conceito que encerra o de: 'iluminar suavemente [mansamente] com a luz benéfica dos relâmpagos sem trovão'" (1997, p. 94).

literal", substituir o termo pela expressão "que está": "Eu procuro, nestes casos, ir mais perto do literal, porque no fim resulta mais poético: simplesmente, está. Quando optamos por traduzir com o auxílio do termo 'contido', carregamos junto toda uma 'filosofia do continente', do contido, que é desnecessária. *Oyvara*, 'aquela sabedoria que estava'" (MELIÀ, comunicação pessoal, 2013a).

Em uma conversa com B. Melià (2013a), fiz uma série de perguntas a respeito da tradução desse importante conceito para a metafísica mbya. Como questão de fundo, visei a uma discussão a respeito de uma categoria usada por Cadogan para lidar com o tema, *evolução*, para traduzir o conceito de mbya de criação reflexiva, *mbojera*. Melià (2013a, comunicação pessoal) afirmou-me que, de fato, "quando Cadogan faz esta tradução tão excessivamente moderna, optando por noções como as de *evolução, progresso*, de certo modo, afasta-se da raiz do contexto guarani". E pontua:

> Cadogan achou que esta ideia mbya traduzir-se-ia por evolução nos termos da moda intelectual dos anos 40 do século XX. A ideia de evolução devia ser uma grande novidade, para a maioria dos cientistas. Naquela época, Cadogan não estava em uma comunidade acadêmica, nem literária, nem antropológica. Ele fazia algumas leituras, mas que eram muito poucas. Por exemplo, para ele foi uma verdadeira revelação, um pouquinho mais tarde, a obra do Egon Schaden.

> Mas a ideia de evolução, presente no texto, ele considerava que era precisamente um processo evolutivo, quase no tom que a ciência moderna veio dar. Não obstante, na verdade, quando nos detemos na semântica da palavra, é possível ver que se trata de uma metáfora. É uma metáfora natural, muito típica dos Mbya, que é muito poética.

> É disto que se trata este *ombojera: jera*; o *je* é um reflexivo, algo como 'se abre'. Já a partícula *o* terceira pessoa; *bo*,

'faz se abrir, como se fosse uma flor'. Porque, nos termos da mitologia mbya, o que se abre neste momento é uma flor de fato. Qual outra coisa se abre? Poder-se-ia abrir o corpo da mulher, quando está dando a luz, etc..

A noção em questão é 'está se abrindo para aquele", uma concepção reflexiva, 'faz que se abra como uma flor, aquilo que vai ser'.

O *ra* é partícula de futuro dos substantivos. *Ete* é corpo.

Trata-se de um arcaísmo para os paraguaios atuais falantes de Guarani, mas não para os Mbya que falam a linguagem secreta dos cantos, nem para os da época de Montoya. Naturalmente, é uma metáfora – aquilo que se abre.

É necessário atentarmos para cada partícula: *je* "reflexivo", *ombo* "faz com que se". Enfim, uma coisa que ainda não é e, a um só tempo, que será seu próprio corpo.

Raramente se vê uma escolha tradutiva dentro desta perspectiva para este conceito mbya. As outras traduções, a meu modo ver, partiram do texto espanhol, não do texto guarani. E, de fato, está de acordo com aquilo Cadogan fala nas notas lexicográficas. (MELIÀ, comunicação pessoal, 2013a).

Não há uma externalização da ação, antes o que essas ideias colocam em cena é uma forma de ação que é, por sua qualidade, internalizada na divindade: agir e expressar.

Outra questão era referente ao empastamento semântico que faz uso da imagem da flor para dar conta da tradução dessa categoria mbya. Referia-me, na ocasião, ao fato da presença (ou não) de uma "mitologia implícita" nesse trecho do canto (e outros), vigente de modo explícito em outros momentos textuais cadoganianos (como na nota lexicográfica que citei há pouco). Em termos literais, "flor" (*poty*) não é um termo presente nos versos:

Versos em Mbya	Tradução Cadogan (1997, p. 33)	Tradução Melià (CADOGAN, 2005, p. 21)
Oyvárapy mba'ekuaágui, Okuaararávyma, Ayvu rapyta oguerojera, Ogueroyvára Ñande Ru	De la sabiduría contenida en su propia divinidad, Y en virtud de su sabiduría creadora, Creó nuestro Padre el fundamento del lenguaje humano e hizo que formara parte de su propia divinidad.	De la sabiduría contenida en su propia divinidad, Y en virtud de su sabiduría creadora, Hizo nuestro Padre que se abriera en flor El fundamento de la palabra Y la convirtió en propia sabiduría divina.

QUADRO 3 – TRADUÇÕES COMPARADAS
FONTE: O autor [119]

Sobre a mitologia implícita, o emprego do termo "flor" para, na tradução, explicar esse conceito, Melià acrescenta:

> Sim, há, porquanto normalmente este verbo *jera* se aplica à flor, na semântica originária. As palavras, às vezes, têm um índice de uso. Claro que palavras podem significar muitas coisas, mas, de fato, no caso, é usada para este determinado ponto: abrir-se em flor, é o uso mais corrente. Como dito, precisamos entender o verbo *jera* através da ideia de índice de uso. Por exemplo, *ypotyjera*. É um outro substantivo para flor, 'uma flor que se abre'.
>
> Trata-se de uma ideia bastante dinâmica, no sentido em que é um ato reflexivo, ou melhor, é *a história da reflexão*. Não é um momento, é uma história, sobretudo, uma *transformação*. Não a ideia da 'flor aberta', e sim a *flor tomada numa etapa de um processo de transformação.* (MELIÀ, comunicação pessoal, 2013a, grifos meus).

---

[119] Adaptado de Cadogan (1997, p. 33) e Melià (CADOGAN, 2005, p. 21).

Melià enfatiza assim certa ideia de imanência presente nos cantos mbya, e, sobretudo, na forma como Cadogan os traduz. Clastres aponta na mesma direção, valendo-se de apontamentos de Cadogan nas notas lexicográficas ao traduzir a noção de "saber" mbya. Na sexta estrofe, lemos o terceiro verso traduzido como: "savoir qui déploie les choses" (CLASTRES, 1974, p. 30).

É de se destacar as escolhas tradutivas de Cadogan ao lidar com os temas da criação e do fazer, do criado e do feito. Ele traduz *Ayvu rapytarã i oguerojera i mavy* por "havendo criado o fundamento da linguagem humana" (1997, p. 34-35), sem atentar para o peso que traz consigo o verbo "criar" nas línguas latinas. A tradução por "criar" gera, por assim dizer, uma dificuldade de compreensão dos versos, pois ela nos remete de pronto para ideias ocidentais (e sobretudo cristãs) de criação. Por isso, são as notas lexicográficas de Cadogan que destilam um sentido mais próximo do que penso ser a noção mbya. Segundo Melià, o verbo central do verso, *oguerojera,*

> traz uma ideia quase panteísta, em que a deidade se faz deus na medida em que ele mesmo se faz [...] Feito como se abrindo em flor. O verbo sendo *oguerojera* faz-se necessário manter sempre abrir, assim dar uma constância à mesma palavra que está em um mesmo contexto (MELIÀ, comunicação pessoal, 2013a).

Claro está, pois, que não cabe uma noção de criação *ex nihilo,* já que criar, em *Ayvu Rapyta,* é sair de um estado de latência para o de existência, potência para o ato. Algo que fica, como disse, mais explícito nas notas lexicográficas de Cadogan do que em sua tradução dos versos centrais do texto. As notas permitem perceber um acento na ideia de imanência do divino *na criação,* ideia reiterada do ponto de vista formal e semântico no texto guarani. O uso do verbo "criar" distancia-nos da noção de desabrochar (autocriação), no sentido em que externaliza uma ação que antes é da ordem de um mecanismo, um maquinário de dobras, uma (des)dobragem, em tons semelhantes aos que outrora Deleuze pôs para caracterizar o barroco[120]: "o mais simples é dizer que desdobrar é aumentar, crescer, e que dobrar é diminuir, reduzir, 'entrar no afundamento do mundo'" (DELEUZE, 1991, p. 22). É fundamental levar a sério, nessa poética e nessa metafísica mbya, o aspecto linguístico e semântico do "si mesmo", das partículas de reflexividade, da ideia do abrir-se, como é o caso da imagem construída pela flor que se abre[121], dobras e invaginações, desdobrar e expansões.

Um conceito correlato ao horizonte de uma criação reflexiva é aquele de *kuaa*, "saber" e suas noções correspondentes – "luz", "reflexo", "reflexão", como apontei em outra seção deste livro. Chamorro faz um levantamento lexicográfico comparativo extremamente útil para sedimentar o horizonte dessas ideias guarani com relação ao modo como entendem o conhecimento:

> [...] é significativa a presença da sabedoria (*arakuaa, mba'ekuaa*) na cosmogonia de todos os grupos guarani. *Arakuaa* é traduzido como 'entendimento' por Montoya (Tesoro, f66). Literalmente se desdobra nos significados de ára ('tempo-espaço', 'mundo', 'época', 'dia') e *kuaa* (saber) (Tesoro, f66). *Arakuaa* é usada pelos Chiripá e pelos Kaiová como sinônimo de Espírito, referindo-se àquele ou àquela que conhece ou sabe do tempo-espaço, do mundo, da história. Assim define um Chiripá: 'existe o Arakuaa, que vocês chamam de Espírito' [...] O cognato do termo *arakuaa* (Chiripá e Kaiová) é o *okurara* em língua mbya. É composto de *kuaa* (saber), *ra* (radical de *jera* = criar). Seu significado literal é 'sabedoria do poder criador' (Cadogan, 1959, 25). Com semelhante significação aparece o substantivo *mba'ekuaa*, um termo não registrado

---

[120] Cf. BENJAMIN (1984).

[121] L.Cadogan, nas traduções que oferece a estas ideias mbya, dá pouca atenção às formulações nativas reiterativas.

por Montoya. *Mba'e* significa "coisa" e *kuaa* "saber". Seu significado mais evidente parece ser 'sabedoria criadora', conforme o registra Cadogan no seu vocabulário mbya-guarani (1959, 199). Em outras traduções propostas pelos indígenas, personifica-se como 'Aquele que sabe'. (1998, p. 124-245)

Veja-se, por exemplo, algumas ocorrências, variadas, no texto. A noção de saber, *Kuaarara*, por exemplo, é tida como pertencente ao "léxico sagrado" e, portanto, algo que não se pronuncia na presença de estranhos. Tem-se, *kuaa*, "saber"; + *ra*, radical de *jera*, *mbojera*, *guerojera*, "criar", no sentido reflexivo: *kuaara*, "sabedoria, poder criador reflexivo". León Cadogan, a respeito da mancha semântica em torno dessa noção mbya, oferece algumas derivações etimológicas (algo "selvagens"): *kuarahy* ou *kuaray* (sol); sendo *kuaa*, "saber"; *ra*, "criar"; *'y*, "coluna", "manifestação"; donde conclui "a manifestação da sabedoria do poder criador"[122]. Esse conceito aparece também em outros contextos: *arakuaa*, entendimento, "*Ara*, universo. *Kuaa*, saber. *Arandu* (*endu, andu*: ouvir, perceber) traduz nosso conceito de ciência, podendo esta ser má (*vai*) ou boa (*porã*)" (CADOGAN, 1997, p. 80); ou ainda, *ijarakuaa*, possuir entendimento, ser obediente (1997, p. 99). Liga-se também à ideia de autoconter, desdobrar, como dito: *Oikuaa'ëy mboyve i ojeupe*, antes de saber para si mesmo, antes de haver concebido-criado (1997, p. 31); ou em construtos como *oguerojau*, fez com que nascesse simultaneamente a ele; *jau*, banhar-se, "nascer". Em relação à ideia de "reflexo" (cognitivo e físico) tem-se *Jechaka mba'ekuaa*, "o reflexo do seu conhecimento das coisas, da sua sabedoria, nome do órgão da visão dos deuses e também do sol" (1997, p. 31). *Opy'a jechakáre oiko oikóvy*: "existir iluminado pelo reflexo do próprio coração. O mito dos Apapokúva, coletado por Nimuendaju, também contém a mesma característica" (1997, p. 31).

---

[122] Ou ainda, *kuaarara*, fonte de luz que ilumina o criador no caos (CADOGAN, 1997, p. 43-44).

Trata-se, pois, de uma metafísica muito ligada ao saber, à definição do que é criar-ver/conhecer-escutar[123], até mesmo ao versar pelo destino póstumos dos seres, ao colocar em cena a ideia de uma pós-vida individual. A assertiva de uma pós-vida individual reflete, a meu ver, certa inaptidão (dessa metafísica) de pensar *um mundo em que o pensador está ausente*. Sobre os possíveis empastamentos semânticos que esse conceito de "saber" possibilita ao eventual pesquisador, Melià afirma:

> Estas partículas são muito ricas e, ao mesmo tempo, são muitas traiçoeiras, pela lógica própria da língua são passíveis de serem usadas em muitos contextos. O próprio Cadogan discute este aspecto em seu dicionário. Os campos semânticos são os mais variados e, ao você lidar com eles, faz-se necessário estar muito atento, comparar ocorrências, entender o contexto; às vezes, você não sabe em que campo está depois de caminhar – enfim, nada além do que a arte da tradução.
>
> Particularmente, acho que podemos, sem dúvidas, afirmar que o trabalho de Cadogan não operou uma modificação do guarani a partir do pensamento espanhol. O que se escuta, para usarmos uma construção tipicamente mbya, é muito fiel às formulações indígenas. Cadogan não mudou o pensamento mbya. Claro que ele enfrentou muitas dificuldades, até mesmo porque foi um pesquisador que recusava o caminho mais fácil, a saber, o de ao não entender uma formulação simplesmente trocar a

---

[123] Em outro contexto etnográfico mbya, o "saber" (PISSOLATO, 2007, p. 64) está muito ligado à noção de ouvir (*-endu*), falar (*-ayvu*) e aconselhar (*-mongeta*). A escola, isto é, a escrita, é fortemente associada aos *juruá*, aos brancos. Falar, isto é, também ouvir, é a fonte e o destino da sabedoria, a ciência xamânica. Faz-se necessário combinar a "fala forte" e a "capacidade xamânica", que são distintas de outros contextos, como os de aconselhamento, em que são usadas "falas mansas". A agência humana é ligada à noção de entendimento, no sentido que agir é algo instruído. As capacidades existenciais são tomadas em termos de aquisição de saberes, como tão bem exemplificam as noções e práticas em torno da *alma-nome*: a primeira potência, a potência fundamental, produtora de consciência.

palavra. Ao contrário, ele aprofundava a pesquisa, recorria aos indígenas, pedia explicações. Isto é de uma consciência linguística extraordinária, e Cadogan é um dos poucos que a teve no caso das línguas guarani. (MELIÀ, comunicação pessoal, 2013a).

A metáfora forte em *Ayvu Rapyta*, expressa por meio de *ombojera*, é vertida por Cadogan via acoplamentos, pareamentos semânticos, iterabilidade na imagem da flor, do desabrochar, do desdobramento. Esse conjunto de ideias traz consigo três tipos de inclusão, a saber: a autoinclusão, típica do processo de criação de Ñamandú; a inclusão recíproca, como na geração das divindades secundárias e algumas coisas do mundo; e, por fim, as inclusões unilaterais, os seres opostos à divindade, como a *coruja*.

Flor e desabrochar, isto é, desdobrar, ato de pensar que é criar, sabedoria que é reflexo-reflexão, delimitação ao expandir-se, tornar discreto o contínuo ao se abrir. Textualmente, a sabedoria divina é ligada a uma noção corpórea que se estende, dobras desdobrando no mundo e, ao assim proceder, o engendra. No texto, essa sabedoria é vinculada de modo literal ao órgão da visão e, de modo secundário, ao órgão da escuta (1997, p. 27). Essa ressonância entre as noções de "saber", de "luz" – física e cognitiva (iluminar é entender) –, apesar de algumas semelhanças superficiais, está distante do pensamento moderno iluminista que também coloca em ressonância as ideais de "saber", de "luz", de "iluminação" e "reflexão"[124]. O saber mbya afirma-se como intrassapiente, ação e expressão como sinonímias, isto é, fonte e fundação da própria divindade autogerativa. A palavra é divina e é a essência da humanidade porque se liga ao modo de conhecer, gerar, criar: desdobrar de Ñamandú.

O rendimento da *flor* em uma cosmologia não é de forma alguma exclusiva aos Mbya. Um exemplo interno à nossa tradição

---

[124] Tomando uma metáfora barroca usado por Deleuze (1991), não se trata de árvores que são verdes, e sim de que a árvore verdeia – qualidade que é acontecimento, surgimento – aparição, para usar uma ideia frequente aqui, mais do que essência originária.

é a da flor da mandrágora, que fez fama em uma espécie de "pensamento menor" da história intelectual ocidental. Bataille (apud TAUSSIG, 2006) propôs que essa flor seria um excelente exemplo de como o mundo vegetal pode nos ensinar sobre as relações entre beleza, criação (sexo) e morte. Refletindo uma longa tradição do pensamento euroamericano, destaca uma ideia em comum: as flores possuem uma linguagem secreta; pelo oculto e, principalmente, pela lógica da natureza se torna possível ter acesso à prudência e ao modo de pensar divinos (segredo e linguagem da palavra-força-fundamento). A mandrágora apresenta padrões de simetria e assimetrias que funcionam como boas chaves de tradução para discorrer, gráfica e verbalmente, sobre as diferenças do corpo humano, bem como desse em relação aos esquemas cósmicos. É uma flor, como outras flores[125], que mostraria a passagem do sagrado ao sacrilégio, isto é, a sua forma "expressa[ria] a arquitetura cósmica do céu e do inferno e seu análogo no corpo humano" (TAUSSIG, 2006, p. 206).

Outra associação comum é que o segredo das flores coloca em cena também um léxico para falar de formações sociológicas, sociedades com segredos de conhecimentos interditos. No caso *Ayvu Rapyta,* não só há paralelos, embora diferentes dos mobilizados em nossa tradição com relação à mandrágora, entre formas-flores e corpos-humanos, como também entre a *"lógica de operação" das flores, o modo de aparecerem no e para o mundo*: a imagem da criação, do desabrochar – o ato de dobras que desdobram, revelando o que está *oculto* nas dobras invaginadas. Desdobrar é uma ideia diretamente ligada ao revelar, que, por sua vez, liga-se à de reflexão: conhecer e mostrar.

Tomando de empréstimo outra reflexão de Deleuze a respeito do barroco, das dobras e da lógica operativa do ato de desdobrar:

---

[125] Cf. "pensamento selvagem", LÉVI-STRAUSS (2005a).

> O desenvolvimento não vai do pequeno ao grande, por crescimento ou aumento, mas do geral ao especial [divindade mbya e seus atos contínuos de discretar dia desdobramentos], por diferenciação de um campo inicialmente indiferenciado, seja sob a ação do meio exterior, seja sob a influência de forças internas, que são diretrizes, direcionais, e não constituintes ou pré-formantes. (DELEUZE, 1991, p. 23).

Adotar essa lógica de funcionamento como sendo a mais próxima para traduzir – como modelo analítico meu – o funcionamento dessas ideias mbya pressupõe a noção de *inflexão*, de elasticidade, ao lado da de *reflexão*, em que o elemento central é o "ponto da dobra", ao invés de lidarmos com noções como alto, baixo, evoluído, involuído. O signo é o da ambiguidade, do *acontecimento* ou, como prefiro, da *aparição*. A lógica do processo é aquela que vai de dobra em dobra, não de ponto em ponto: "uma modulação temporal que implica tanto a inserção da matéria em uma variação contínua como um desenvolvimento contínuo da forma" (DELEUZE, 1991, p. 31). Tratar-se-ia de entender o mundo criado por um criador incriado, segundo o qual "o mundo inteiro é apenas uma virtualidade que só existe atualmente nas dobras da alma que o expressa, alma que opera desdobras interiores pelas quais ela dá a si própria uma representação do mundo incluída" (DELEUZE, 1991, p. 41). Dir-se-ia de um pensamento maneirista? Pois a fórmula inteira do maneirismo é a seguinte: "tudo lhes nasce do seu próprio fundo, por uma perfeita espontaneidade" (DELEUZE, 1991, p. 89). Os princípios são multiplicados porque a tônica é o uso reflexivo dos princípios[126].

---

[126] A ideia de aparição, de autocriação via saberes contidos em potência na divindade, do nascimento de matriz, por exemplo, é um acontecimento que tem suas condições: a extensão, um elemento que se estende sobre outros, realizando conexão todo-partes; as propriedades intrínsecas das séries-extensivas, que se tornam discretas; a individualidade, criatividade, isto é, a possibilidade de criação (ou melhor, desabrochar); e, por fim, os objetos e seres eternos (ou ingressos, no vocabulário deleuziano) requerem que a permanência se encontre no fluxo. Permanência: o desejo metafísico de perdurar como mote e como norte. Faz-se necessário ter um corpo para que haja

São seres que têm dobras – a expressão do ter, daquilo que contém em certa potencialidade[127].

Outro conjunto de ideias importantes é aquele que expressa a qualidade corpórea (*eté*) (CADOGAN, 2011, p. 45) como indissociável do saber (*kuaa*), em atos criativos autocontidos e concomitantes do vir-a-ser (*ombojera*) da palavra fundamento. Esse aspecto está presente em diferentes momentos em *Ayvu Rapyta*. Na narrativa cosmológica dos Mbya do Guairá, como apresentada, as ordenações da divindade e do cosmo mbya dão-se por meio de uma "cartografia" explicitamente corporal. As auto e alter criações de Ñamandú *Ru Ete*, desdobramentos, seguem uma sequência na qual, a partir de transformações potenciais de seu corpo, o cosmo e a própria divindade emergem. Textualmente, no desabrochar do "Verdadeiro Pai", da planta de seus pés, aparecem duas raízes que são o sustentáculo da divindade; do pequeno traseiro, emerge seu assento (*apyka*); pelas palmas das mãos e pela cabeça, surgindo, abrindo-se, a divindade desdobra-se em uma longa transformação até alcançar a "posição vertical", até ficar o *corpo* ereto. "Estar ereto" é a condição necessária à palavra e ao humano. E após a forma humana dada, a transformação corporal passa a ser concebida como um mal, uma punição aos seres que infligiram as "leis do bom viver".

Contudo é especialmente na "teoria da encarnação" mbya que se encontram mais elementos a respeito do tema (CADOGAN, 1959, p. 67-82). Nela há uma ênfase maior sobre o que quero aqui destacar: as noções mbya de *inspirar* (*no'a / no'ã*) e de *encarnação* (*mopyrõ*). Na filosofia mbya da encarnação, a noção central é derivada da ideia de que a palavra-alma é enviada para se encarnar as crianças mbya após ser inspirada pelos *mburuvicha*. Como apresentei no início deste capítulo, a partir das instruções

---

expressão, só assim o espírito terá uma zona de expressão, fala, privilegiada no mundo atual. Nada mais distante do que poderiam propor as noções logocêntricas e/ou platônicas.

[127] Mas há transcendência na palavra fundamental, embora submetida a um regime de imanências, aspecto que será destacado logo a seguir.

de Ñamandú, o xamã deve estar apto a ouvir, captar e repetir a palavra-alma que é enviada pelos mensageiros dos deuses. O *mburuvicha* deve assim proceder para alocar a palavra-alma na pessoa *ainda* desabitada, não animada "pelo sopro divino". O ato de encarnar (dar um nome) é uma ação que possibilita a palavra--alma habitar o sujeito, permitindo que ela circule na pessoa (ao dotá-la de "consciência") e no mundo mbya.

A tradução cadoganiana dessas ideias mbya é marcada pelo verbo espanhol para "inspirar" (*no'a / no'ã*). O ponto central é o de que a palavra-alma-nome precisa ser inspirada para, assim, poder ser soprada e encarnada (é inspirando que se torna possível acessar as belas palavras e, portanto, inculcá-las em um Mbya)[128]. Todo xamã tem o dever de determinar de qual região do cosmos (de qual céu, *yva*) vêm as palavras-almas que encarnam nas crianças de sua tribo (CADOGAN, 1997, p. 73)[129]. Não se trata de um ato puramente intelectivo na medida em que escutar a "palavra-alma boa", inspirá-la e encarná-la é também um ato no qual o ser põe-se em comunicação com os deuses por meio de contiguidades corporais e cosmo-espaciais. Trata-se de um ato de localizar *espaços*, cruzando *tempos* em uma topografia multiescalar, em que a palavra inspirada é soprada pelos xamãs como uma espécie de turbilhão de sopros que foram recebidos de um outro soprador: o divino[130].

---

[128] Em termos cronológicos, Ñamandu primeiro inspira as "ciências nocivas" para só depois inspirar as boas; essa ambiguidade faz com que a divindade sugira aos homens: "escute atentamente estas minhas palavras, minhas irmãs, meus irmãos, por serem as que perduram (de origem divina)" (CADO-GAN, 1997, p. 69). Cair em estado de cólera é algo muito comum e factível no decorrer da vida de um Mbya. A sugestão dos deuses é zelar pela palavra-nome, que ajuda evitar a entrada em estado colérico. A cólera é a raiz de todo mal e, assim, faz-se necessário inculcar nas crianças a necessidade de dominá-la (CADOGAN, 1959, p. 41). Essa é uma das práticas mais frequentes após as cerimônias de nomeação, quando de modo claro e enfático é destacado o fato de que ao passar a chamar a criança por um nome – ou seja, alma, palavra soprada –, ela deixará de encolerizar-se.

[129] Ter o nome (palavra-alma) no corpo faz com que a pessoa sempre se recorde de Ñamandú (CADO-GAN, 1997, p. 40) – isto é, ligue-se e recorde-se da fonte divina, a dobra lógica, metafísica e retórica, que coincide *poder, sabedoria, vitalidade e significação* (coincidência que abordo mais à frente).

[130] Sopro também é a forma como Ñamandú empurra os céus que estavam deslocados, assim como uma de suas técnicas de estender o mundo.

Se levo a sério a ideia destacada por León Cadogan, segundo a qual um estado de embriaguez toma conta dos *mburuvicha* quando lidam com a palavra-alma mbya, preciso também perguntar: que estado de ânimo-afeto tomou conta do tradutor, transcritor, criador, León Cadogan, fascinado por esse conhecimento? A palavra é soprada; é uma palavra inspirada por outra voz[131] que reflete uma metafísica e um conjunto de práticas em que se têm falas citadas, citações de citações, bastantes comuns a certas poéticas ameríndias, como visto. Uma consequência direta, que se liga à primeira parte deste livro, é pensar a escritura de León Cadogan – isto é, a coleta, a transcri(a)ção, a tradução dos saberes mbya por meio de teorias de entextualização nativas *e* do antropólogo – para além da ideia de uma mera transcrição da palavra. Porquanto, arrisco dizer: León Cadogan – em sua oficina poética, de trabalhos e pesquisas que não se fecham, abertos a readições e correções intermináveis (a não ser por uma decisão pragmática e arbitrária de dar um "fim provisório", como editar os saberes indígenas em livro) – seguiu alguns ditames da palavra mbya. Ao assim proceder, ele criou um domínio do sopro (corpóreo) no texto escrito, mesmo transferindo (isto é, transfor-

---

[131] Em um diálogo com o teatro de Artaud, dir-se-ia que essa "metafísica da carne é também presidida pela angústia da desapropriação, pela experiência da vida perdida, do pensamento separado, do corpo exilado do espírito" (DERRIDA, 2002, p. 122). Uma espécie de "protesto contra a letra morta que se ausenta para longe do sopro e da carne. Artaud tinha primeiro sonhado com uma grafia que não partisse à deriva, como uma inscrição não separada: encarnação da letra e tatuagem sangrenta" (DERRIDA, 2002, p. 136).
Diz Derrida, "a metáfora, ou a animalidade da letra, é a equivocidade primeira e infinita do significante com Vida" (2002, p. 65). Tratar-se-ia de algo muito afim ao conceito mbya – ou ao modo como quero encaminhá-lo, interpretá-lo: "uma metafísica da carne, determinando o ser como vida, o espírito como corpo próprio, pensamento não separado, espírito 'obscuro' [...] Esta metafísica da carne é também presidida pela angústia da desapropriação, pela experiência de vida perdida, do pensamento separado, do corpo exilado longe do espírito" (DERRIDA, 2002, p. 122). E, "portanto, despertar-se-á a onomatopeia, o gesto que dorme em toda a palavra clássica: a sonoridade, a entonação, a intensidade. E a sintaxe regulando o encadeamento das palavras-gestos já não será uma gramática da predicação, uma lógica do 'espírito claro' ou da consciência conhecedora" (DERRIDA, 2002, p. 137).
Elemento cosmológico, criação filosófica, que guarda possível paralelismo com a palavra guarani, ligada a um *eté* (nas traduções que dá León Cadogan ao termo), que é *verdadeiro*, mas, não menos, é *eté* também corpo: pensamento não separado da carne.

mando) os sopros para um sistema de escrita alfabético-fonética (castelhano e mbya-guarani) – ver próximo capítulo.

A palavra inspirada-soprada configura-se como uma espécie de *glossopoiesis* (uso o termo aqui para fins de modelo analítico), que não redunda facilmente em uma linguagem imitativa (escrita logocêntrica, signo linguístico arbitrário). Antes, essa noção beira a palavra ainda não nascida, ou em nascimento (não linguística ou discursiva, e sim *força* e *nascimento de uma matriz*), que mensageiros trazem aos xamãs, cuja separação de um *corpo* é uma ideia pouco rentável. Os *mburuvicha* mbya, especialistas em falas com registros diferenciados, colocam em cena uma importante característica, qual seja, o fato de terem que lidar com uma linguagem que não é de acesso imediato, que requer uma série de mediações, muitas delas corporais, para que se revele. Os elementos *mediatos* dessas falas são dados por *inspiração* aos xamãs mbya depois de uma *iniciação* prévia. A iniciação, por motivos óbvios, é algo relacionado aos xamãs, mas também, a seu modo, esteve ligada a León Cadogan, ao menos em um sentido, a saber, no das condições sociais da *gestação, geração* e *gestão* de *Ayvu Rapyta*, cujo modelo narrativo é o que descreve a adoção e a iniciação do antropólogo pelos nativos, que passou a fazer parte dos "fogones mbya". A palavra mbya é inspirada porque também é interdita, isto é, tem que ser desvelada, desdobrada: um *mburuvicha* a escuta, dialoga com os deuses-mensageiros, para, desse modo, acessar, apresentar e fazer circular a palavra-alma.

Cruzando searas (sociologia do conhecimento de *Ayvu Rapyta*), Cadogan foi aquele que também buscou desvelar o sagrado presente em certas palavras inspiradas e que o inspiraram – com o perdão do trocadilho. Não é, pois, gratuita a presença do modelo parabólico da bíblia no texto, na medida em que funcionou como inspiração para a tradução etnológica realizada por León Cadogan em *Ayvu Rapyta*.

Para fechar esta seção: as figuras míticas e filosóficas, como Ñamandu (uma divindade suprema), constituem uma espécie de antropomorfismo simbólico, isto é, algo que concerne somente à linguagem, nunca ao mundo que "está aí"? Essa pergunta, que fiz no início deste livro – a respeito das respostas dadas ao deísmo pela filosofia idealista alemã (kantiana), questionando se constituem *o* caminho para lidar com metafísicas que apresentam figuras criadores tal como o *ser supremo* (como o mbya) – parece já ser respondida por essas ideias guarani. O mais absurdo dos personagens, isto é, o que causa assombro e produz afetos, é o do tipo *criador*. É por meio dessa figura que fica claro, entre os Mbya, que pensar é, antes de tudo, querer criar um mundo – ou limitar o seu mundo, o que significa a mesma coisa.

Os dados que o trabalho de transcri(a)ção e tradução de Cadogan revelou, mostram o erro "ocidental" de definir a religião em vista a um parâmetro deísta – isto é, *o que considera a razão ser o único meio capaz de assegurar a existência do divino* (KANT, 1988, p. 152), ignorando outras práticas e instituições sociais. *Ayvu Rapyta* parte de uma metafísica, cuja narrativa é dada por uma espécie de absoluto, não obstante, a alcunha de simbolismo antropomórfico não se adequa ao cenário posto em cena, com noções tais quais *ombojera, kuaara, no'a/no'ã, mopyrõ*. Igualmente não se adequa em outro sentido; é um saber da ordem *do concomitante* que recusa o dilema faustiano entre "expressão" e "ação", na medida em que essas são pensadas como *sinonímias*. Ñamandú é um criador sempre em atos de concomitância, cujo corpo não é separado da "força da palavra"[132] (não analítica, no sentido kantiano) – é imanência.

---

[132] Como coloca Viveiros de Castro a respeito das cosmologias tupi-guarani (1987), observa-se, de um lado, que há a exterioridade divina causadora da humanidade e, de outro, vê-se um movimento contrário, a exterioridade perigosa das subjetividades causadoras de dor e de raiva – o que implicaria em um campo para além do antropomorfismo simbólico. Desnecessário dizer novamente, mas dizendo: são conjunturas em que a própria definição de homem, humano – e categorias afins – não é de imediata (fácil) tradução; o que coloca a necessidade de pensar o que pode vir a significar a adjetivação "humano".

Estão presentes os afetos corpóreos nos sopros e nos atos das desdobragens, na criação concomitante e na socialidade mbya[133].

Outro Presente, Imagens e o Regime das Aparições

De um lado, tem-se a palavra-força, corporalmente habitada e habitante, cuja presença resulta de um turbilhão de sopros. Em complementaridade, a lógica de operação dessa metafísica – criação palradora de uma divindade que se desdobra – dá-se por meio de uma concepção espaço-temporal que pouco, ou nada, tem a ver com uma lógica progressiva, teleológica, de encadeamento causal entre antes-depois. É possível perceber essa concepção em várias ideias mbya, mas, em destaque, essa (etno) lógica fica clara por meio de uma série de conceitos, em especial aquele que é expresso em *ara yma*[134]. Essa expressão mbya pontua os *loci* em que a primeira divindade se move para se criar e criar os quems e coisas do mundo. Recapitulando o conteúdo da última estrofe do primeiro canto em *Ayvu Rapyta*:

---

[133] Gosto bem das provocações de Camus (2013, p. 21) em um de seus textos "não literários" a respeito do que ele denominou como *politeísmo abstrato*: "de Jaspers a Heidegger, de Kierkegaard a Chestov, fenomenólogos à Scheler, no plano lógico e no plano moral, toda uma família de espíritos, aparentados por sua nostalgia, opostos em seus métodos ou metas, se obstinaram em obstruir a estrada real da razão e em reencontrar os caminhos certos da verdade. Antinomias da razão. Todos partiram desse universo indizível em que 'reinam a contradição, a antinomia, a angústia ou a impotência'. E o que lhes é comum são justamente os temas que estivemos revelando até agora. Também para eles; é preciso dizer claramente que o mais importante são as conclusões a que se pode chegar com essas descobertas. O *irracional*, a *nostalgia humana*, o *absurdo* que surge do diálogo entre eles: eis os três personagens do drama que deve necessariamente, acabar com toda a lógica de que uma existência é capaz". Na metafísica da palavra mbya, poder-se-ia mesmo afirmar que o pensamento se "lança em um politeísmo abstrato", que lida com algumas antinomias, cuja reflexão mais frequente é aquela que tenta equacionar as noções de "liberdade", "mal" e "divindade". Contudo, trata-se, no caso mbya, de um ato de co-incidência que não pode ser unificado, no sentido em que o *antes*, em suas narrativas míticas, é *outro presente* e a sabedoria criadora é corpórea, máquina a desdobrar-se. Ou, para repetir a expressão de Bateson, o *antes* está mais para o nascimento de uma matriz.

[134] Vale acrescentar: pelas ideias mbya de cataclismo, dilúvio, como também de metamorfoses, é possível aferir esse mesmo horizonte filosófico.

1. Ñamandú Ru Ete tenondegua
Antes de haber el verdadero Padre Ñamandú, el primero,

2. oyvarã oguerojera'eÿ moyve i;
creado en el curso de su evolución, su futuro paraíso;

3. Yvy Tendonde oguerojera'eÿ mboyve i;
antes de haber creado la primera tierra;

4. yvytu yma íre A'e oiko oikóvy:
El existía en medio de los vientos originarios:

5. Ñande Ru oiko i ague yvytu yma,
el viento originario en que existió Nuestro Padre

6. ojeupity jevýma
se vuelve a alcanzar

7. ára yma ojeupity ñavõ
cada vez que se alcanza el tiempo-espacio originario [invierno, en el vocabulario religioso]

8. ára yma ñemokandire ojeupity ñavõ
cada vez que se llega al resurgimiento del tiempo-espacio primitivo.

9. Ara yma opa ramove,
En cuanto termina la época primitiva,

10. tajy potýpy,
durante el florecimiento del lapacho,

11. yvytu ova ára pyaúpy:
los vientos se mudan al tiempo-espacio nuevo:

12. oikóma yvytu pyau, ára pyau,
ya surgen los vientos nuevos [norte y noreste], el espacio nuevo;

13. ára pyau ñemokandire
se produce la resurrección del tiempo-espacio [primavera].
(1997, p. 26-27).

Ara Yma: "tempo-espaço primevo"[135] (CADOGAN, 1997, p. 26-27; 31). Na mancha semântica de expressões cognatas a *ara yma*, há outras ideias: a forma de nomear o inverno; a maneira de discorrer a respeito da ressurreição/ressurgimento do tempo--espaço mítico, aquele no qual Ñamandú emergiu e continuamente ressurge. Já *Ara Pyau* é uma expressão usada para denotar a primavera, "época nova". No "vocabulário religioso", *ara pyau ñemokandire,* o "ressurgimento do tempo novo". "Estes nomes dão a entender que a primavera, assim como o verão – *kuaray puku a jevy*, 'o retorno dos sóis grandes' – foram criados por Ñande Ru, depois de surgir em meio à atividade" (p. 31).

Essas noções são apresentadas no contexto do primeiro canto, "os costumes primitivos do colibri" (p. 24-27), em que há o relato da aparição e das primeiras criações do Primeiro Pai mbya. Um horizonte de ideias afins reaparece no capítulo a respeito da Primeira Terra (*Yvy Tenonde*), narrativa em que há a apresentação das mais diversas auto-e-alter-criações de Ñamandu. Para as expressões "ãra yma rapyta/yvytu yma rapyta", Cadogan expõe:

> [...] origem ou alicerce do espaço primevo e dos ventos originá-rios. O sul, e o vento do sul que soprava enquanto Ñande Ru se dedicava às tarefas da criação. Escutei de um índio que, para que se produza mudança nas estações, trocando o inverno pela primavera, mudam os deuses os alicerces do espaço originário: *oguerova Ñande Ru ára yma rapyta.* (1997, p. 60).

Em um regime da concomitância, nos cantos *Ayvu Rapyta,* a divindade surge sem ser gerada e, a um só tempo, gera a si própria e as coisas do mundo em sua totalidade. O primeiro pai mbya

---

[135] Cadogan opta por traduzir como tempo-espaço primevo, visando, em suas palavras, a "ser fiel ao conceito nativo". Para tanto, Cadogan afirma, "compare-se *ara vera* (relâmpago), *arai* (nuvem) e *mbohapy ara* (três dias)" (1997, p. 28), e conclui: é o caos, o tempo-espaço da indistinção.

aparece e se dilata; como flor, se abre ao sol. Ele é o seu próprio sol e, a um só tempo, a divindade para o sol (enquanto elemento já discreto, no mundo), ideia expressa em uma sequência de versos com empastamentos semânticos e formais, como já notado. Os próprios cantos têm uma estrutura em que, nas estrofes, os versos anteriores são recapitulados em um procedimento recursivo que enfatiza uma série de acoplamentos, via justaposição de tempos e espaços. Ou seja, o traço formal do pareamento iterativo é também gerador de uma tessitura textual, na qual *tempo-espaço* são apresentados em (con)fusão, ao invés de assim serem por meio de uma lógica narrativa progressiva.

Com esses elementos, talvez eu esteja dando outra resposta à minha própria pergunta a respeito das escolhas formais de León Cadogan em apresentar os saberes mbya na forma versificada, para além de sua métrica (originária?). Os versos, enquanto princípio formal, apresentam uma maior capacidade de romper com a narrativa diacrônica progressiva ao tomarem o espaço da folha de modo sincrônico, coordenadas concomitantes, algo que o formato prosa não possibilita com a mesma eficácia. O caráter imagético da poesia em relação à prosa, nesses casos, muito se relaciona com a lógica mbya da concomitância.

Os tempos e espaços são bem marcados nos textos. O vento primevo é gelado e vem do sul, ele é, como recorrente em *Ayvu Rapyta*, resultante de uma dobra. Qualificá-lo como uma dobra (movimento contrário do ato de desdobrar) é importante, na medida em que implica dizer que não se trata de um desdobramento (um movimento expansivo, quente, que se espalha de modo ativo), mas antes de algo que é frio e encolhe-se, paralisia sinergética, dobra-se. O primeiro pai afasta o vento primevo, pois é um vento entendido como pertencente à *morte*, e coloca em circulação o novo vento – o vento do calor, do movimento de contraefetuação, calor que *aquece, dilata, desdobra* o mundo vivo (não mais o vento da morte da paragem, paralisia).

Duas ideias associadas são interessantes destacar: "encolher: parar" e "desdobrar: expandir", noções que são apresentadas, textualmente, como vimos, via pareamentos contrastivos em blocos versificados. As narrações e reflexões sobre os ventos mostram uma forma criativa de pensar as ideias de "tempo" e "espaço" de modo imbricado, ou melhor, na *concomitância* comum à metafísica palradora mbya. Para Melià (2013a), se não houvesse "espaço", não haveria "tempo":

> O fato é que os Guarani aplicam este tempo-espaço. Considero esta uma tradução muito bonita de Cadogan, no sentido em que ele possibilitou entender que, nestes cantos, a interpenetração das duas ideias. *Ara* é 'tempo, era, etapa'. A expressão 'tempo-espaço' condiz com o aparecimento do termo, textualmente.
>
> *Arakua*, por exemplo, é 'conhecer o ciclo dos tempos', é de fato conhecer o tempo, quase no sentido que os gregos dão.
>
> É o caso em que podemos ver, de forma viva, o quanto estes indígenas são analistas. Há tanta coisa bonita neste conceito de *ara*.
>
> *Ara yma* é esta era do começo, tempo mítico, da referência às origens. Eu gosto desta definição, tradução, que Cadogan fez porque há três coisas justapostas: *primeiridade, primórdio e primitivo*. (MELIÀ, comunicação pessoal, 2013a, grifos meus).

Há ainda outro uso que Cadogan faz da mesma ideia que convém destacar, "*Yvytu yma íre oiko oikóvy*: existia em meio aos ventos primevos" (1997, p. 24-25).

Na passagem acima, é possível observar a escolha tradutiva de Cadogan pelo verbo *existir*, com todas as reverberações linguístico-semânticas e ontológicas do termo, para uma audiência ocidental. Melià optou, em sua tradução, por substituir a escolha cadoganiana pelo verbo *estar* (CADOGAN, 2005, p. 19): "ele estava sendo nos ventos originários". O termo mbya central para a discussão que me interessa é o *iko*[136]. Na digressão de Melià (2013a):

> Neste caso, há as partículas, os morfemas de terceira pessoa são *a* (*ai* 1ª pessoa.). Houve um grupo de pessoas que pensavam que se tratava de *-ko*, mas não. O verbo propriamente é *iko*. O dicionário moderno já é posto assim. Como *aike*, 'eu entro'. Mas, no caso, se trata de *-ike*. Há verbo *-ke* que é outra coisa, outro verbo.

> O principal para esta ideia, tal como está no verso, é *iko*. Este verbo, por exemplo, é usado quando você encontra com alguém, "como você está". Algo como o modo concreto de ser. *Aiko porã*, 'eu estou bem'. É um modo de estar, não no sentido de estar em algum lugar (usa-se outra expressão para dizer isto). Construção semelhante à própria ideia de *teko*, modo de ser, no sentido de que é um estado, não é um modo de estar em um lugar simplesmente. Esta afirmação geralmente tem partículas que implicam graus de intensidade, tais como *ko'õ*, *rako*, *niko* (atualmente significa vulva da mulher, mas nos livros antigos do catecismo, do século XVIII).

> Há um outro elemento importante, a saber: a chamada não existência do verbo ser, dado vigente em muitas línguas. É lugar-comum dizer como sendo algo extraordinário da língua guarani, mas se trata de miopia. No sentido em que em muitas línguas, o verbo ser se faz através de um enunciado atáctico, sem nenhuma partícula. De fato, também para os Guarani, o *che* paraguaio, quase vem a ser "eu sou Paraguai".

> A forma *o* é muito usado nos mbya, há um grande xamã que usa isto. No trecho, trata-se de 'estava sendo, está estando', eis a noção. 'Estava sendo iluminado'.

---

[136] Termo que o próprio Montoya traduz de modo semelhante, a saber: *-ï* designando "estar" (2011c, p. 182).

"*Oikóvy* é um adverbio de *simultaneidade*. Cadogan fez a opção pelo existir, mas é no sentido de estar, não no de ser".

Enfim, são ideias presentes em toda filosofia escolástica e barroca, séculos XVII e XVIII e suas grandes discussões, "escolas do ser", da existência, que deram no existencialismo.[137] (MELIÀ, comunicação pessoal, 2013a, grifo meu).

Na gesta, no "ventre prolixo" do Primeiro Pai, há uma ideia de concepção sempre no regime da simultaneidade, expressa por meio de um paradoxo. A lógica narratória traça a diagramação do tempo pelo espaço e vice-versa, rompendo com a narrativa evolutiva e com as relações causais entre as ideias de passado, presente e futuro. Outro verso importante para os fins de meu argumento é o abaixo. Nele é possível extrair algumas implicações espaço-temporais por meio das escolhas tradutivas de Cadogan: "*Ara yma opa ramove:* enquanto termina a época primeva" (CADOGAN, 1997, p. 26-27).

Adoto aqui uma ponderação de Melià quando propõe que, ao invés do "enquanto", faça-se o uso da expressão "antes de que" para esse verso (e formulações mbya semelhantes, radicadas em expressões morfologicamente cognatas à *ramove)*. O *ramove,* já presente em Montoya (2011c), propriamente se trata de: *ramo* partícula que não é somente temporal, mas também condicional – é "mais ou menos do presente" (MELIÀ, 2013a, comunicação pessoal). Já o sufixo *–ve, mbove,* designa "antes de", ou seja, nos direciona para "uma coisa que já foi feita", "quando já havia terminado o tempo".

---

[137] *Opy'a jechakáre A'e oiko oikóvy:* ele existia iluminado pelo reflexo de seu próprio coração (CADOGAN, 1997, p. 26-27). Para Melià, um entendimento mais apurado da ideia é quando acrescentamos, na tradução, o verbo ser no gerúndio, "estava sendo iluminado", enfatizando a ideia de momento que o verso afirma (MELIÀ, comunicação pessoal, 2013a). Vale ainda destacar que a tradução-ênfase no verbo *estar coloca em cena a noção de transformação, muito comum entre grupos ameríndios, assim como o "barroquismo", as dobras, as invaginações e desabrochamentos (que merecem destaque, como acentuado linguisticamente por Melià).

Antes de terminar, mas que ainda está; não terminado, processo não concluído; depois que se saberá se terminou; nós ficamos na presença.

Ramo uma noção temporal de alguma coisa que acaba de ser feita, acaba de acontecer, que é recente. Neste sentido, a oração não é subordinada. (MELIÀ, comunicação pessoal, 2013a).

O mover-se da divindade por entre diferentes tempos e espaços *de modo concomitante* é a lógica operativa, tanto da teogênese quanto da antropogênese mbya, presentes nos versos de *Ayvu Rapyta*[138]. Textualmente, é possível encontrar várias formulações que cruzam tempos e espaços, sem qualquer pretensão narrativa progressiva:

Ñande ru ñade rekorã ra'anga:

Nosso pai que *imita nossa futura* moradia. (1997, p. 139, grifos meus).

Os diferentes momentos e lugares que Ñamandú ocupa, cruza e cria, parecem ecoar uma ideia que a literatura de José Saramago (2009), em suas aventuras ficcionais em tons ante(anti)cristãos, propôs. Tomo tal ideia como um modelo (analógico tradutivo meu) frutífero para o caso, a saber, a noção de "outro presente" em que há um horizonte no qual "presentes" se comunicam de modo coincidente. Peço licença, novamente, ao leitor, para outra citação literária com fins heurísticos ao meu modelo exegético:

Mas o que ninguém me explica é a razão de as nuvens não poderem passar de lá para cá. A não ser, diz a voz que fala pela boca de caim, que o tempo seja outro, que esta pai-

---

[138] Outros empregos textuais, quando as narrativas tratam da aparição da primeira divindade mbya em meio aos ventos e suas relações com as estações e os ciclos do cosmo: *Yvytu yma*. O vento primevo, primitivo, no qual apareceu Ñande Ru, isto é, o vento sul (CADOGAN, 1997, p. 30). *Yvytu pyau*: os ventos novos, do norte e noroeste, que anunciam a mudança das estações e a chegada da primavera (p. 30; 60).

sagem cuidada e trabalhada pela mão do homem tivesse sido, em épocas passadas, tão estéril e desolada como a terra de nod. Então estamos no futuro, perguntamos nós, é que temos visto por aí uns filmes que tratam do assunto, e uns livros também. Sim, essa é a fórmula comum para explicar algo como o que aqui parece ter sucedido, o futuro, dizemos nós, e respiramos tranquilos, já lhe pusemos o rótulo, a etiqueta, mas, em nossa opinião, *entender-nos-íamos melhor* se lhe chamássemos *outro presente*, porque a terra é a mesma, sim, *mas os presentes dela vão variando, uns são presentes passados, outros presentes por vir, é simples, qualquer pessoa perceberá.*

[...]

Este lugar, apenas para dar um exemplo das dificuldades de orientação que caim vem enfrentando, tinha todo o aspecto de ser um presente há muito passado, como se o mundo ainda se encontrasse nas últimas fases de construção e tudo tivesse um aspecto provisório. (SARAMAGO, 2009, p. 64-65; 69, grifos meus).

O errante no entremundos, que cruza e cria ao errar no entre presentes:

Sucederam-se com incrível rapidez as suas já conhecidas mudanças de presente, surgindo do nada e precipitando-se no nada em forma de imagens soltas, desconexas, sem continuidade nem relação entre elas, em alguns casos mostrando o que parecia serem batalhas de uma guerra infinita cuja causa primeira já ninguém recordasse, em outros como uma farsa grotesca invariavelmente violenta, uma espécie de contínuo guinhol, áspero, rangente, obsessivo. (SARAMAGO, 2009, p. 85).

[...]

Ninguém pode estar no futuro, *Então não lhe chamemos futuro, chamemos-lhe outro presente, outros presentes,*

> Não percebo, Também a mim ao princípio me custou a compreender, mas depois vi que, se estava lá, e realmente estava, era num presente que me encontrava, o que havia sido futuro tinha deixado de o ser, o amanhã era agora, Ninguém vai acreditar em ti, Não penso dizer isto a mais ninguém, O teu mal é que não trazes contigo nenhuma prova, um objeto qualquer desse outro presente. (idem, p. 105).

No cerne da metafísica palradora mbya está a ideia de concomitância no ato da criação (que desabrocha) de Ñamandú, como se admitisse, em seu bojo, que o princípio da coincidência fosse o único princípio capaz de pensar-criar o mundo. Ora, os distintos momentos e lugares que Ñamandú ocupa, nessas narrativas, mostram a pouca rentabilidade – nos textos presentes em *Ayvu Rapyta* – de ideias como "origem" e "contexto".

A concomitância entre presentes (regime de simultâneos outros presentes) é expressa também pelo uso especial da linguagem, com circunvoluções metafóricas, da palavra fundamento, o que traz em seu bojo um princípio incontornável: *a introdução de um paradoxo quanto ao tempo da ação da divindade.* Isto é, o uso reflexivo da linguagem especial coloca em cena a ideia de transformação temporal e espacial ligada ao *modelo da viagem*, que, além do paradoxo temporal, apresenta uma efetiva destituição do espaço como lugar singular em favor do espaço como lócus de simultâneas topografias.

É interessante notar uma questão epistêmica de fundo que perpassa a lógica criativa mbya. O desdobrar de modo concomitante, expressão e ação, guarda afinidades filosóficas, em minha leitura, com as noções de contexto e descontexto benjaminianas que abordei na primeira parte deste livro. Como argumentei, essas noções são convergentes com o trabalho multissituado de Cadogan – um intelectual também errante entre outros presentes.

Trata-se de uma instigante provocação benjaminiana sobre a natureza do conhecimento, ou, mais claramente, uma proposição de superar as posições "progressistas", para o meu caso, de narrar cosmologias. A *totalidade progressista* – alvo da crítica de Benjamin – concebe uma subordinação do passado e do presente a uma meta no futuro, em que o conhecer torna-se um *telos* imaginativo no qual aquilo que é anterior ou atual é defeituoso diante de um futuro perfeito. A concepção de nexo causal retilíneo é, na verdade, solapada; a relação entre passado, presente e futuro não é dada por continuidade (BENJAMIN, 1987a), e sim pela penetração e *presentificação dos fatos* de tempos-espaços.

Afinal "a imagem do passado perpassa veloz. O passado só se deixa fixar, como imagem que *relampeja* irreversivelmente, no momento em que é reconhecido" (BENJAMIN, 1987a, p. 224, grifo meu), construção frasal que poderia bem ter saído da boca de um *mburuvicha*, que narra a teogênese e antropogênese mbya por meio de narrativas plenas de outros presentes[139].

Trata-se do presente como choque, relampejo, não o futuro utópico, não o passado soterrado, mas o presente como momento chave no qual se rompe com a linearidade das transformações, do devir, da historicidade e recupera-se o passado e adianta-se o futuro, detectando afinidades eletivas. O passado não é algo estático, mas algo que ainda não passou – o presente, um momento único. Cada tempo só é legível na presentificação. É a possibilidade dos elementos se encontrarem. Por fim, a distância temporal, causalística, transmuta-se em uma simultaneidade de *imagens*. Passado e presente, presente e futuro, passado e futuro não se encontram em uma concatenação progressiva, visto que o passado ainda está no presente, na potência de seus relampejos, assim como o futuro também está.

Poder-se-ia, por exemplo, retomar uma antiga problemática de Parmênides (2012) sobre o paradoxo e a dificuldade de lidar com as definições de *antes/depois*. Contudo interessa fazê-lo

---

[139]   Para este trabalho, a multissituação de León Cadogan é também dessa ordem (lógica).

para pensar como as "respostas" mbya, na metafísica da palavra fundamental, são úteis para lidar com esse paradoxo (ou melhor, a partir da entonação que dou a essa metafísica por meio da ideia de *outro presente*). Afirma Parmênides, no diálogo platônico:

> Porém ele não será mais velho somente quando atinge o tempo presente, interposto entre o Foi e o Será? Pois ao passar do Antes para Depois, não há de saltar por cima do Agora.

> Não, de fato.

> E não é certo que, ao atingir o momento presente ele pára de envelhecer? Nesse instante, ele não se torna mais velho: é mais velho. Se continuasse a avançar, jamais poderia ser alcançado pelo Agora; faz parte da natureza do que avança tocar simultaneamente em duas coisas, o Agora e o Depois, deixando o Agora para trás e apossando-se do Depois no próprio ato de tornar-se, entre o Depois e o Agora.

> É verdade.

> Mas se tudo o que devém não pode prescindir do Agora, todas as vezes que é deixará de devir, para ser aquilo mesmo que se acha implícito no seu devir.

> É evidente.

> É o que acontece com o Uno: quando, no processo de envelhecer, atinge o presente, pára de devir e é, nesse momento, mais velho.

> Perfeitamente.

> Como também é mais velho do que aquilo em relação ao que se tornava mais velho: tornou-se mais velho do que ele mesmo.

> Sim.

Porém o que é mais velho só é mais velho em relação ao que é mais moço.

Certo.

O Uno, por conseguinte, é mais moço do que ele mesmo, sempre que atinge o presente, no processo de envelhecer.

Necessariamente. (PARMÊNIDES apud PLATÃO, 2012, p. 36).

Um típico paradoxo com noções mutuamente exclusivas e necessárias, radicado na ideia de *instante* (antes/depois). Mais do que *instante*, por outro lado, leio a metafísica mbya e a tradução que dela faz Cadogan como destacando a ideia de *concomitância*. Nesses mundos, a *concomitância* engloba o *instante*. Poder-se-ia falar de outro poeta, para continuar com comparações, em que há um procedimento no qual se observa a ontologização do tempo por meio de uma "fusão dialética dos seres e do tempo". Analisa Jakobson um poema (excerto) de Fernando Pessoa:

> *um dilatado e múrmuro momento*
> *de tempos-serês de quem sou o viver?* (PESSOA, apud JAKOBSON, 1970, p 200)

Jakobson, ao falar da proximidade, na poesia de Pessoa, temporal e espacial entre o herói e o poeta, afirma que se trata de um escritor que é o "mestre da sincronia", isto é, "da interpenetração simultânea do tempo e do espaço" (1970, p. 201). Não é isso que em outras searas opera Ñamandú? Não é o que fazem os poetas da floresta, os poetas-xamãs-tradutores mbya? Não é isso que a oficina poética de Cadogan forneceu-nos com *Ayvu Rapyta*, ele e seus parceiros índios, agentes de um conhecimento que é repleto de outros presentes, contextos em descontextos, citações de outrora, de outrem e de alhures?[140] Tudo isso, para além da

---

[140] No terceiro canto, "A Primeira Terra" (*Yvy Tenonde*), outra categoria fundamental da metafísica

ideia moderna de *origem* autenticadora e evolução progressiva, na medida em que ideias como "autoridade contextual" e "originário" são vocabulários conceituais que não funcionam bem, pois, antes, trata-se da premissa metafísica e filosófica mbya daquilo que coincide [141].

Deleuze faz uma "leitura menor", a respeito das categorias a priori de Kant, e afirma que "o tempo e o espaço" são lidos e entendidos como tendo "uma diversidade, a saber a diversidade do 'aqui' no espaço, sendo todo ponto do espaço um 'aqui' possível, e a diversidade dos momentos para o tempo, sendo cada ponto do tempo um momento possível" (DELEUZE, 2013, p. 33). De modo mais claro:

> [...] o espaço e o tempo como *formas de aparição* do que aparece é o que Kant chama formas de intuição. A intuição é precisamente a apresentação, a intuição é o imediato. Os fenômenos estão imediatamente no espaço e no tempo, isto é, aparecem imediatamente no espaço e no tempo. O espaço e o tempo são as formas da imediatez. O conceito sempre é o que se chama uma mediação. O conceito remete ao conceito e opera uma unificação. Neste sentido não é simplesmente uma forma de apresentação do que aparece, será uma forma da reapresentação do que aparece. O prefixo 're' indica aqui a atividade

da palavra mbya é apresentada. O termo *Pindovy* é traduzido como "palmeira eterna" (CADOGAN, 1997, p. 49). Nessa tradução, Cadogan recorre novamente a uma mitologia implícita, como é possível perceber na nota lexicográfica (1997, p. 60) em que explica a expressão e sua escolha tradutiva. A tradução mais literal para o termo é "palmeira azul" (CADOGAN, 1997, p. 60; CADOGAN, 2005, p. 37), mas ele opta por aplicar o conceito de "eterno". Cito: "a origem do emprego destas palavras para traduzir o conceito de eterno, indestrutível, milagroso, é a seguinte: os *mburuvicha* mais acostumados com as tradições antigas ensinam que as vestimentas dos deuses são de cor amarelo claro: *ju*, 'cor do sol'; e 'azul claro', cor do céu sem nuvens: *ovy*. Estas cores são consideradas, por conseguinte, sagradas e emblemáticas da divindade; sendo indestrutíveis, eternas, como o são o sol e o céu, são empregados para traduzir estes conceitos. Aproveitando o ensejo, direi que o vermelho é emblemático da cólera, seguramente por ser a cor do sangue" (CADOGAN, 1997, p. 60).

[141] Se a oficina poética constrói um conhecimento dessa ordem, vale marcar aqui o paradoxo já referido da pessoa de León Cadogan. Qual seja, Cadogan em seu ideário buscou justamente essa "autoridade" (o sábio indígena que conhece a palavra original e autêntica), que as práticas multissituadas de seu método e trabalho explodiram.

do conceito em oposição ao caráter imediato, ou a passividade do espaço e do tempo que estão dados ou que são a forma do que está dado. (DELEUZE, 2013, 34).

No caso de *Ayvu Rapyta*, como propus, não se trata de ponto, mas de dobras e processos de dilatação (desdobrar/desabrochar) e involução (retração/dobrar), horizonte que mostra a possibilidade de pensar a temporalidade como um conjunto de simultâneos "outros presentes" que (na ontologização tal qual Pessoa) atualizam-se na interpenetração de conjunturas. Mas a *re*apresentação (tal como expressa na passagem de Deleuze acima) é o que também faz Cadogan por meio da escrita, tirando a imediatez da palavra soprada, tornando-a presa, conceitualmente, na estética poética textual, o que, como afirmo, não impede que a palavra tenha potencialidades dos sopros de outrora na medida em que é submetida ao ateliê cadoganiano, cheio de autores, intelectuais, indígenas.

A deidade habita (n)o torvelinho do tempo-espaço, na cosmogênese palradora.

> O desvio categórico? Como o tempo é cíclico, há uma espécie de relação deus-homem convergente com o destino na tragédia grega. Quando o tempo se torna linha reta, é também algo que separa. No belo comentário de Hölderlin, o duplo desvio no mesmo traço do tempo linear vai separar o homem de Deus, Deus se aparta do homem que se aparta de Deus. Por isso Édipo é chamado por Sófocles 'atheos', que não quer dizer ateu, senão aquele que está separado de deus. Ainda assim, Deus já não é o mestre do tempo, aquele que curva o tempo; e o homem já não está, ciclicamente, em harmonia com Deus, nesta espécie de relação com Deus, o homem só é o corte que impede que o *antes* e o *depois* rimem, é aquele que distribui um antes e um depois que já não mais rimam. (DELEUZE, 2013, p. 36).

O tempo-espaço que quero destacar não está subordinado a algo que passa nele, mas, antes, as coisas se subordinam a ele em suas manifestações na qualidade de "outro presente" – que é tempo e espaço interpenetrados. A deidade não é mais o tempo vazio, e a humanidade é o corte do tempo. Não menos, a noção imagem-concomitância, *ta'anga* mbya.

TA'ANGA, Imagem-Concomitância

Os cantos sobre a destruição da primeira terra (*Yvy Tenonde*) e o da criação da nova terra (*Yvy Pyau*), por outras vias, também mostram a lógica da coincidência, outro presente, em especial, ao acentuar mundos cujas metamorfoses e cataclismos precisam da concomitância de espaços e tempos heteróclitos[142]. De modo complementar, uma série de ideias, tais quais "imagem"/"substituição" ("representação"/"cópia"/"origem"), surge e coloca interessantes questões para se pensar tanto a metafísica da palavra fundamento mbya quanto o trabalho antropológico e linguístico de Cadogan. Essas ideias estão dispersas pelo texto, mas estão presentes em maior número no terceiro canto de *Ayvu Rapyta*: *Yvy Tenonde*.

O conceito central é sintetizado por Cadogan por meio da tradução por *imagem* da expressão mbya *ta'anga* (e expressões morfologicamente correlatas).

> *A'anga i tema ñande yvýpy ãngy oiko va'e*: não é mais que sua imagem o que existe agora em nossa terra. (CADOGAN, 1997, p. 50-51).

---

[142] Em um exercício de pensamento do artista Nuno Ramos, encontramos horizontes afins a elementos que aqui destaco do trabalho de Cadogan e dos xamãs mbya. "Toda catástrofe abre os seres, tornando-os essencialmente relacionais – daí que os corpos e os objetos se despedacem, aceitando novos contornos, e que haja solidariedade e quebra de distância entre pessoas [...]. Somente o mundo em pedaços pode ser convertido em matéria muda, não conformada – matéria sem serventia nem propósito. Então quem sabe será possível tomar parte nela sem que sejamos autores, pequenos deuses acovardados atrás do mando e do verbo. Então seremos arrancados para o alto e pelo cone enorme mas sem medo pousaremos sobre o trigo, sobre o olho de um girassol imenso e amarelo" (RAMOS, 2008, p. 177; 178). Ver também a bela passagem ao início do capítulo 3.

A'anga i téma; a'anga i aéma. Já não mais nada que sua imagem. (IBIDEM).

A ideia de "imagem" está diretamente ligada à de metamorfose (ou melhor, da negação da metamorfose, corpo-imagem) na forma como Cadogan a interpreta e explica, em suas notas lexicográficas (1997, p. 61):

> *A'anga i tema; (a'anga i aéma).* Já não é mais que sua imagem. *Yvy Tenonde:* a primeira terra, cuja criação aborda este capítulo, foi destruída pelo dilúvio (cap. 6), depois de haver subido ao paraíso todos os seres que a povoavam, os virtuosos na forma humana e os pecadores metamorfoseados em seres irracionais. Criada *Yvy Pyau*, a Nova Terra, a que habitamos, no lugar do mundo destruído (cap. 7), foi povoada de imagens dos habitantes de *Yvy Tenonde*. Como pode inferir do contexto, a víbora *ñandurie,* o inseto aquático *yamai,* os grilos, a perdiz grande e o tatu não são seres humanos que sofreram a metamorfose [metempsicose], senão aparecerão já em sua forma atual na primeira terra. É possível, para não dizer seguramente, que também o tapir ou a anta (*tapi'i* em mbya-guarani) e o javali (*kochi*) pertençam a esta categoria de seres originários; pois o primeiro tem seu caminho no paraíso, que é a Via Láctea: *tapi'i rape;* e o segundo é considerado como animal privilegiado: *mymba porã.* Tampouco figuram estes animais nas numerosas lendas de metamorfose que escutei.

O tema da metamorfose, tema ameríndio por excelência, no mais das vezes relacionado a conceitos como imagem, substituição, cópia e diferenciação, é um tema bastante nuançado nessa nota de Cadogan e na metafísica mbya. Nos termos expressos no canto, observa-se que os seres-imagens são seres que não passaram por metamorfose, não são/estão metamorfoseados, mas sim seres que são uma espécie de substitutos-reflexos, no sentido em que a metamorfose, no caso de *Ayvu Rapyta*, é restrita aos "seres pecadores". O tema da metamorfose emerge com a conotação de algo que é ruim (ver seção *Corpus de Ayvu Rapyta*).

A tradução de *a'anga* reverbera uma série de noções afins, na metafísica mbya, como *reflexo, espectro, sombra*. *Ta'anga* é a palavra base que significa *reflexo, espelho*. Bartomeu Melià alude a uma espécie de "platonismo guarani" nesse ponto:

> Este termo pode ser entendido como *reflexo, figura* e, em alguns contextos, até como *fantasma*. É usado também para *fotografia*. E, por fim, para relações de parentesco, para *enteado* – a imagem do filho.
>
> A noção de sombra também é designada a partir da mesma raiz, por exemplo quando se fala, 'a sombra do sol'. (MELIÀ, comunicação pessoal, 2013a).

O primeiro ser que habitou a morada terrestre, ou seja, um ser discreto, foi a víbora originária; contudo, conta a narrativa, o que existe no mundo atual é uma imagem-reflexo-figura da cobra: a verdadeira está nos arredores da morada de Ñande Ru. No mundo atual só há imagem; o "ser verdadeiro" criado primeiramente pela divindade está habitando um dos sete céus do cosmo mbya. Outros seres discretos que habitaram a morada terrestre, mas que, no mundo atual, são apenas imagem na "Nova Terra" (*yvy pyau)*, surgem na narrativa: *Yrypa* (cigarra vermelha), o primeiro ser que entoou, cantou, sua lamentação, no mundo; *Yamai* (dono das águas), o ser que é responsável pelas águas; os grilos[143]; perdiz vermelha, o primeiro ser que esteve nas pradarias após criação; e, por fim, o tatu, o primeiro ser a remover a terra. Após a destruição da primeira terra (*Yvy Tenonde*) e de todos os seres irem para a morada dos deuses (os virtuosos na forma humana e

---

[143] No início da Terra, tudo era bosque, emaranhado, não havia campos. Os grilos foram enviados para poder trabalhar os prados, pois ao saltarem, a cada pulo, geravam os campos.

os pecadores na de seres irracionais metamorfoseados), a nova terra foi preenchida com imagens dos habitantes da *Yvy Tenonde* (*ta'anga*). Vale aqui retomar para o leitor a estrutura paralelística que apresentei anteriormente do canto III. Apresento-o novamente a partir da quinta estrofe (CADOGAN, 1997, p. 50-51):

V

1. Yvy rupa mongy'a ypy i are
El primer ser que ensució la morada terrenal

2. mbói yma i;
fue la víbora originaria;

3. a'anga i tema ñande yvýpy ãngy oiko va'e:
no es más que su imagen la que existe ahora en nuestra tierra:

4. a'ete i va'e
la serpiente originaria genuína

5. oî ãngy Ñande Ru yva rokáre.
·está en las afueras del paraíso de Nuestro Padre.

Preciso, de modo breve, destacar a opção tradutiva de Cadogan no quarto verso, pelo termo castelhano "genuína", escolha não mantida em todos os versos, como se vê no quarto verso da estrofe VIII em que a tradução foi "verdadeiro":

VI

1. Ñande Ru Tenonde yvy rupa

2. ogueroñe'ê ypy i va'ekue
El primer ser que cantó
en la morada terrenal de Nuestro Primer Padre,

3. oguerojae'o ypy i va'ekue,
el que por primera vez entonó su lamentación en ella,

4. yrypa i, ñakyrã pytã i.
fue la yrypa, la pequeña cigarra colorada.

VII

1. Yrypa yma oime
La cigarra colorada originaria está

2. Ñande Ru yva rokáre:
en las afueras del paraíso de Nuestro Padre:

3. a'anga i tema ãngy opytya va'e
es solamente una imagen de ella la que queda

4. yvy rupáre.
en la morada terrenal.

VIII

1. Yamai ko yja,
Pues bien, el yamai es el dueño de las aguas,

2. y apo are.
el hacedor de las aguas.

3. Ñande yvýpy oî va'e
El que existe en nuestra tierra

4. a'ete ve'eÿma:
ya no es el verdadero:

5. a'ete va'e oime Ñande Ru yva rokáre;
el verdadero está en las afueras del paraíso de Nuestro Padre;

6. a'anga i téma
ya no es más que su imagen

7. ãngy ñande yvýpy oiko va'e.
el que actualmente existe en nuestra tierra.

IX

1. Ñande Ru, yvy ojapóvy,
Cuando Nuestro Padre hizo la tierra,

2. ka'aguy meme araka'e:
he aquí que era todo bosques:

3. ñuu jipói araka'e.
campos no había, dicen.

4. A'éramiramo,
Por este motivo,

5. ñuu ruparãre omba'apo va'erã
y para que trabajase en la formación de praderas,

6. tuku pararã i ombou
envió al saltamontes verde.

7. Tuku pararã i guevi oikutu i ague,
*En donde el saltamontes clavó originariamente su extremidad
inferior*

8. kapi'i remypy i oñemoña:
se engendraron matas de pasto:

9. a'égui maê oiko ñuu.
solamente entonces aparecieron las praderas.

10. Ñuu ogueropararãrã,
El saltamontes celebró con sus chirridos

11. oguerochiri tuku pararã i.
la aparición de los campos.

12. A'ete va'e
El saltamontes originario

13. Ñande Ru yva rokárema oime:
está en las afueras del paraíso de Nuestro Padre:

14. ãngy opyta va'e a'anga i téma.
el que queda ahora no es más que una imagen suya.

X

1. Ñuu ojekuaa i mavy,
En cuanto aparecieron los campos,

2. ogueroñe'endu ypy i va'ekue,
el primero en entonar el ellos su canto,

3. oguerovy'a ypy i va'ekue,
el primero en celebrar su aparición,

4. inambu pytã.
fue la perdiz colorada.

5. Inambu pytã
La perdiz colorada

6. ñuu ogueroñe'eundu ypy i va'ekue,
que por primera vez entonó sus contos en las praderas,

7. oime ãngy Ñande Ru yva rokáre:
está ahora en las afueras del Paraíso de Nuestro Padre:

8. yvy rupápy oiko i va'e,
la que existe en la morada terrenal

9. a'anga i téma.
no es más que su imagen.

Nesse quinto capítulo de *Ayvu Rapyta*, as estrofes 5 a 10 narram o aparecimento desses seres mitológicos e suas "imagens". O quadro conceitual expresso em meio à noção de *a'anga* é formado a partir do pareamento iterativo, com pequenas *alterações sempre relacionadas* ao surgimento desses seres míticos mbya. As alterações, no padrão reiterativo dos versos, só aparecem quando emergem os seres míticos e sua qualidade *a'anga* na nova terra.

Pensar essas noções mbya em torno da expressão *ta'anga* traz consigo a necessidade de lidar com certos imbróglios em torno do antropomorfismo. C. Fausto (2014), baseando-se em suas pesquisas entre os Kuikuro, propõe um modelo a respeito das formas-imagens agentivas comuns a certos grupos ameríndios. O autor parte de um contraste com o regime imagético canônico no Ocidente para nuançar o tema, em especial porque percebe, como questão de fundo, a existência de "uma 'compatibilidade equívoca' entre conceitos ocidentais e ameríndios de alma e corpo. O que torna possível um 'trabalho sobre os desentendimentos', que é bastante frutífero, em especial para um trabalho comparativo" (2014, manuscrito). De um lado[144] há o

---

[144] As cosmologias amazônicas têm em sua base a ideia de metamorfoses transespecíficas. A incerteza corporal, a instabilidade metafórica que os acompanha, caracteriza-se como o elemento principal para entender a noção de corpo e de agência ameríndios, corpos que, antes de serem compreendidos como uma fabricação, são pensados por meio da noção de alteração. A instabilidade é concebida enquanto um aspecto intrínseco das relações internas de um grupo e, portanto, a pessoa ameríndia depende das imagens que outros fazem dela. Nesse confronto de imagens, há a produção da "vulnerabilidade metafórica", e a ideia de transformação, por sua vez, traz consigo um questionamento do corpo como tendo um fundamento na noção "biológica de espécie" (VILAÇA, 2005, p. 446-448). Nos termos de Vilaça, a transformação é preeminente, e duas ideias cruzam-se, quais sejam: a instabilidade metafórica do corpo e a impossibilidade de uma especiação totalizada. É nesse sentido, por exemplo, que a instabilidade constitui o principal índice da capacidade agentiva de uma pessoa, um agenciamento do corpo – capacidade, por sua vez, envolta em um potencial perigo, fruto da ambiguidade inerente da transformação – a saber, o fato de ela poder ser definitiva. Em termos etnográficos, para tomar o estudo de Aparecida Vilaça, a noção wari jam- (termo que pode ser traduzido como "alma") pressupõe a capacidade de *jamu* ("transformar", "metamorfosear"), princípio básico da instabilidade metafórica dos corpos (VILAÇA, 2005, p. 452-455). Dados os perigos das transformações, a questão do controle corporal é também central. O controle liga-se a uma preocupação frente à alma (*jam-*), ou à sua instabilidade, relacionada à tentativa de fixar *jam-* ao corpo, impedir que ela parta em direção a outras instâncias. O "potencial para metamorfose tem que ser anulado para que uma humanidade específica seja definida" (p. 453). É neste sentido que a "oscilação perspectiva significa que qualquer determinação fixada de substância torna-se impossível" (p. 456-457).

modelo comum às práticas, às religiões e às artes ocidentais em que a noção de semelhança entre "imagem" e "protótipo" seria tomada como o ponto chave; "semelhança, especialmente com a forma humana, é uma obsessão da tradição imagética ocidental, proveniente das mais diferentes fontes", que tende, por exemplo, nos registros metafísicos, a uma "representação do divino que rejeita o hibridismo e radicalmente abraça o antropomorfismo" (ibidem). Os regimes ameríndios, de outro lado, adotariam um regime bem distinto, na medida em que exploram ao máximo a multiplicidade de referências por meio de uma complexa rede de formas concomitantes. Não haveria a associação unívoca entre "imagem" e "protótipo" nos regimes ameríndios, e sim uma série de relações produzida pela multiplicação de referentes e pelas fusões entre animais, plantas e humanos. Antes que uma representação ligada a um referente, é uma rede recursiva cuja referencialidade é múltipla[145].

Seres e coisas, em cosmos ameríndios, são percebidos enquanto originários de uma transformação – logo, produtos, não origem –, que, por sua vez, passa longe da "machine-theoretical-cosmology" (INGOLD, 2000, p. 314) com sua oposição entre aparência e essência, pois opera a permutação de corpos, pressupondo a equivalência subjetiva, primeva, da alma (WEISS, 1974, p. 263-265; GOLDMAN, 1975, p. 200-203). Os mais variados mitos ameríndios registram "processos de atualização" do estado atual das coisas e seres, a partir de uma condição pré-cosmológica virtualmente dada (VIVEIROS DE CASTRO, 2007a, p. 322; 323; 326). A consequência imediata é que a transformação é vista enquanto uma maneira de relacionar, uma qualidade, mais do que a relação identitária e representativa.

[145] Na hipótese de C. Fausto (2014, manuscrito), o contexto xinguano é uma das poucas conjunturas amazônicas em que a noção de "'semelhança' convoca a de 'presença'". A noção kuikuro de *hotoho* é esclarecedora a respeito, pois se trata de uma forma de "semelhança que atrai aquilo que é parecido" (ibidem). Os artefatos rituais em questão são esculturas em miniatura com representações realísticas. O *itseke* é um boneco cuja representação é perfeitamente antropomórfica. Ele não pode ser chamado de *kuge hutoho*, mas somente de *akunga*, termo que designa "sombra", "imagem", "duplo", "alma" (mancha semântica em diferentes grupos nativos ameríndios, a exemplo do que ocorre com os Mbya, *ta'anga*). Por exemplo, *akungatelü*, é uma forma verbalizada da palavra "alma" que, segundo Fausto (ibidem) pode ser traduzida como "fazendo a alma", "fazer um duplo", ou ainda, "fazer uma cópia". Entre os Kuikuro, há duas formas de cópia: uma que poderíamos adjetivar como "mera cópia", uma forma de figuração pouco potente, e outra muito poderosa, a *duplicação do original*, que é uma forma de cópia concebida como mais agentiva e forte do que a forma original da qual surgiu. A "duplicação do original" pode ser realizada tanto na forma do *hutoho* quanto na do *akungapütelü*. Essa nuance, em contraste, possibilita a Fausto afirmar que o antropomorfismo estável e consistente é uma característica da tradição visual ocidental, mais do que ameríndia, pois se preocupa menos com a *semelhança* e com a *forma humana*, e mais com

A partir desse pano de fundo ameríndio, a ideia mbya traduzida pelo termo "imagem" pode ser entendida como afim à de espectro, em um sentido estrito: é da ordem da *aparição*. Como mostrado, Cadogan em suas traduções faz uso de sucessivos termos para dar conta dessa expressão mbya ("genuíno", "verdadeiro", "imagens"). Parto desses pontos, mas para ir em direção a uma interpretação pessoal com relação ao tema em discussão, para além da solução formal e tradutiva oferecida por Cadogan. Ou seja, quero destacar que não se trata de um pensamento a respeito do verdadeiro/falso, veraz/mentiroso, ou ao menos não no sentido moderno que damos a essas dicotomias[146]. A imagem é uma espécie de substituto de algo primeiramente criado por Ñamandu – não se trata de uma re(a)presentação, mas, sim, de substituições que são aparições, que carregam *metonímica e indicialmente traços desse outro* que está em alhures e no outrora, outro presente. A *concomitância é a chave em questão*, e não a centralidade da representação – e, como reiteradamente proponho, esse traço basal da metafísica mbya não pode ser desconsiderado.

O estudo de Muller sobre os desenhos Asurini, grupo de tronco linguístico tupi-guarani, por exemplo, traz um paralelo possível: "*tayngava* significa figura antropomórfica, objeto ritual xamanístico cuja tradução do nome é 'imagem humana' (*t* = possuidor humano; *ayng* = imagem + *ava* (a) = sufixo formador de nome de circunstância)" (1992, p. 242). *Tayngava* é, a um só tempo, "princípio vital" e "imagem" ou, em outros termos, tem

---

a *capturação transformativa*, ou seja, uma tradição imagética ligada à noção de "pessoa amazônica" que, em certa medida, engendra imagens paradoxais nas quais há identidades vinculadas e referências múltiplas (por exemplo, a recorrente combinação entre "planta", "animal" e "traços humanos", em uma só construção). Nesses cosmos, há uma multiplicidade ou uma coincidência de formas que pode não ser tão simples reduzir o múltiplo a dois termos ("natureza"/"cultura") ou estabilizá-la por meio de um antropomorfismo fundacional.

[146] Se a mentira tradicional reverbera a ideia de esconder, por outro lado, a mentira moderna denota mais a noção de destruição (DERRIDA, 1996a, p. 14).

um caráter da concomitância e é múltiplo. Não se trata de representar uma ou as duas ideias (princípio vital/imagem), e sim da *coexistência de ambas*. Não sendo a imagem regime da pura representação, poder-se-ia dizer, antes, da realização da existência dos entes em jogo. Ou seja, *tayngava* mostra elementos constitutivos do ser, cuja imagem é, digamos, tal qual índice, parte compósita de sua existência.

Não estaríamos defronte a um cosmo de duplicações? Entre imagens (artifícios divinos) e realidades (natura divina)? Isso não geraria formas de (re)apresentação (se esse for o termo mais adequado) ligadas a palavras-forças, a sopros corporados que se desdobram tal como o modo de operação concomitante, algo que, por sua vez, engendra um horizonte outro ao daquele da representação? A minha resposta é, claramente, sim, e acredito que as noções apresentadas até aqui tenham isso evidenciado[147].

Boa parte dos grupos tupi-guarani usa termos para lidar com os temas da figuração, representação, imagem, substituição, que longe estão de ecoar a ideia ocidental de representação[148]. Uma ideia comum é a que a analogia entre a representação e o objeto representado não se baseia somente em uma similaridade icônica, e sim em uma rede complexa que mistura contiguidade (índice), convenção (símbolo) e semelhança (protótipo). Contudo

---

[147] Comparativamente (FAUSTO, 2011, p. 390), expressões/termos cognatos, vê-se certa frequência dessas ideias entre os ameríndios: "por exemplo, o ã wayãpi, o ï araweté, o -*unga* asurini e tapirapé, o -*ynga* asurini do xingu, o -*ang* kayabi, entre outros. Alguns desses grupos possuem um termo especial para designar fotos e representações antropomorfas, como o *ta'aga* wayãpi e o *ta'yngava* asurini do xingu (ver Gallois 1988; Viveiros de Castro 1992a; Andrade 1992; Wagley 1977; Oakdale 1996; Müller 1990)".

[148] "Representar é, simultaneamente, apresentar(-se) uma imagem que corresponde ao objeto e substituir esse objeto por algo que não é ele. Em certos usos do termo predomina o primeiro significado, em outros, o segundo. Assim por exemplo, na idéia de representação mental — que em francês surge na expressão *se représenter* e no inglês em *to figure out* — prevalece a noção de imagem, de figura. Já na concepção de representante — que nos Estados Unidos veio a designar a posição de membro do poder Legislativo — sobressai a idéia de substituição, de 'estar no lugar de'. No primeiro caso, supõe-se uma correspondência 'visual'; no segundo, uma correspondência de 'ações'" (FAUSTO, 2001, p. 402).

a questão central não está radicada na construção de correspon-dências, e sim no constante sublinhar de uma relação de dupla existência, ou seja, a "imagem" (para ficar com o termo adotado por Cadogan) está, de modo literal, *habitando dois lugares*, o *lócus* do objeto representado e o da representação na fusão de simul-tâneos presentes.

> Métraux afirma que os cronistas identificaram incorreta-mente o *anhang* ao espectro dos mortos em função da semelhança dessa palavra com o termo *anguera*, quer dizer "ex-alma" (Métraux, 1979, p. 50). Se analisarmos os padrões de mudança dos cognatos do vocábulo, veremos, no entanto, que todos eles contêm a raiz de 'imagem vital'. Assim, em tupinambá, *ang → anhang*; em araweté, *ï → ãñï*; em asurini do Xingu, *ynga → anhynga*; em asurini do Tocantins, onde o [ñ] passou para [s], *onga → asonga* (Viveiros de Castro 1992; Muller, 1990). A identificação, portanto, não é meramente casual, nem tampouco fruto de confusão: *anhang* é a forma impessoal e coletiva do espectro dos mortos, seu prolongamento como ente não-querido. (FAUSTO, 2001, p. 411-412).[149]

Como pensar a noção de imagens mbya (e portanto a de escrita)? Nesse quadro conceitual, o recurso à mitologia implícita (às vezes, explícita) no trabalho de Cadogan é fortemente pre-sente – *a'anga* e a piscadela zombeteira, que aqui forjo, perante a representação mimética e suas noções como *origem, contexto, cópia*. Aqueles seres que são *a'anga* são efeitos típicos da lógica do regime criativo-divino do outro presente, outros reflexos que

---

[149] Melià diz de um aspecto bastante interessante que muito vem a calhar à minha interpretação, a saber, o paradoxo de "serem e não serem ao mesmo tempo". Afirma: "Anhanga, incluso para os Mbya, é uma espécie de tribo inimiga mas que, apesar disto, um grupo consegue unir-se; historica-mente é real, funciona na sociologia intergrupal, ceder mulheres. Essas mulheres não são Guarani. *Anha* sempre é 'inimigo', e também uma espécie de 'inimigo ridículo', aquele que faz as coisas mal-feitas. Por exemplo, é o convidado para dançar e, no fim, não sabe dançar. É incorporado ao grupo e, por um tempo, há aquele olhar de burla, de gozação. Ou seja, grosso modo, '*são' e 'não são' ao mesmo tempo*" (MELIÀ, comunicação pessoal, 2013a).

coincidem, concomitantes alhures e aqui, outrora e agora: aparições e fantasmas. De igual modo, a meu ver, ecoam também essas ideias na escrita do ateliê da palavra de León Cadogan – tema da próxima seção.

O Valor do Nome e da Assinatura

O trabalho cadoganiano, como eu o entendo, ressoa o que propõem as palavras-fundamento mbya, ou, ao menos, as noções que eu quis destacar nas seções anteriores. Sua obra antropológica é toda permeada por valores e ideias dos Mbya, com os quais Cadogan entrou em contato em sua longa pesquisa e atuação política. Poder-se-ia dizer que uma consequência disso foi que o ato de colocar no papel os conhecimentos mbya, transformando-os por meio de uma transposição para o código sígnico gráfico, não se configurou como um congelamento do conhecimento mbya em textos fixos. Antes, o que aconteceu foi uma *estabilização metafísica*, não definitiva, trazendo em seu bojo uma relativa domesticação que não apagou por completo o dinamismo inerente a essas palavras (aliás, basta atentar para as contínuas reapropriações dos textos míticos *ayvu rapyta* por diferentes grupos guarani, não apenas Mbya, na contemporaneidade). É possível dizer que houve uma propensão a entender e ouvir a palavra mbya, fazendo com que ela, na escrita alfabética, funcione de modo relativamente análogo à palavra soprada pessoalmente pelos xamãs. Mesmo alterando o meio semiótico no qual circula esse conhecimento (da boca para o papel), Cadogan quis e tentou manter a chama (*tataendy*) e a neblina (*tatachina*) dessas palavras com o auxílio de sua oficina, seu ateliê poético-etnológico, como também do modelo parabólico bíblico. Se tomo Cadogan como um pesquisador do coser e do descoser (portanto, da não fixação, mas da provisória estabilização) em atos de pesquisa que fazem coincidir os mais diferentes contextos e conjunturas, é porque penso que a sua obra também precisa ser assim pensada. Ou ainda, León Cadogan foi grande aluno dos Mbya, capaz de aprender e levar a cabo as lições daquelas palavras na prática.

Uma questão consequente da alteração de meios semióticos, inescapável à minha abordagem, é referente aos temas como *autoria/poder, origem/significação*. Mitologicamente, para tomar um exemplo, o cosmo e a socialidade mbya apresentam um mundo cheio de donos. Senhor/dono são noções, por exemplo, que aparecem em diversos versos de *Ayvu Rapyta*[150]. Trata-se de uma série de conceitos muito recorrente entre diferentes grupos ameríndios que tomam enquanto sinonímias as ideias de "senhor" e "dono"[151]. Sobre o tema e os termos no caso mbya, afirma Melià:

> De fato, a palavra *ja* é 'dono', ou, ao menos, 'aquele que tem um certo domínio'. Na época colonial, o *jara/ja* tornou-se exclusivamente o 'dono', o 'dominante'. O fato de optar por colocar 'senhor-dono' (Melià, 2005, p. 45), tal como faz também León Cadogan, permite suavizar, no sentido que evoca uma espécie de, com o perdão do termo, aristocracia, isto é, se é senhor não será muito autoritário-violento. Enfim, trata-se de uma reduplicação

---

[150] *Emoñeenói 'Karai Tataendy Ja', ere*: os senhores donos das chamas (CADOGAN, 1997, p. 54, 55).

[151] Segundo Fausto (2008), todas as línguas amazônicas têm um termo, que é estável historicamente, para *posição* de controle, de proteção ou de posse. Afirma o autor, "o mestre é a forma pela qual uma pluralidade aparece como singularidade para outros" (2008, p. 6). A ideia consequente é a de uma singularidade inclusiva, uma "pessoa magnificada", cujo modelo ideal de maestria é representado na figura do jaguar. A ideia de sujeito de Locke constitui-se como um bom contraponto comparativo. Para Fausto, essa ideia funda uma *identidade em si*, que, ao seu modo, é tomada como a condição para se julgar. O sujeito é proprietário de seus atos pelo fato de ser também dono do seu próprio corpo; a ação no mundo emerge como uma progressiva apropriação das coisas úteis. O mundo social é dividido entre proprietários, i.e., aqueles que têm excedente de agência, e não proprietários (2008). A diferença entre as duas noções de posse e de pessoa, a ameríndia e o *jus naturalista*, radica-se no fato de que a "relação fundante", no caso ameríndio, não é a identidade a si mesmo, como é o caso da formulação lockeana, o que demanda reconhecer que, em Locke (1999), há uma noção de pessoa que também é distribuída por meio da agência apropriativa do indivíduo no mundo, embora ela esteja a serviço da relação ideal e primeira envolta no primado da identidade.

estilística, que não sei até que ponto foi também a motivação de León Cadogan.

O mundo colonial complicou muito estes tipos de relação que, ao seu modo, evocam certos versos, pois se tratou de um mundo de patrões, de dominantes. De modo que, por exemplo, os Guarani nunca usam a palavra ñandejara (mais frequente no Paraguai), é mais o vocabulário senhor-dono, o que domina, o que fica bravo. Estou consciente de que há, aí, esta concepção colonial de fundo.

A expressão os senhores-donos é um semantema, quase poderia ser colocada junto. Ainda mais, faz-se necessário sublinhar, o *tataendy* é muito importante para o verso, 'iluminado'. (MELIÀ, comunicação pessoal, 2013a).

As noções ligadas ao conceito mbya de "origem" também são ilustrativas a respeito das ideias e práticas ligadas às fontes do poder e da autorização. A expressão *apyta*, por exemplo, em uma das traduções de Cadogan, "base", "fundamento", "cimento", "origem", é equivale ao *hopyta*, a extremidade a partir da qual uma coisa começa (CADOGAN, 1997, p. 43)[152]. Não obstante, quero destacar aqui a forma como os Mbya designam a divindade primeira: Nosso Primeiro *Pai*. Assim destaco, visando a enfatizar as noções relacionadas de "paternidade", "filhos", "fonte de poder" e de "criação"[153]. Na cosmogonia palradora mbya, o que confere poder, autoridade, é a *paternidade* do conhecimento autogestado e desdobrado, de Ñamandú – "Nosso Primeiro *Pai*", verdadeiro.

---

[152] *Apy*, extremidade; *yta*, sustentação (CADOGAN, 1997, p. 43).

[153] Nesse ponto há um tema tupi-guarani importante de fundo. Eduardo Viveiros de Castro descreveu os sistemas tupi-guarani baseando-se nos Araweté (1986) como uma cosmologia em que os deuses são sogros, isto é, afins assimétricos. Fausto, por meio de sua discussão a respeito da noção de mestre (2008), sugeriu uma nuance no modelo ao analisar alguns casos ameríndios e argumentar que, neles, mais do que o sogro, o mestre aparece como pai adotivo, sem ignorar, contudo, o fato de que se trata de "um pai adotivo" que é para os outros *um jaguar*, portanto, um sogro. O que é interessante notar é como as narrativas cosmológicas de *Ayvu Rapyta* mostram um caso em que a questão paterna envolve uma compatibilidade equívoca com a ideia de pai do monoteísmo judaico-cristão, com claras transformações (diferenças) frente os modelos de cosmologias tupi-guarani.

Esse princípio, em uma escala menor, reverbera sociologicamente a fonte de autoridade dos mbya, os *mburuvicha*. Ou seja, há um espelhamento desse princípio em que é possível entender que o acesso à fonte de poder divina seja plausível por meio dos diálogos xamânicos, dos atos de nomeação e de assentamento do sopro da palavra nos sujeitos mbya por parte desses líderes.

Cabe aqui um paralelo contrastivo entre a metafísica palradora mbya e certa vertente dos pensamentos antigo e moderno ocidentais. Assim o faço para melhor encaminhar a discussão sobre a transferência dos saberes orais (cantados) míticos dos Mbya para o papel realizada por Cadogan. Viso agora, em particular, às noções de "autoridade", "significação-divindade-paternidade", cujo regime de escrita, livro, tem certa ressonância para a audiência euroamericana, em especial, a associação entre o "veneno" e a "escrita" presente no pensamento platônico, expressa especialmente em Fedro (1974), com reverberações por boa parte da filosofia e da linguística modernas.

Platão (1974) propõe que a escrita, por sua natureza, só pode se repetir, pois é o regime que significa a si mesmo. Ele condena a escrita, utilizando-se do tema do *pharmakón*, isto é, a ambivalência e a sedução comuns aos venenos. A ambivalência é pensada como a maneira pela qual se passa de um não filosofema ao filosofema, isto é, da ambiguidade genérica a uma proposição filosófica distinta. A unidade configuracional do texto platônico está localizada em dois pontos: o poder da fala e a criação do ser, da vida. Esses pontos são, por outro lado, ligados à figura mítica do sol e às funções olhar-ver/ocultar-esconder. Thot é a divindade em questão, porém não é ela a iniciadora absoluta da linguagem. Antes, Thot introduz a diferença na língua e, portanto, é a personagem a quem é atribuída a origem da diversidade linguística[154]. O absoluto, antes, é quem

---

[154] Thot é um deus secundário, todavia é aquele que insere a diferença no mundo, na língua, na fala. Para refrescar a memória do leitor, essa escala não está presente, desse modo, na metafísica mbya, no sentido em que os deuses secundários (*Karaí Ru Ete, Jakaira Ru Ete, Tupã Ru Ete*) são responsáveis por outras funções, e somente o Primeiro *Pai* é tido como responsável pela linguagem e

fixa o valor da escrita: é o rei ou a divindade, isto é, os outros nomes da "origem do valor". Essa origem está assentada e assegurada somente na fala, aquilo que é suficiente por si. Esse problema platônico, o da relação entre origem e poder da fala (*logos*), está ligado à posição paternal, à figura filosófica do pai. Sem essa figura, o que há é apenas uma escrita, que sem pai não tem seu valor autenticado na origem. Assim, a especificidade da técnica escrita relaciona-se, nessa tradição, com a ausência do pai, carregando consigo uma série de valores. A saber, nas suas mais diversas formas de manifestação (prosa, poesia), a escrita é sempre falha, pois a ela falta o pai, a origem autenticadora, o valor da autoria legítima. Mesmo existindo autor (autoria, autoridade) nas escritas, em termos valorativos, só um discurso qualificado como vivo – isto é, uma fala – pode ter pai.

O que quero destacar ao trazer à baila esta tradição filosófica é a ideia segundo a qual o *discurso falado* comporta-se como uma pessoa assistida originariamente, presente em si mesma – já um *mburuvicha* mbya, não custa lembrar, nunca está só, nunca é presente em si mesmo, pois é constituído por meio das traduções cosmopolíticas ou replicações de falas citadas-sopradas (há vários outros *outros* no e com o xamã). No caso platônico, a pergunta sobre "quem é o pai" transforma-se na ideia sobre "o que é conhecido" e o seu valor intrínseco. A posição paterna, "o pai está", é a condição de possibilidade para um saber entendido como vivo e com valor (origem).

A personagem lua, na narrativa de Fedro (1974), é aquela suplementar ao sol, cuja correlação estrutural e heurística é: a escrita é suplemento da fala – um simulacro, substituto de pouco valor (DERRIDA, 2005) [155]. Aqui reside outro contraste mbya: é

---

suas ramificações. Os outros deuses inculcam a palavra nos homens, mas não a criaram nem têm qualquer capacidade de alteração de suas qualidades.

[155] "E assim que o deus da escritura pode se tornar o deus da fala criadora. E uma possibilidade estrutural que se deve ao seu estatuto suplementar e à lógica do suplemento. Pode-se também

possível dizer que a ideia de substituição, imagem-*ta'anga*, está também presente em *Ayvu Rapyta*, assim como é algo menos valorizado que os seres criados pelo Primeiro Pai, que vivem na *Yvy Tenonde* (como abordei há algumas páginas). Contudo *ta'anga* não está associada a uma forma de representação gráfica, imagética secundária, da mimese, em uma primeira instância (o que não exclui uma possível associação, como quando há usos indígenas que designam, por exemplo, "fotografia"): antes, é aquela que, em concomitância, coincide[156]. Na tradição platônica, os homens não são sábios, e a escrita não é confiável para os deuses na medida em que "a escrita seria a possibilidade para o significante de repetir-se sozinho, maquinalmente, sem alma viva para mantê-la e assisti-la em sua repetição, ou seja, sem que a verdade em parte alguma *se apresente*" (DERRIDA, 2005, p. 58). A maior recusa da linguagem na escrita é devido ao fato de que ela "não tem pai". Se na fala o pai é, na escritura o pai não está.

Fedro é um texto sobre a escrita, a posição paterna e a autoridade. *Ayvu Rapyta* também é, em certo sentido, sobre o pai e a autoridade (Nosso Pai), mas, por outro lado, é igualmente sobre a palavra-força, em que a escrita é resulta dos trabalhos de León Cadogan e e seus parceiros mbya na oficina poética, colocando

---

constatá-lo como uma evolução na história da mitologia. E o que faz em particular Festugière: 'No entanto, Thot não se contenta com esse lugar secundário. No tempo em que os sacerdotes do Egito forjavam cosmogonias nas quais cada clero local desejava dar o primeiro papel ao deus que honrava, os teólogos de Hermópolis, rivais daqueles do Delta e de Heliópolis, elaboraram uma cosmogonia em que a parte principal era reservada a Thot. Como Thot era mágico, como conhecia a potência dos sons que, se são emitidos no justo tom, produzem infalivelmente seu efeito, é pela voz, pela fala ou, melhor, pelo encantamento que Thot devia criar o mundo. A voz de Thot é, assim, criadora: ela forma e cria; e, condensando-se a si mesma, coagulando-se em matéria, torna-se um ser. Thot identifica-se com seu sopro, cuja única emissão faz nascer todas as coisas. Não é impossível que essas especulações hermopolitanas tenham oferecido alguma semelhança com o Logos dos gregos — conjunto Fala, Razão e Demiurgo — e a Sophia dos judeus alexandrinos; talvez mesmo, desde antes da era cristã, os sacerdotes de Thot tenham sofrido, sob esse aspecto, a influência do pensamento grego, mas não se poderia afirmá-lo'" (DERRIDA, 2005, p. 40-41).
[156] Thot preside a organização da morte; em seus gestos vê-se que é também um deus da morte. Ñamandú, comparativamente, é, a um só tempo, deus da criação e da morte – o cataclismo e a destruição da Primeira Terra, os deuses auxiliares na construção do mundo na Nova Terra.

em cena outras noções a respeito de autorias e autoridades. No texto platônico, a escrita é apresentada como um dom do rei-deus-sol-pai, mas cuja paternidade ele próprio rejeita por vê-la como um *pharmakon* para a memória. Ao possibilitar formas de preservar as memórias (via registros gráficos), a escrita danifica a força e a plasticidade da própria memória[157]. A escrita só poderia ter valor caso o absoluto consentisse, porém o *pharmakon* (qualificativo dado à escrita) é algo que vem de baixo, de fora, de Theut (um deus secundário).

O pai não mais está lá? Eis a pergunta platônica de fundo, que traz consigo outra questão também de igual importância: *há pai fora da linguagem?* Nessas questões, o que se apresenta é a referência última como sendo o signo divino, que se ausentando traz consigo a não autoridade e sua decorrente desvalorização. Observa-se também o pressuposto da supremacia da voz sobre a escrita (um modo de inscrição gráfica), o valor da palavra, advindo com a proximidade de deus, seus ensinamentos.

Como visei a mostrar, para os mbya, tanto na teogênese quanto na antropogênese a ideia do pai (Nosso Primeiro Pai) está radicada na concomitância entre "saber/ação" e "significação/desdobrar", na medida em que essas ideias são coincididas por meio dessa e nessa divindade criadora. O Primeiro Pai mbya é fonte de significados (linguagem) e, a um só tempo, ação (criação ao desdobrar tal qual flor) por meio dos atos e expressões auto-contidos de uma divindade que é portadora da linguagem fundamento. A metafísica palradora mbya coloca o signo e a divindade como tendo a mesma data e local de nascimento – em meio às "trevas primevas", *pytü ymágui* (CADOGAN, 1997, p. 24-25).

Não obstante, por outro lado, essa metafísica não traz em seu bojo a "nossa" teoria de entextualização e seu entendimento de formas e meios semióticos passíveis de expressar saberes

---

[157] Theut apresenta a escrita como uma dádiva, mas o rei Tamos a entende como um veneno.

– como o da escrita alfabética e suas possíveis correlações com o fármaco –, para além do oral (ver nota 57). Portanto ela não ecoa os pares exclusivos, característicos da tradição ocidental (a de raízes platônicas, em especial), tais como imagem/realidade, representação/presença, origem/reprodução, signo/ação. No lugar deles, teríamos uma imagem-reflexo que é concomitante (*ta'anga*) e não olvidada, uma aparição que é desdobramento (*ombojera*), uma palavra-força que é inspiração (e expiração, pois soprada). Ñamandú coincide, é a fonte de significação total, isto é, liga-se ao saber que tudo sabe, antes mesmo do "tudo" vir a ser no mundo, porquanto traz em si a linguagem fundamento e todo o conhecimento autocontido. Tudo sabe, tudo significa, porque a divindade é dotada de uma forma de saber reflexiva – cognitiva e fisicamente (iluminação) – que, ao desdobrar sua potência em atos, sabe e, a um só tempo, cria o que, por sua natureza recursiva, já continha (porém, o mundo e os homens ainda não conheciam).

A posição de paternidade mbya é aquela da operação da concomitância, é o que atravessa tempo-espaço, outros presentes, multissituando e embaralhando temporalidades e topografias por meio de sopros e inspirações, de ventos e retornos ao *ara yma* (cíclico)[158]. O regime é do saber reflexivo mbya, ação e expressão concomitantes, que está longe de ter que lidar com o dilema ocidental faustiano da escolha entre expressar e agir. Saber e divindade coincidem, o que quer dizer, no caso, fusão entre significação e ação. Nem, portanto, a lenda de Fausto e suas belas ramificações literárias (Goethe, Fernando Pessoa, Thomas Mann etc.), nem os mitos farmacóticos da Grécia antiga – o som (e a fúria), a palavra e a memória – habitam outros registros ontológicos.

---

[158] Os *mburuvicha* atuam partilhando certa semelhança com a lógica operativa das divindades – em escala menor, isto é, da perspectiva centrada a *partir* de uma conjuntura humana, na *Yvy Pyau* (nova terra)'. Os xamãs atualizam essa lógica operativa, seja com a fumaça do cachimbo (dádiva de JRE), seja por meio das palavras-força postas em circulação na cabeça dos sujeitos, ou em rezas e hinos sagrados.

Em minha leitura, o corpus produzido na fábrica cadoga-niana ecoa justamente essas ideias mbya. Em boa medida, são transcrições e traduções que instituem como regra e prática um *texto que é fixo*. Há uma alteração na *produção* da palavra, que passou a ter novos *donos* (*ja*), isto é, a bela palavra sai do mono-pólio dos xamãs e vai para outro tipo de agente, também com monopólio, o texto do antropólogo: a nova autoridade. Com isso, as belas palavras, ou as então agora *palavras reveladas*, não se expressam mais com monopólio legítimo, só nos cantos (e danças), e sim também em uma diferente ritualística: a da palavra escrita (fenômeno, vale lembrar, muito recorrente nos processos de catequese nas missões jesuítas)[159]. Essa alteração de meio semiótico, por mais que mediada pela presença indígena mul-tissituada, constitui uma descontinuidade cultural para os Mbya. Ou seja, é algo alheio às artes verbais e práticas discursivas das palavras guarani, no sentido em que letra e voz passaram a ter um outro ideal de "vocalidade" no qual a relação entre voz e memória (história, diriam alguns) volta-se à eficácia resultante da memória por meio da escrita alfabética[160] (por sua vez, composta de uma

---

[159] Cf. WILDE (2009), NEUMANN (2005), MELIÀ (1992), GANSON (2003), CASTELNAU-LESTOILE (2000).

[160] A respeito dos usos que os nativos fazem da escrita, além do que as técnicas de escrita fazem deles, algo que ressalto no próximo capítulo, vale um caso analisado por Peter Gow (1990) a res-peito dos Piro. A saber, a "Estória de Sangama", "o primeiro Piro que pôde ler". É um caso em que o "sistema gráfico nativo" afeta a interpretação dos índios sobre a escrita alfabética, no sentido em que a essa interpretação está diretamente ligada às relações entre desenho-traço e prática xamânica. O ponto de partida é o entendimento que Sangama não tratava os componentes grá-ficos da escrita como representações ou símbolos das palavras. Antes, ele experimenta o texto diretamente como "uma pessoa que fala". A interpretação de Gow, a respeito, radica-se em duas premissas: a primeira diz respeito à importância dos desenhos e padrões gráficos na arte piro e na centralidade que a experiência visual tem nas práticas e concepções nativas; já a segunda está rela-cionada ao fato de que o piro Sangama interpreta a escrita por meio de um consistente conjunto de metáforas extraído de uma prática xamânica.
O termo piro *yona* é usado para designar "escrita", contudo esse termo denota também desenho, que longe está da ideia de representação (imagem/origem), e sim configura-se como uma espécie de "controle visual das superfícies". Os desenhos, nas práticas piro, não são aplicados de modo aleatório, no sentido em que, ao contrário, são vinculados por associações convencionais em que tipos de superfícies e certos padrões gráficos são amarrados. Para Gow (1990), a falta da importân-cia semântica nos grafismos piro predispôs Sangama a ignorar as letras como potenciais suportes

série de traduções), algo não presente no entendimento mbya a respeito das *ayvu rapyta*, isto é, tal qual expresso nos textos que incorporam o livro de Cadogan (1997).

Porém, ao mesmo tempo, há um preceito metodológico--antropológico no qual León Cadogan se dá conta de sua experiência em relação ao que escreve e ao que comenta. Aqui, a própria ideia de Cadogan como autor passa a ser atravessada pela *forma como a metafísica mbya designa* a *palavra* e a *autoria* (Nosso Pai está, dobrado desdobrando), assim como pelo modo pelo qual esse conhecimento veio à tona (multissituando tempos, espaços e intelectuais poetas no ateliê). O produto final do que foi pesquisado, traduzido e apresentado não é governado por uma interpretação monológica, como mostrei, mas antes algo aberto à retradução e negociação com os índios, conforme o próprio desejo repetidamente expresso por Cadogan. Ou seja, a autenticação, a paternidade do saber de *Ayvu Rapyta* é, pois, múltipla e não proveniente de uma autoridade individual – advém da oficina poética, que, para minha perspectiva, remete e reflete claramente o *modus operandi* da palavra e da filosofia mbya. As entextualizações dos indígenas via intelectuais mbya sempre estiveram presentes (ver Capítulo 4 e seus encaminhamentos).

A data e o lugar do nascimento do saber e da significação mbya constituem-se como o momento (tempo-espaço) no qual

---

de significados. Não foi gratuita, por exemplo, a falta de ênfase de Sangama no escrito enquanto tal, em favor de uma ênfase no papel em si, isto é, sua superfície. O papel é tido como tendo um corpo que propicia uma experiência visual, mais do que a representação de algo que está ausente. Para Gow (1990, p. 12), os Piro concordariam com as concepções ocidentais sobre a escrita alfabética, que concebem a escrita como uma manifestação material da voz. Não obstante, por outro lado, o estatuto que a voz tem para os Piro é diametralmente oposto. O papel, para Sangama, é a manifestação de um ente com corpo, uma mulher que traz consigo mensagens, e não somente um suporte, para letras com significados a serem lidos. Assemelhando-se à prática xamânica, ler requer a transformação radical da identidade visual, dos "desenhos" na superfície do papel. Isto é, Sangama lia porque o papel, a exemplo dos desenhos que os xamãs visualizam em suas experiências xamânicas por meio da ayahuasca, possibilita a visualização de aspectos de uma comunicação que é imperceptível para a maioria das pessoas. A escrita e o xamanismo, assim, conclui Gow, funcionam como formas igualmente importantes de conhecimento nativo que permitem controlar o mundo exterior hostil.

os homens podem ter acesso à pura linguagem do Primeiro Pai. Na pura linguagem, não há a diferença entre significante e significado, no sentido em que o simples ato de pensar já é fazer, pois é a fonte em que tudo já está significado[161]. Os elementos que compõem essa equação são as ideias de "fonte" e "significação". Assim, as práticas tradutivas podem misturar a fonte (deidade-logos), isto é, o "criador", com o destino, ou seja, as "criaturas", na *palavra*. Divindade/Primeiro-Pai: aquele(s) que sempre está alhures naquele horizonte que é íntimo aos homens que, ao mesmo tempo, o desconhecem (por viverem na Nova Terra). Essa fonte é o *lócus* da significação total que traz consigo a ideia de que habitá-lo é *ver-se livre de qualquer necessidade de* tradução, de *discrição*, já que tudo está conceitualizado: sabido, autocontido, conhecido, palavra fundamento. A assente forma que tanto almejam as traduções, dos nativos e dos analistas, ante (e antes de) Babel está lá, tudo dobrado e infletido no "Primeiro Pai".

Esse é o lugar que, idealmente, León Cadogan almejou ocupar: a posição do Pai (típico ideal de um antropólogo modernista) e o alcance da significação total, mas que a multissituação, a prática efetiva de seu trabalho antropológico de pesquisa, pulverizou. Claro que há um óbvio ocupar da posição paterna; contudo, na prática, deu-se de uma forma de ocupação específica que se liga de maneira indelével ao modo dos Mbya – que reverbera a lógica operativa do Primeiro Pai (Ñamandu). Trata-se de uma concepção metafísica nativa que foi – de modo parcial, mas inegável – adotada por León Cadogan, em suas entextualizações da palavra mbya, ao escutar, de modo astuto, as palavras fundamento[162].

---

[161] Traçando um paralelo com o estudo de V. Rafael (1993) sobre os Tagalog das Filipinas no período colonial, é possível perceber como o destino póstumo, "o paraíso", é visto como o *lócus* da fonte da linguagem, que expressa e confere sua unidade (a não mais diferença) entre os seres – um lugar em que é possível experimentar a "expulsão definitiva de qualquer sentido de perda [e diferença]" (1993, p. 197).

[162] A máxima expressão da divindade, como alteridade absoluta, o "todo-outro", não é factível

Como consta no segundo capítulo de *Ayvu Rapyta*, no tempo-espaço originários, dá-se a criação de apenas um único hino sagrado: Ñamandú "en el origen de un solo himno sagrado lo creó en su soledad" (CADOGAN, 1997, p. 35). Segundo *Ayvu Rapyta*, os Mbya têm a consciência de que se trata de somente um hino, por mais que ele se apresente de modo fragmentado, isto é, em diferentes momentos da vida, em variadas formas rituais, rezas e cantos. Metafisicamente, é um só hino, criado por Ñamandú em sua solidão nos tempos primevos, que contém o tudo, o todo. É a fonte e, a um só tempo, o destino da linguagem, em que tudo já significa, mesmo que em possíveis fragmentos, pois se trata da palavra fundamento, da sabedoria divina na qual está tudo lá dobrado, invaginado, bastando, portanto, aquecer para desdobrar e aparecer algo discreto (com significicância). Estar na morada divina é habitar a fonte e o destino da linguagem, isto é, da humanidade e da divindade que se tornam fundidas no sentido em que é o reino do significante total, dos significados que brotam e se desdobram. É *o término do trabalho de tradução, ou o lugar da não tradução, pois só se traduzem diferenças, exatamente o que não está presente no contínuo autocontido, portanto indistinto, sem diferenças, da potência divina.*

Outra forma de perceber tal aspecto nos textos mbya é atentar aos atos e às concepções de nomeação. O ato de nomear liga. A palavra, que é alma, que é nome, estabelece via predicação uma relação. Ora, o surgimento do mundo, estando ligado à noção de palavra mbya, faz com que os atos de nomeação sejam algo para além do linguístico, passando a ser também

---

para os mbya e sua metafísica da palavra fundamento. É Nosso Primeiro Pai, e é também a noção de filho. Ser filho de Ñamandú – ou das outras divindades na cadeia cosmológica – significa ser um no seu filho, estar substancialmente nele, a palavra que habita, sem, no entanto, se manter nele de modo idêntico. O filho é uma entidade concebida como futuro – por mais que tenha sido predicado, é aquele que está aberto ao inevitável, ao desconhecido, ao inesperado. Os filhos, os homens na Nova Terra, *Yvy Pyau,* são a figura máxima da responsabilidade, não à toa são punidos pela incapacidade de se manterem fiéis à boa ciência de Ñamandú (mitologicamente, o incesto).

uma questão cosmológica[163]. Entre a inauguração do mundo (teogênese mbya), sua reconstrução pela palavra (cataclismo e a construção da nova terra, *Yvy Pyau*) e a vivência dos homens, há toda uma série inesgotável de outras palavras para habitar e tornar o mundo factível às experiências dos humanos – donde os atos de nomeação, como os de batizados, adquirem forças pragmática e religiosa para os mbya[164].

A minha hipótese de trabalho, ao inspecionar como a noção e a prática da *escrita* guardam laços com a *metafísica da palavra* que apareceu a Cadogan, é que a textualização cadoganiana

---

[163] Os Mbya têm uma preocupação recorrente com relação à propriedade dos nomes pessoais. Em termos cosmológicos, há uma quantidade fixa de nomes (quero dizer, já estipulada no ainda-sempre do saber autocontido de Ñamandú) que foi gestada no tempo primevo. Como consequência, há o fato de que os nomes não são uma criação humana, e sim propriedades já dadas no mundo criado pela divindade. Segundo a teoria nativa expressa em *Ayvu Rapyta*, o nome é o instrumento que permite marcar, diferenciar; é o último e eficaz recurso de distinção, "fazer-se humano consciente", dada a similaridade essencial entre todos os seres no tempo primevo. O ato de nomear ritualmente uma pessoa serve, de modo semelhante, para criar uma conexão, que é intrínseca, entre *aquele que carrega* o nome e o *nome em si*. Nesse sentido, o nome contém o espírito da pessoa, é palavra-alma, que, em uma dimensão compósita, acumula traços ancestrais divinos com rastros dos lugares (céus, *yva*) de onde vieram. Os nomes, palavras-força, são entendidos como constituintes intrínsecas da pessoa. Portanto, o ato de nomear anexa, em alguma medida, biografias, além de funcionar e atuar como *valores* – signos com traços semânticos – que são prestigiados e que circulam nas configurações relacionais dos Mbya. Ter um nome, além de dar assento aos seres para que se ergam na morada terrestre, também é uma ligação com alhures, algo que Viveiros de Castro já havia desenvolvido como sendo comum, na matriz tupi-guarani, nos atos de nomeação. A saber, nomes são sempre "nomes de outros", cuja fonte é, no mais das vezes, ou animal, ou divina, ou localizada nos inimigos (1986, p. 383). Na teoria nativa e nos atos decorrentes dela de nomeação, poder-se-ia afirmar, tal qual a hipótese de Sztutman, que "os xamãs guarani produzem um duplo deslocamento: vertical, por meio da 'palavra embriagada, que lança os homens ao mundo dos deuses'"; e, por outro lado (caso se pense no profetismo-guerreiro panguarani, proposto por Viveiros de Castro), "horizontal, na busca por novas terras, na dispersão pelo espaço" (SZTUTMAN, 2005, p. 281).

[164] O ato de nomear precisa ir além de Crátilo e Hermógenes, para além da discussão entre a ideia de adequação natural do nome à coisa e a de convenção, isto é, para além da tese platônica em Crátilo (1974, p. 508), segundo qual haveria uma determinação exata e justa para cada ser. Para Sócrates, há algo essencial nas coisas, e o nome é o instrumento para instruir e diferenciar a realidade por possuir certa exatidão com a ordem natural (1974, p. 510; 512; 514). O nome seria exato, pois nos "faz ver a natureza das coisas" (1974, p. 510). Afirma Sócrates, "pois bem: para improvisar uma explicação, isto é, mais ou menos, o que creio, o pensamento dos que deram nome à alma (*psyché*); se ela, com sua presença, é para o corpo a causa da vida, lhe procurando a faculdade do respirar e lhe *refrescando* (*anapsychon*); se faltar este princípio refrescante, o corpo perece e morre" (PLATÃO, 1974, p. 521). Aristóteles (De anima) etimologia: *psyjé* a *psyjrós* (frio) / a causa da ideia de respiração (*anaphoé*) e a da refrigeração (*katápsyxis*) (1974, p, 521).

sublinha um princípio filosófico central, a saber: a imputação de coincidência entre a fonte da verdade e a deidade, o que é *genuíno* e o *ser divino* tornam-se sinonímias[165]. O *ente*, o ser estando, é definido como resultado, assim como agente, do movimento de *significação divina*, com, porém, um diferencial no trabalho de Cadogan: os lastros não estão dados na *escrita individual*, nem engendram uma linguagem racionalista que opera na exclusiva inscrição alfabética por meio da transdução para meios semióticos materiais fixos. A noção tão cara a nós ("modernos") de autoria é, portanto, torcida; ela é multissituada e, logo, coautoral e pluricitacional, mas em um sentido outro também, o de entender possíveis meandros de uma eventual teoria mbya para a palavra (trans)posta no papel – como os Mbya entendem a linguagem, o que conta como palavra, o que é tido como palavra bonita e, mais, como pensam paragens outras para expressar esses conhecimentos para além do meio semiótico da oralidade (ver próximo capítulo). A meu ver, Léon Cadogan apresenta justamente esses

---

[165] A etnografia de Pissolato (2007, p. 304-305) mostra um contexto mbya no qual há uma espécie de "desinvestimento sobre o conhecimento dos *lugares* divinos de origem das almas-nomes". Essa prática, contudo, não anula, conta-nos a autora, a importância dada aos atos em si, que visam a determinar um nome. Ou seja, mais do que caracterizar a alma-nome a partir do conhecimento de sua origem divina, de seu *lócus* na cosmografia, "tratar-se-ia de afirmar a posição de uma determinada virtualidade de existência que se 'levanta' (*-pu'ã*) entre os que aqui estão" (p. 304).
Poder-se-ia dizer que é um caso etnográfico que atualiza as relações entre as noções que aqui destaquei, porém deslocando a primeiridade da *posição* paterna, que coincide significação total e ação. A consequência imediata é uma espécie de, em meus termos, desabsolutização da divindade, o que, por sua vez, mostra uma série de práticas nuançadas em relação à multiplicidade do panteão mbya.
Pissolato sugere, como decorrente da particularidade etnográfica em questão, "ser este o foco de atenção privilegiado, o da diversidade divinamente originada que ganha forma após o nascimento ou, mais ainda, da nominação, isto é, da posição de pessoas. É neste nível que as diferenças entre os deuses tornam-se efetivamente produtivas, e não antes disto. Pode-se falar de modo geral sobre as divindades na figura de Nhanderu. Isto não anula absolutamente a compreensão de que as potencialidades divinas são múltiplas, mas dirige o foco de interesse para a trajetória das pessoas, desde o momento em que pisam na Terra e passam a expressar um modo particular de ser – o dito *teko* ou 'costume' delas" (PISSOLATO, 2007, p. 306). Por fim, o que quero destacar com esta brevíssima vinheta etnográfica sobre um grupo mbya contemporâneo é: por mais que o vocabulário metafísico usado sugira um regime de transcendência, trata-se, no caso, de "compatibilidades equívocas", na medida em que a todo instante é possível observar uma metafísica da imanência englobando a transcendência.

aspectos ao visar a seguir a palavra mbya, estabelecendo pontes entre metafísicas distintas. Como transcreve, transcria e traduz, também *trai* – porém, ao lado, e isso é fundamental, de coautores guarani que trabalharam como artesãos em um ateliê da palavra.

Recapitulando para concluir, os Guarani falam de um conhecimento no tempo-espaço primevo, como também no da primeira terra (*Yvy Tenonde*), em que tudo já é conhecido-significado – íntimos que sempre estiveram da paragem divina, do saber (*kuaara*) autocontido que se desdobra (*ombojera*). Não há espaço para a ideia de criação *ex nihilo*, pois invenção, criação, é sair do estado de latência. Só a morte (como é a escrita) é o regime da paragem. A escrita – obsessão ocidental e o grande objeto de fundo deste meu livro – foi a solução para o encontro entre brancos e índios Guarani[166]. Porém, não menos, foi *também* a solução *etnológica* e *teológica*, diferentes em si, não obstante partilharem esse mesmo horizonte heurístico: o desiderato de estabilização metafísica operada por Cadogan, um mundo de seres radicalmente linguísticos que funde significação, expressão e ação, multissituando outros presentes.

---

[166] E em mais de um sentido: nas reduções jesuítas, como mostra Neumann (2005), a escrita tornou-se escrita guarani, em que é possível ver de modo claro a agência indígena entextualizando suas próprias palavras. Abordarei, com mais detalhes, essa questão no próximo capítulo.

4

ENCURTANDO O HUMANISMO. LEGADOS ANTROPOLÓGICOS

4.1. Dicionários: Estendendo a Palavra

Os dicionários não foram apenas fontes de pesquisa e parâmetros metodológicos para as investigações de León Cadogan. Ele também escreveu dois importantes dicionários: o Guayaki-Espanhol (base para os trabalhos de Hèléne e Pierre Clastres) e o Mbya-Guarani-Espanhol. O dicionário foi um gênero muito valorizado pelo guairenho e está relacionado ao modo como concebia o conhecimento antropológico e ao seu desejo de deixar um legado para futuras gerações de investigadores. Cadogan esteve sempre envolvido em ações que visavam a incentivar a produção e a publicação de dicionários. Em correspondência com Schaden, no ano de 1968, fala da publicação no prelo do dicionário guayaki e menciona, pela primeira vez em uma série de cartas, o projeto do dicionário mbya. Um dos grandes incentivadores da publicação do dicionário guayaki foi Pottier, ao lado de Pierre Clastres, que possibilitou sua publicação na França, conta Cadogan, em carta de 25 de agosto de 1966 endereçada a Schaden. Já o projeto do dicionário mbya teve uma história editorial mais difícil, tanto que só foi publicado no ano de 1992 (1ª edição), quase duas décadas após a morte de Cadogan. O primeiro vislumbre de sua publicação veio com o apoio financeiro da Universidade de Edimburgo, que após um breve período viu-se frustrado, adiando a continuidade desse trabalho e sua possível edição, conforme Cadogan relata em carta no ano de 1969. Em contrapartida, houve um "sopro de benfazeja" quando Cadogan recebeu um cheque anônimo "de alguns amigos suíços", para que pudesse "continuar as suas pesquisas com os Guarani" (Carta a Egon Schaden, 07/11/1969). Nessa época, uma versão do dicionário mbya já estava quase finalizada – seu esqueleto era, em boa medida, o "léxico sagrado" presente em *Ayvu Rapyta* –, embora essa versão estivesse um pouco distante do que Cadogan havia idealizado, pois a maioria dos intelectuais mbya, com cuja ajuda Cadogan contaria, havia falecido. Isso não o impediu de ir a campo, visando a complementar o dicionário com investigações e coleta de dados adicionais. Em carta a Egon Schaden de 1969, ele conta de suas viagens ao Guairá com este propósito: para se encontrar com "alguns poucos sobrevivente da família grande, *tatapý rupá*, do finado Pablo Vera, a quem pertenço por adoção, para coletar dados que faltam".

Com o apoio financeiro dos "amigos suíços", Cadogan pôde dar continuidade a seus projetos de pesquisa e contou também com a ajuda complementar de outros grupos mbya, em especial, da família de Vicente Gauto, que também adotou Cadogan como membro do grupo. Vicente Gauto, como já dito, foi um dos principais intelectuais mbya a ajudar Cadogan nas pesquisas para o livro *Ywyra Ñe'ery*. Na ocasião, o corpus do livro *Ywyra Ñe'ery* não havia sido ainda coletado, mas é justamente esse material que viria a compor, de modo adicional, o dicionário mbya.

O dicionário Mbya-Guarani/Castelhano, editado somente em 1992, constitui, assim, um trabalho de longos anos. A primeira versão seria o vocabulário mbya-guarani presente em anexo à primeira edição de *Ayvu Rapyta* (1959b, p. 191-210). A partir dessa primeira versão, Cadogan terminou um vocabulário estendido com mais 108 páginas datilografadas. Esse manuscrito foi incorporado à edição coligida por Bartomeu Melià, ao lado do léxico presente em *Ywyra Ñe'ery* (1971), algo que exemplifica bem o aspecto de obra aberta não só do dicionário[167], mas também de todo o trabalho de Cadogan.

O fato de parte do material linguístico do dicionário ser constituído de léxicos presentes nos dois principais livros do autor, *Ayvu Rapyta* (1959; 1997) e *Ywyra Ñe'ery* (1971) traz consigo uma espécie de conciliação textual dos dois grupos mbya, protagonistas das disputas políticas que rondaram o trabalho intelectual e indigenista de Cadogan na ocasião da gênese e da gestação do corpus de *Ayvu Rapyta* (ver seção 2.2). Para Melià, o dicionário contém uma história arqueológica que ilustra o pensamento guarani *de* Cadogan, incluindo aí seus projetos, suas ilusões e frustrações – o que também nos fala dos alcances e limites de sua obra (CADOGAN, 2011, p. 201).

León Cadogan concebia seu dicionário enquanto um instrumento de auxílio inicial para futuros pesquisadores entre grupos guarani (2011, p. 193). Para Melià, entretanto, é algo mais; trata-se de um dicionário que é comparável ao trabalho realizado anos antes por Montoya (2002; 2011a; 2011c) – uma espécie de "tesouro da língua mbya", cujos dados são fontes riquíssimas para qualquer investigador interessado na cultura e no mundo dos índios guarani, não só dos Mbya[168], no sentido em que, continua Melià, nesse dicionário, "graças à sabedoria guarani e à ciência linguística de

---

[167] Falando de algumas diferenças entre o material oriundo de *Ayvu Rapyta* e de *Ywyra Ñe'ery,* Cadogan adverte o leitor sobre traços diacríticos presentes na pronúncia distinta dos dois grupos, como é o caso da *h* aspirada do material de *Ywyra Ñe'ery.* Ao contrário do material e do método de trabalho de *Ayvu Rapyta,* no segundo livro o material foi gravado em fitas cassetes (CADOGAN, 2011, p. 193). Cadogan conta da consulta que fez a outras fontes, material de outros grupos guarani, que funcionaram como dados comparativos para a construção do dicionário.

[168] O trabalho de Montoya com os Guarani rendeu documentos que constituem fontes indispensáveis para o conhecimento de grupos guarani. Em carta a Schaden de 25 de agosto de 1964, Cadogan manifesta sua admiração pelo trabalho de Montoya, assim como fala o quanto é forte essa influência em sua formação – "quando mais se conhece Montoya, maior cresce a admiração por ele". Um trabalho revelador, por exemplo, afirma Cadogan, pois "somente os dados presentes no *Tesoro* bastam para demonstrar que a *cultura guayaki* e a *cultura guarani* são, ou eram em um dado momento, sinônimas".

Cadogan, se pode dizer que as palavras vêm vestidas de sua cultura, de sua poesia e de sua teologia"[169] (CADOGAN, 2011, p. 11).

Pela natureza de boa parte do material a partir do qual o dicionário se concretizou, um conhecimento mediato dos xamãs mbya, trata-se de uma obra com certa especificidade, a saber, um contexto produzido de palavra fiada, cuja maioria dos dados liga-se à seara metafísica, com um léxico particular (metafórico) que não é o da comunicação cotidiana. Essa característica torna ainda mais ilusória a ideia segundo a qual os dicionários constituem produtos neutros, capazes de fornecer o mero registro lexicográfico de uma língua.

No epílogo do dicionário, Cadogan discorre sobre a importância, na língua mbya, da forma iterativa na construção de expressões e palavras (2011, p. 195), diferenciando-se da perspectiva adotada por Restivo em seu dicionário (1893 [1722]). Segundo o reconhecimento de Cadogan, muitas vezes o emprego desse recurso (iteração) redunda em uma *diferenciação semântica*. Essa ressalva, não gratuito, é muito reveladora da forma como a iteratividade está presente nos cantos e textos míticos da "palavra fundamento", porém não foi explicitada de modo analítico por Cadogan no próprio *Ayvu Rapyta*, conforme abordei no capítulo anterior, algo que engendra, a meu ver, um efeito sugestivo no livro *Ayvu Rapyta* para o leitor desavisado. Qual seja: a partir da acoplagem paralelística iterativa, uma série de imagens, conceitos e metáforas da metafísica da palavra mbya é apreendida pelos leitores a partir de traços formais, sem a necessidade de uma glosa adicional analítica de Cadogan – cenário que, por sua vez, dá ao texto um timbre poético por meio de um aspecto formal que serviu para explicitar, na escrita, elementos implícitos da oralidade e da performance dos cantos, uma junção de aspectos morfogra-

---

[169] Um dicionário não "descorporado", afirma Melià, não é composto de "palavras que voam", mas sim de palavras da língua e na língua, "a casa da memória na qual um povo já vive seu futuro" (apud CADOGAN, 2011, p. 12).

máticos do idioma mbya incorporados à maneira como Cadogan traduz aos leitores em castelhano os saberes mbya. Aliás, esse é um traço típico presente em línguas do tronco linguístico tupi-guarani (BESSA FREIRE, 2003).

> Faz-se necessário agregar que a forma iterativa, às vezes, modifica o valor semântico do verbo: por exemplo, *oï* significa 'está', *oïmba* 'estã(o) todo(s), não falta ninguém'. Mas a oração Ñande vai rive aguã oïmba ïmba, 'nós nos enojamos sem motivo sem motivo para estã(o) todo(s) está tudo', significa, mais ou menos: 'motivos não faltam para fazer que sem razão nos enojemos; tudo parecia ter por objetivo nos enojar'. (CADOGAN 2011, p. 195).

Com a morte de Cadogan, em 1973, não foi possível o término do dicionário, cabendo a Bartomeu Melià, herdeiro da obra de Cadogan, editá-lo, reunindo as partes – léxicos de *Ayvu Rapyta* e *Ywyra Ñe'ery* mais os acréscimos datilografados (108 páginas) – com a ajuda de Friedl Grünberg, que processou, conferiu e fez pequenas correções nos originais. Poder-se-ia afirmar que o dicionário mbya, além de ser fruto de um trabalho multissituado no tempo e no espaço e resulto de um trabalho cooperativo entre Cadogan e intelectuais guarani, é também um trabalho de cooperação com outros acadêmicos que tomaram as rédeas das palavras de Cadogan após sua morte – expressão máxima de uma obra, a cadoganiana, que tem como qualidade ser constituída por uma série de fragmentos dispostos tais quais blocos em um todo de artifício orgânico[170].

Dicionários bilíngues – a exemplo também das gramáticas – são obras que, pelo próprio gênero em questão, instituem pro-

---

[170] Esse dicionário é, praticamente, o único trabalho de lexicografia mbya, já que o dicionário de Robert Dooly (s/d) falha em tratar as palavras com quase absoluta abstração do contexto cultural, embora, como afirma Melià (2011, p. 203), ele possa ser útil para a tradução de textos simples, coloquiais, que não requerem matizes semânticos específicos da cultura mbya. O dicionário de Cadogan é o único, afirma Melià, em que há um efetivo mergulho na cultura mbya (2011).

cessos de redução das línguas em contato, cujos produtos habitam uma zona cinza, ambígua (HANKS, 2010, p. XII, p. 127). Ou seja, são produtos a um só tempo descritivos e prescritivos, analíticos e regulatórios. São reflexos de um movimento assimétrico de transporte de significados no qual há uma língua base (historicamente, nas práticas euroamericanas, o latim) que funciona como moldura da língua alvo. Assim, a transcrição-tradução-criação de León Cadogan, ao mesmo tempo em que é devedora da língua falada pelos indígenas mbya de seu tempo, é também em alguma medida ligada, em *sua versão escrita*, a esta outra faceta: a que configura a língua guarani como fruto de conversão, cujo molde é a matriz latina (castelhano).

Poder-se-ia dizer que Cadogan se inscreve em um longo processo que data séculos, qual seja: o de traduções (conversões) dos Guarani pelos brancos, no qual a dicionarização constituiu uma importante ferramenta. Para citar um caso, as traduções linguísticas e doutrinais de Montoya – que são uma das fontes heurísticas e metodológicas de León Cadogan –, pertencendo ao pano de fundo político-religioso jesuíta da conversão, colonialismo, ocupam uma zona ambígua na qual há um trânsito entre descrição e prescrição, análise e regulação. Esse jogo entre aspectos descritivos e regulatórios trouxe uma série de implicações, sendo a mais notória aquela que operou uma transferência semântica e gramatical entre as línguas em contato por meio de um movimento assimétrico que veio do latim, moldura "original" metalinguística, passou pelo espanhol e adentrou no idioma guarani, isto é, o *guarani reduzido*. Nessas obras, o espanhol configurou-se como uma baliza e como um agente de transformação linguística, e o guarani, língua reduzida, como um objeto. A literatura especializada no período (WILDE, 2009; SUSNIK, 1965; NEUMANN, 2005; MELIÀ, 1992; GANSON, 2003; CASTELNAU-LESTOILÉ, 2000) mostra que os indígenas reduzidos "continuaram" a falar sua língua nativa, contudo em nova forma – aquela, reordenada por fora, que descreve e simultaneamente prescreve o mundo da alteridade: o que é também outra forma de estabilização metafísica.

As frentes principais da estabilização metafísica operada por Montoya são, grosso modo, os *dicionários, as artes* e *textos cate-quéticos* – estabilização alcançada pela formalização exógena, por meio de um quadro metalinguístico e ontologizante derivado do latim, assim como pela entrada de uma nova tecnologia, a escrita alfabética, tecnologia que cria um vínculo essencial entre *phoné* e *palavra* (como abordado anteriormente). De modo sucinto, esse movimento possibilitou modificar o quadro sociológico e sociolin-guístico das mais variadas parcialidades guarani, a saber, alterou o quadro de quem é dono da palavra sagrada – do xamã ao padre – e a constituição dos "existentes do mundo" – a criação estável de uma metafísica "guaranítico-cristã".

No plano formal-gramatical, os jesuítas elaboraram gramá-ticas a partir de um horizonte pedagógico e filosófico globalizante para as empresas missionárias no mundo. No caso americano e, de modo mais específico, guarani, houve a clara ambição de fundar um chão-comum para diversidade encontrada entre os Guarani (MELIÀ, 1992). A construção desse campo partilhado representou uma estratégia poderosa, já que favoreceu a criação de uma "língua guarani cristã" padronizada, mesmo não ocorrendo o desa-parecimento das variações dialetais guarani. As gramáticas guarani clássicas são, por definição e por produto, *gramáticas de tradução*, para usar a expressão de Melià (1992, p. 44), na medida em que constituem tentativas de solucionar o encontro etnográfico, mis-sionário e tradutivo, via gramática do latim (MELIÀ, 1992, p. 45), estando Montoya a figurar como caso exemplar, e mesmo pio-neiro, operando uma *latinização do guarani*. Porém esse encontro produziu maiores efeitos no *campo lexical*, em que o *novo guarani*, o *guarani cristão*, aquele reduzido, passou a ter uma fisionomia mais específica, a de convertido-estável-cristão (MELIÀ, 1992, p. 65).

> O guarani entra no castelhano para sair depois carregado com uma semântica e uma nova prática: o guarani dos intérpretes e 'línguas' pode ser caracterizado como palavras da língua, sem a língua. É o guarani pensado e falado para dizer um pensamento e uma ordem castelhana (MELIÀ, 1992, p. 53).

Nesse longo processo de mediações culturais entre cristianismo e socialidades guarani, os catecismos também foram importantes, pois instituíram como regra e prática um *texto que é fixo*, cuja estruturação formal, com forte tom didático, é a de perguntas-respostas (fora dos cantos e das danças rituais). Destaca-se, por exemplo, uma alteração profunda na *produção* da palavra, que passou a ter um novo *dono*, como dito, o dono da palavra religiosa saindo do monopólio dos xamãs e indo para outro tipo de agente social, também com monopólio, o padre: a nova autoridade. Com isso, as palavras, *belas palavras*, ou as então agora *palavras reveladas*, não se expressavam mais com monopólio legítimo no canto ou na dança nativos, e sim por meio de uma diferente ritualística: a catequese e as missas nas reduções. O gênero dos catecismos, a estrutura perguntas-respostas, representou uma descontinuidade cultural, algo novo e alheio às práticas discursivas guarani, porque letra e voz passaram a ter outro ideal de "vocalidade", no qual a relação entre voz e memória tem um direcionamento fundamental em relação à eficácia recorrente da memória vocalizada por meio da técnica da escrita alfabética (que é composta de uma tradução da tradução). O foco fundamental da catequese jesuítica recaindo sobre a "memória" foi conduzido sob a forma de um *ordenamento cronológico* em que a ordenação linear dos acontecimentos, no relato, tornou-se o aspecto formal e ritual central (NEUMANN, 2005, p. 149), assim como desenvolveu uma noção de pessoa ligada à *consciência cristã*[171]. Contudo, vale ressaltar que a catequese seiscentista não incentivava a palavra guarani, porquanto estava limitada à tradução de fórmulas, doutrinas clássicas[172].

> A passagem à escrita, no que se refere à língua, processou-se através de três mecanismos básicos. Segundo Melià, o primeiro foi a "escrituralização" alfabética da língua guarani, a partir da imposição de uma uniformidade fonológica; o segundo foi a gramaticalização do idioma nativo, o que implicou construir categorias na própria língua (com forte tendência a uma padronização linguística); e, por último, a dicionarização das expressões idiomáticas, quando as palavras consideradas neutras eram registradas sem dificuldade, enquanto aquelas fortemente semantizadas na vida sócio-religiosa encontravam-se ausentes ou apareciam com um novo sentido, adaptado à nova vida reducional. (NEUMANN, 2005, p. 43).

Os missionários jesuítas e capuchinhos dos séculos XVI e XVII inseriam-se em um contexto preciso: o da cosmologia medieval, do humanismo renascentista e da *real politik* colonial – um contexto histórico muito ligado ao projeto eclesiástico pós tridentino[173]. Vale destacar, também, que a noção de maravilhoso está bastante presente no enquadramento desses relatos, uma

---

[171] Cf. DUMONT (1983); KEANE (2007); ROBBINS (2004; 2007).

[172] Para Franchetto (2002, p. 50), é comum "o tratamento dado às narrativas tradicionais, rebaixadas a 'contos' ou 'lendas', contrasta com tratamento de excelência dado aos textos cristãos. Às primeiras se aplica uma operação de redução, que redunda em empobrecimento e infantilização; às segundas se aplica, ao contrário, uma operação de tradução fiel, com todos os cuidados da exegese e da transposição por equivalências sintáticas e semânticas. O resultado acaba contradizendo, e desmistificando, a retórica do refrão 'escrita a serviço do resgate'. Os índios leitores elaboram rapidamente uma comparação entre seus mitos exprimidos e banalizados – um folclore de pequenas ficções – e os grandes mitos dos Brancos consagrados em verdadeiros livros. Enfim, aos primeiros se destina o código restrito da chamada 'literatura indígena' e o termo 'mito' com as conotações negativas do senso comum; aos segundos, nem literatura nem mitos, se destina o código elaborado da Palavra Revelada, 'estória-história verdadeira'".

[173] Cf. POMPA (2003).

ATELIÊ DA PALAVRA AYVU RAPYTA: ANTROPOLOGIA, METAFÍSICAS E TRADUÇÕES ENTRE OS MBYA (GUARANI) E LEÓN CADOGAN

teologia missionária localizada "entre a filosofia neotomista, o plano eclesiástico tridentino, o sonho utópico e heroico da Conquista Espiritual e a realidade do cotidiano colonial" (POMPA, 2003, p. 57). Os relatos desse período refletem traduções em andamento, isto é, o que é dizer o mesmo, mediações[174]. O outro, pois, nunca é pura descrição alheia.

Cadogan, como dito, inscreve-se nessa tradição e, a um só tempo, subverte-a por vezes à revelia de seu próprio desiderato. Há várias continuidades de León Cadogan com predecessores – como o notório caso de Montoya –, que também, em traduções e conversões, buscaram estabelecer pontes entre metafísicas. Enquanto, todavia, Cadogan visava a uma ponte que possibilitasse o entendimento da metafísica guarani, Montoya quis uma ponte de mão única, mais estritamente uma conversão: gerar as condições propícias para que os Guarani atravessassem a ponte para o lado da metafísica cristã. Ou seja, mais do que cristianizar os Guarani (Montoya), León Cadogan, a seu modo, "guaranizou paragens cristãs". Nesses dicionários e artes gramaticais, não há mera descrição, ou adaptação, pois se apresenta uma série de codificações ativas de conversão que atravessam os séculos, cuja ideia de um processo neutro é devedora à ideologia cientificista da linguagem não só de Montoya, mas também de León Cadogan. Por exemplo, o *Vocabulário da Língua Guarani* e o *Tesouro da Língua Guarani*, de Montoya – devido à natureza própria dos dicionários que não têm um centro dêitico[175] – criaram conside-

---

[174] "Lembrar São Jerônimo ou a Bíblia Sagrada Polyglotta escrita por Brian Walton e publicada em 1657 é lembrar que a tradução cristã é um protótipo fundador. A flexão pentecostalista do empreendimento missionário evangélico faz da poliglossia e da tradução interlingüística um princípio e uma prática, com suas interfaces com a redução à escrita de línguas ágrafas e com a educação bilíngüe, um mesmo aparelho de assimilação e cristianização. Se comparada à rigidez e ao purismo católicos diante do texto 'sagrado', a postura evangélica, paradoxalmente, legitima as línguas indígenas" (FRANCHETTO, 2002, p. 50).

[175] A ausência de marcadores dêiticos é uma das características da literatura doutrinal, visando a criar o efeito de algo factível a se repetir indefinidamente, em qualquer tempo e em qualquer lugar (HANKS, 2010). Em certa medida, isso se assemelha ao que Foucault (1971) notou ser comum ao "discurso doutrinal" em geral, a saber: a capacidade e a tendência de dispersar a si próprio. Por

rável parte do léxico da conversão, como também serviram para deter a transferência entre as línguas em encontro tradutivo. O dicionário bilíngue funciona como um mapa metalinguístico que possibilita comensurar as línguas e o movimento de significação operado entre elas. É um instrumento, por excelência, para converter palavras, mas assim o faz incorporando o entendimento e a perspectiva de seus criadores. As traduções hispânico-guarani, seus vocabulários, incorporam uma história de medição e comensuração recíproca sem a qual a redução, ou melhor, a estabilização linguística e metafísica indígenas seria impossível. Trata-se de um trabalho de síntese por excelência, já que o dicionário unifica diferentes esferas do pensamento e da prática no ato singular de articulação de uma língua na outra.

Contudo, não é só isso. Se o dicionário é um instrumento a um só tempo descritivo e explicativo, por outro lado é uma obra de arte – um trabalho literário de pesquisa, escrita, estética – e um fato social – resultante de uma série de relações sociais e, simultaneamente, produtor de outras. Tal como nas proposições do poeta Francis Ponge, o verbete é um típico *intertexto poético do Ocidente*, e foi o instrumento básico de pesquisa do não índio Cadogan, assim como produto interpoético de seus anos de trabalhos acadêmicos e indigenistas com a alteridade. Ir ao dicionário, assim, é ir a um *momento em movimento* – aquele em que a transferência de afetos relacionais e de materiais sígnicos da língua efetiva-se: o momento clímax da estabilização metafísica.

Ao dar ênfase ao gênero dicionário, viso aqui, também, a pensar certa avaliação comumente dada ao trabalho de Cadogan, a saber: de um lado, o reconhecimento de que sua grande contri-

---

exemplo, em cada ato performático de uma doutrina, a cristã, por exemplo, no contexto da conversão, a cada fala-citação, pessoas ocupam papeis alternantes de *eu-outro* nos quais a linguagem roteirizada de uma catequese torna-se a linguagem do agente. Nessa transposição da linguagem – a roteirizada tornando-se a linguagem vivenciada e naturalizada –, os variados elementos dêiticos fornecem os eixos, as dobras nas quais a doutrina é recontextualizada a*d infinitum e as palavras e sentimentos fundados em uma nova realidade, a cada e a todo o momento.*

buição reside no manancial de dados linguísticos e mitológicos; por outro lado, o recorrente diagnóstico segundo o qual seu trabalho contém traduções e etimologias equivocadas. Eis o tom comum da crítica feita com relação a um "relativo amadorismo" presente no trabalho de Cadogan:

> [...] devido ao fato de que suas observações etnológicas publicadas sobre a cultura Guayaki são inexpressivas, assim como ao de que ele não é um linguista treinado, tem-se a impressão de que o material apresentado [em *Ayvu Rapyta*] deve ser aceito com alguma reserva, mais particularmente no que diz respeito às interpretações do autor, e a fim de obter uma perspectiva adequada certamente deve ser lido em conjunto com as obras publicadas de contribuintes eminentes para a guaraninologia como Herbert Baldus ("Breve notícia sobre os Mbya-guaranis de Guarita," Revista do Museu Paulista, ns, 6, p. 479-488, 1952), Curt Nimuendaju ("Die Sagen von der Erschaffung Vernichtung und der Welt als Grundlagen der Religion der Apapocfiva-Guarani," Zeitschrift für Ethnologie 46, p. 284-403, 1914), e Egon Schaden ("Aspectos Fundamentais da Cultura guarani, "Universidade de São Paulo, Faculdade de Filosofia, Ciências e Letras, Anthropologia 188, 1954). (HOHENTHAL, 1963, p. 1179).

Os casos das traduções controversas e etimologias "selvagens" mostram, no mais das vezes, o modo operativo das pesquisas de Cadogan. Tomo alguns exemplos. Em uma divisão etimológica-analítica particular, inusitada, observa-se uma série de misturas e contaminações, traições interessantes sobre o próprio modo como o guairenho traduz o fundamento da linguagem guarani (CADOGAN, 2011, p. 45).

> Pessoalmente, considero que *e-té*: nome pessoal em guayakí; *te, té-ra, ré-ra, He-ra* (guarani clássico); *té-ry- ré-ry, 'é-ry* (mbya e chiripa) provém de uma raiz comum; tam-

bém é provável que esta raiz seja 'e = dizer, expressar ideias, como o é entre os guarani-mbya: 'e significa dizer, tanto em nosso guarani clássico como em guarani-mbya; e para expressar o conceito que encerra nossa palavra ressuscitar, o de devolver a alma a quem já morreu, empregam os mbya a palavra *e-epy*, cuja tradução literal é: resgatar ou redimir o dizer. (CADOGAN, 1997, p. 302).

Essa etimologia e glosa-tradutiva cadoganiana, na qual há o desmembramento de uma expressão, *diz mais sobre sua autoria*, com variados "empastamentos" semânticos e traições, do que sobre a morfologia da língua mbya[176]. Outro exemplo é o do saber autocontido, autogestado, conhecido no tempo em que tudo é desconhecido (trevas contínuas) e que é lido também por meio do termo guarani *kuaray* (sol) em outra etimologia bem "selvagem", no qual:

kuaá (saber) + *ra* (criar) + 'y (coluna, manifestação)

Tem-se, conclui León Cadogan, "a manifestação da sabedoria e do poder criador". (1997, p. 43-44).

As línguas guarani têm muitas partículas cujo entendimento é bastante complexo, com as quais o próprio Cadogan se preocupava. Pierre Clastres, ao lidar com (e fazer uso do) material etnológico e linguístico pesquisado, analisado e sintetizado por Cadogan, questiona algumas escolhas tradutivas cadoganianas, embora assim proceda usando as notas lexicográficas *do próprio Cadogan*[177]. O fato de as notas lexicográficas de Cadogan serem

---

[176] Por exemplo, *epy* é um léxico primário de todas as línguas tupi-guarani. É usado em expressões para designar "pagar", "vingar" (Cf. FAUSTO, 2001). O próprio Cadogan, em seu dicionário mbya (2011, p. 45), registra esse uso, deixando de lado as construções etimológicas controversas. Não obstante, no mesmo dicionário, afirma que pode ser entendido como um termo derivado do *eepy* denotando, assim, "ressuscitar".

[177] Nesse imbróglio, Pierre Clastres deixa antever o que entende por tradução: uma tentativa de passar de um universo cultural e linguístico à palavra e ao espírito de outro universo que tem uma

a principal fonte de crítica a seu próprio trabalho é algo bem ilustrativo. Por um lado, é evidente a massiva consciência linguística e mitológica de Cadogan sobre a questão e, a um só tempo, na ambiguidade que é comum ao seu trabalho, o desejo de *no texto central* – isto é, nos cantos e narrativas dispostos em versos em contraposição aos momentos textuais das notas lexicográficas – optar por uma tradução e por uma apresentação mais afim a um ideário e a uma concepção estética modernistas, que traem certo etnocentrismo.

Não obstante, apesar de críticas possíveis a certas escolhas tradutivas, a questão premente é de outra ordem, a saber: quais os parâmetros estéticos de Cadogan na apresentação, edição e estabilização da palavra indígena por meio da técnica moderna ocidental de escrita, assim como da influência parabólica dos escritos bíblicos? *Não* se trata de ignorância linguística, mítica e etnológica, como querem dar a entender de modo centralizado alguns comentários críticos referentes ao trabalho de Cadogan, mas sim de escolhas heurístico-tradutivas.

Outro exemplo é o caso da adoção do termo "evolução" (CADOGAN, 1997, p. 24), por León Cadogan, ao lidar com o "desabrochar da divindade mbya", que abordei no capítulo anterior. O uso do verbo *prosperar* é ainda outro desses casos: "Ñande ra'ykue íry. Ñande rajykue íry oiko porã i va'erã: poderão nossos filhos, nossas filhas prosperar" (CADOGAN, 1997, p. 56-57).

Em sua tradução, Melià opta por substituir a ideia de *poderão prosperar* pela construção "poderão estar bem". Em uma conversa, ele me disse:

---

forma de pensamento própria. O autor acrescenta que as narrativas míticas apresentam pouca dificuldade tradutiva, já que há "poucos enigmas na narração" (CLASTRES, 1974, p. 14). Já os textos de "qualidade religiosa" (IBIDEM) colocam outra série de problemas cujo trato é de difícil manejo, e as traduções estão permeadas de aporias a se enfrentar não só devido ao uso farto das metáforas e outras figuras de linguagem, comum a esses textos, mas também devido à "dificuldade de domar o espírito que corre secretamente sob a tranquilidade da palavra, de captar a embriaguez desse espírito que marca com sua chancela todo discurso enigmático" (IBIDEM).

Va'erã é relativo de futuro, e não a forma de futuro. Como se fosse uma partícula de tempo, quando há este emprego em conjunto, mas geralmente se dá de modo separado. As línguas guarani têm muito poucas marcas de tempo; são modos verbais ou aspecto de tempo, aspecto de modo, às vezes, há combinações dos dois. Ou seja, não se tem tempo, no sentido, por exemplo, da gramatica portuguesa, que deriva do latim. Muito menos há desinências verbais. (MELIÀ, comunicação pessoal, 2013a)[178].

Aqui há uma importante diferenciação a ser feita, a saber: entre as etimologias selvagens de Cadogan e as traduções (algumas controversas que reverberam a ambiguidade cadoganiana, mas plausíveis). De um lado, há etimologias selvagens feitas por Cadogan que muito dizem sobre sua pessoa e suas ambiguidades, e pouco sobre os Mbya. De outro lado, há traduções possíveis de termos e expressões que são resultas de uma escolha admissível (como os exemplos acima, "prosperar", "verdadeiro amor"), embora pouco literais.

Esse último caso é dos termos *jeayvu* e *mborayu*. *Mborayu*, como abordado há algumas páginas, foi traduzido como "amor ao próximo" por Cadogan ("solidariedade tribal" por Clastres (1975, p. 116)), opção de tradução que se liga às realizadas outrora por A. Montoya (2011c, p. 335; 2002, p. 38): *mborayhu (porahyu)*, "amor". Por mais que possamos aventar uma arqueologia que se liga a certo cristianismo nas escolhas tradutivas dessas expressões, são versões possíveis para o castelhano dentro da economia retórica das narrativas e das estabilizações metafísicas operadas em seu interior. Até mesmo por serem, como proponho, traduções, isto é, tentativas de estabelecer pontes entre metafísicas.

---

[178] Outra tradução controversa, como já pontuei, foi a do termo *jeayu* por *amor* (1997, p. 56;57). Outros exemplos bem pontuais poderiam ser postos. *Jeayu porã i omombiachéramo jepe:* ainda que queiram desviar do verdadeiro amor. Na opção tradutiva de Melià para o mesmo verso, tem-se: "mesmo se quiserem desviar do mútuo amor" (apud CADOGAN, 2005, p. 51). Cf. CADOGAN (2011, p. 63), "*Jeayu*, ser amado".

Em uma carta a Egon Schaden, que passou a integrar a segunda edição de *Ayvu Rapyta* na forma de posfácio, há uma avaliação do próprio Cadogan a respeito do problema das escolhas tradutivas. Ao discorrer sobre os possíveis desentendimentos interpretativos e de julgamento a respeito do livro, Cadogan afirma: "a tradução, sobretudo, será acerbadamente criticada por aqueles que ignoram as sutilezas do guarani e por aqueles que só conhecem o nosso guarani híbrido do Paraguai e Corriente" (1997, p. 315). Assim o faz ressaltando outros trabalhos, como o de Schaden, na época ainda inédito, para fiar confiança em suas traduções e convencer a academia – "quando estes textos se fizerem conhecidos, em algo influirão, acredito, para vindicar minha tradução dos textos mbya" (1997, p. 317). Vemos aqui novamente o dilema (temor) autoral que sempre acompanhou León Cadogan, como discutido na parte 1 deste livro, em busca de legitimação perante a academia dada sua baixa inserção nas instituições formais de ensino e pesquisa.

O que quero dizer é que, sim, o trabalho de Cadogan contém etimologias que as críticas etnológica e linguística apontam como deficientes e algumas equivocadas – críticas, por sua vez, prudentes e necessárias, desde que etnográficas. Porém, o que as obras e os trabalhos de Cadogan acentuam convergem para outro horizonte, que é de ordem estético-heurística e não de linguística-empírica, ou seja, é necessário distinguir, como dito, as "etimologias selvagens" (erros, equívocos etimológicos) das traduções plausíveis (embora pouco literais) – traduções que traem o desiderato cadoganiano de estabilizar a metafísica dos índios mbya, mas que não são uma grande incorreção (ao contrário das derivações etimológicas controversas, que são incorreções, pouco afins à morfologia da língua).

Primeiro, faz-se necessário levar em consideração o fato de que León Cadogan foi um dos poucos intelectuais que dominou de modo fluente as quatro variantes principais da língua guarani

– e, em especial, aquele que compreendia as sutilezas e as armadilhas que caracterizam o registro *metafórico* da linguagem religiosa mbya. Segundo, faz-se necessário diferenciar as "etimologias selvagens" (errôneas) de Cadogan daquelas suas traduções,
digamos, "intermetafísicas" (plausíveis e afins aos contextos de
gênese e de gestão das pesquisas). Terceiro, como mostrei, seu
trabalho sempre foi o de uma série constante de pesquisas multissituadas que submeteram seus resultados a *avaliações de outros
intelectuais e agentes indígenas* que avaliavam, *corrigiam* e *acrescentavam* elementos: esse ponto é uma radicalidade incontes-
tável do trabalho cadoganiano. Citando novamente Lévi-Strauss
para caracterizar algo que é típico da multissituação engajada de
León Cadogan: "contra o teórico, o observador deve ter sempre a
palavra final; e contra o observador, o indígena" (2013, p. 14).

León Cadogan submeteu o que achava saber – o texto
"pronto" – àqueles que podiam desmenti-lo de modo peremptório: os índios. Embora, necessário frisar, os interlocutores de
Cadogan, muito provavelmente, não controlavam a palavra
escrita alfabética, ou ao menos, as fusões metafísicas que as traduções do guairenho colocavam em cena. Se há deslizes entre
expressões mbya e etimologias selvagens, eles são também de
ordem outra que puramente linguísticas. Eu argumento nessa
direção, não visando a uma versão do célebre "argumento de
autoridade" em favor de Cadogan, e sim no de evitar entrar em
uma espécie de tribunal da razão, do julgamento, por meio de críticas apriorísticas.

As notas lexicográficas, os verbetes e as associações tradutivas de Cadogan geraram um horizonte no qual camadas
das línguas ressonam umas nas outras – no caso, o mbya no
castelhano e vice-versa – e, nesse processo, fazem os saberes,
fixados no papel, vibrarem. Assim, a pretensa falta de rigor ou os
excessos nas derivações etimológicas, são questões nuançadas
de antemão – o que não quer dizer que são sem importância, até

mesmo porque, como propus, trata-se de uma obra aberta nos moldes de uma oficina poética, que contém o texto nativo, na íntegra, para ser reapropriado por outros, inclusas as próprias traduções cadoganianas passíveis de serem subvertidas e criticadas por outros pesquisadores[179].

Dicionários – aqui, bem entendido, aqueles que foram formalmente escritos por Cadogan e também os léxicos dispostos em seus livros – constituem um "engodo tecnológico", para usar a expressão elogiosa de Michel Peterson (2002). Faz-se necessário entender que os trabalhos lexicográficos, os verbetes, o objeto dicionário, enfim, estão além da função meramente descritiva, na medida em que trazem, em seu bojo, uma potência poética – dicionário como arte e como fato social: o típico, para tomar de novo a expressão de Ponge (2002, p. 84), "intertexto cultural do Ocidente". Noutros termos:

> a informação documental habitualmente oferecida pelo dicionário de língua vê-se perversamente problematizada na medida em que o discurso didático que se constitui a partir de palavras ou de sintagmas lexicalizados passa pela dialética da metáfora paradigmática e da metonímia sintagmática (PETERSON, 2002, p. 86).

Essa é a inspiração pongeana que parece melhor servir de imagem para o trabalho tradutivo-e-poético de León Cadogan, em que, como afirma Peterson:

> [...] à simbólica gráfica do dicionário de língua que se edifica a partir das camadas fonética e semântica da língua sobrepõem-se, nas definições-descrições pongeanas, as camadas semiótica e mitológica [...], uma vez que o mito foi apreendido como objeto intencional, a desvelar enfim o ser gnosiológico do poeta-escrevedor-leitor. (PETERSON, 2002, p. 86).

---

[179] Cf. CLASTRES (1974, 1986) e MELIÀ (CADOGAN, 2005).

É nesse sentido que aplico o rótulo poético ao trabalho lexicográfico de León Cadogan, que, afirmei há muitas páginas, pouco se assemelha ao ato poético de Chatterton. Antes, enquadra-se melhor em uma espécie outra de ato poético: o pongeano – claro, não sem antes ser *primeiro* um trabalho e uma união afetiva e intelectual com os "poetas mbya".

Portanto, ao invés de buscar críticas genéticas às etimologias de León Cadogan, tomo-o como um taxinomista, ao trabalhar obsessivamente na escuta, na transcri(a)ção, na tradução dos conhecimentos mbya da palavra fundamento. No trabalho de León Cadogan, o que se vê é uma série de movimentos que desencadeiam processos – no texto e fora dele – de autotextualidade e, a um só tempo, de intertextualidade. Coincidem contextos, outros presentes, ecoando, a meu ver, a lógica mbya, expressa exemplarmente na figura mitológica de Ñamandú, o Primeiro Pai.

Há mesmo uma afinidade eletiva, para lembrar Goethe (2008), entre a forma de trabalho cadoganiana e os dicionários. Como vimos, após a edição da primeira versão de *Ayvu Rapyta*, acompanhada de um léxico mbya-castelhano, Cadogan continuou sua pesquisa e gerou dados novos a serem incorporados. Ora, acrescentar dados ao já feito constitui um procedimento bastante comum ao gênero dicionário; na verdade é seu *modus operandi*, que traz um corolário fundamental: o de ser uma arte que, por definição e desiderato, *quebra a unidade cronológica do material*. Ou seja, trata-se de um bloco de fragmentos, cujos limites passam a ser fluidos: o livro e o dicionário nada mais são do que efeitos de um fechamento. São paragens deliberadas do que é concebido como aberto – uma paragem, uma estabilização: no caso, linguística, intertextual e metafísica. Por isso, proponho que, no trabalho cadoganiano, tão importante quanto o texto pronto é o seu processo de realização, tais quais rascunhos pongeanos, pois nele é que se encontra todo um rol de informações etnológicas e etnográficas escondidas a um primeiro olhar. Os dicionários são os exemplos maiores da paragem metafísica, ideia com a qual, para ser repetitivo, leio a obra cadoganiana[180].

Como argumentei, ao contrário do que postulam algumas perspectivas, como a de Peramás (1946), a palavra fundamento mbya distancia-se da concepção platônica, e ainda que o trabalho cadoganiano possa manter alguma afinidade com ela, sua tradução longe está de gerar um horizonte no qual a escrita emerge como uma tecnologia que destrói a memória, tal como o *phármakon*. Primeiro porque Cadogan retirou a palavra criativamente da dimensão privada dos xamãs, gerando um texto que se ramificou, em devir, em diferentes searas. Segundo, essas palavras são cantadas e ditas, elas não são desencorpadas. Elas estão infundidas com o xamã, com aqueles que as inspiram e as disseminam (sopram). A palavra fixada em uma página só está limitada em um espaço inanimado e sem poder de transformação caso se tome a palavra sem levar a sério os seus usos,[181] ou caso se queira ficar na dimensão mais geral das teorias da linguagem sem pensar o paradoxo escrita-morte-eternidade, isto é, a mortalidade da palavra no texto – fixação do sopro na razão gráfica, presa às coordenadas do papel – paradoxalmente é o que permite sua eternidade, pela circulação e pelas ampliações sociológica e geográfica. Voltando à etnologia, à palavra nos termos mbya, esse paradoxo ganha ainda mais força, pois passamos a lidar com uma palavra que é corpo, é inspirada – é dual, ação e significação, concomitância, como mostrado na seção três deste livro[182].

---

[180] O dicionário "é o instrumento linguístico dos excessos astronômicos. Se, por um lado, ele representa a imagem da ordem, da classificação das palavras e dos sentidos, por outro, constitui um gigantesco reservatório de matérias em fusão" (PETERSON, 2002, p. 88).

[181] E aqui cumpriria saber qual foi o uso dessas palavras escritas pelos próprios Mbya, algo que extrapola o contexto deste trabalho.

[182] Por meio das séries de versos iterativos há o descrever e o transformar, porquanto essa é a lógica do suplemento, da iterabilidade – no sentido em que a repetição nunca é igual a si mesma, pois sempre está ligada à diferença. Todo o texto precisa ser iterável, carregar em si a possibilidade

O dicionário coloca em cena o problema da autoridade, no sentido em que é um dos poucos produtos culturais do Ocidente que, por excelência, caracteriza-se pela ausência do autor. Dicionários não podem, de modo efetivo, ser finalizados (assinados); podem somente estabelecer uma paragem da translinguagem, do transporte, do deslocamento entre as línguas em contato[183]. Os dicionários de Cadogan, em especial o Mbya-Castelhano, são muito ilustrativos da obra cadoganiana, pois são produtos que não terminam, antes fazem uma paragem da translinguagem, estabilizam o fluxo entre as línguas. Se a estabilização metafísica e linguística é o desejo e prática de toda obra de Cadogan, no entanto, ele escreve as palavras fundamento sem matar o sopro que as motiva, no sentido em que os saberes emergem em páginas junto com as, *subentendidas*, teorias nativas mbya de entextualização. A oficina poética, como vimos, sempre esteve repleta de índios intelectuais guarani.

---

de ser repetido reiteradas vezes em contextos dos mais distintos: o grande achado e o grande feito de Cadogan, ao tomar a palavra circunvolva e metafórica dos xamãs, que passando a ser uma palavra fiada, pôde ser uma palavra escrita pública, isto é, iterada e iterável, presente em outro presente. O dicionário editado em 1992 é mesmo uma síntese de todo o trabalho, do conhecimento e da perspectiva de Cadogan – uma boa imagem do que veio a ser o trabalho intelectual cadoganiano.

[183] Ou como mostra o trabalho etnohistórico de Hanks, "o dicionário bilíngue é um mapa metalinguístico que permite a comensuração entre as linguagens e o movimento de significados entre elas. Ele é um instrumento para converter palavras. Ele incorpora o entendimento e perspectiva de seus criadores" (HANKS, 2010, p. 155). Os dicionários são construídos, no mais das vezes, por poucos princípios básicos, a saber: interpretação, economia, transparência e laços indiciais (HANKS, 2010). Um princípio que estabelece a glosa é uma interpretação válida da palavra-cabeçalho. O critério da economia é o que garante um horizonte no qual é possível extrair o maior proveito possível dos processos de derivação, inflexão e mistura composta. Uma transparência relativa é almejada, em que a glosa da língua alvo é uma análise semântica, em que o conceito associado à língua matriz precisa ser explicado de modo a injetar novos conteúdos e formas de modo acessível. A reiteração, ecos, repetição de traços linguísticos, outro fator presente, visa a tornar o aprendizado mais prático, com marcações que operam vinculações indiciais entre as línguas. Todos esses elementos estão presentes no trabalho de artesão da palavra de León Cadogan.

4.2. O Campo do Ateliê: Tradutores Internos e Externos

A possível definição da antropologia, que se ajusta ao modo como vejo ter sido praticada por Cadogan, é uma que deu Lévi--Strauss (2013, p. 42): uma forma de conhecimento que visa ao "alargamento da razão humana". Em seu diagnóstico a respeito do campo antropológico, Lévi-Strauss chega à conclusão de que, com o passar do tempo, "a antropologia [pôde] se afirmar no que ela é: um esforço, renovando e expiando o Renascimento, de estender o humanismo à medida da humanidade". Não obstante, bem entendido, o cerne do ponto levi-straussiano é atacar as formas de humanismo acabado, finalizado, etno-centrado[184].

Essa percepção de fundo está presente no trabalho de Cadogan ao menos em dois sentidos. O primeiro é na forma como ele lida com (e fia-se em) as línguas guarani, partindo de uma concepção da linguagem como via de acesso privilegiado ao pensamento, "à evolução do pensamento humano" (CADOGAN, 1990, p. 22). O segundo sentido, menos óbvio, é perceptível nas práticas de pesquisa cadoganiana, isto é, a multissituação parte do entendimento da língua como sendo o meio capaz de agrupar, em um todo orgânico, as diferenças de conjunturas, os dados fragmentados, os afetos e saberes co(n)fundidos nas variações do tempo e do espaço. Em maior ou menor grau, não é possível ignorar que se

---

[184] Na clássica formulação de Lévi-Strauss, a etnologia teria como missão levar o humanismo a uma terceira etapa (além da clássica e neoclássica). "O Renascimento redescobriu, na literatura antiga, noções e métodos esquecidos e, mais do que isso, o meio de colocar a própria cultura em perspectiva, confrontando concepções contemporâneas às de outros tempos e lugares", porquanto, dentre outras coisas, foi um movimento que reconheceu um fator epistemológico indispensável, a saber: que "nenhuma civilização pode pensar a si mesma sem dispor de algumas outras como termo de comparação" (LÉVI-STRAUSS, 2013, p. 303). Porém, caberia à etnologia dar um passo além dos outrora dados, ao encaminhar um movimento intelectual que sai do anglo-eurocentrismo e abre o conhecimento em direção a outros povos, no sentido em que é uma disciplina composta com/por "novas civilizações" que, por sua vez, põem *novas questões* para o pensamento e para a ética. Um "humanismo generalizado", no sentido forte da expressão, pois se interessa pelas "marginalidades", e não só pelas "culturas centrais, privilegiadas, hierárquicas" (IBIDEM). Afirma o antropólogo: "já se sabe que nenhuma fração da humanidade pode aspirar a compreender a si mesma se não for por referência a todas as demais" (IDEM, p. 304).

trata dos legados do humanismo e de sua concepção de linguagem, ou mais detidamente da promoção de uma linguagem humanista (DURSTON, 2007, p. 29; 32 e ss). A língua mbya é o grande alicerce, cimento, *apyta* (CADOGAN, 1997, p. 43), usado para aglutinar os fragmentos, para fornecer um pano de fundo em comum ao jogo heurístico e narrativo entre contextos e descontextos.

Entender o trabalho de Cadogan como estando embebido no humanismo, ou melhor, no ensejo de "estender o humanismo à medida da humanidade" (i.e., abrigar as diferenças entre culturas), por meio do modo como concebe e trabalha a língua, traz consigo uma série de consequências. Traz, em seu bojo, a necessidade de enfrentar alguns tópicos caros à história da antropologia, tais como as dicotomias natureza-cultura, linguagem-lei, história-memória, oralidade-escrita. Por isso dediquei algumas páginas a certas noções mbya, que traduzi analiticamente por meio de ideias como "outro-presente", "palavra-força", "desdobrar-brotar", "imagem-concomitância" de modo a evidenciar os pressupostos mbya envolvidos (claro, lidos por meio de um modelo analítico meu). É nesse sentido que propus tomar as referidas dicotomias caras à história da antropologia de modo paralelo, mas não para reformulá-las, refundá-las, e sim para extrair de seu pano de fundo o humanismo, ou, sendo mais direto, para abordar como o trabalho de Cadogan fornece respostas para a questão que pus no início deste livro: "em que medida é praticada a mediação cultural nos estudos antropológicos?".

Uma primeira questão é aquela que problematiza e faz reconhecer que o "homem" — conceito que a antropologia cultural e social clássica toma como base para o seu projeto comparativo — não é um conceito empiricamente observável, nem logicamente dedutível. Como bem mostram diversos trabalhos etnológicos, assim como filosóficos, é equivocada a ambição antropológica de buscar na *diversidade* empírica a base para um desejo metafísico de fundar *todo o* conhecimento (logo, *unicidade*) por meio do pressuposto antropocêntrico. O que a palavra-mbya parece pôr como advertência é que esse desejo de buscar nas mais variadas realidades empíricas, o desejo metafísico – dos brancos, euroamericano, "nosso" – de fundar todo "o" conhecimento só é possível na medida em que renuncia essa ambição.

À medida que se olha mais de perto o trabalho tradutivotranscri(a)tivo de León Cadogan (ligado a uma concepção de conhecimento e de linguagem humanistas) com grupos nativos que também têm uma metafísica palradora própria (isto é, que colocam um horizonte temático em comum porém em rotas diferentes), fica patente como uma série de mediações multissituadas representa, na prática e em boa medida, a renúncia dos desideratos humanistas (desejos esses que tomam a atividade antropológica como prática radical de mediação cultural, *pressupondo o "humano" como o que é comum às diferenças*). Se a mediação cultural é, assim, o elemento propulsor dessas pesquisas, é também, a um só tempo, aquilo que se vê relativizado pela própria prática de investigação. Relativizado também é o próprio conceito de "humano" pressuposto, que fica abalado ou, no mais das vezes, é alocado em (deslocado para) outro lugar: na (para a) linguagem humana. O trabalho de Cadogan, sua oficina poética de mediação cultural, é ímpar em dar relevo a essa contradição inescapável ao ofício antropológico, no sentido em que é abertamente um trabalho que lida com uma alteridade que tem uma metafísica da palavra (mas não a do *logos*) – e assim o faz cruzando tempos e espaços variados.

León Cadogan sustenta a heterogeneidade dos dados de suas pesquisas por meio de uma noção de linguagem que pressupõe a unidade do gênero humano[185]. A unidade do humano

---

[185] Para Mauss (1968, p. 616), as religiões universais – como o budismo, o islamismo e o cristianismo – saldaram o homem enquanto tal, definido em si mesmo. Essa concepção teria implicado, para o *pensamento em geral*, a ideia de que a humanidade do homem é idêntica e respeitável

está, para usar a linguagem dumontiana, no interior do sistema moderno de valores em que há, em um extremo, a ideia de homem individual e, no outro, a da espécie humana social. Portanto, "nós mesmos somos remetidos à nossa própria cultura e sociedade moderna como uma forma particular de humanidade, a qual é excepcional na medida em que se nega como tal no universalismo que professa" (DUMONT, 1983, p. 207).

Um aspecto primeiro da oficina poética cadoganiana – isto é, *a prática* no ateliê da palavra – que já muito embaralha a noção humanista de "linguagem" e de "homem" como bases para a comparação é o fato de que ela (a oficina) se volta, em boa medida, a uma série de saberes heterodoxos. Conforme a sugestão de Melià (1991, p. 32), que considero adequada para entender o saber engendrado pelas penas de Cadogan, cada profeta, xamã, dirigente mbya teria "seu *Ayvu Rapyta* particular". No sentido em que é um conhecimento interdito, muito ligado a pessoas excepcionais (como Pablo Vera), e, portanto, não dogmático, isto é, varia assim como as pessoas por ele responsáveis. Aliás, a querela entre os Mbya Angelo Garay e Pablo Vera (ver primeira parte) está assentada exatamente nesse ponto – poder-se-ia dizer, na disputa entre *ayvu rapyta* particulares. Assim, o registro de Cadogan não é definitivo, porém não o é nem mesmo na dinâmica mbya, pois não se trata de um corpus fixo a ser idealmente mantido sem alterações, nem sequer o é cerimonialmente. É um conhecimento de "um sujeito", isto é, uma "palavra profética" única[186] que, mesmo sendo responsiva à

---

em qualquer lugar. Na leitura maussiana, é nas "religiões universais" que essa ideia de sujeito encontrou solo fértil e evoluiu; isto é, o *lócus* no qual o universalismo está fundado e encontrou um ambiente propício para sua propagação. O "universalismo religioso e o antropomorfismo são, portanto, por essência efeito e causa do cosmopolitismo e do individualismo" (1968, p. 618), pois a noção de sujeito resultante daí é baseada nas diversas tentativas de internacionalização das religiões. E foi o budismo que colocou, pela primeira vez, a ideia de "amor ao próximo" independente de quaisquer aspectos diferenciais, em uma simultaneidade, contemporaneamente, à formação das grandes nações do oriente (1968, p. 616-618).

[186] Aliás, é sintomático o fato de Cadogan ter poucos escritos a respeito das condições rituais dos cantos, ou sobre as danças (CADOGAN, 1959a), que constituem, como mostra a literatura guaraninóloga, as condições de possibilidade para a circulação e eficácia desses saberes da metafísica da palavra-fundamento.

tradição (coletiva) guarani, não expressa um valor dogmático. É um conhecimento cuja sistematização é difícil. A escolha por versos, em boa parte de *Ayvu Rapyta*, de Cadogan vem muito dessa dificuldade, como propus. É um texto de forte timbre poético, com farto uso de metáforas e outras figuras de linguagem. Dadas essas características, como entra em cena nesse horizonte a tecnologia da escrita – aquela que usou Cadogan frente aos saberes orais mbya? Esse é o segundo aspecto que a oficina poética do guairenho desestabiliza.

A primeira coisa a se dizer é que escrever requer evitar o pressuposto de um texto autenticado na origem por um falante (STRATHERN, 1999) – algo que argumentei ao falar da "posição paterna" por meio das noções mbya (antes que as platônicas). É isso justamente o que operam as *práticas* de pesquisa e *escrita* de Cadogan, no sentido em que pulveriza a origem e a figura de um único falante, multiplicando tanto sua função quanto seus agentes em um tempo dilatado e em um espaço fragmentado: que reescreve. Ou seja, nada menos que: as noções mbya (abordadas no terceiro capítulo) encontram reverberações na formalização cadoganiana dos saberes por meio da escrita.

Pressupor um falante que autentica o saber é pensar no arquétipo do indivíduo intencional, que não encontra lugar na metafísica da palavra fundamento dos Mbya, que, como se viu, é imanente na figura de uma divindade que se desdobra e, ao desdobrar criando, gera escalas entre deuses, mensageiros, seres, humanos: pessoa mbya (não individual intencional). De modo semelhante, o referido arquétipo também não encontra lugar nas práticas de pesquisa de Cadogan, cuja autoria é da ordem de uma miríade. O Pai está presente, mas não como em Fedro; ele é citacional, no máximo uma dobra que, quando aquecida, desdobra-se: abre-se em flor e se dispersa – uma metafísica que é mais afim a uma concepção que somente aceita a escrita se inclui a ausência do sujeito individual na fala transcrita, em que, no lugar disso, pensa a prática do sujeito falante, como pessoa que é miríade de falas citadas, a voz soprada, de corpo, mesmo que estabilizada no papel, já que coincide outros presentes, outros tempos e espaços (a multissituação: seja na metafísica *ayvu rapyta*, seja na série de práticas de pesquisas da oficina poética realizada por Cadogan e intelectuais mbya). Ou seja, o originário não é concebido como ligado a um indivíduo – logo a um saber autor(izado) –, mas como um porta-voz não de algo como "sociedade" ou do "livro", e sim de pessoas[187].

Argumentando contra Goody (1997b; 1987), Neumann (2005) propõe, a partir do estudo da escrita entre os Guarani coloniais, que se faz necessário abandonar a ideia segundo a qual a escrita é uma tecnologia que, em si mesma, gera e altera processos cognitivos gerais. O que quero tomar da abordagem de Neumann a respeito das práticas letradas dos "Guarani coloniais" é uma questão de método: a busca daquilo que os *sujeitos fazem com a escrita, e não somente o que as técnicas da escrita fizeram e fazem com eles*. No caso do material com o qual trabalho, trata-se de perguntar como os sujeitos mbya emergem ativamente nesse conhecimento que vai além da atribuição de uma noção pacificadora de seus saberes no papel. Parece-me ser essa a questão para melhor entender o trabalho de Cadogan: o que está em jogo quando, fiando a palavra, xamãs mbya revelam e possibilitam a escrita de uma série de conhecimentos que são interditos? Mais do que limitar a compreensão do que veio a significar para os Mbya do Guairá a fixação gráfica de seus cantos e mitos, trata-se de entender *por que essa é uma escolha dos indígenas, ativos em suas ações*. Por que os dirigentes mbya possibilitaram e permitiram a

---

[187] Cf. VIVEIROS DE CASTRO (1986): "qualidade rádio do xamã arawete" para um exemplo comparativo.

captação de um saber interdito-sagrado a ser transduzido para páginas de um saber outro que é público e tipicamente branco?[188]

Se a palavra mbya pode ser adjetivada como oral – porém, sem com isso dissolvê-la em um caldo geral da oralidade, pois a noção de *oral* é aqui entendida de modo etnográfico –, por outro lado, o produto e o legado do trabalho de Cadogan são fundados em uma *razão gráfica*. A importante alteração dos meios semióticos por ele operada gerou, por motivos óbvios, transformações no conhecimento da palavra mbya – como, já dito, a alteração do *dono* da palavra. O quão distanciadas estão as palavras do livro daquelas que o antropólogo ouviu, de modo multissituado no tempo e no espaço, é uma questão a que não me é possível responder devido à impossibilidade de reconstituir muito dos passos e dos processos do trabalho de Cadogan com os Mbya[189].

Mas não de tudo impossível, antes de ser mais um exemplo da recorrente tese sobre os efeitos da implantação da tecnologia da escrita em sociedades ágrafas, essa alteração substancial do registro realizada pelo trabalho de Cadogan mostra uma mescla de escalas. Assim, a razão gráfica, no caso, apresenta em certa medida uma forma sutil de "colonização do imaginário" nativo (GRUZINSKI, 2003), porém acredito que se faz necessário entender melhor as concepções mbya em jogo, as quais foram mobilizadas por Cadogan ao longo do seu trabalho[190]. Isso mostra que, mais do

---

[188] Cabe aqui lembrar a seção 2.2 deste livro, a saber, o longo processo e as diversas relações entre alteridades que adjetivei como "aliança política" – entre León Cadogan, via indigenismo e práticas afetivas, e os mais diversos Guarani – e o consequente caráter diplomático que desempenhou Cadogan frente às populações campesina e indígena no território paraguaio. A permissão indígena de que os saberes interditos (religiosos) mbya pudessem circular no mundo dos brancos é devedora, em boa medida, dessa duradoura relação construída e mantida por León Cadogan perantes aquelas populações.

[189] Diferentes técnicas mnemônicas estiveram presentes na produção da obra antropológica *Ayvu Rapyta* (CADOGAN, 1997) – em específico, vale destacar que Cadogan trabalhou em um entrerregimes, o de uma mnemônica oral e o de uma gráfica, na medida em que trabalhava tal qual os antigos escribas memorizando a fala dita para registrá-la, em um segundo momento com a ajuda de terceiros, no papel.

[190] Para uma comparação, ver Gruzinski (2006, p. 55-136), contexto mexicano.

que uma alteração substancial de registro, trata-se de uma *transdução* (SILVERSTEIN, 2003) de registros[191], implicando com isso toda uma série complexa de noções que se interpõem: tradução, ontologia, sociologia e (confiança) metafísica. É menos uma colonização do imaginário, e mais uma *estabilização metafísica* das belas palavras, aquelas do intelectual mbya Pablo Vera e de outros,[192] e, claro, o que não exclui facetas e os usos diversos coloniais.

Uma consequência importante da alteração dos meios semióticos realizada pelo trabalho de Cadogan foi a de permitir a portabilidade pública dos saberes privados e encorpados mbya. O sopro que desdobra turbilhões é, por definição e prática nativas, não portátil. Nesse interim,

> a escrita permit[iu] anular a distância e estabelecer uma comunicação em segredo e, igualmente, confere atualidade ao testamento passado, recolocando-o na ordem do dia, exigindo uma resposta atual daqueles que se vêm implicados na interlocução (NEUMANN, 2005, p. 181).

A divisão a priori entre "culturas orais" e "culturas escritas", além de não corresponder a uma realidade empírica, traz consigo outro problema. Não permite (ou dificulta muito) reconhecer a pluralidade de meios semióticos para além da escrita alfabética, disponíveis e ligados a possíveis entextualizações nativas. Essa noção específica de escrita traz conceitos anexos, como os de "representação", "substituição", "corpo-dualismo", "autoria",

---

[191] O entendimento da tradução como um processo de transdução foi, em diferentes lugares, sistematizado por M. Silverstein e G. Urban. Silverstein concebe a transdução como um processo de reorganização da fonte semiótica da qual o tradutor/transdutor parte. Esse processo de reorganização é alcançado por meio de expressões-alvo no contexto de outra linguagem, que, geralmente, são apresentadas pela mediação de diversas modalidades semióticas, com organizações bastante distintas (2003, p. 83).

[192] Os Guarani de papel, poderia aqui retomar a célebre expressão de Melià, para quem "pela escrita [...] o índio Guarani torna-se necessariamente um índio etnológico, e quem diz etnologia, diz também história e ideologia" (MELIÀ, 1987, p. 19). Ao ressaltar essa ideia, não se trata de negar as realidades etnográficas, linguística e etnológicas desses conhecimentos, e sim de colocar "no centro da etnologia a questão hermenêutica da relação" (MELIÀ, 1987, p. 19).

que encontram ecos, no entanto equívocos, no caso etnográfico analisado. As teorias e práticas de entextualização de *Ayvu Rapyta* trazem, como vimos, uma série de noções que lhes são específicas, tais como "corpo-palavra-sopro", "pessoa" e, principalmente para os fins deste texto, uma teorização particular sobre "imagem/*a'anga*", "imagem-concomitância", que longe está de se acomodar na ideia de representação, isto é, na da entextualização *logocêntrica*, mimética, reprodução secundária artificial de algo essencial (presença). A noção mbya, como argumentei, não se deixa aprisionar nos pares mimeses/representação, original/cópia, registro/memória. No trabalho de León Cadogan, o que se percebe é a exibição da própria produção dos textos míticos dos Mbya do Guairá, mostrando a formação mesma da matéria poética em fusão, em devir – um *dizer intransitivo*, como na *poiesis* em que se observa uma fala

> [...] no momento presente como homem, como animal, no momento presente, e [mostra] como as coisas se fazem no próprio momento, [cria] a comunicação direta, não pela recitação de um produto acabado, mas pelo exemplo de uma operação em ato, de uma palavra (e, portanto, de um pensamento) no estado nascente. (PETERSON, 2002, p. 18).

Creio que com esse quadro chego a um *lócus* a partir do qual consigo abordar um dos pontos sintéticos deste livro, relacionando o material etnográfico – a metafísica da palavra mbya e a metafísica da palavra escrita cadoganiana – com os processos de pesquisa, com o indigenismo e com o ideário de Cadogan. Traço essas relações por meio do entendimento das relações vigentes entre transcri(a)ção, tradução, entextualizações mbya e cadoganiana, origem e autoria-paternidade.

Transcri(a)ção e Tradução

A transcrição já é uma análise em si, visto que, para realizá-la, o pesquisador abstrai um fenômeno complexo, seleciona e o reduz (DURANTI, 1997). A forma como a transcrição é apresentada textualmente carrega consigo várias premissas. A metodologia da transcrição não é explícita em Cadogan, contudo muito dela é apreensível ao se olhar mais detidamente como as suas pesquisas e o seu trabalho foram divididos. *Ayvu Rapyta*, por exemplo, é um livro que traz o "texto original", isto é, um texto *na íntegra* em língua mbya ao lado da tradução em castelhano. Essa forma de apresentação espera que o eventual leitor veja o texto original, mas não que consiga lê-lo *palavra por palavra*, já que (geralmente) não é fluente na língua indígena. Assim, a materialidade da língua, no caso a mbya, passa a ser a autoridade *no livro*, a fonte-matéria-prima para outros usos. Para que o leitor possa ler o texto original, palavra por palavra, mais do que a forma como Cadogan apresenta o texto, faz-se necessária outra perspectiva de transcrição-apresentação por parte do pesquisador, que não a cadoganiana, a saber, a transcrição interlinear do texto original na forma *morfema-morfema*, com suas divisões explícitas, *em todo o texto*, para que o leitor – que não conhece a língua base – consiga seguir toda a trama linguística e narracional apresentada.

A escolha formal cadoganiana de dispor os saberes, cantos, mbya em versos, traz em seu bojo a intenção de apresentar o texto mbya original, sua palavra-força, porém sem que traga para o palco sua total inteligibilidade, a não ser pela mediação tradutora que oferece Cadogan a seus leitores no texto em castelhano. O texto é integral na língua nativa; já para o leitor o sentido integral o é nas mediações culturais da tradução. Como vimos, além da tradução do texto em mbya, Cadogan oferece um vasto e rico material de notas lexicográficas. Apresentadas no fim de cada capítulo, as notas trazem explicações etimológicas, hipóteses hermenêuticas que por vezes reapresentam o material linguístico no formato morfema-morfema, outras vezes em análises e derivações etimológicas. Nos versos e suas traduções há a integralidade do texto, mas sem a análise linguística detalhada, restando para as notas lexicográficas, quando convém, a interpretação de Cadogan. Em certa medida, é possível dizer que há uma combinação relativa das duas formas de apresentação – texto integral / morfema-morfema – no trabalho de criação poética de Cadogan, não obstante, no caso, esteja a divisão em morfemas submetida somente aos interesses de tradução e de hipóteses analíticas cadoganianas, não oferecendo a mesma estrutura e informação para os casos nos quais os voos interpretativos de Cadogan não se fazem presentes. Não há, desse modo, uma apresentação, digamos, didática, algo que seria importante na medida em que Cadogan via seu próprio trabalho como um "alicerce para futuras pesquisas".

Porém, mais do que ver nisso uma estratégia de Cadogan para esconder as dificuldades e os conflitos inerentes às atividades de transcrição e tradução, trata-se de uma perspectiva, típica do ateliê da palavra, em que não há lugar para uma transcrição final, acabada. O enfoque, a exemplo da técnica do paralelismo, é ter um texto com forte carga imagética, o que se perde com uma transcrição detalhada em unidades de morfema. O texto na íntegra está lá e, dada a sua riqueza, pode ser transcrito novamente de modo linguisticamente detalhado por um pesquisador competente – o que, aliás, Cadogan sempre incentivou[193]. Há, no meu entender, uma franca e sincera abertura ao trabalho de desconstrução e reconstrução do saber, mesmo daquele que já foi editado, escrito e divulgado[194].

---

[193] Ora, a "transcrição, como uma conversão intersemiótica, tende a remoldar a imagem da fala dentro de algo unido na fala formal produzida em uma relatividade mais formal, um contexto autoconsciente de elicitação" (SILVERSTEIN et alli, 1996, p. 29).

[194] Aí reside um dos aspectos mais ricos, a meu olhar, do trabalho de Cadogan, que deixa antever

Vale aqui uma pequena digressão. Tomar as palavras Guarani na sua radicalidade poética é, antes de tudo, tomá-las como *imagens para produzir imagens*[195]. Por exemplo, as evocações metafóricas bíblicas usadas por Cadogan para traduzir o conhecimento mbya – como "paraíso", "amor", "coração grande", "verdadeiro pai", para citar as mais explícitas –, portanto, nessa chave, emergem como um entendimento do autor de que a força poética *desses cantos e narrativas advém de imagens*. Muito das palavras-força, dos dilemas entre segredos e publicidades, é intraduzível porquanto evoca, como ponto de partida, imagens intensas que só podem ser equiparadas com imagens de iguais grandezas. As imagens bíblicas, por mais que traduzam traições em *Ayvu Rapyta*, ou por mais que se caracterizem como um gênero de "etnografia da revelação", como antes abordei, são bem consequentes com o *modo de trabalho de León Cadogan* e sua oficina poética, no sentido em que, metodologicamente, liga-se à forma e ao pensamento das imagens, *ta'anga* – uma poética entremundos, imagem-concomitância. Isso traz consigo, por um lado, a necessidade de reconhecer que a *recusa cadoganiana de realizar uma tradução interlinear, morfo-fonêmica, em favor de uma tradução livre, uma tradução em "blocos"*, corresponde a uma aproximação mais efetiva com certa concepção mbya de poética e de palavra. Poder-se-ia dizer mais: trata-se não somente de uma maior afinidade com a palavra-mundo, que se desdobra, e sim também com a *imagem*-palavra, que se traduz. Trata-se da capacidade poética dos cantos e das narrativas em incarnar imagens, em evocar conjuntos imagéticos (ver nota 160; ver GOW, 1990), desenhos, visões, caminhos, cujo modo de operação guia e é guiado por meio de imagens – assim também o é a transcrição, ou

---

que esses textos são também produtos analíticos – por mais fiéis que tentem ser à palavra soprada dos xamãs –, sempre explicitando, quando possível, o processo de coleta, criação e produção desse corpus de conhecimento indígena.

[195] Agradeço aqui ao antropólogo Marco Antonio Gonçalves por chamar a minha atenção para a necessidade de enfatizar mais essa característica presente nos textos de León Cadogan.

melhor, são a *transcri(a)ção* e a tradução encabeçadas por Léon Cadogan. Como abordado nas seções anteriores, o aspecto formal--estrutural (iterativo, recursivo, circunvolutivo) de *Ayvu Rapyta* produz uma visualização imagética de temas e conceitos, que, por sua vez, é replicada pela forma cadoganiana de transcrição e de tradução, a saber, uma forma dada em "blocos", em detrimento daquela realizada no molde morfo-fonêmico. Essa busca é um itinerário que revela uma interpretação e uma intenção do antropólogo de revelar – *em e por imagens* – um mundo: *dar a ver* o mundo palrador mbya em sua potência a desdobrar-se[196]. *"Dar a ver"* é o típico regime das imagens, das aparições.

Como dito, o material do livro *Ayvu Rapyta* é composto por transcri(a)ções que não puderam valer-se de tecnologias de registro sonoro, ao contrário do que ocorreu na produção de *Ywyra Ñe'ery*. O trabalho de coleta e transcrição assemelhou-se, como notei em nota há algumas páginas, aos trabalhos dos *escribas* antigos[197], entre o regime de uma mnemônica oral e outra gráfica, memorizando a fala dita para registrá-la, em um segundo momento, com a ajuda de terceiros, dada uma perspectiva dilatada em um tempo e um espaço posteriores. Faz-se necessário, ainda, destacar o fato de que em *Ayvu Rapyta* o agente da transcrição é um sujeito estrangeiro, embora adotado: Cadogan

---

[196] Alusivamente, de um lado, poder-se-ia dizer que, tal qual W. Benjamin e S. Mallarmé (Cf. LEAVITT, 2014), as trans-co-criações de León Cadogan e seus parceiros Guarani constituem exercícios afins às linhagens poéticas que buscavam em suas práticas, típicas do Romantismo, criar uma linguagem "suprema", isto é, uma linguagem de "pura expressão", uma linguagem abstrata para além do e sem o significado, um desiderato ligado ao Romantismo, e não aos percursores das "ciências cognitivas". A antropologia com pendor romântico concebeu sua empreitada como tradução, cujo objetivo era o de alcançar uma "síntese das poesias", uma metafísica da tradução, uma ontologia da linguagem.

De outro lado, não obstante, essa raiz romântica é ela própria infletida e problematizada pela própria "teoria da palavra mbya", que, como mostrado, ao recusar o "dilema de fausto", isto é, a antítese exclusiva entre "expressar" e "agir", constrói uma linguagem e um afazer poéticos que ultrapassam a linguagem de "pura expressão" – eis a solução cadoganiana, uma oficina poética multissituada no tempo e no espaço.

[197] O próprio Cadogan enxergava-se como um compilador, *aquele que copia*.

é um estranho etimológica e etnologicamente falando. No que se refere às noções de tradução envolvidas no trabalho de León Cadogan, há um instigante quadro no qual é possível perceber uma multiplicidade de misturas entre as esferas políticas, metafísicas, linguísticas e teórico-antropológicas.

Uma possível etimologia para o termo *traduzir* é *trans + ducere*, que significa "levar através de":

> [...] o verbo levar (*duco*) é essencialmente transitivo; portanto, a primeira pergunta a responder é: o que se leva? Informação? Emoção? Imagem? Cada resposta implicaria ver o ato tradutório como uma atividade preferencialmente intelectual (conceitual-abstrata), ou psicoemocional ou físico-sensitiva, o que iria determinar e diferenciar os processos e resultados. Levar através de – implica ainda que se responda a indagações de natureza circunstancial: de onde? Para onde? Mediante o quê? (LARANJEIRA, 2003, p. 15-16).

Traduzir é um ato muito ligado ao adágio grego, "lembra-te de desconfiar". Para o tradutor, a qualidade fundamental é ter uma desconfiança perpétua, pedra angular para o êxito tradutivo. Cheios de minúcias, os processos tradutivos são mais do que simples trocas de palavras de uma língua por outra. Antes, redundam no estabelecimento de uma série de contatos entre duas ou mais culturas, duas ou mais realidades. Em alguma medida, traduzir é sempre estabelecer relações (hierárquicas) entre línguas, grupos, coletividades – ou continuá-las por outros meios. Em contextos de encontros, "linguagens tendem a existir em um contínuo de variações no qual é difícil dizer em que lugar começa uma e termina outra" (DURSTON, 2007, p. 4), em que traduzir é recriar uma linguagem em uma nova variedade linguística (língua). Contudo, antes de lidar com o "aspecto técnico" da tradução (e transcri(a)ção), é necessário entender que atos de tradução são intimamente ligados à própria atividade etnográfica, já nos germes de um trabalho de campo[198].

Como bem adverte Durston (2007, p. 12), há diferentes tipos de tradutores em um trabalho antropológico. Há os tradutores "internos", que tendem a "produzir traduções que maximizam a continuidade com as tradições da língua alvo, ao passo que os tradutores 'externos' são mais propensos a enfatizar uma fidelidade à língua fonte, ao produzirem traduções que visam gerar grandes transformações na língua alvo". Essa distinção me é bastante útil, primeiro para fugir um pouco da tese apressada – e esteticamente comprometida que trai um etnocentrismo – segundo a qual uma boa tradução (antropológica) é aquela que subverte as normas e os léxicos da língua destino. Embora seja essa tese esteticamente instigante e rica – eu mesmo a defendo como política e antropologicamente importantes[199] –, trata-se mais de uma escolha, dir-se-ia, "estética", do que uma qualidade que é aplicável a qualquer trabalho tradutivo na antropologia, como se, de modo universal, fosse o melhor caminho. Repetindo a distinção apresentada por Durston, em um contexto etnográfico podem coexistir os "dois tipos de tradutores", assim como preexistir um dos tipos, de modo exclusivo. Ou seja, trata-se de mais uma questão etnográfica.

Para além de uma escolha a priori, pensada como sendo mais afim à empreitada antropológica, é importante entender os "dois tipos de tradutores", pois assim possibilita estabelecer uma gradação fundamental para apreender o trabalho de artesão da palavra de Cadogan. *Ayvu Rapyta* é um trabalho etnológico e

---

[198] Em um livro fundamental, Andrés Claro destaca a necessidade de entender a multiplicidade de campos que envolve a tarefa da tradução. "Em termos diretamente semânticos (o transporte, a viagem ou a mudança de sentido), miméticos (a cópia, a representação, o parecido e a pintura do modelo) ou transformativos (a recodificação e a metamorfose do original). Ou quando se figura o impacto social da tradução, em que é necessário privilegiar avaliações símiles com um rendimento ético bastante evidente (a fidelidade, a traição ou o enriquecimento; a conquista, a domesticação e o respeito do estrangeiro)". (CLARO, 2012, l. 291)

[199] Cf. RATTES (2016a).

linguístico em que Cadogan, em conjunto com os xamãs mbya e outros índios coautores, exerceu, a um só tempo, a função dos dois tipos de tradutores. Cadogan foi ao mesmo tempo um tradutor interno (por adoção e prática) e um externo. Ele foi "externo" porque lidou com a "linguagem sagrada" mbya (língua fonte) – e mais, carregou consigo os índios com suas formas de entextualização no processo de transcri(a)ção e tradução –, apreendendo dela suas circunvoluções metafóricas e seu pareamento formal. Ao assim proceder, Cadogan submeteu e corrompeu o espanhol (língua alvo) a essas características das artes verbais mbya. Igualmente, a perspectiva cadoganiana foi a de um "tradutor interno", porque produziu, como de praxe antropológica, a linguagem escrita, não indígena, estabilizada dessa palavra soprada, utilizando padrões estético ocidentais, como a versificação e a retórica parabólica bíblica. Essa troca atesta ainda mais o fato de que, nessa mediação cultural que tenciona o ideal humanista com práticas de pesquisa e registro colaborativas, as traduções são instrumentos complexos de exegese intercultural, assim como são tentativas de estabelecer pontes entre metafísicas e instrumentos de políticas culturais em que é possível ver os dois mundos (nós/eles) em ação. Isso é algo que a oficina poética de Cadogan expõe de forma bastante intensa e com riquezas ímpares.

É nesse sentido que não há muito espaço para a noção de "original", autoria individuada, tanto para os Mbya quanto para a prática de Cadogan. Algo que demanda também questionar a oposição exclusiva entre *autor* e *tradutor*: primeiro porque há mais de um tipo de tradutor, isto é, há o interno e o externo; segundo porque há vários sujeitos envolvido, vários Mbya em parceria de cocriação com León Cadogan; terceiro porque se faz necessário entender que a

> segundariedade da tradução com relação ao original só é absoluta do ponto de vista cronológico. Do ponto de

vista existencial ela é apenas relativa e essa relativização vai justamente depender da medida em que se consegue desmistificar a figura do autor (LARANJEIRA, 2003, p. 34).

Não se trata aqui de pensar o trabalho de Cadogan como o de um intelectual, que em sua longa pesquisa visou a decifrar a palavra alheia, mas antes como aquele trabalho que desanda, que desfia, abrindo o campo para pensar um espaço em que o tradutor – o transcritor artesanal que é Cadogan – é um copartícipe. Na esteira dos poetas Valéry e Ponge, trata-se do encantamento de não terminar, em que a versão definitiva é somente um acidente – no caso, uma estabilização metafísica que o ofício de tradutor, antropólogo, indigenista impôs a Cadogan.

León Cadogan sempre trouxe consigo uma teoria da tradução implícita que reconhece, em variados momentos, as dificuldades inerentes de sua empreitada. Por exemplo, a respeito do corpus do livro *Ywyra Ñe'ery*, o autor afirma que é um vocabulário mbya-espanhol, semelhante ao que fizera em *Ayvu Rapyta*, sendo todo ele composto por "lista de 'partículas' e modismos, que se apresenta melhor com o propósito de dar uma ideia das dificuldades com que tropeça o etnógrafo na tradução" (CADOGAN, 1971, p. 17). Melià acrescenta vários aspectos interessantes sobre o contexto em que Cadogan produziu seu trabalho:

> Cadogan se preocupava com a tradução, porque ele sabia o quanto *Ayvu Rapyta* era uma novidade absoluta na literatura guarani, mesmo frente ao trabalho de Nimuendaju. Não havia um texto deste tipo, com estas características, com esta qualidade. Não é à toa que ele cita o poeta inglês, vivenciando o dilema de invenção ou não.

> Por exemplo, o Montoya somente não registrou, em termos da língua guarani, foi a linguagem religiosa, embora ele fosse tido como xamã pelos indígenas.

> Voltando à preocupação do Cadogan, de certo modo, trata-se de fazer viável a tradução. E foi um mérito, do

Egon Schaden, de perceber que isto era um material original. É quando Schaden fala para o Cadogan, 'ora, eu quero ver, eu quero verificar'. É quando Cadogan o apresentou aos xamãs, na ocasião, vestidos à moda antiga, a própria figura xamânica. O grande xamã guarani do século XX é o que nos fala em *Ayvu Rapyta*.

O Cadogan não estava muito preocupado com isto, naquele período, mais voltado para um trabalho folclorista no Paraguai. Foi o Schaden que impulsionou Cadogan, para continuar nas investigações com os xamãs, e deixar de lado as comparações esquisitas. No mais, foi o próprio Schaden que possibilitou a publicação do livro.

Havia e há um preconceito enraizado, o de que os indígenas não são capazes de formular estas coisas. O próprio material do Cadogan foi rejeitado, em alguns casos, por isto. O Cadogan queria fazer uma coisa "mais ou menos passável". Ele foi recusado por um linguista espanhol da real academia. (MELIÀ, comunicação pessoal, 2013a).

Tom semelhante encontra-se em Pierre Clastres, quando discorre a respeito da qualidade "do discurso metafísico dos sábios índios mbya" (1974, p. 123). Para o autor,

> [...] o discurso 'metafísico', ao contrário, não sendo nem canto sagrado, nem mito, fornece a inspiração pessoal do sábio a total liberdade de se exercer. Isso não significa que tal discurso diga qualquer coisa, que seja o discurso de um louco: é no território do mito em si que floresce tal discurso, é à luz da inquietação religiosa que se esclarece. Um homem – um sábio-xamã – conta os mitos da tribo; a inspiração, a exaltação poética tomam conta dele: ele fala a respeito dos mitos, fala dos mitos, fala além dos mitos. Existe como que uma espécie de abandono à magia do verbo, que toma completamente conta do orador e o leva a esses picos onde habita o que sabemos ser a palavra profética. (CLASTRES, 1974, p. 123).

Trata-se de lidar com uma linguagem simbólica *negociada*, em que a todo instante há deslizamentos de sentido entre os universos simbólicos diferentes. Por isso, é de suma importância atentar ao percurso das mediações, que no trabalho de Cadogan é multissituado não só no espaço, como também em um tempo bem dilatado. E mais, é multiparticipativo, como todo trabalho etnográfico é, mas também em outro sentido: há um conjunto de especialistas na tarefa *específica* da tradução-transcrição para além dos momentos (instantâneos) da coleta de dados em campo.

O efeito em nós leitores é aquele em que Cadogan faz compreender – e compreende – a força das imagens, trazendo à tona uma tradução que não é interlinear, e sim interpoética. Ou, em outros termos, é interpoética no sentido em que as traduções são dadas mais por "imagens", técnica narrativa afim aos cantos-falas mbya que encorpam (fiam) imagens por meio de traços formais. É nesse sentido que afirmei que as traduções e transcri(a)ções do ateliê da palavra cadoganiano estão à serviço da visualização poética, reverberando um ensejo nativo, isto é, aquele em que cantos evocam forças por meio de imagens, para além de declarações linguísticas estritas. Assim, poder-se-ia dizer que a intradutibilidade da palavra nos cantos – característica encontrada em traduções antropológicas em geral – é resulta de sua própria qualidade, dos aspectos intrínsecos a esta palavra: palavra-força. A busca de uma tradução poética, isto é, a de Cadogan, sempre esteve intimamente ligada ao desejo de realização de uma tradução que *dá a ver* – um diálogo e uma prática explícitos com as teorias de entextualização dos Mbya.

Um pequeno paralelo comparativo, que resgato da primeira parte deste livro: o caso do trabalho e da concepção de tradução de Maurice Leenhardt (1997). Enquanto missionário e posteriormente antropólogo, Leenhardt sempre esteve envolvido com uma questão a ele muito cara: a conversão metafísica e linguística da alteridade, vinculada às empresas missionárias. Todavia, a sua percepção relativista fez com que refletisse seriamente sobre a noção de conversão enquanto *um método* evangélico, o que, por sua vez, implicou pensar que toda adesão religiosa traz consigo o julgamento de outra cultura. Para Clifford (1982), porém, Leenhardt nunca enxergou a conversão como sendo "uma questão de conquista", na medida em que foi um intelectual muito atraído pelo "puro primitivismo" (1982, p. 79)[200]. Antes a entendeu de modo avizinhado ao campo da tradução, isto é, se "a conversão envolveu um processo de separação e auto discriminação, ela também se baseou na tradução, um conhecimento que busca equivalentes e mediações unindo o velho e o novo, o pagão e o cristão, o mítico e o racional" (1982, p. 79).

Essa tradução intercultural foi mais do que uma simples exegese das escrituras, já que Leenhardt "primitivizou", por assim dizer, o evangelho com ideias e valores locais, concretos (uma tradução antropológica e linguística que "kanakizou" o evangelho). Um exemplo importante para o caso é o da tradução da ideia cristã de "palavra". Leenhardt percebeu que esse conceito, nos contextos metafísico e linguístico kanak, ganhou ainda mais intensidade na medida em que a ideia segundo a qual "uma palavra pode se tornar ação" (1979, p. 42) constituía algo elementar; isto é, a palavra enquanto fenômeno já era uma noção local e básica, uma categoria nativa. Igualmente reveladoras são as traduções que giram em torno do postulado cristão metafísico de que "homens e mulheres são feitos de carne" (1979, p. 42), uma vez que noção de "substância", segundo Leenhardt, também teria destaque no saber local. A tradução desse modo é concebida como uma inventiva interpretação entre duas culturas, a tentativa e o trabalho árduo de "localizar e usar expressões sig-

---

[200] Tom semelhante parece ser o de Cadogan e seu afã pelo modernismo primitivista mesclado com as parábolas da palavra revelada, desconfiando da "conquista espiritual" de um de seus mestres – A. R. Montoya (2011b [1640]).

nificativas" (CLIFFORD, 1982, p. 86) para o encontro. O produto gerado foi o de equivalência dinâmica, "antes que uma simples transferência de significados de um código cultural para outro, um diálogo é criado no qual a linguagem de todas as partes é enriquecida" (CLIFFORD, 1982, p. 86). O que se apresenta como tarefa é tentar apreender essas linguagens moventes. Afirma o próprio Leenhardt (apud CLIFFORD, 1982, p. 86):

> O trabalho do tradutor não é interrogar o seu nativo como se compilando dicionários humanos, mas antes deve solicitar seu interesse, despertar seu pensamento. Ele cria uma linguagem; ela é composta pelo próprio nativo; ela é o produto e tradução de seus pensamentos. E o tradutor, aquele que iniciou este pensamento, meramente descreve as palavras que despertou – as fixando na escrita.

Ora, se bem entendo, no contexto, o emprego do verbo "compilar" por Leenhardt ("as if compiling") em comparação com o mesmo termo usado por Cadogan para se autodefinir, poder-se-ia dizer que o trabalho realizado pelo último é de igual monta, em especial no que se refere ao modo como entende as linguagens e o encontro entre culturas. Metodologicamente, Cadogan fiava-se em autores como Boas, Lowie, Thurnwald e Radin, tomados como referências para se pensar a necessidade heurística de conhecer "de modo profundo" (CADOGAN, 1997, p. 316) a língua nativa para alcançar um conhecimento efetivo de uma cultura exógena.

> Quando Thurnwald insiste que 'é indispensável dominar o idioma para chegar a um conhecimento cabal da cultura', e que 'quanto mais tempo se passa em contato com os *selvagens* e quanto mais íntimo é o conhecimento do seu idioma, tanto mais tendem a desaparecem as diferenças que se sentem em princípio entre seu modo de pensar e o nosso'; e outros grandes etnólogos como Boas, Lowie, Radin, formularam apreciações similares a respeito da

poesia e da filosofia do homem primitivo. No que se refere ao índio guarani, entretanto, os textos existentes dão uma ideia errônea sobre sua vida mental, como eu já abordei em 19449 (in *Boletín de Filología* e também in *América Indígena*); e o grande etnólogo Nimuendaju se surpreende com a forma impressionante em que surge o Criador apapokúva, que 'aparece em meio da escuridão com uma luz brilhante no peito e que não pode ser despojado de seu caráter divino; enquanto Métraux, em um manual da Smithsonian diz que 'os nomes altissonantes na mitologia apapokúva lhe dão uma solenidade que carecem totalmente as outras versões dos mesmos temas recolhidos em outras partes. (CADOGAN, 1997, p. 315-316).

Esse indispensável "domínio da língua" para chegar ao conhecimento "cabal da cultura" é uma ideia recorrente nas glosas de Cadogan. Não obstante, acrescento ao argumento o fato de que está em jogo também o que vem a ser tradução para os Mbya, ou, ao menos, para os xamãs portadores e divulgadores desses conhecimentos. Como vimos, trata-se de belas palavras, em si embebidas com teorias sobre a natureza das palavras, suas possíveis transformações e seus efeitos no mundo, incluindo, também, ideias próprias a respeito das possíveis *transduções* passíveis a esses sopros sagrados em outros meios semióticos, mídia – escrita alfabética.

Tem-se, assim, um duplo processo na pena de León Cadogan: um que é dado e avaliado em cooperação com os Mbya, pautado pelo ideal e pela esperança de preservação desse conhecimento, mas não como um documento etnológico estático que ignora o fluir e o sopro da palavra, e outro que é para si, para o leitor e agente branco, descobrindo o processo tradutivo, no caso, o acadêmico, que cruza ideário modernista cientificista, evolucionista, metafísica cristã, como também um conjunto de valores e práticas indigenistas.

É nesse sentido que concluo que a tradução de Cadogan é, e foi vista como, provisória. Esteve ligada a um ideal salvacionista frente as transformações e genocídios ocorridos entre grupos guarani em território paraguaio e, a um só tempo, ao de tradução de culturas, em um jogo cuja indeterminação é criativa e coparticipativa, o que redundou em uma obra que alcançou paragens provisórias e uma estabilização relativa. León Cadogan engajou-se com um mundo de presenças concretas, de relações e participações afetivas – encontros interpessoais e transculturais que produziram textos. Nesse ponto, pois, a questão da autoria, se é que persiste com qualquer centralidade, põe-se em outro regime.

Morte Tradutiva: Paragem Tradução

> *Do ponto de vista da morte, a vida é o*
> *processo de produção do cadáver.*
>
> **Benjamin (1984, p. 241)**

"Por que, ao falar dos inícios (o mundo pré-diferenciação), adota-se uma fala poética (na fonte e na tradução)?", perguntava, outrora, Bataille (1999, p. 24).

Ao representarmos o universo sem o homem, o universo no qual os olhos do animal fosse o único a abrir-se diante das coisas, como o animal não é nem uma coisa nem um homem, não podemos mais do que suscitar uma visão na qual não vemos nada, posto que o objeto desta visão é um deslizamento que vai das coisas que não têm sentido se estão sozinhas, ao mundo cheio de sentido implicado pelo homem que dá a cada coisa o seu. *Por isto não podemos descrever um objeto tal de uma maneira muito precisa. Ou melhor, a maneira correta de falar dele não pode ser abertamente mais do que poética, dado que a poesia não descreve nada a não ser o que se desliza até o incognoscível. [...]*

Não faço mais do que abusar de um poder poético, substituindo o nada da ignorância por uma fulguração indistinta do dizer, imutavelmente em certas condições dadas. De fato, somos incapazes de nos fundar sobre coagulações instáveis e devemos nos limitar a olhar a animalidade, a partir de fora, tendo em conta a ausência da transcendência. (BATAILLE, 1999, p. 24-25, grifos meus).

Se o "universo sem o homem" (o *nada*, nos termos de Bataille) requer isso, se assim for a forma preferencial (ou privilegiada) adotada para narrar o mundo contínuo (mítico pré-diferenciação) como é o caso da narrativa mbya da palavra-fundamento, então também a atividade de transcrição e tradução de Cadogan precisa ser poética, capaz de lidar com as palavras-força, com essa *fulguração indistinta* sobre *mundos imprecisos*. Meu ponto, para equacionar transcri(a)ção, tradução e trabalho de campo em Cadogan, é o fato de que uma série de ideias está em jogo e que, em um modelo analítico, pode ser destacada em uma noção, a saber, a ideia de "duração" – que está, por sua vez, diretamente ligada a essa *ainda outrora sem o homem* das teogêneses e antropogêneses comuns às narrações metafísico-cosmológicas. O que é durar senão estar pensando na vida-morte?

[...] o cadáver é a mais perfeita afirmação do espírito. É a essência mesma do espírito a que revelam a importância definitiva e a ausência do morto, o mesmo que o grito de alguém a quem matam é a afirmação suprema da vida. Reciprocamente, o cadáver do homem revela a redução completa ao estado de coisa do corpo do animal, em consequência, do animal vivo. (BATAILLE, 1999, p. 44).

É quando a "duração deixa de valer", já que:

[...] a morte trai a impostura da realidade, não somente no que a ausência de duração recorda a mentira desta, senão sobretudo no que é a grande afirmadora e como o grito maravilhado da vida. A morte revela a vida em sua plenitude e faz afundar a ordem real. Que esta ordem real seja a exigência da duração da qual não é mais, importa muito pouco. No momento em que um elemento se furta a sua exigência, já não há uma entidade mutilada e que sofre: esta entidade, a ordem real, se dissipou de uma vez por todas. (BATAILLE, 1999, p. 44).

Na seara "metafísica", como a resgato do ensaio de Bataille (1999), a consolação a esse estado desolador está ligada ao fato de que não se pode durar. A morte representaria a saída de uma ordem que é regida pela durabilidade (vida), na qual o que importa é durar (viver), e a entrada em outra, em que o que tem valor é "deixar-se", é permitir o retorno ao outrora, ao contínuo primevo, não mais durar discretamente, e sim habitar aquele lócus anterior à coisificação, objetificação: a paragem das divindades – um retorno à imanência da qual todos provêm, expressa em muitas metafísicas, que representa o fim da angústia de durar pessoalmente[201].

Para os Mbya, "durar" é uma questão central, tal qual apontam alguns textos de Cadogan, como também etnografias mais contemporâneas com grupos guarani (CICCARONE, 2001; PISSOLATO, 2007). Para citar de modo breve um caso, Elizabeth Pissolato (2007), em seu estudo etnográfico realizado em duas aldeias mbya – Araponga e Parati Mirim, do litoral sul do Rio de Janeiro –, aponta como uma série de mensagens, enviadas pelos seres não mundanos às pessoas guarani, está acompanhada de

---

[201] É a nostalgia do primevo, indistinto, íntimo com o todo, em que nada é necessário significar, já que é um todo-tudo, muito recorrente no pensamento ocidental. "Essa nostalgia da unidade; esse apetite de absoluto ilustra o movimento essencial do drama humano. Mas que essa nostalgia seja um fato não significa que deva ser imediatamente apaziguada. Porque, se acaso transpondo o abismo que separa o desejo da conquista, afirmamos com Parmênides a realidade do Um (seja lá o que ele for), caímos na ridícula contradição de um espírito que afirma a unidade total e com a própria afirmação prova a sua diferença e a diversidade que pretendia resolver. Basta esse novo círculo vicioso para sufocar as nossas esperanças" (CAMUS, 2013, p. 17).

conselhos sobre modos de *perdurar na terra*. Geralmente, conta--nos a autora, são ideias ligadas a noções como "maturação", "madurez dos frutos". Pissolato, ao lado da etnografia, faz uso de informações lexicográficas de Cadogan para pensar o problema da "duração da pessoa" (2007, p. 396 e ss) e chega à conclusão de que a "consciência do efêmero", entre as pessoas mbya, não consegue anular a possibilidade de "duração infinita", indefinida – isto é, a possibilidade de retorno ao indistinto primevo[202] – ou, em outro vocabulário, o retorno à morada divina que coincide e tudo significa[203]. Esse mesmo quadro está presente, como abordei no terceiro capítulo, nos cantos-mitos de *Ayvu Rapyta*: em especial, Primeira Terra (*Yvy Tenonde*), Dilúvio (*Yvy Ru'ü*), Nova Terra (*Yvy Pyau*) e os cantos reunidos sob a chancela "De la paternidade y de la muerte" (CADOGAN, 1997, p. 85-95).

A hipótese de leitura que propus como guia deste trabalho creio estar agora mais clara, qual seja, aquela referente às relações entre conceitos literários e etnológicos de "tradução" (pontes entre metafísicas) e "morte" (paragem, estabilização,

---

[202] Toda essa temática, "especulação ameríndia", foi destacada por Lévi-Strauss ao falar sobre os "mitos da vida breve" (2004a, p. 177-195).

[203] Para os Parakanã, conforme a etnografia de Carlos Fausto (2001), o problema é *apenas* durar, permanecer, não existindo qualquer ensejo de "retorno" ao primevo, ao "todo": "a máquina cosmológica não se põe, assim, a serviço de um desejo de imortalidade futura, mas da permanência conquistada sempre no presente. Uma cosmologia que não aponta para a superação da condição humana, contentando-se apenas em afirmar pequenas vitórias – sempre temporárias e fadadas ao fracasso – sobre as forças motrizes da experiência humana: dor, doença e podridão. A única transcendência possível em vida não é reservada a um princípio vital destinado a se tornar alma imorredoura – a -*'oga* não é senão um resíduo –, mas sim ao duplo onírico (-*a'owa*). Mas essa transcendência é condição da imanência, da permanência nesta vida, neste mundo. Não há como escapar à condição humana: o que se procura é permanecer nela e a longevidade é atributo 'daqueles que permanecem' (*iteka wa'é*), condição produzida a cada homicídio cometido e a cada sonho realizado: é por meio dos *akwawa* – sonhados, mortos ou executados no ritual – que se emperra, ainda que de modo provisório, a máquina escatológica. Estamos diante de uma cosmologia que despovoou o plano celeste: não há almas deificadas ou entidades divinas com as quais os xamãs possam interagir em prol dos vivos. A relação vertical homens-deuses cede lugar à relação horizontal homens-inimigos, atualizada por meio do sonho e da guerra. A função-celeste-imortal do modelo geral foi, contudo, marcada em cruz, deixando um rastro do plano obliterado" (FAUSTO, 2001, p. 409-410).

duração)[204]. A tradução é entendida aqui como o transporte, a transferência que ocorre a partir do contato entre línguas – no caso, o castelhano e o mbya ("esotérico"/metafísico). Não obstante, os atos de tradução, quando finalizados, caracterizam-se como um breque na transdução entre as línguas, ou seja, param o transporte cocriativo, apresentando códigos linguísticos estabilizados. A palavra-força traduzida (e transferida para outro meio semiótico) torna-se estável na palavra gráfica e transforma-se (quase) em uma palavra-coisa. Não obstante, como argumento, assim se torna por meio de uma paragem provisória em que as pontes tradutivas podem ser reutilizadas e, assim, colocar o processo entre línguas em movimento novamente.

Como vimos, uma série de noções e ideias guarani associa o "parado", o "imóvel", ao horizonte da má finitude (fixar é uma noção pejorativa). A própria escrita é tida como uma "palavra falsa", no sentido em que o saber é ligado ao ato de escutar, já o escrever é a "morte da palavra". Para recapitular os conselhos do xamã Pablo Vera a Cadogan (1990, p. 185, grifos meus):

> Deixarás de ler, pois a sabedoria dos papéis *te impedirá de compreender* a sabedoria que nós recebemos,

---

[204] Alguns exemplos textuais de *Ayvu Rapyta* que tangenciam o tema e que se fizeram célebres na literatura americanista a partir de exegeses são: "*Oupitypáma omarã'eÿrã*. Alcançaram o estado em que não mais podem sofrer danos. Aplica-se tanto àqueles que alcançaram a perfeição: *aguyje*, como aqueles que foram metamorfoseados em seres inferiores ou sofreram metempsicoses: *agyje amboae*, como castigo por suas transgressões. Os habitantes de *Yvy Tenonde* não morriam; aqueles que viviam de acordo com as leis, vencendo as tentações a que eram expostos se purificavam, seus corpos perdiam seu peso e ascendiam aos paraísos sem sofrer a prova da morte, acompanhados de mulheres, filhos, animais domésticos e sementeiras, tudo purificado em estado de *aguyje*. Aqueles que sucumbiam às tentações sofriam a metempsicoses: *aguyje amboae* (cap XVI) todos estes seres povoam o paraíso; e ao ser criada a terra que habitamos, *yvy pyau*, imagens de todos eles foram enviadas para povoá-la; os habitantes desta terra são imagens, *ta'anga*, de moradores dos paraísos que sofreram a metempsicoses ou metamorfoses em seres inferiores por seus pecados" (CADOGAN, 1997, p. 99). Da mesma região temático-semântica, "oñembokandire. A passagem para a imortalidade sem sofrer a prova da morte. Ascenção ao céu pós purificação, por meio de exercícios espirituais. É uma expressão também empregada para o ressurgimento do tempo-espaço primevo, *araguyje ñemokandire*" (CADOGAN, 1997, p. 101). Cf. Combès, 2012, sobre a noção *kandire* e as "migrações guarani".

> que vem de cima e que nos permite entender, entre outras coisas, as mensagens que nos traz o Pássaro Azul sobre as crianças.

Outra série de concepções, aquela a respeito da teogênese e da antropogênese, elenca conceitos que fazem coincidir verdade, significação, fonte, criação, poder e morada divina – séries que estipulam a concomitância entre "ação" e "expressão" e, portanto, "palavra" e "mundo" fundem-se. Na cosmogênese e na antropogênese mbya, a divindade primeira é *um*; logo, poder-se-ia afirmar que se trata de uma versão indigenizada do "absoluto", porém é, a um só tempo, uma personagem que designa uma noção de *multiplicidade*, porquanto o divino que desdobra a si mesmo e as coisas no processo, em atos de concomitância, por meio de um saber autocontido.

O que contam os intelectuais mbya, como Pablo Vera, por meio de atos cocriativos de escritura de Cadogan, tal como a hipótese deste trabalho, é que se trata menos de uma questão quantitativa, numérica – navalha de Occam, para retomar a ideia exposta e criticada na seção 3.1 deste livro –, e mais um conceito de força, de potência ativa, expresso de modo sintético pela ideia de palavra-fundamento. O um, divino e absoluto, é a manifestação da potencialidade divina que se desdobra e, ao desdobrar-se, cria – discreta – as coisas no mundo. Nesse sentido, é uma concepção quantitativa somente em um *segundo momento*, em uma lógica secundária, que é subsumida em uma série de noções *qualitativas* (força), não pertencente à lógica da chamada transição da física qualitativa à quantitativa do pensamento ocidental.

Uma leitura que fez fama na literatura americanista é a de Pierre Clastres (2003) – as implicações das ideias de *um, múltiplo* e *destino póstumo* –, que toca em temas afins aos acima, muito embora eu a considere incompatível, em alguma medida, com os textos presentes *em Ayvu Rapyta. O um* não é um todo, afirma

Pierre Clastres, aludindo ao fato de que é uma noção sobre o transitório, "vive para perecer". Esse princípio colocaria em cena uma metafísica que pensa o "homem mais outro homem" em face ao divino – ou seja, o bom é *dois*, já que incompletos cada ser só se completa com mais outro, a relação possível de completude. O encontro de Pierre Clastres com o intelectual indígena guayaki Soria é um capítulo da antropologia guarani bastante rico. Soria é o autor do célebre aforismo "todas as coisas que são uma, e que nós não desejamos, elas são más" (apud CLASTRES, 1974, p. 132) – reflexão posta em cena, que reverbera, muito embora com compatibilidades equívocas, toda uma série de conceitos presentes entre diferentes grupos guarani, em que há uma concepção aritmética, se posso assim qualificar, em que *um* é equivalente a *múltiplo*

A historiadora helenista Nicole Loraux (1987), por exemplo, contrasta a noção grega de *dois* com a presente na metafísica guarani. Para a autora, a grande diferença radica-se no fato de que o *dois* indígena não é obtido nem por divisão, nem por adição, e sim por meio de um pensamento que coloca em cena a copresença daquilo que a vida terrestre, a vida atual, separa. O *dois* é uma concepção que é puro porvir, um número pensável que não é deste mundo, mas de outro, aquele "divino"[205].

Trata-se de uma concepção, como argumentei há algumas páginas, algo distante da de Parmênides e seus paradoxos, muito embora seja fundamental para o tema: um-múltiplo, paragem-movimento. As antinomias de Parmênides (PLATÃO, 2012) são um contraste importante, ao menos em um sentido – são *meta-discursivas* quando se propõe a lidar com reflexões a respeito do *um* e do *múltiplo*, ainda mais em contextos de "pontes tradutivas" (como o deste livro). A tentativa parmenidiana de contornar o conceito de *instante (paragens)*, pleno de antinomias, mostra

---

[205] Ver as discussões que propus neste livro em torno das ideias de "outro presente" / *Ta'anga* / "imagem-concomitância".

como a ideia de *uno* é ligada à de *passagem de estados*, portanto, liga-se à ideia de *mudança, alteração, transformação*:

> o mudar é instantaneamente, no instante da mudança não está em lugar nenhum, nem mesmo no movimento ou no repouso. O mesmo para as outras mudanças, como a morte (não-existência), é encontrar-se no estado inter-mediário, nem repouso, nem movimento, só instante. Coisas no instante preciso que participarão. Ser é pedaci-nhar. (PLATÃO, 2012, p. 46).

E Platão conclui:

> pois então afirmemo-lo, com o seguinte acréscimo, como parece: Quer o Uno exista quer não exista, tanto ele como as outras coisas, ou seja em relação com ele mesmo ou em suas relações recíprocas, todos eles de toda a maneira são tudo e não são nada, parecem ser tudo e não parecem nada. Absolutamente certo. (PLATÃO, 2012, p. 62).

O diálogo platônico de Parmênides, dentre outras coisas, põe uma questão chave: a ideia de *uno* em si mesmo – ou seja, há ou não? – e as consequências dessa posição[206]. O ponto, para o meu argumento, é que se trata de um pensamento, o expresso por Parmênides, preocupado mais com *partes, frações*, do que com ideias tais quais de *força* (como é o caso da leitura que faço da metafísica mbya estabilizada por León Cadogan) – o germe do que se chamou, na história do pensamento ocidental, de tran-sição da física qualitativa para a física quantitativa, a saber, a pos-sibilidade logocêntrica de que coisas têm características finitas

---

[206] Como em todo o diálogo no formato platônico, exercício intelectual dos paradoxos, antino-mias da razão (para usar a expressão kantiana), a reflexão de Parmênides não traz uma conclusão, mas o próprio movimento radical das antinomias: ou seja, o *uno* parmenidiano não pode ser múl-tiplo, no sentido em que não pode ter partes e nem ser um todo, porquanto a concepção de *parte* implica pertencer a um *todo*, que, por sua vez, traria outra implicação lógica, a saber, seria *múlti-plo* e não *uno*. Porém, no próprio movimento argumentativo do diálogo, o argumento contrário é apresentado aos leitores, esticando as antinomias ao máximo, isto é, mostrando que são pares de argumentos mutuamente exclusivos e, a um só tempo, necessários.

gera uma ideia de que o mundo é cheio de coisas individuadas (número). É uma aritmética das espécies que parte de e afirma que coisas são ou não contáveis. Os casos mbya soam mais afins com um horizonte da "esperança" metafísica, uma questão aparentemente aritmética do *dois*, ou melhor do *n+uno*, que não é, como dito, da física da quantidade, na medida em que sempre há mais de uma fonte, sempre dividida e iterada (repetida/alterada/citada). O nascimento de uma matriz (BATESON, 1972) qualidade (mais do que quantidade), força da palavra-fundamento-força, imagem-concomitância, em fontes divididas *ta'anga, n+uno*.

Se, por exemplo, para fins de uma ligeira comparação, na matriz cristã tomada em termos bem genéricos, "expressão" e "ação" são possíveis de serem pensadas de modo simultâneo somente na morte – a morte é *ação expressiva* e singular, filho--encarnado-réplica-de-Deus –, comparativamente, a metafísica da palavra-fundamento mbya – em *uma* de *suas possíveis leituras*, cabe deixar claro – toma a ideia de morte como *um* caso de *paragem*. É um caso de estabilização, pois os homens são diferentes da deidade (o Primeiro Pai) que opera no registro da simultaneidade, por exemplo, ao criar no *ato expressivo* os quems e quês do mundo. Os homens, ao contrário, só agem na sucessão, eixo diacrônico, mesmo conhecendo a possibilidade da sincronicidade pelas *belas palavras*. Eles, metafisicamente, podem aspirar à imortalidade sem passar pela experiência da morte, porém é ela, enquanto evento, o ato *original* que permite aos homens se religarem à paragem (des)conhecida (porque sempre já contida).

Explico o que tenho em mente com essa proposta de interpretação. Primeiro, "criar" torna-se um conceito semelhante ao de "citar", isto é, a criação é uma sabedoria já sabido-conhecida, é autocontida no instante do sempre, no instante do ainda nunca, pela ação *e* expressão de Ñamandú (dobrar desdobrar) – o conectivo *e* é central aqui.

Segundo, a invenção sendo citação implica, portanto, a inexistência de uma concepção *original* (como argumentei). Essa perspectiva relega, então, um papel importante à noção de morte – a *paragem* do fluir, da *duração* –, pois é o único *evento* (não ideia) *desconhecido*. Só a morte se desconhece, pois é o que não está autocontido no saber que se desdobra (a morte é *um fora*, ela está nos ventos gelados, "inverno", que Ñamandu soprou, *para afastá-la do mundo*, quando não havia ainda destruído a *Yvy Tenonde*).

Por fim, terceiro, criar, portanto, transforma-se na reinauguração de *tempo-espaço primevos* (*ara yma*), de *saberes* e de *estados*, sempre contidos em alhures e em outrora. Morrer é o ato *desconhecido*, mas também é um ato temeroso e ambíguo, pois se traduz como o cessar do sopro da palavra e, a um só tempo, um ato que permite renová-la. Palavra essa que é fulcral, porquanto se trata de uma metafísica palradora, cuja idealidade é manter o sopro vivificante da palavra-divina. Mas, como dito, estou (estamos?) em um conhecimento praticado por certa antropologia, que é tradutivo, no sentido de pontes incessantes que tentam ligar diferentes metafísicas (a de Cadogan e a dos Mbya do Guairá). Tais tentativas representam um tensionamento teórico entre tradução (metafísica) e estabilização (morte). Não menos ecoam princípios sociológicos e sociocósmicos e, como afirma León Cadogan nas páginas de *Ayvu Rapyta*, a morte é vivida e concebida como ocasião para renovar o discurso em direção às divindades, seja pelos xamãs, seja pelas rezas a um morto (CADOGAN, 1997, p. 89-91; 93)[207].

Operando um deslize semântico (tal qual o aspecto formal da iterabilidade dos cantos mbya, se me permitem essa incompostura), o que quero ressaltar é uma concepção de fim, de

---

[207] Como contam os índios Mbya, no capítulo referente às endechas de *Ayvu Rapyta*, a morte é um caminho, é a subida para a morada dos deuses, aquela da qual se sai para habitar um corpo; ou, noutros termos, a morte é concebida e vivida como uma ocasião para renovar o discurso em direção às divindades por via dos xamãs e de seus cantos-rezas.

"morte", como *paragem*, em que não se trata de um simples processo de perda – ou de uma fixação perene que perde o sopro –, e sim, antes, de um processo de transformação em algo mais ambíguo e difuso. Como expresso no quinto canto de *Ayvu Rapyta*, mas não só, a morte que para a duração é também um "outro presente" que abre a comunicação com as divindades, pois *coloca em favor de sua causa a palavra-alma* (CADOGAN, 1997, p. 93-95). Sendo ela sopro e em relação ao tempo-espaço da divindade, que tudo sabe e contém, o que morre não perde (toda a) presença, porquanto mesmo tomando a mitologia implícita é uma metafísica de imagens-reflexos, imagens-concomitância (*ta'anga*), que mostram mundos, o dos humanos e dos divinos, em coincidências que se apresentam. Não gratuita é a ideia recorrente entre os Mbya segundo a qual a palavra tem que ser recriada, realocada em um mundo que já a contém.

O temor da morte liga-se ao valor da duração – isto é, a morte pára a duração. De modo afim, a tradução também é o fim da duração; ela, quando finalizada, para o fluxo *duradouro* entre as línguas e as metafísicas ligadas pela ponte tradutiva. Não obstante, o alhures e o outrora divinos mbya apresentam uma forma específica de lidar com a morte, ou seja, com a paragem, com a não duração, qual seja, a de que não é mais necessário preocupar-se com a paragem-morte, pois, nesse estágio, habita-se a fonte e o destino da linguagem – em que tudo está contido, conhecido e significado –, que é humana. Em termos mbya, significa dizer que é também divina. É o lugar e o tempo *situados* para renovar o discurso em direção à divindade, à palavra-força-fundamento. "Nosso Pai" está, é abandonar-se à imanência; a palavra está toda e é o tudo, cancelando, assim, a necessidade do trabalho da tradução. Na metafísica palradora mbya, o sopro da palavra configura seres que, em potência, são a um só tempo natalícios e necrológicos, necrológicos e natalícios.

4.3. O Itinerário das Aparições: Epistemologia e Ontologia na Escritura Cadoganiana

As discussões da chamada "virada ontológica" na antropologia[208] – que, aliás, são várias viradas – estão fortemente voltadas para as relações heurísticas e metodológicas entre linguagem e tradução (cultural). Um dos pressupostos centrais da minha abordagem ecoa esse "espírito do tempo" no campo antropológico, visto que, como afirmei na introdução e busquei evidenciar na análise; concebo a tradução enquanto atos que buscam estabelecer pontes entre metafísicas. Essa minha premissa reverbera uma faceta da abordagem ontológica ao menos em um sentido: no entendimento de que exercícios tradutivos visam a realizar articulações ontológicas, mais do que estabelecer a comensuração-inteligibilidade entre diferentes culturas.

Ontologia – enquanto uma investigação sistemática à pergunta "o que é ser?" ou "o que significa o Ente" – parte da ideia segundo a qual "existência" é uma propriedade de um campo de sentido. Esse ponto de partida traz em seu bojo a negação da ideia de que existe *um* campo de sentido universal[209]. Ou, nas palavras de um dos principais proponentes d(e um)a "virada ontológica":

> [...] a ideia de que não há ontologia privilegiada nos lembra que a comunidade do etnógrafo não tem uma relação com o ambiente especial, única, natural ou dada por deus. E a comunidade interpretada não tem uma relação especial nem com seu ambiente. Por isto que permanece

---

[208] Cf. CARRITHERS et al. (2010); VIVEIROS DE CASTRO (2004; 2007).

[209] Contra o que denominam ser uma abordagem cognitiva na antropologia – a saber, a suposição de *um mundo* e *várias representações* –, Palecek e Risjord (2012, p. 3) afirmam que os "os antropólogos cognitivistas usam 'representação' como conceito teórico chave. Os conceitos do século XX de cultura pressuperam um tipo de dualismo cartesiano. As culturas eram 'cachos' de diferentes crenças sobre, ou modos de conceitualizar, um mundo material único. Os antropólogos cognitivistas tomam as representações como o veículo para explicar porque um grupo vê o mundo diferentemente, e porque também o fazem erroneamente – o horror cartesiano. Na fala cognitivista, 'representações' são exatamente outra palavra para 'cultura'".

a ideia de incomensurabilidade em um pano de fundo anti-representacional: todas ontologias são 'sem fundo' no sentido em que nenhuma delas é a Ontologia Real. (HOLBRAAD, 2010, p. 182).

A tradução é central a esses trabalhos que utilizam um artifício que me é útil: aquele que visa a *dissolver* a distinção epistemológica entre *mundo* e *palavra*[210]. Esse é o caso das "metafísicas palradoras", como a da palavra-fundamento mbya, em que não há uma "moldura exterior independente" para determinar objetos, e sim um campo de potências (de "dobras que se desdobram"). O antropólogo-pesquisador não necessitaria, assim, investir de antemão em uma ontologia específica, tal qual faria um "físico", e sim incentivar um horizonte quase oposto, isto é: nunca decidir "o que é" e "o que não é". A tarefa desse investigador estaria localizada no trabalho comparativo, ou seja, nas traduções[211].

Como expõe Amiria Salmond (2014, p. 178):

> Para aqueles que conceberam seus projetos como de 'tradução', as diferentes fusões da palavra e do mundo [...] abriram uma série de crises éticas e políticas indissociáveis, das quais eles não podem isentar a si próprios como escritores da e sobre a alteridade. No fim do século XX,

---

[210] E aqui, novamente, cabe lembrar a lição derridiana (DERRIDA, 1998; 2004). Não se trata de abolir fronteiras – que por definição unem e separam, conectam e apartam – entre "palavra" e "mundo" (ou outras dicotomias presentes na epistemologia ocidental), e sim de desconstruí-las no sentido de dissolver, des-precisar as linhas divisórias, dobrá-las de modo a entender como funcionam (na nossa tradição), assim como tornar salientes outras maneiras, no mais das vezes insuspeitas, que são colocadas e pensadas por outros grupos, alteridades.

[211] As traduções, para dizer um truísmo, têm efeitos – e mais, efeitos políticos. O tradutor, que no caso de Cadogan é um diplomata-transcritor, não é somente um transmissor de significados de outrem, mas principalmente um agente ativo em que sua originalidade intelectual radica na impossibilidade de sua tarefa, a tradução (BENJAMIN, 1969). Ou ainda, na impossibilidade que é composta de desentendimentos, de impasses, da falha em conhecer o *outro*, sem pressupor o *anthropos*. Assim, a saída da epistemologia para a ontologia, é uma alteração da preocupação primeira das pesquisas, a saber, aquela que visa a sair de um quadro epistemológico como ponto de partida (comparar diferentes grupos como diferentes conhecimentos sobre o mundo) e entrar no de ontologias (comparar os modos com os quais grupos comparam diferenças como produtos da diferença ela mesma).

portanto, muitos antropólogos buscaram reformular as questões centrais de sua disciplina, e começaram a buscar formas de adaptação mútua – se não entendimento – não em postulações como humanidade, subjetividade e cultura, mas sim nos termos da diferença ela própria.

O objetivo dessas reformulações, afirma-se, não é nem a antiga relativização do "humano", nem a declaração do "fim da autoridade da biologia ou da física". Antes, as reformulações buscam outro tipo de fim, metaontológico, a saber: "levar a sério" o quão extensa é "a diversidade ontológica", algo que seria factível nas pesquisas a partir de novas formas comparações-traduções (interculturais).

No caso de Cadogan, sustento que as questões das mediações culturais estão ligadas a um projeto que funde ontologia e epistemologia (TOREN; PINA-CABRAL, 2009). Poder-se-ia dizer que há um paradoxo instrutivo: o de um projeto que tem, a um só tempo, uma diretriz marcadamente epistemológica ao lado de outra ontológica. Não se trataria de uma obra que lida com *mundos* e *palavras* sem pensá-los pela divisão epistemológica a priori (premissa comum às abordagens ontológicas na antropologia), e, a um só tempo, pressupõe a epistemologia pelo ideário de uma linguagem humanista e do humano em comum (representações)? Espero ter deixado claro que a resposta a essa pergunta é "sim", no trabalho de León Cadogan.

O que a história de *Ayvu Rapyta* mostra é que não é possível entender o trabalho coautoral de Cadogan e dos intelectuais mbya guarani, caso não o reconheça enquanto a síntese de um conjunto de engajamentos ao mesmo tempo mítico, indigenista, sociopolítico e metafísico. A chave de operação foi, geralmente, a via tradução-conversão das alteridades em (in)afinidades, que, por sua vez, pressupôs outra ideia de fundo: uma humanidade em comum – um espécie de humanismo, autoconsciência iluminista.

Nesse quesito, Cadogan foi um típico humanista – a exemplo do que se diz de Lévi-Strauss (MANIGLIER, 2004) –, porém suas práticas multissituadas de mediação cultural representaram uma negação desse ideal, como abordado neste livro[212]. Ou seja, ele foi um típico investigador com um ideal "epistemológico", mas suas práticas nas pesquisas e nos momentos de trabalho em seu ateliê da palavra foram mais afins aos horizontes da "virada ontológica" na antropologia contemporânea.

Os trabalhos de Cadogan tomam (a sério e a fundo) a palavra indígena entendida como força, em uma perspectiva que funde *mundo* e *palavra*. Ao mesmo tempo, suas obras repousam (e se pensam) na base de uma esperança e um pressuposto de todo epistemológico, isto é: que buscam avivar modos do mútuo entendimento ("como é possível conhecer") a partir do pressuposto da "humanidade em comum". A tradução foi um instrumento, nas mãos de León Cadogan, pelo qual a diferença (alteridade) pôde ser descoberta, descrita e comparada; sem, não menos, também, ela (a tradução) possibilitar transcender essa mesma diferença ao buscar uma série de significados partilhados aquém e além das discretudes entre as "culturas".

Eis o que, para mim, é paradoxo de León Cadogan: as suas *práticas* de pesquisa constituíram momentos em que ideias como "humanidade" e "cultura" (conceitos típicos de abordagens epistemológicas) não foram centrais para formular as questões; ao contrário, foram formuladas e explicadas nos termos da própria diferença (premissa comum às perspectivas ontológicas).

---

[212] Conforme afirmei na primeira parte, só para rememorar o argumento ao leitor: as práticas de tradução foram entendidas enquanto mecanismos básicos para conectar os diferentes lugares e momentos que Cadogan explorou em meio às dissonâncias e aos imponderáveis da multissituação de seu trabalho. Isto é, tradução passa a ser entendida como o instrumento que permite fazer conexões; é o que permite seguir, cruzar, atravessar os diferentes discursos, as diferentes pessoas e agências que se apresentam para o pesquisador ao lidar com distintos contextos ao se movimentar entre lugares e geografias. Na linguagem pressupõe-se a (garantia da) integridade, a coerência cultural, a totalidade que abarca a matéria fragmentada, sem um óbvio chão em comum.

Compra-se e veste-se a metafísica da palavra mbya para buscar habitar aquele outro mundo da palavra bela plena.

Como mostrei, a pesquisa de Cadogan com os Mbya envolveu certa divisão de trabalho. Os dados coletados em campo (em vários momentos e lugares) eram apreendidos com pequenas notas e, em um momento posterior, eram transcriados no papel com a ajuda de outros índios na casa de León Cadogan e em aldeias guarani. Esses Mbya coautores, no mais das vezes, repetiam termos e expressões, corrigiam conteúdos e formas, esclareciam sobre certas personagens e passagens, explicavam conteúdos linguísticos e metafísicos das narrativas e dos mitos. A partir daí, Cadogan podia dar início ao trabalho de tradução, com os cantos e narrativas já fixados no papel, geralmente retornando os saberes para serem debatidos e criticados pelos seus "iniciadores", os xamãs. O "papel do antropólogo" foi central em algumas partes do processo; em outras, foi menor ou quase nulo, na medida em que se limitava a ser o suporte da produção, em viva voz, sopro de palavras, dos índios. Não se pode ignorar o fato de que o conhecimento da palavra-fundamento mbya *partiu de uma decisão primeiramente indígena,* ou seja, foi um ato de escolha e deliberação nativo com relação à propriedade/autorização de divulgação desses conhecimentos. Foi no meio intelectual e cultural dos Mbya que se deu a decisão de trabalharem com o antropólogo (e como um também). Primeiro o etnógrafo--linguista-tradutor desata os nós dos relatos, dos conhecimentos orais, não inscritos, para depois começar a encaminhar as suas futuras transformações em textos – um processo em que, por sua própria lógica interna, variados participantes são coautores e cotradutores. Em uma analogia talvez exagerada, a própria tradução é performada, tal qual a palavra mbya outrora e alhures era e é baseada na performance dos indígenas – *tradução é também performance,* na oficina poética de ofício artesanal partilhado por Cadogan e parceiros indígenas. Desse modo, um tanto da autoridade da palavra mbya – isto é, ser corpo e habitar corpo, comunicar via xamã em traduções cosmopolíticas – está também presente naquelas entextualizações que fez Cadogan. Reside aí a radicalidade de suas mediações culturais.

O projeto de uma tradução ontológica – não assim adjetivado na época de Cadogan – tem um ponto de partida elementar: visa a "retornar ao momento" quando o conhecimento pela primeira vez emergiu, isto é, as narrativas tomadas como autoridades *metafísicas em si: o Primeiro Pai* desdobrando-se como flor a gerar palavras que criam/delimitam o mundo e as pessoas por elas habitadas. Ao fazer isso, Cadogan esteve defronte a uma espécie de imperativo de certa ambição antropológica contemporânea, qual seja, um exercício de comparação reflexiva. Seu ofício de tradutor em traduções se fez ontológico, porém, nessas mesmas mediações intelectuais, fez-se também epistemológico[213] – o seu belo paradoxo. Não ignorando, contudo, o que asserta M. Strathern (2014, p. 136) no que se refere aos seus procedimentos e às suas implicações, as práticas de conhecimento do antropólogo não são homogêneas (ou extensivas com as) às dos nativos – outra forma de pôr o paradoxo cadoganiano.

A tradução foi uma resposta criativa cadoganiana à experiência etnográfica de incomensurabilidade, de intradutibilidade e de conflitos. Esse é um componente instigante e rico do trabalho de Cadogan: partiu de um projeto epistemológico de

---

[213] Importante ainda ressaltar: em grupos que concebem uma relação imbricada entre os conceitos de "mundo" e de "palavra" – ou mais radicais, concebem os dois como sendo uma única coisa, partilhando a mesma "substância" –, há também a abertura analítica e a possibilidade discursiva para lidar com eles com a ajuda formal da arte, em especial a música e a poesia – questões caras da metafísica mbya da palavra, tal como ela é traçada por Cadogan, em versos ocidentalizados, por exemplo, refusões da palavra no mundo, significados na matéria, pensamento na coisa, conhecimento dentro do desdobrar do ser. Todas essas questões, concepções complexas, trazem profundas questões para os projetos de tradução cultural na medida em que colocam em cena um quadro conceitual que questiona as ideias padrões que orientam a escrita antropológica: autoridade, objetificação, descrição.

fundo, mas que, em sua própria realização, muito afim às poéticas mbya, gerou um trabalho cuja comparação e reflexão é sobre a (in)comensurabilidade ontológica de mundos, não no sentido de não comunicação, e sim no de que é um encontro, relação de produção de conhecimento no entre, ou seja, tradução[214]. Cabe ainda lembrar – dada a linguagem não ordinária de *ayvu rapyta*, isto é, o fato de ela não ser compreensível de imediato a qualquer pessoa –, as próprias explicações dos xamãs, como as de Pablo Vera (ver "seção 2.2" deste livro), são em si uma tradução, justamente por tornarem inteligíveis a linguagem metafísica diferenciada – inacessível sem os atos tradutivos da *explicação* xamânica.

A ambiguidade de Cadogan, como destacada na primeira parte – isto é, a de tomar o modelo da "palavra revelada", o modelo bíblico, para pensar e apresentar os cantos e saberes mbya e, ao mesmo tempo, as práticas, no ateliê da palavra, que explodem esse modelo –, talvez possa ser melhor entendida levando a cabo a ideia que propus de tradução como pontes entre metafísicas. Ou, mais ainda, perceber que o "modelo da revelação" é uma

---

[214] Uma última analogia: seguindo uma sugestão de B. Latour (2016) em um belo texto a respeito das figuras angelicais e o quanto elas são más mensageiras, posso sugerir outra frente para a questão que nos coloca o material mbya. Reiterações, repetições, reportações: "O alcance da repetição, o alcance da tradução, o alcance da traição é justamente o que caracteriza, então, a fidelidade à mensagem de todos esses inventores, inovadores, traidores e tradutores" (2016, p. 28). Por meio da repetição tediosa ocorrem as transformações, traições em que se observa a habilidade de falar de um modo diferente para poder ser hábil em repetir a mesma coisa. Processo, transporta, mas cada movimento tem o custo de uma transformação diferente, tem a forma própria de uma tradução, a saber, a certeza de que há de se repetir alguma coisa similar, mesmo se houver transformações. Não há progressão nessa lógica, ou melhor, progresso só há de intensidades, não de conteúdos acumulados. Os anjos são maus mensageiros, porquanto inábeis de mostrar boas referências, isto é, o trabalho deles está distante daqueles alcançados com instrumentos que fornecem boas contextualizações da origem (instrumentos científicos, no caso latouriano). Para os Mbya, não se fazem necessários anjos, mas outras deidades que são hábeis por justamente trazerem boas referências, a fonte divina da palavra excelsa. Porém, o que quero destacar aqui é que León Cadogan é esse "mal" que se apresenta como um grande benfeitor – não é à toa que muitos o criticam por um suposto amadorismo em seu trabalho, cobrando do autor uma boa referência que autorize seu trabalho angelical incansável de produzir uma poética tradutiva do conhecimento mbya, aquela colada ao ideal de uma repetição da linguagem indígena o mais fiel possível, mas que em multissituações perde o tom da similitude iterativa e ganha o da produção cocriativa, em um jogo heurístico entre saberes contextuais e descontextuais, citação em citações em parceria com os mais diferentes intelectuais indígenas.

espécie de equação recorrentemente usada para balancear as antinomias das práticas tradutivas quando um dos lados da ponte é "ocidental", "euroamericano".

> Dir-se-ia então que cada língua está como que atrofiada na sua solidão, magra, parada no seu crescimento, enferma. Graças à tradução, dito de outra forma, a essa [suplementação] linguística pela qual uma língua dá a outra o que lhe falta, e lho dá harmoniosamente, esse cruzamento das línguas assegura o crescimento das línguas, e mesmo esse 'santo crescimento das línguas até o termo messiânico da história'. Tudo isso se anuncia no processo tradutor, através da 'eterna sobrevida das obras' ou 'o renascimento infinito das línguas'. Essa perpétua revivescência, essa regeneração constante pela tradução, é mesmo uma revelação, a revelação ela mesma, que uma anunciação, uma aliança e promessa. (DERRIDA, 2006, p. 67-68).

Em que grau é praticada a mediação cultural na antropologia? Repito essa pergunta para sugerir como o trabalho cadoganiano responde a ela (e a pratica). Por que se dá o privilégio ao antropólogo de localizar a si mesmo como autoconsciente e fora de uma dada constelação de relações, nas pesquisas, como melhor posicionado para analisar os dados do encontro etnográfico e, ao mesmo tempo, não se dá aos nativos, que explicitamente direcionam suas posições nas matrizes relacionais da produção do conhecimento antropológico, o mesmo estatuto de "externo" e "analítico"? Seriam somente os antropólogos aqueles que se engajam em projetos de comparações (externas)?

Leon Cadogan, os Mbya e o ateliê da palavra parecem-me um caso em que esse privilégio não se apresenta no papel. Como postulei de modo algo burlesco e metafórico no fim da primeira parte deste livro: os pronomes pessoais de primeira pessoa, "nós", só que os mbya, isto é, que os separam em duas categorias – *nós inclusivo* e *nós exclusivos* – ou, para ser menos metafórico, as diferenças entre tradutores *internos* e *externos* que coexistiram por todo o trabalho de Cadogan. As páginas da obra cadoganiana mostram precisamente a constante negociação das transições entre tais posições, ora externo, ora interno, ora coadjuvante, ora protagonista, ora branco indigenista, ora membro *de los asientos de los fogones mbya* – permeando ambos os lados. É que, em sua obra, fica a cada momento mais evidente que incomensurabilidade e intradutibilidade são *estágios relacionais* – e *não um estado perene* como, com certo enfado, martelam e fazem crer as críticas pós modernas a respeito dos estudos monográficos clássicos da antropologia –, porque são trabalhos que permitem a troca entre índios e antropólogos, todos entendidos como intelectuais responsivos (e responsáveis) pelos conhecimentos gerados. Nesse bojo estão as obras abertas a transformações que são gerativas, como mostra bem a história de *Ayvu Rapyta*, incluindo-se aqui os últimos anos de apropriação que desse livro fizeram e fazem diferentes grupos mbya, como também os mais distintos usos culturais, estatais (propaganda política) e intelectuais (plágio).

Para concluir de modo retórico: coincidência, desabrochar, posição paterna, imagem-concomitância e outro presente. A gramática é-me útil novamente; veja-se a construção "daqui a pouco terá parado de chover". Não se trata de descrever um presente que poderia ter ocorrido, caso um rumo estivesse sido efetivado; antes, fala de um "outro presente", um futuro que esse rumo teria projetado. Ao proceder assim, projeta sobre o *"este* presente" uma luz ambígua, permitindo mesmo pensar que o *"este* presente", que julgamos como nosso fosse sonhado por um "outro passado", ou "outro futuro" abortado. Uma antecipação retrospectiva entra em jogo, que não é só imaginar outro futuro possível, e sim o de dizer de outro presente como uma forma retroprojetada do ponto de vista de um outro (passado?) possível[215]. Em um itinerário, as

---

[215] Nos termos de Deleuze, visando a outros propósitos, mas que calham ao ponto em questão: "o

aparições (imagens) são ligadas ao "aparecer" – noção distinta daquela canonizada na estética moderna de raízes gregas e germânicas (EAGLETON, 1993; INGOLD, 2000) –, são ligadas ao surgimento que é produto das dobras-invaginações. Não se ligam ao parecimento, ao "parecer" – representação que supre aquilo que não está presente, estética modernista (COSTA LIMA, 2000; TAUSSIG, 2006) –, àquele substitutivo artificial de uma essência.

O paradoxo do trabalho de Léon Cadogan, a equação, é antinômico, o que me faz afirmar que se trata de produtos que são mutuamente exclusivos e necessários. No "poema-aforisma-programático" de Francis Ponge (2002, p. 237):

> Não é em uma metafísica que apoiaremos nossa moral mas em uma física[a], somente, (se disto sentirmos necessidade.)
>
> Cf Epicuro e Lucrécio.
>
> ———————————
>
> [a] (A física atomística = a dos signos, dos signos espaçados, (descontínuos) a das Letras).

Itinerações de encontros, tradução: pontes entre metafísicas (enfoque ontológico) e o fundo humanista (abordagem epistemológica). Práticas multissituadas, obsessão linguística, ante-e-anti-humanista: uma espécie pongeana de física atomística, signos, letras – oficina poética, ateliê da palavra.

---

etnólogo constrói esquemas de homens na medida em que indica as maneiras: uma civilização se define entre outras coisas por um bloqueio de espaço-tempo, por certos ritmos espaço-temporais que fazem variar o conceito de homem. É evidente que não é da mesma maneira que um africano, um americano ou um índio irão habitar o espaço e o tempo. O interessante é quando em um espaço limitado passam a coexistir pertencimento de espaço-tempos diferentes" (2013, p. 42). Tempo e espaço, ou *ara yma*, ou ainda, *outros presentes*.

REFERÊNCIAS

León Cadogan

CADOGAN, L. El culto al árbol y a los animales sagrados en el folklore y las tradiciones guaraníes, *America Indigena*, v. 4, p. 327-33, 1950.

_____. Las reducciones del Taruma y la destrucción de la organización social de los Mbyá-guaraní del Guairá (Ka'ynguã o monteses). In: *Estudios Antropológicos publicados en homenaje al doctor Manuel Gamio, Dirección General de Publicaciones*, p. 295-303, México. Universidad Nacional Autónoma de México, 1956.

_____. Como interpretan los Chiripá (Avá Guaraní) la danza ritual. *Revista de Antropologia*, Assunção, v. 7, n. 1-2, p. 65-100, 1959a.

_____. *Ayvu Rapyta*. São Paulo: FFCL, 1959b.

_____. Aporte a la etnografía de los Guaraní del Amambái, Alto Ypané, *Revista de Antropologia*, v. 10, n. 1-2, p. 43-92, 1962.

_____. En torno al Bai-ete-ri-va guayakí y el concepto guaraní de nombre, *Suplemento Antropológico de la Revista del Ateneo Paraguayo*, v, 1, p. 3-13, 1965.

_____. Animal and plant cults in Guarani lore, *Revista de Antropologia*, v. 105, n. 24, 1966.

_____. Chonó Kybwyrá: Aves y Almas en la Mitología Guaraní, *Revista de Antropologia*, v. 15, n. 16, 1967.

_____. Ñane Ramói Jusú Papá Ñengareté, *Suplemento Antropológico de la Revista del Ateneo Paraguayo*, v. 3, n. 1-2, p. 425-50, 1968a.

_____. Chonó Kybwyrá: Aporte al Conocimiento de la Mitología Guaraní, *Suplemento Antropológico de la Revista del Ateneo Paraguayo*, v. 3, 1968b.

_____. *Ywyra Ñe'ery. fluye del árbol la palabra*. Assunção: Centro de estudios antropológicos, 1971.

_____. *Extranjero, campesino y científico*: memorias. Assunção: CEPAG, 1990.

_____. *Ayvu Rapyta*. 2ª ed. Assunção: Ceaduc-Cepag, 1997.

_____. *Gua'i rataypy*: fragmentos del folklore guaireño. Assunção: Fundación León Cadogan, CEPAG, 1998.

_____. Cantares de los guaraníes del Paraguay: fragmento de Che Ramói Jusu Papa araka'e, In: *Tsé-tse*, 9-10, Buenos Aires, v. 05, n. 107, 2001.

_____. *Ayvu Rapyta*. Tradução de Bartomeu Melià. Córdoba: Universidad Católica de Córdoba, 2005.

_____. *Mil Apellidos Guaraníes:* aporte para el estudio de la onomástica paraguaya. Assunção: CEPAG, 2007.

Dicionários e Gramáticas

CADOGAN, L. *Diccionario Mbya-Guarani Castellano*. Assunção: Cepag, Ceaduc, 2011.

DOOLY. R. *Léxico Guarani Mbya*. Brasilia: SIL, 1982.

GUASCH, A. *Diccionario Castellano-Guarani/Guarani-Castellano*. Assunção: Cepag, 2008.

MONTOYA, A. *Arte de la lengua guaraní*. Asunción: CEPAG, 2011a [1640a].

_____. *Catecismo de la lengua guarní*. Asunción: CEPAG, 2011b [1640b].

_____. *Tesoro de la lengua guaraní*. Asunción: CEPAG, 2011c [1639].

_____. *Vocabulário de la lengua guaraní*. Asunción: CEPAG, 2002 [1640c].

RESTIVO, P. *Vocabulário de la lengua guaraní*. Stuttgart: Christian Friedrich Seybold, 1983.

Geral

ALBERT, B. O outro canibal e a queda do céu. Uma critica xamânica da economia política da natureza (Yanomami). In: ALBERT, B.; RAMOS, A. (Org.). *Pacificando o Branco:* cosmologia do contato no norte-amazônico. São Paulo: Unesp, 2002. p. 512-549.

ALBERT, B.; KOPENAWA, D. *A Queda do Céu:* palavras de um xamã yanomami. São Paulo: Cia das Letras, 2015.

ARDENER, E. Social Anthropology and the Decline of Modernism. In: OVERING, Joanna (Org.). *Reason and Morality.* London: Tavistock (A.S.A. Monographs 24), 1985. p. 47-70.

ARENDT, H. *Homens em Tempos Sombrios*. São Paulo: Cia das Letras, 1987.

AUSTIN, J. L. *How to do things with words*. Oxford: Oxford University Press, 1986.

BAILEY, G. *Art on the Jesuit missions in Asia and Latin America*. Canada: Univeristy Toronto Press, 1999.

BAKHTIN, M. M. *Speech Genres and Other Late Essays*. Austin: University of Texas Press, 1986.

BARCELOS NETO, A. *A arte dos sonhos. Uma iconografia ameríndia*. Lisboa: Assírio & Alvim, 2002.

BARTHES, R. *Critique et Vérité*. Paris: Ed. Seuil, 1966.

BASSO, Ellen. *In Favour of Deceit*: a study of tricksters in an Amazonian society. Tucson: The University of Arizona Press, 1987.

BASTOS, A. *Contravida*. Assunção: Editorial El Lector, 1994.

BATAILLE, G. *Teoría de la religión*. Madrid: Taurus, 1999.

BATESON, G. *A Sacred Unity:* further steps to an ecology of mind. Chicago: Univ Chicago Press, 1972.

_____. *Naven*. California: Stanford University Press, 1985.

BAUMANN, R. *A world of others' words*. Malden: Blackwell publishing, 2004.

BAUMAN, R.; BRIGGS, C. Poetics and Performance as Critical Perspectives on Language and Social Life. *Annual Review of Anthropology*, v. 19, p. 59-88, 1990.

BENJAMIN, W. The task of translator. In: ARENDT, Hannah (Ed.). *Illuminations*. New York: Schocken Books, p. 69-82, 1969.

_____. *A Modernidade e os Modernos*. Rio de Janeiro: Tempo Brasileiro, 1975.

_____. *Origem do Drama Barroco Alemão*. São Paulo: Brasiliense, 1984.

_____. *Magia e Técnica, Arte e Política*. São Paulo: Brasiliense, 1987a.

_____. *Rua de Mão Única*. São Paulo Brasiliense, 1987b.

_____. *Passagens*. Belo Horizonte: Ed. UFMG, 2009.

BENVENISTE, E. *Problemas de Linguística Geral*. São Paulo: Cia Nacional, EDUSP, 1976.

BERRO de ESCRIVÁ, C. De León Cadogan y su palabra. *Suplemento Antropológico,* v. 26, n. 2, p. 291-301, 1991.

BESSA FREIRE, J. *Da língua geral ao português:* para uma história dos usos sociais das línguas na Amazônia. Rio de Janeiro: UERJ, 2003.

BIRD-DAVID, N. 'Animism' revisited: personhood, environment, and relational epistemology. *Current Anthropology*. v. 40, n. 1, 1999.

BOAS, F. *Race, language and culture*. New York: The Free Press, 1966.

BORGES, L.C. *Fala instituinte do discurso mitico Guarani Mbya*. 1998. 375 p. Tese (Doutorado em Linguística). Instituto de Estudos da Linguagem. Universidade Estadual de Campinas - Campinas, 1998.

BOYER, P. *Cognitive aspects of religious symbolism*. NY: Cambridge University Press, 1993.

BRAUDEL, F. A Longa Duração. In: *História e Ciências Sociais*. Lisboa, Editorial Presença, 1986.

BUDICK, S.; ISER, W. *The translatibility of cultures:* figurations of the space between. California: Stanford University Press, 1996.

CADOGAN GAUTO, R. *Tupã Kuchuvi Veve:* un profeta en el firmamento guaraní. Assunção: Fundacion Léon Cadogan, Cepag, 1998.

_____. Biografia cronológica de León Cadogan (1925-2009). *Suplemento Antropológico*, Assunção, v. 44, n. 2, p. 591-674, 2009.

_____. Comunicação Pessoal. Assunção, 2012.

CAMUS, A. *O mito de Sísifo*. Disponível em: < http://pensamentosnomadas.files. wordpress.com/2013/11/albert-camus-o-mito-de-sc3adsifo.pdf>. Acesso em: jan. 2013.

CARDIM, F. "Narrativa epistolar de uma viagem e missão jesuítica". In: *Tratados da terra e gente do Brasil*. Rio de Janeiro: Cia. Editora Nacional/MEC, p 171-223, 1978.

CARDOZO, E. El guaireño León Cadogan. In: CADOGAN GAUTO, R (1998). *Tupã Kuchuvi Veve: un profeta en el firmamento guaraní*. Assunção: Fundacion Léon Cadogan, CEPAG, 1966.

CARNEIRO DA CUNHA, M. Pontos de Vista Sobre a Floresta Amazônica: Xamanismo e Tradução. *Mana*, v. 4, n. 1, p. 7-22, 1998.

CARRITHERS, M. et al. Ontology is just another word for culture: motion tabled at the 2008 meeting of the group for debates in anthropological theory, university of Manchester. *Critique of Anthropology*, v. 30, n. 2, p. 152–200, 2010.

CASTELNAU-LESTOILE, C. *Les Ouvriers d'une vigne sterile*. Paris: CCCG, 2000.

CESARINO, P. *Oniska: a poética da morte e do mundo entre os Marubo da Amazônia Ocidental*. 2008, 464p. Tese (Doutorado em Antropologia Social). Programa de Pós Graduação em Antropologia Social, Museu Nacional, UFRJ, 2008.

CHAFE, W. Masculine and Feminine in the Northern Iroquois Languages. In: Enfield, N. J. (Ed.), *Ethnosyntax:* explorations in grammar & culture. Oxford: Oxford University Press, 2002. p. 99-109.

CHAMORRO, G. *A espiritualidade guarani:* uma teologia ameríndia da palavra. São Leopoldo: Iepg, 1998.

_____. *Kurusu Ñe'ëngatu:* palabras que la historia no podría olvidar. São Leopoldo, RS: IEPG/COMIN, 1995.

CHIERCHIA, G. Linguistics and Language. In: WILSON, R.A.; Keil, F.C. *The MIT Encyclopedia of Cognitive Sciences*. Cambridge: The MIT Press, p. 92-110, 1998.

CHIERCHIA, G.; MCCONNEL-GINET, S. *Meaning and Grammar.* Cambridge, Mass.: The MIT Press, 1991.

CHOMSKY, N. *Knowledge of Language.* New York: Praeger Publ, 1986.

CICCARONE, C. A viagem anterior. *Suplemento Antropológico,* v. 34, n. 2, p. 39-62, 1999.

_____. *Drama e sensibilidade:* Migração, Xamanismo e Mulheres Mbyá Guarani. São Paulo: PUC-SP, 2001.

CLARO, A. *Las Vasijas Quebradas.* Santiago: Ediciones Universidad Diego Portales, Versão Kindle. 2012.

CLASTRES, H. *La terre sans mal: Le prophetisme tupi-guarani.* Paris: Editions du Seuil, 1975.

_____. Sauvages et Civilisés au XVIII Siècle. In: CHATELET, François (Org.). *Histoire des Idéologies,* 1978. v. 3.

_____. Primitivismo e Ciência do Homem no Século XVIII. *Discurso.* v. 13, p. 187-208, 1980.

CLASTRES, P. *Le grand parler.* Paris: Editions du Seuil, 1974.

_____. *Crónica de los indios guayaquís:* lo que saben los Aché, cazadoras nómadas del Paraguay. Barcelona: Alta Fulla, 1986.

_____. *A sociedade contra o Estado.* São Paulo: Cosac & Naify, 2003.

CLIFFORD, J. *Person and myth:* Maurice Leenhardt in the Melanesian World. Berkeley: The University of California Press, 1982.

_____. *Routes:* travel and translation in the late twentieth century. Cambridge: Harvard University Press, 1997.

_____. *A experiência etnográfica*: antropologia e literatura no século XX. Rio de Janeiro: Ed. UFRJ, 2011.

COETZEE, J. M. *Elizabeth Costelo.* São Paulo: Cia das Letras, 2004.

_____. *Diário de um ano ruim.* São Paulo: Cia das Letras, 2008.

COMBÈS, I. El Paititi, los candires y las migraciones guaraníes. *Suplemento Antropologico.* Assunção, v. 46, n. 1, p. 7-149, 2012.

COSTA LIMA, L. *Mímesis:* desafio ao pensamento. Rio de Janeiro: Civilização Brasileira, 2000.

COURSE, M. Of words and fog: Linguistic relativity and Amerindian ontology. *Anthropological Theory,* v. 10, n. 3, p. 247-263, 2010.

_____. The birth of the word: Language, force, and Mapuche ritual authority. *HAU: jornal of ethnographic theory.* v. 2, n. 1, 2012.

DELEUZE, G. *A Dobra:* Leibniz e o Barroco. Campinas: Papirus Editora, 1991.

_____. *Lógica do Sentido*. São Paulo: Perspectiva, 2000.

_____. Deleuze/Kant. *Les Cours de Gilles Deleuze*. Disponível em: < http://www.webdeleuze.com/php/texte.php?cle=61&groupe=kant&langue=3>. Acesso em: jan. 2013.

DERRIDA, J. *D'un ton apocalyptique adopté naguère en philosophie*. Paris: Collection Débats, Galilée, 1983.

_____. História da mentira: prolegômenos. *Estudos Avançados*, São Paulo, v. 10, n. 27, p. 7-39, 1996a.

_____. Fé e saber: as duas fontes da religião nos limites da mera razão. In: *La Religión*. París: Seuil, 1996b.

_____. Carta a un amigo japonés. In: DERRIDA, J. *El tiempo de una tesis: deconstrucción e implicaciones conceptuales*. Barcelona: Proyecto A Ediciones, p. 23-27, 1997.

_____. *Márgenes de la filosofia*. Madrid: Cátedra, 1998.

_____. *A escritura e a diferença*. São Paulo: Perspectiva, 2002.

_____. *Gramatologia*. São Paulo: Perspectiva, 2004.

_____. *A farmácia de Platão*. São Paulo: Iluminuras, 2005.

_____. *Torres de Babel*. Belo Horizonte: Ed. UFMG, 2006.

DESCOLA, P. *Par-delà nature et culture*. Paris: Gallimard, 2005.

DUCROT, O; TODOROV, T. *Dictionnaire encyclopédique dês sciences Du langage*. Paris: Seuil, 1972.

DUCROT, O. De Saussure à la philosophie du langage. In, SEARLE, J. *Les actes de langage. Essai de philosophie du langage*. Paris: Hermann, p. 7-34, 1972.

DUMONT, L. *Essais sur l'individualisme: une perspective anthropologique sur l'idéologie moderne*. Paris: Seuil, 1983.

DURANTI, A. *Linguistic Anthropology*. Cambridge: C University press, 1997.

DURSTON, A. *Pastoral Quechua:* the history of Christian translation in colonial Peru. Indiana: University of Notre Dame Press, 2007.

EAGLETON, T. *A Ideologia da Estética*. Rio de Janeiro: Jorge Zahar, 1983.

FABIAN, J. *Time and the other:* how anthropology makes its object. New York: Columbia University Press, 1983.

FAUSTO, C. *Inimigos fiéis:* História, guerra e xamanismo na Amazônia. São Paulo: Edusp, 2001.

_____ Se Deus fosse Jaguar: Canibalismo e cristianismo entre os Guarani. *Mana*. Rio de Janeiro, v. 11, n. 2, p. 385-418, 2005.

_____. A indigenização da mercadoria e suas armadilhas. In: GORDON, C. *Economia Selvagem*. São Paulo: Unesp, p. 23-31, 2006.

_____. Entre o passado e o presente: mil anos de história indígena no Alto Xingu. *Revista de Estudos e Pesquisas* (Fundação Nacional do Índio), v. 2, p. 9-52, 2007.

_____. Donos demais: maestria e domínio na Amazônia. *Mana*. Rio de Janeiro, v. 14, n. 2, p. 329-366, 2008.

_____. Imaging agency: explorations into an Amazonian visual thinking. Rio de Janeiro: Manuscrito, 2014.

FAUSTO, C.; FRANCHETTO, B. ; MONTAGNANI, T. Les formes de la mémoire: art verbal et musique chez les Kuikuro du Haut Xingú (Brésil). *L'Homme*, v. 197, p. 41-69, 2011.

FILLMORE, C. J. *Lectures on Deixis*. Stanford: CSLI Publications, 1997.

FINNEGAN, R. *Oral Poetry*. Bloomington: Indiana University Press, 1992.

FOUCAULT, M. *Isto não é um cachimbo*. Rio de Janeiro: Paz e Terra, 1988.

_____. *A ordem do discurso*. São Paulo: Edições Loyola, 1991.

FRANCHETTO, B. Línguas ameríndias: modos e caminhos da tradução. *Cadernos de Tradução*, Florianópolis, v. 30, n. 2, p. 35-61, 2002.

_____. A guerra dos alfabetos: os povos indígenas na fronteira entre o oral e o escrito. *Mana*: Estudos de Antropologia Social. Rio de Janeiro, v. 14, n. 1, p. 31-59, 2008.

FREIRE, J. R.; ROSA, M.C. (Org.). *Línguas gerais:* política linguistica e catequesa na América do Sul no período colonial. Rio de Janeiro: Ed. UERJ, 2003.

FURLONG CARDIFF, G. *Misiones y sus pueblos de guaranies*. Buenos Aires: Lumicop y Cía, 1962.

_____. *Antonio ruiz de Montoya y su carta a comental*. Buenos Aires: Ediciones Theoria, 1964.

GANSON, B. *The Guarani under Spanish rule in the Rio de la Plata*. California: Stanford U Press, 2003.

GEERTZ, C. *The interpretation of culture*. New York: Basic Books, 1973.

GELL, A. *The Anthropology of Time*. London: Berg, 1996.

_____. *Art and Agency:* an anthropological theory. Oxford: Clarendon Press, 1998.

_____. *The Art of Anthropology:* essays and diagrams. London: The Athlone Press, 1999.

GOETHE, J. *As afinidades eletivas*. São Paulo: Nova Alexandria, 2008.

GOLDMAN, I. *The mouth of heaven:* an introduction to Kwakiutl religious thought. New York: Wiley-Interscience, 1975.

GOODMAN, N. *Languages of art:* an approach to a theory of symbols. Indiana: Hackett Publishing, 1976.

GOW, P. Could Sangama Read? Graphic Systems, Language and Shamanism among the Piro (Eastern Peru). *History and Anthropology.* v. 5, p. 87–103, 1990.

_____. *An Amazonian myth and its history.* Oxford: Oxford University Press, 2001.

GOODY, J. Religion and Ritual: the definitional problem. *The British jounal of sociology.* v. 12, n. 1, 1961.

_____. Against 'Ritual': loosely structured thoughts on a loosely defined topic. In: MOORE, S; MYERHOFF, B. *Secular Ritual.* Assen: Van Gorcum. 1977a.

_____. *The domestication of the savage mind:* themes in the social sciences. Cambridge: Cambridge Univ. Press, 1977b.

_____. *The Interface between the Oral and the Written.* Cambridge: Cambridge University Press, 1987.

GRIAULE, M. *Méthode de l'ethnographie.* Paris: Presses Universitaires de France, 1957.

_____. *Conversations with Ogotemmêli.* London: Oxford Univ. Press, 1965.

_____. *Masques dogons.* Paris: Institut d'Ethnologie, 1983

GRIAULE, M.; DIETERLEN, G. *Le renard Pâle.* Paris: Institut d'Ethnologie, 1965.

GRUZINSKI, S. *A colonização do Imaginário.* São Paulo: Cia das Letras, 2003

_____. *A guerra das imagens:* de Cristóvão Colombo a Blade Runner. São Paulo: Cia das Letras, 2006.

GUSS, D. *To weave and sing:* art, symbol, and narrative in the South American rain Forest. Berkeley: University of California Press, 1990.

HALBWACHS, M. *A memória coletiva.* São Paulo: Vértice Editora, 1990.

HALLOWELL, A. I. Ojibwa Ontology, Behavior and World. In: DIAMOND, S. *Culture in History:* essays in honor of Paul Radin. Nova Iorque: Columbia Press, 1960.

HANKS, W. *Converting Words Maya in the Age of the Cross.* University of California Press, 2010.

HARRISON, S. *Stealing people's names:* history and politics in a Sepik River cosmology. New York: Cambridge University Press, 1990.

HEIDEGGER, M. *Ser e Tempo.* Petrópolis: Editora Vozes, 2015.

HERZFELD, M. *Anthropology:* theoretical practice in culture and society. Massachusetts: Blackwell Publishers Inc., 2001.

HESÍODO. *Teogonia:* a origem dos deuses. São Paulo: R. Kempf Editores, 1986.

HOFSTADTER, D. *Gödel, Escher, Bach:* an eternal golden braid. New York: BasicBooks, 1979.

HOHENTHAL, W. "Review: Ayvu Rapyta". In, *American Anthropologist*, New Jersey, v. 65, n. 5, p. 1178-1179, 1963.

HOLBRAAD, M. Against the motion (2). *Critique of Anthropology*, v. 30, p. 152-200, 2010.

HOUSEMAN, M.; SEVERI, C. *Naven or the other self:* a relational approach to ritual action. Boston: Brill, 1998.

HUMPHREY, C.; LAIDLAW, J. *The Archetypal Actions of Ritual:* a theory of ritual illustrated by the Jain rite of worship. Oxford: Clarendon Press, 1994.

HUTCHEON, L. *Teoria e Política da Ironia.* Belo Horizonte: Ed. UFMG, 2000.

HYMES, D. *Ethnography, linguistics, narrative inequality:* toward an understanding of voice. Critical perspectives on literacy and education. Londres: Taylor & Francis, 1996.

INGOLD, T. *Key Debates in Anthropology.* London: Routledge, 1996

_____. *The perception of the environment*: essays on livelihood, dwelling and skill. London; New York: Routledge, 2000.

ITEANU, A. Partial Discontinuity: the mark of ritual. In: HANDELMAN. D.; LINDQUIST, G. *Ritual in its Own Right.* Berghahn, 2005. p. 98-115.

JAKOBSON, R. *Essais de Linguistique Générale.* Paris : Minuit, 1963 .

_____. *Linguística e comunicação.* São Paulo: Ed. Cultrix, 1969.

_____. *Linguística, poética e cinema.* São Paulo: Perspectiva, 1970.

_____. *Six leçons sur le son et le sens.* Paris: Minuit, 1976.

_____. *Círculo Linguístico de Praga:* estruturalismo e semiologia. Porto Alegre: Globo, 1979.

_____. *Selected Writings III.* The Hague: Mouton, 1981.

_____. *Diálogos.* São Paulo: Ed Cultrix, 1985.

KANT, I. *Crítica da Razão Pura.* São Paulo: Abril Cultural, 1983.

_____. *Prolegômenos a toda a metafísica futura.* Lisboa: Edições 70, 1988.

_____. *Crítica da faculdade do juízo.* Rio de Janeiro: Forense Universitária, 1993.

KAPFERER, B. Ritual dynamics and virtual practice: beyond representation and meaning. In: HANDELMAN, D.; LINDQUIST, G. *Ritual in its own right.* Berghahn, 2005. p. 35-44.

KEANE, W. *Christian Moderns*: freedom & fetish in the mission encounter. Berkeley/Los Angeles/London: University of California Press, 2007.

KEESSING, R. Conventional Metaphors an anthropological metaphysics: the problematic of cultural translation. *Journal of Anthropological Research.* v. 41, n. 2, p. 201-217, 1985.

KOSSELLECK, R. *Los estratos del tiempo: estudios sobre La historia.* Barcelona, Buenos Aires, México: Ediciones Paidos. I.C.E. de La Universidad Autónoma de Barcelona, 2000.

KRISTEVA, J. *Semeiotiké: recherches pour une sémanalyse.* Paris: Ed. Seuil, 1969.

_____. *Matière, sens, dialectique. Tel Quel,* Paris, 1971.

KUPER, A. *The invention of primitive society.* London, New York: Routledge, 1988.

_____. *Conceptualizing Society.* London, New York: Routledge, 1992.

LACOMBE, R. *Guaranis et Jésuites:* un combat pour la liberté (1610-1707). Paris: Société d'ethnographie Karthala (diffusion), 1993.

LADEIRA, M *O caminhar sob a luz: o território Mbya à beira do oceano.* 1992. 199 f. Dissertação (Mestrado em Ciências Sociais) – PUC-SP, 1992.

_____. *Espaço geográfico Guarani-MBYA:* significado, constituição e uso. Tese (Doutorado). Faculdade de Filosofia, Letras e Ciências Humanas da Universidade de São Paulo. São Paulo: FFLCH, 2001.

LARANJEIRA, M. *Poética da Tradução.* São Paulo: Edusp, 2003.

LATOUR, B. Não congelarás a imagem ou: como não desentender o debate ciência-religião. *Mana,* Rio de Janeiro, v. 10, n. 2, p. 349-376, 2004.

_____. "Os anjos não produzem bons instrumentos científicos". In: *Debates do NER.* Porto Alegre, n. 30, p. 13-42, 2016.

LEACH, E. *Rethinking anthropology.* London: Athlone, 1966.

LEAVITT, J. Words and Worlds. Ethnography and theories of translation. *HAU,* v. 4, n. 2, p. 193-220, 2014.

LEENHARDT, L. *Do Kamo, la persona y el mito en el mundo melanesio.* Barcelona: Paidós, 1997.

LEITE, Y. De homens, árvores e sapos: forma espaço e tempo em tapirpé. *Revista Mana,* v. 4. n. 2, p. 85-103, 1998.

LÉVI-STRAUSS, C. La sociologia francesa. In: GURVITCH, G.; MOORE, W. (Org.). *La sociologia del siglo XX.* Barcelona: Ed Ateneo, p. 1-31, 1965.

_____. *L'Homme Nu.* Paris: Plon, 1971.

_____. *Antropologia Estrutural.* Rio de Janeiro: Tempo Brasileiro, 1975.

_____. *O olhar distanciado.* Lisboa: Edições 70, 1986.

_____. De la Fidelité au texte. *L'Homme,* v. 27, n. 1, p. 117-140, 1987

_____. *História de Lince*. São Paulo: Editora Schwarcz, 1993.

_____. *O cru e o cozido*. São Paulo: Cosac & Naify, 2004a.

_____. *Do mel às cinzas*. Sao Paulo: Cosac & Naify, 2004b.

_____. *O pensamento selvagem*. Campinas: Papirus, 2005.

_____. *A origem dos modos à mesa*. São Paulo: Cosac & Naify, 2006.

_____. *Antropologia Estrutural II*. São Paulo: Cosac & Naify, 2013.

_____. A obra de Marcel Mauss. In: MAUSS, M. *Sociologia e Antropologia*. São Paulo: Cosac Naify, p. 9-44, 2015.

LIMA, T. O dois e seu múltiplo: reflexões sobre o perspectivismo em uma cosmologia tupi. *Mana*, v. 2, n. 2, p. 21-47, 1996.

_____. *Um peixe olhou para mim:* o povo Yudjá e a perspectiva. São Paulo: Edunesp/NuTI/ISA, 2005.

_____. Por uma cartografia do poder e a diferença nas cosmopolíticas ameríndias. *Revista de Antropologia*, São Paulo, v. 54, n. 2, p. 601-646, 2011.

LÓPEZ AUSTIN, A. El dios en el cuerpo. In: *Dimensión Antropológica*. v. 46, p. 7-45, 2009.

LORD, A. *The singer of tales:* Harvard studies in comparative literature, 24. Cambridge: Harvard University Press, 2000.

LORAUX, N. Notes sur l'un, le deux et le multiple. In: ABENSOUR, M. (Org.). *Pierre Clastres ou la nouvelle anthropologie politique*. Paris: Seuil, p. 155-172, 1987.

LOCKE, J. *Ensaio acerca do Entendimento Humano*. São Paulo: Nova Cultural, 1999.

MALINOWSKI, B. *Coral gardens and their magic:* a study of the methods of tilling the soil and of agricultural rites in the Trobriand Islands. London, New York : Routledge Taylor & Francis Group, 2010.

MANIGLIER, P. L'humanisme interminable de Claude Lévi-Strauss. *Les temps modernes*. n. 609, p. 216-241, 2000. Versão Digital.

MARCUS, G. "Contemporary Problems of Ethnography in the Modern World System". In: CLIFFORD, James; MARCUS, George (Orgs.). *Writing Culture:* the poetics and politics of ethnography. Berkeley: University of California Press, p. 165-193, 1986.

_____. Ethnography in/of the world system: the emergence of multi-sited ethnography. *Annu. Rev. Anthorpology*, n. 24, p. 95-117, 1998.

MAUSS, M. *Oeuvres*. v. 3. Paris: Minuit, 1968.

_____. *Sociologia e Antropologia*. São Paulo: Cosac & Naify, 2003.

MELIÁ, B *Fuentes documentales para el estudio de la lengua guaraní de los siglos XVII y XVIII*. Assunção: UC, 1970

_____. El pensamiento 'guaraní' de Léon Cadogan, *Suplemento Antropológico de la Revista del Ateneo Paraguayo*, v. 8, n. 1, p, 7-14, 1973.

_____. El 'modo de ser' guaraní en la primera documentación jesuítica (1594-1639), *Revista de Antropologia*, v. 24, p. 1-24, 1981.

_____. El *Guaraní:* conquistado y reducido. Assunção: Ceaduc, 1986.

_____. O *Guarani:* uma bibliografia etnológica. Santo Ângelo: Fundames, 1987.

_____. A terra sem mal dos Guarani: economia e profecia. *Revista de Antropologia*, São Paulo, v. 33, p. 33-46, 1990.

_____. El *Guaraní:* experiencia religiosa. Assunção: Cepag, 1991.

_____. *La lengua guaraní del Paraguay*. Madrid: Editorial Mapfre, 1992.

_____. León Cadogan y la lengua guaraní. *Suplemento Antropológico*. v. 34, n. 2, p. 167-190, 1999.

_____. Comunicação Pessoal, 2013a.

_____. Palavras Ditas e Escutadas. *Mana*, Rio de Janeiro, v. 19, n. 1, p. 181-193, 2013b.

MELIÁ, B.; GRUNBERG, F. *Los Pai-Tavyterã*. Assunção: UC, 1976.

MELIÁ, B.; NAGEL, L. *Guaranies y jesuítas em tempo de las missiones*. Assunção: Cepag, 1995.

METRAUX, A. *La civilisation materielle des tribos tupi-guarani*. Paris: Libraire orientaliste, 1928.

_____. A religião dos Tupinambás e suas relações com as demais tribos Tupi-Guarani. São Paulo: Edusp, 1979.

MONOD-BECQUELIN, A.; ERIKSON, P. *Les rituels du dialogue: promenades ethnolinguistiques en terres amerindiennes. Recherches Thématiques 6*. Nanterre: Société d'ethnologie, 2000.

MONTEIRO, J. M. Os Guaranis e a História do Brasil Meridional; séculos XVIXVII. In: CARNEIRO DA CUNHA, M. *História dos Índios do Brasil*. São Paulo: Companhia das Letras, p. 475-498, 1992.

MONTOYA, A. *Apología en defensa de la doctrina cristiana escrita en lengua guaraní*. Lima: CEPAG, 1996

MORRIS, R. Legacies of Derrida: Anthropology. *Annual Review Anthropology*, n. 36, p. 355-89, 2007.

MÜLLER, A. L. A semântica do sintagma nominal. In: MÜLLER, Ana Lúcia; NEGRÃO, Esmeralda V.; FOLTRAN, Maria José (Orgs). *Semântica formal*. São Paulo: Contexto, 2003. p. 61-74.

MULLER, R. *Assurini do Xingu:* história e arte. Campinas: Ed. Unicamp, 1990.

_____. Tayngava, a noção de representação na arte gráfica. In: VIDAL, L. (Org.). *Grafismo indígena*. São Paulo: Nobel/Fapesp/ Edusp, 1992. p. 231-248.

MÜLLER, F. *Etnografia de los Guarani del alto parana*. Buenos Aires: SVD, s/d.

NEUMANN, E. *O trabalho guarani missioneiro no Rio da Prata colonial, 1640-1750*. Porto Alegre: Martins Livreiro-Editor, 1996.

_____. *Práticas Letradas Guarani*. Rio de Janeiro: UFRJ, 2005.

NEVES, M. H. *A vertente grega da gramática tradicional*. São Paulo: Hucitec/ Ed. UnB, 1987.

NEWMEYER, F. J. *Language Form and Language Function*. Cambridge: the MIT Press, 1998.

NIMUENDAJU, C. *As lendas da criação e destruição do mundo como fundamentos da religião dos Apapocúva-guarani*. São Paulo: Hucitec, Edusp, 1987.

NOBREGA, M. *Cartas Jesuíticas 1*: cartas do Brasil (1549-1560). São Paulo: Editora Itatiaia / Editora da Universidade de São Paulo, 1988.

NOELLI, F. S. *Sem tekoha não há tekó:* em busca de um modelo etnoarqueológico da aldeia e da subsistência Guarani e sua aplicação a uma área de domínio no delta do Jacuí-RS 1993. 488f. Dissertação (Mestrado em História) – PUCRS, 1993.

NUTI, M. *Au Pays des Mots. Francis Ponge et L'inaperçu du Réel*. Milão: Edizioni Universétarie di Lettere Economia Déritto, 2009.

ORTNER, S. Theory in Anthropology Since the Sixties. *Comparative Studies in Society and History*, v. 26, n. 1, p. 126-66, 1984.

PALECEK, M.; RISJORD, M. Relativism and the Ontological Turn within Anthropology. *Philosophy of the social sicences*. Disponível em: < http://pos.sagepub.com/content/ear ly/2012/10/16/0048393112463335>. Acesso em: 17 out. 2012.

PALMIÉ, S. A Taste for Human Commodities: experiencing the Atlantic System. In: PALMIE, S. *Slave Cultures and the Culture of Slavery*. Knoxville: The University of Tennessee Press, p. 40-54, 1995.

_____. A view from itia ororó kande. *Social Anthropology*, v. 14, n. 1, p. 99-118, 2006.

_____. *Ecue's Atlantic:* an essay in methodology. Manuscrito, s/d.

PANE, S. B. *Curt Nimuendajú y León Cadogan:* dos extranjeros guaraníes. Assunção: Premio Dra Branislavva Susnik, 2012.

PERAMÁS, J. M. *La República de Platón y los Guaraníes*. Buenos Aires: Ed Emecé, 1946.

PETERSON, M. A fábrica d'*A Mesa:* De Emendatione Temporum. In: PONGE, F. *A Mesa*. São Paulo: Iluminuras, p. 67-117, 2002.

PEIRCE, C. *Semiótica*. 3.ed. São Paulo: Ed. Perspectiva, 2000.

PERAMAS, J. *La República de Platón y los Guaraníes*. Buenos Aires: Emecé Editores, 1946.

PISSOLATO, E. *A duração da pessoa*. Rio de Janeiro, São Paulo: Nuti, Unesp, 2007.

PLATÃO. *Obras completas*. (Cratilo e Fedro). Madrid: Aguilar, 1974.

_____. *Parmênides*. Disponível em: < http://br.egroups.com.group.acropolis>. Acesso em: 6 jun. 2012.

POMPA, C. *Religião como tradução*. Florianopolis: Edusc, 2003.

PONGE, F. *O partido das coisas*. São Paulo: Iluminuras, 2000.

_____. *A mesa*. São Paulo: Iluminuras, 2002.

PRADO JÚNIOR, B. O relativismo como contraponto. In: CICERO, A.; SALOMÃO, W. (Eds.). *Banco nacional de ideias:* o relativismo enquanto visão de mundo. Rio de Janeiro: Francisco Alves Editora, 1994. p. 71-94.

_____. *Alguns Ensaios:* filosofia, literatura, psicanálise. São Paulo: Paz e Terra, 2000.

_____. *Erro, ilusão, loucura*. São Paulo: Ed 34, 2004.

QUINE, W. V. *The Ways of paradox and other essays*. London: Harvard Univ. Press, 1966.

RAFAEL, V. *Contracting Colonialism: translation and Christian conversion in Tagalog Society under early Spanish rule*. London: Duke University Press, 1993.

RAMOS, N. Ó. São Paulo: Iluminuras, 2008.

RAPPOPORT, R. The obvious aspects of ritual. In, *Ecology, Meaning, and Religion*. Berkeley, CA: North Atlantic, 1979.

RATTES, Kleyton. *O mel que outros faveiam:* Guimarães Rosa e Antropologia. Rio de Janeiro: Multifoco, 2016a.

_____. Um isto cachimbo é não: ritual, poética e antropologia. *Revista de Ciências Sociais*, v. 47, n. 2, p. 198-286, 2016b.

REVEL, J. *Jogos de Escalas*. Rio de Janeiro: F. Getúlio Vargas, 1998.

RICHARDS, I. A. *The philosophy of rhetoric*. London, New York: Oxford University Press, 1936.

RICOEUR, P. *O Conflito das Interpretações:* ensaios de hermenêutica. Rio de Janeiro: Imago Editora, 1978.

RISERIO, A. *Textos e Tribos*. Rio de Janeiro: Imago, 1993.

ROBBINS, J. *Becoming sinners:* Christianity + moral torment in a Papua New Guinea Society. Berkeley, Los Angeles, London: University of California Press, 2004.

_____. Continuity Thinking and Christian Culture. *Current Anthropology*, v. 48. n. 1, 2007.

ROUANET, S. Apresentação à 'Origem do drama barroco alemão'. In: BENJAMIN, Walter. *Origem do Drama Barroco Alemão*. São Paulo: Brasiliense, p. 11-47, 1984.

RORTY, R. *A filosofia e o espelho da natureza*. Rio de Janeiro: Relume-Dumará, 1994.

ROUSSEAU, J. Ensaio Sobre a Origem das Línguas. In: *Os Pensadores*. São Paulo: Victor Civita, 1983.

RUBEL, P.; ROSMAN, A. (Eds.). *Translating Cultures:* Perspectives on translation and anthropology. Oxford, New York: Berg, 2003.

SALMOND, A. Transforming translations (part I) 'The owner of these bones'. *HAU*: Journal of Ethnographic Theory, v. 3, n. 3, p. 1–32, 2013.

_____. The Owner of these Bones: Anthropology, ontologies and translation. *HAU*: Journal of Ethnographic Theory, v. 4, n. 1, p. 155–187, 2014.

SALOMON, F. *The cord keepers*. Durham e Londres: Duke University press, 2004.

SAMPSON, G. *Writing system*. California: Standford Univ Press, 1985.

SAPIR, E.; SWADESH, M. American Indian Grammatical Categories. In: HYMES, D. (Ed.). *Language in Culture and Society*. New York, Harper and Row Publ., 1964. p. 101-111.

SAPIR, E. *A Linguagem*. Rio de Janeiro: Livraria Acadêmica, 1969.

SARAMAGO, J. *Caim*. São Paulo: Cia das Letras, 2009.

SARDI, M. *Avaporu*. Assunção: Ateneo Py, 1964.

SAUSSURE, F. *Cursos de Linguística Geral*. São Paulo: Cutrix, 2000.

SCHADEN, E. *Aspectos fundamentais da cultura guarani*. São Paulo: Edusp, 1974.

SCHNEIDER, D. *American Kinship:* a cultural account. Englewood Cliffs: Prentice-Hall, 1968.

_____. What is kinship all about? In: PARKIN, R.; STONE, L. (Orgs.). *Kinship and family*: an anthropological reader. Oxford: Blackwell, p. 257-274, 2004.

SCHREMPP, G. *Magic Arrows*. Madison: The Univ. Wisconsin Press, 1992.

SEVERI, C. *La memoria ritual*. Quito: Ediciones Abya-Yala, 1996.

_____. *Le Principe de la Chimère:* une anthropologie de la mémoire. Paris: Editions Rue d'Ulm, 2007.

SHERZER, J. *Kuna ways of speaking:* an ethnographic perspective. Austin: University of Texas Press, 1983.

SHERZER, J.; URBAN, G. *Native South American Discourse*. Berlin: Mouton de Gruyter, 1986.

SILVERSTEIN, M. Translation, transduction, transformation: skating 'glossando on thin semiotic ice'. In: RUBEL, P.; ROSMAN, A. (Eds.). *Translating Cultures:* Perspectives on translation and anthropology. Oxford, New York: Berg, 2003.

SILVERSTEIN, M.; URBAN, G. *Natural histories of discourse*. Chicago: The University of Chicago press, 1996.

SIMONCSICS, P. The structure of a Nenets magic chant. In: DIÓSZEGI', V.; HOPPÁL, M. (Orgs.). *Shamanism in Siberia*. Budapeste: Akadémiai Kiadó, 1978. p. 378-402.

SKORUPSKI, J. *Symbol and Theory*: a philosophical study of theories of religion in social anthropology. Cambridge University Press, Cambridge, 1976.

STEINER, G. *Apres babel*. París: Albin Michel, 1998.

STRADELLI, E. *Vocabulários da língua geral portugues-nheengatu e nheengatu-portugues*. Rio de Janeiro: R. do Inst. Hist. e Geogr. Brasileiro, 1929.

STOCKING, G. *Race, Culture, and Evolution*: Essays in the History of Anthropology. Chicago: Univ Chicago Press, 1982.

_____. *Observers Observed*: essays on ethnographic fieldwork. Madison: The University of Wisconsin Press, 1983.

_____. *Romantic motives*: essays on anthropological sensibility. Madison: The University of Wisconsin Press, 1989.

STRATHERN, M. Out of context: the persuasive fictions of anthropology. In: MANGANARO, M. (Org.). *Modernist Anthropology*: fieldwork to text. Princeton: Princeton U. P., 1990. p. 80-122.

_____. *Partial Connections*. USA: Rowman & L P Press, 1991.

_____ *Parts and Wholes*: refiguring relationships in a post-plural world. In: KUPER, A. (Ed.). *Conceptualizing Society*. London and New York: Routledge, p. 74-104, 1992.

_____. *Property, substance and effect*: anthropological essays on persons and things. London: Athlone, 1999.

_____. *O efeito etnográfico*. São Paulo: CosacNaify, 2014.

SUSNIK, B. *El Indio Colonial del Paraguay*: El Guaraní Colonial. Asunción: Museo Etnográfico Andres Barbero, 1968.

SZTUTMAN, R. *O profeta e o principal*: a ação política ameríndia e seus personagens. 2005, 458f. Tese (Doutorado em Antropologia Social). USP, 2005.

TAMBIAH, S. J. The magical power of words. *Man*, v. 3, n. 2, p. 175-208, 1968.

_____. *Culture, Thought, and Social Action*: an anthropological perspective. London: Havard University Press, 1985.

TAUSSIG, M. *Mimesis and Alterity*: a particular history of the senses. New York/London: Routledge, 1993.

_____. *Walter Benjamin's Grave*. Chicago: The University of Chicago Press, 2006.

TAYLOR, A-C. Jivaroan magical songs: Achuar *anent* of connubial love. *Amerindia*, v. 7, p. 87-127, 1983.

TORREN, C.; PINA-CABRAL, J. What is happening to epistemology?. *Social Analysis*. v. 53, n. 2, p. 1-18, 2009.

TOWNSLEY, G. Song Paths The Ways and Means of Yaminahua Shamanic Knowledge. *L'Homme*, v. 33, n. 126, p. 449-468, 1993.

TURNER, V. *O processo ritual:* estrutura e antiestrutura. Petrópolis: Vozes, 1974.

_____. "Dewey, Dilthey, and Drama: an Essay in the Anthropology of Experience". In: *The Anthropology of Experience.* Illinois: University of Illinois Press, 1986.

TYLOR, E. B. *Primitive Culture.* John Murray, London, 1871.

URTON, G. *The social life of numbers.* Texas: Univ of Texas Press, 1997.

UZENDOSKI, M. Beyond orality. *HAU*: Journal Of Ethnographic Theory. v. 2, n. 1, p. 55-80, 2012.

VERNANT, J-P. *Mito e Pensamento entre os Gregos.* São Paulo: Edusp, 1973.

VILAÇA, A. *Comendo Como Gente.* Rio de Janeiro: UFRJ/Anpocs, 1992.

_____. Chronically unstable bodies: reflections on amazonian corporalities. *Journal of Royal Anthropology Institute.* v. 11, p. 445-464, 2005.

_____. *Quem somos nós:* os Wari encontram os brancos. Rio de Janeiro: Editora da UFRJ, 2006.

VIVEIROS DE CASTRO, E.; CARNEIRO DA CUNHA, M. Vingança e Temporalidade: os Tupinambá. *Journal de la Société des Americanistes,* Paris, v. 71, n. 1, p. 191-208, 1985.

VIVEIROS DE CASTRO, E. *Araweté:* os deuses canibais. Rio de Janeiro: Zahar, 1986.

_____. Nimuendaju e os guaraní. In: NIMUENDAJU, C. *As lendas da criação e destruição do mundo como fundamentos da religião dos Apapocúva-guarani.* São Paulo: Hucitec, Edusp, p. XVII-XXXVIII, 1987.

_____. *A inconstância da alma selvagem.* São Paulo: Cosac & Naify, 2002.

_____. Perspectival anthropology and the method of controlled equivocation. *Tipití,* v. 2, n. 1, p. 3-22, 2004.

_____. Filiação Intensiva e Aliança Demoníaca. *Novos Estudos,* n. 77, p. 91-126, 2007a.

_____. A floresta de cristal: notas sobre a ontologia dos espíritos amazônicos. *Cadernos de Campo* (USP), v. 14/15, p. 319-338, 2007b.

WAGNER, R. *The invention of culture.* Englewood Cliffs: Prentice-Hall, 1981.

_____. *Symbols that stand for themselves.* Chicago, London: Univ. Chicago Press, 1986.

WEISS, G. Campa Cosmology. In: LYON, P. (Org.). *Native South Americans.* Toronto: Little, brown and company, p. 251-266, 1974.

WILDE, G. *Religion y poder en las missiones de guaranies.* Buenos Aires: Editorial SB, 2009.

WITTGENSTEIN, L. *Investigações Filosóficas.* São Paulo: Nova Cultura, 1989.

ZUMTHOR, P. *Introduction à la poésie orale.* Paris: Seuil, 1983.